U0331117

# Research
# מחקר
# исследования
# Araştırma

# 多源造词研究

［以］诸葛漫（Ghil'ad Zuckermann） 著

陈燕 译

华东师范大学出版社
·上海·

**图书在版编目（CIP）数据**

多源造词研究／（以）诸葛漫著；陈燕译. —上海：
华东师范大学出版社，2020
ISBN 978 - 7 - 5675 - 9893 - 5

Ⅰ.①多… Ⅱ.①诸… ②陈… Ⅲ.①语言学—研究
Ⅳ.①H0

中国版本图书馆 CIP 数据核字（2020）第 112265 号

## 多源造词研究

著　　者　（以）诸葛漫
译　　者　陈　燕
责任编辑　阮光页
项目编辑　朱妙津
责任校对　时东明
装帧设计　卢晓红

出版发行　华东师范大学出版社
社　　址　上海市中山北路 3663 号　邮编 200062
网　　址　www.ecnupress.com.cn
电　　话　021 - 60821666　行政传真 021 - 62572105
客服电话　021 - 62865537　门市（邮购）电话 021 - 62869887
地　　址　上海市中山北路 3663 号华东师范大学校内先锋路口
网　　店　http://hdsdcbs.tmall.com/

印 刷 者　上海昌鑫龙印务有限公司
开　　本　787×1092　16 开
印　　张　27.5
字　　数　362 千字
版　　次　2021 年 5 月第 1 版
印　　次　2021 年 5 月第 1 次
书　　号　ISBN 978 - 7 - 5675 - 9893 - 5
定　　价　118.00 元

出 版 人　王　焰

（如发现本版图书有印订质量问题，请寄回本社客服中心调换或电话 021 - 62865537 联系）

献 给

生于 2012 年 5 月 20 日的欧亚混血犹太萌宝诸葛悦阳
（Gianluca Gadi Yuèyáng Zuckermann）

# 目　录

# 诸葛漫序

如果你觉得某一理论似乎是唯一可能的理论，那么这就可以作为一种信号，说明你既不理解这一理论，也不理解这一理论所要解决的问题。

卡尔·波普（Popper 1972：265）

语言是古迹的载体，满载着往日的残迹，涉及僵死的过去与活着的过去、消失及埋没的文明与技术。我们现在所使用的语言是一部完整的重写本，记载着人类的努力与历史。

罗素·霍本（Hoban，见于 Haffenden 1985：138）

把语言比作重写本，这真一个美妙的隐喻。重写本（palimpsest）在希腊语里的意思是"再次刮掉"，用于指写在某一文本之上的文本。当然，历史学家更感兴趣的是原始的碑文。语言是多层次的，蕴含着语言使用者的历史、传统与文化。

目前，世界上约有 7 000 种语言，其中约 4% 的语言由约 96% 的人口使用，大多数语言只有少数人使用，一部分语言可能会灭绝或失去影响力。语言多样性不仅仅是历史多样性和文化多样性的反映；事实上，语言是基本的建筑模块，用以构筑使用者的群体身份和权力、知识主权、文化自治权和精神世界。然而，随着主流文化在全球的影响力日益增强，处于次要地位的文化越来越边缘化，语言丧失现象也越来越严重。在此背景下，语言复兴的意义日益彰显出来，一些语言使用者希望借助语言复兴来恢复自己的文化自主权，增强精神主权和知识主权，提高幸福感和心理健康水平。

21 世纪第二个十年就要过去，西方的艺术和人文学科会让人想起佛教的三法门：诸行无常、诸漏皆苦、诸法无我。但是，美国第二任总统约翰·亚当斯（John Adams）在给妻子的一封信里写道："我必须修习政治学与战争学，才能让我们的儿子拥有修习数学和哲学的自由。我们的儿子必须修习数学、哲学、地理学、博物学、造船学、航海学、商学及农学，才能让他们的孩子拥有修习绘画、诗歌、音乐、建筑、雕刻、绣织和瓷艺的权利。"我认为，孩子修习的内容还应该包括语言、传统、文化和语言复兴。迄今为止，语言史上已发生过四次革命。第一次革命是口语的革命，肇始于七万多年前。第二次革命是书写的革命，发生于大约 5 200 年以前。第三次革命是印刷术的革命，大约发生在公元 1450 年，约翰内斯·古登堡（Johannes Gutenberg，1398—1468）发明的印刷术使批量印刷图书成为可能。第四次革命是信息传递技术的革命，始于 20 世纪，包括数字多媒体、脸书、推特等在内，大数据时代已经来临。

在我看来，工业革命（1760—1840）使得人类从寻找食物转向追求物质财富，而信息传递技术的革命最终将使一般大众从追求物质财富转向探寻思想。马斯洛（Maslow 1943）的需求层次理论广为人知，而我对他的需求层次图稍稍作了补充（一笑），如图 1 所示。

信息传递技术的革命将会让越来越多的人在探寻思想的过程中攀上更高的需求层次，他们感兴趣的不仅包括豪宅和豪车，而且包括传统、文化和语言，语言复兴因而变得越来越有意义。

本书所探讨的音义匹配现象是语言复兴过程中常见的一种机制，既迷人又具有多面性。音义匹配是一种隐蔽借用，指采用本族语/目标语中与外语/源语词项语音和语义都相似的既有词项去匹配源语词项，从而创造出新词。这样创造的新词同时保留了源语词项的近似语音和语义。请注意，我这里所说的新词取其广义，既包括全新的词项，又包括词义发生了变化的旧词项（即旧词新义）。这种水平基因转移常见于两类语言：

其一，复兴的语言（比如复兴的希伯来语，也就是我 1999 年首次提出的"以色列语"，这一名称因我 2008 年的著述而为人所熟知，参看 Zuckermann 2020），改革后的语言（比如土耳其共和国成立后的土耳其语）以及以纯化语言为导向的语言（比如冰岛语，参看 Sapir and

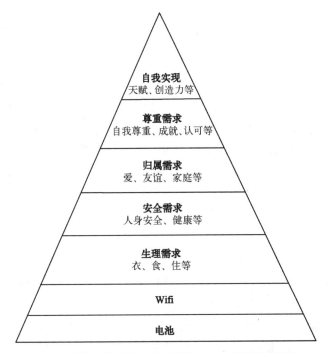

**图1　马斯洛需求层次图升级版（由本书著者修改）**

Zuckermann 2008），这些语言的规划者总是想方设法替换那些不受欢迎的外来词。

其二，采用音位词符文字的语言，比如汉语和日语（仅限于使用日文汉字词之时），这种文字一般不允许单纯的语音改造。

因此，本书会论及汉语的有关现象，不过研究焦点是迄今为止复兴最为成功的以色列语。在希伯来语复兴的过程中，需要解决的一个问题是词汇空缺。为了填补空缺，复兴主义者试着主要利用希伯来语内部资源。他们改变一些废弃词的词义，以满足现代生活用词的需要，而这种词汇扩充方式往往需要进行音义匹配。以色列语音义匹配词的数量约为300个，那么，复兴主义者为什么偏爱这种多源造词方式？我认为，主要有以下原因：

第一，可以有效隐藏外来影响，确保新词可以纳入词典并被未来的母语者接受。

第二，可以重新利用废弃的本族词，这正合纯语论者的心意。

第三，可以促进初始阶段的学习。

其他动机还包括戏谑性、阿波罗倾向、语言的像似性、政治正确或排斥性的语言工程、吸引顾客（就品牌名称而言）等等。

在音义匹配过程中，源语对词根和词型的选择起着决定性作用，对目标语词汇形态的影响十分隐蔽。对于语言借用现象，传统的分类有所不足，比如豪根（Haugen 1950）所归纳的替换和引进两个类别就未能涵盖兼具替换和引进的音义匹配现象。对于音义匹配之类的隐蔽借用，本书提出的分析框架结合了社会、语言等多个角度，并首次对多源新词进行了分类，因而具有开创意义。本书从一些新的视角审视了构词法、语言演变和语言接触现象，确立了新词分类体系，分析了新词的语义域、源语的作用以及纯语论者和普通母语者对多源新词的态度。此外，本书在探讨语言创新与文化调情之间的矛盾的同时，还论述了特殊语言身份的保护问题。

本书具有开创意义，不仅仅因为它是第一本全面分析以色列语的汉语著作，还因为它采用了比较研究法，比较的语种包括以色列语、改革后的土耳其语、现代汉语、日语、阿拉伯语、意地绪语、爱沙尼亚语、斯瓦西里语、皮钦语和克里奥尔语。

音义匹配涉及不同语言词汇的混合，因而对许多方面的研究都有重要意义，包括词汇学、历史比较语言学、社会语言学、文化研究和复兴语言学。

诸葛漫（Ghil'ad Zuckermann）

于澳大利亚阿德莱德大学

# 略语表

词典、百科全书以及其他资源简称说明

BDB　　《〈旧约〉希伯来语英语词典》：**Brown, Francis, S. R. Driver** and **Charles A. Briggs**（eds）1955. *A Hebrew and English Lexicon of the Old Testament*. Oxford：Clarendon Press.（1st Edition：1907）（Based on the lexicon of William Gesenius, as translated by Edward Robinson）

CED　　《汉英大辞典》（*Chinese-English Dictionary*）：吴光华（主编）1993. 上海：上海交通大学出版社.

CDJ　　《中国语大辞典》：**Kōsaka, Jun'ichi**（ed.）1994. *Chūgokugo Dai Jiten*（*Chinese Big Dictionary*）. Tokyo：Kadokawa.［日语］

KJ　　《圣经》（英王钦定本）：*The Holy Bible - Old and New Testaments in the King James Version* 1987. Nashville：Thomas Nelson.

KMV　　《以色列各地概览》：*Kol Makóm veAtár*（*Israel - Sites and Places*）1985. Ministry of Defence - Carta.（1st Edition：1953）［以色列语］

LL　　《语言教学》（1951—1990）：*Laméd Leshonkhá*（*Teach Your Language*）1951 - 1990（Leaflets 1 - 180）. Aharon Dotan（ed.：Leaflets 1 - 8）, Shoshanna Bahat（ed.：Leaflets 9 - 180）. Jerusalem：The Academy of the Hebrew Language.（cf. *Laméd Leshonkhá* 1993 - 2000）［以色列语］

LLN　　《语言教学》（新系列，1993—2000）：*Laméd Leshonkhá*（*Teach Your Language*）：New Series. 1993 - 2000（Leaflets 1 - 34）. Shoshanna Bahat（ed.：Leaflets 1 - 2）, Ronit Gadish （ed.：Leaflets 3 − 10），Rachel Selig（ed.：Leaflets 11 − 34）. Jerusalem：The Academy of the Hebrew Language.（cf. *Laméd Leshonkhá* 1951 − 1990）［以色列语］

MAM　《世界希伯来语俚语词典（2）》：**Ben-Amotz, Dan** and **Netiva Ben-Yehuda** 1982. *milón akhúl manyúki leivrít medubéret*（*The World Dictionary of Hebrew Slang − Part Two*）. Tel Aviv：Zmora, Bitan.（For Part One, see *MOLM*）. ［以色列语］

MBY　《古代希伯来语与现代希伯来语综合词典》：**Ben-Yehuda, Eliezer**（born Eliezer Yitzhak Perelman）1909 − 1959. *milón halashón haivrít hayeshaná vehakhadashá*（*A Complete Dictionary of Ancient and Modern Hebrew*）. Jerusalem − Tel Aviv − Berlin − New York − London.（16 vols plus an introductory volume）［以色列语，希伯来语］

MCD　《现代汉语词典》（第 7 版）：中国社会科学院语言研究所词典编辑室 2016. 北京：商务印书馆.

MES　《新词典（合订本）》：**Even-Shoshan, Avraham** 1997. *hamilón hekhadásh − hamahadurá hameshulévet*（*The New Dictionary − The Combined Version*）. Jerusalem：Kiryat-Sefer. ［以色列语］

MMM　《厨房术语词典》：*Milón leMunekhéy haMitbákh*（*Dictionary of Kitchen Terms*）1938. Jerusalem：Va'ad HaLashon HaIvrit （Hebrew Language Council）− Bialik Institute.［以色列语，英语，德语］

MOLM　《世界希伯来语俚语词典》 **Ben-Amotz, Dan** and **Netiva Ben-Yehuda** 1972. *milón olamí leivrít medubéret*（*The World Dictionary of Hebrew Slang*）. Jerusalem：Lewin-Epstein.（For Part Two, see *MAM*）［以色列语］

NRSV　《圣经》（新修订标准版）：*The Holy Bible − Containing the Old and New Testaments − New Revised Standard Version −*

*Anglicized Edition* 1995. OUP.

*OED* 《牛津英语词典》：**Simpson, John A.** and **Edmund Simon Christopher Weiner** （eds） 1989. *The Oxford English Dictionary*. Oxford：Clarendon Press. （2nd Edition）

*OEHD* 《牛津英语－希伯来语词典》：**Doniach, Nakdimon Sabbethay** and **Ahuvia Kahane** （eds） 1998. *The Oxford English-Hebrew Dictionary*. OUP.

*OTED* 《牛津土耳其语-英语词典》：**Hony, H. C., Fahir İz** and **A. D. Alderson** （eds） 1992. *The Oxford Turkish-English Dictionary*. OUP.

*RTED* 《红房子土耳其语-英语新词典》：*The New Redhouse Turkish-English Dictionary* 1968. Istanbul：Redhouse Press.

*ZA* 《希伯来语科学院论文集》（1954—1993）：*Zikhronot Ha-Aqademya LaLashon Ha-Ivrit* （*Proceedings of the Academy of the Hebrew Language*） 1954－1993. Jerusalem：The Academy of the Hebrew Language. ［以色列语］

*ZV* 《希伯来语委员会论文集》（1912—1928）：*Zikhronot Va'ad HaLashon* （*Proceedings of the Hebrew Language Council*） 1912－1928. Jerusalem－*Tel* Aviv. （6 vols－at irregular intervals：1912，1913，1913，1914，1921，1928）［以色列语］

# 导　言

　　1890 年 4 月 27 日，华沙出版的希伯来语报纸《黎明》（*HaZefira*）刊登了一篇题为"向前一步：扩充希伯来语"的文章，作者为白俄罗斯格罗德诺市（Hrodna）的哈赞（Chaim Leib Hazan），他写道：

> 为了看得清楚，我们把一种玻璃制品（очки, *okulary*, *Brille*）① 戴到眼睛上，这种东西有很多不同的名字：כלי מחזה *kley makhazé* "视力工具"，כלי ראות *kley reút* 或 כלי ראי *kley rói* "看清工具"，בתי עינים *batéy eynáim* "眼睛之屋" 等。我提议称之为 משקפים *mishkafáim*。名字只含一个词，总比包含多个词要好，这一点应该没有人会否认。②（第 4 页）

接着，哈赞解释道：他之所以选择圣经希伯来语词根③ שקף √*šqp*（即 משקפים *mishkafáim* 的词根），是"因为它与希腊语 σκοπέω *skopéō*'我看'相似；后者出现在欧洲语言里所有表示玻璃镜片的词语中，比如 *telescope*，*microscope*，*kaleidoscope* 等等"。④ 另请注意意第绪语

---

① 俄语 очки *ochkí*，波兰语 *okulary*［okuˈlarɪ］"眼镜"。

② 犹太启蒙运动时期的作家偏爱复合词，但是希伯来语复兴主义者出于意识形态的原因，总是想办法替换复合词。

③ 在希伯来语中，一个词的"词根"（root）一般由三个被称为"根"（radical）的辅音字母组成，例如，词根 √*KTB* 有三个"根"，即 *K*，*T*，*B*。在这三个辅音字母的中间或者两边，插入各种元音或字母组合，来构成语法变化，这与印欧语词汇通过词尾的屈折来实现语法变化是不同的。

④ 哈赞把 σκοπέω *skopéō* 译为"我将看"。他有些不情愿地透漏了这个希腊语并列词源，接着说道：אך מדוע בחרתי בשרש שקף בזה נדקדק הרבה, כי הדקדוקים האלה יתנו רק אל מכשולים על דרכנו בבנותנו מלים חדשות. "我为什么选了 שקף √*šqp* 这个词根？我们还是不要太迂腐了，因为太专注于这样的细枝末节会阻碍我们创造新词的道路。"

（或称依地语）שפּאַקולן *shpakúln* "眼镜"（试比较：立陶宛意第绪语①ספּאַקולן *spakúln*，标准意第绪语ברילן *bríln* "眼镜"）。圣经希伯来语שקף √*šqp* 的本义是"弯曲，拱起，倾向于"，后来指"（从门或窗）向外看，看穿"（参看 Proverbs 7：6 等处）。②

至此，对משקפים *mishkafáim* "眼镜"的词源，可以作出如下两种分析：

第一种：受外语影响（而不是借用）。משקפים *mishkafáim* "眼镜"的词源是（圣经）希伯来语שקף √*šqp*，套进希伯来语名词词型③*mi*□□*á*□的双数形式，其中后缀ים- -*áim* 表示双数，试比较：（密西拿希伯来语＞）以色列语④מספרים *misparáim* "剪刀"，（圣经希伯来语＞）以色列语מכנסים *mikhnasáim* "裤子"。[miškaˈfaim] 中的 [f] 是塞音/p/（פ）的音位变体，是因擦音化所致。משקפים *mishkafáim* 的创制受到古希腊语 *skopéō* 的影响，或者更确切地说，造词者从 *skopéō* 中获得了灵感，在它的影响下创造出משקפים *mishkafáim* 这个词，造词者事先就明白这样造词的大致结果是：这个新词的发音会与源语⑤对应词的发

---

① 也称为东北部意第绪语，指立陶宛和白俄罗斯等地所讲的意第绪语。

② 古希腊语 σκοπέω *skopéō* 源自原始印欧语 * skep- "看"，后者是原始印欧语 * spek- 的音位转换形式。贾斯特罗（Jastrow 1903：1625a）提出，圣经希伯来语שקף √*šqp* "弯曲，拱起，倾向于"的终极词源是קף √*qp*（因而可能与圣经希伯来语קפה √*qph*，קפה √*qph*，קפא √*qp?* 和קפי √*qpj* "拱起，弯曲"相关。）套进动词词型 *sha*□□*é*□。但是，套进这个动词词型的通常是使役动词，试比较：希伯来语שטף √*štp* "洗，清洗，打湿"，来自טף טפ √*tp* "湿的"，希伯来语שלך √*šlk* "摆脱，扔掉，使离开"，来自לך לכ √*lk* "离开"。尽管希伯来语的大多数词的词根是由三个辅音字母组成（tri-radical），但是有些词根起初是由两个字母组成的（bi-radical），试比较：גזז √*gzz* "修剪"，גזם √*gzm* "修剪"与גזר √*gzr* "剪切"，פרז √*prz* "分割一座城"，פרט √*prṭ* "找零钱"与פרע √*pr?* "偿还债务"。

③ 本书有关希伯来语语法概念的中文表述得到北京大学外国语学院西亚系徐哲平教授的悉心指导，谨致谢忱！——译者。

④ 以色列语（Israeli，或称 Israeli Hebrew 或者 Ivrit）指 20 世纪"复活的希伯来语"（revived Hebrew）。本书把以色列的官方语言希伯来语称为"以色列语"。本书中的希伯来语例词之前如果未加特别说明（比如意第绪语、阿拉姆语等），那么这些例词即为以色列语例词。其他语言的例词之前一般都会标注所属语言，比如"英语 *factory*"、"葡萄牙语 *humoroso*"等。

⑤ "源语"（source language）或者"来源语言"也叫贡献语（contributing language）、施惠语（donor language）或者备用语（stock language）。

音相似。事实上，哈赞本人坦承：他精心选择了语音上与古希腊语 σκοπέω *skopéō* 相匹配的既有词根 שקפ √*šqp*。其实，还有其他成分可供选择，包括来自 מבט *mabát* "看［名词］" 的 מבטים *mabatáim*；来自 עגול *igúl* "圆圈"（试比较：以色列语俚语 עיגולדים *iguládim* "眼镜"）的 עגולים *iguláim*；来自 חלון *khalón* "窗户" 的 חלוניות *khaloniót*；来自 זכוכית *zkhukhít* "玻璃" 的 זכוכיתים *zkhukhitáim*（在耶路撒冷，זכוכיתים *zkhukhitáim* 实际上先于 משקפים *mishkafáim* 在以色列语中使用）；来自 פשפש *pishpásh* "边门" 的 פשפשים *pishpasháim*；来自 עין *áin* "眼睛" 的 עיניות *eyniót*（试比较：עינית *eynít* "眼镜片，眼睛的"，见于 *MES*：1318b）。

　　第二种：多源造词（隐蔽借用）。משקפים *mishkafáim* 的词源包括古希腊语 σκοπέω *skopéō* 和（圣经）希伯来语 שקפ √*šqp* 套进名词词型 *mi□□á□* 的双数形式。打个比方说，由于该词是用希伯来语成分制造而且降生于希伯来语大家庭，因此其母是希伯来语，其父却是古希腊语这个外来者。

　　对于上述两种分析，许多语言学家和大多数纯语论者都会认为第一种是正确的，这种判断依据的是一些保守原则，诸如形态结构决定词源（משקפים *mishkafáim* 从形态结构上看其实是希伯来语）、一个词项必定只有一个词源（类似于一种语言只有一种源头之说，参看 *Stammbaum* model "语系图模型"）等，这些保守的、结构主义的观点与词汇扩充方式的传统分类（参看 §1.1）一样，都忽略了语言接触的影响。在当今全球化日益加剧的时代背景下，不同语言之间的接触越来越广泛，因此，语言接触的影响尤其不能忽视。我认为，词项①或词义②所隐含的社会文化特征与形态特征同等重要，因此，应

---

① 本书所说的词项（亦即 lexeme "词位" 或 lexical item "词汇单位"）指传统词典中有单立条目的词汇单位，也就是词目（headword，参看 Lyons 1977：Chapter 1，Matthews 1974：Chapter 2，Crystal 1997）。

② 本书所指的 "词义"（sememe）指词典中同一条目内按意义分列的项目，英文也称为（sub）sense "（次）义项"，有时也叫 semanteme。一个词可能有多个词义。请注意，与此不同的是 Bloomfield 用 sememe 指语素的意义，参看 Bloomfield（1935：162）和 Matthews（1997：335—336）。

该在更为广阔的基础上对造词动机进行深入分析。从这种理念出发，我认为第二种分析才是正确的，具体到 משקפים *mishkafáim* 这一词语，我们可以将它视为其他一些词语的同源词，包括英语 *spectacles*，*spy*，*spectrum*，*specific*，*spice*，*species*，*specious*，*special* 以及 *expect*，所有这些词的词源都是原始印欧语 \**spek-* “看”。此外，其同源词还包括英语 *telescope*，*scope* 和 *sceptic*，这些词的词源均为原始印欧语 \**spek-* 的音位转换①形式 \**skep-* “看”。

哈赞的选词逻辑已被彻底遗忘，因为他所选用的希伯来语词素有效隐藏了 משקפים *mishkafáim* 这个以色列语常用词的希腊语并列词源。此外，在 1896 年，艾利泽·本-耶胡达（Eliezer Ben-Yehuda，1858—1922）从 משקפים *mishkafáim* 这个词创造出二次派生词 משקפת *mishkéfet* “望远镜”（参看 *HaZevi*，1896，亦即犹太历 5657 年基思流月 22 日，Pines 1897：XIV），后者最终流行开来，指“小型双筒望远镜，双筒望远镜”。②

以色列语 משקפים *mishkafáim* 只不过是一个个例，代表的是一种非常普遍的词汇借用方式。这种方式不仅常见于以色列语，在其他语言中也十分常见，比如土耳其语、汉语、日语、意第绪语、希伯来语、阿拉伯语等。根据上文第二种分析，我将这种利用多种语言的材料创制新词的过程称为**多源造词**（multisourced neologization，简称 MSN），并把这样创制出来的新词称为**多源新词**（multisourced neologism，简称也是 MSN）。确切地讲，多源新词指采用目标语③或第二源语中既有词项或词根、保留了第一源语对应表达式的语义和近似发音的新词。请注意：我采用“**第一源语**”和“**第二源语**”这两

---

① “音位转换”（metathesis，< 古希腊语 μετάθεσις “换位，调换” < μετά（metá “在……中间”）+ θέσις（thésis “安置，布置”）是一种语音变化，指词的音位顺序发生变化。多数情况下，它指两个或两个以上相邻的音位交换位置；有时也指不相邻的音位之间的调换。

② 在 *MBY*（vii：3418b）中，משקפת *mishkéfet* 的定义是“望远镜”，但是据说也用来指“长柄望远镜，小望远镜”。

③ “目标语”（target language）也叫主方语言（host language）、受语（recipient language）或者母体语（matrix language）。

个术语，是因为多源新词虽然产生于本族语中，但是其构词成分既包含外语中的语言成分，又包含本族语中的语言成分，我把外语称为第一源语，把本族语称为目标语；在只有一种外语源语的情况下，目标语也是第二源语，所以我采用"目标语或第二源语"或"目标语/第二源语"这种表述。还有一些新词来源于两种以上语言（参看§1.2.2.5，§1.4.2.1，§2.3第108页脚注①，§4.4第182页脚注①），但是相对而言这种情况比较少见，大多数情况下是第一源语和第二源语共同参与新词创制，造词过程如图1所示：

第一源语　x "a" →→→→目标语(+多源新词) yⁱ "aⁱ" ←←←←目标语/第二源语　y "b"

y 与 x 语音相似
a 与 b 同义或近义（音义匹配）/词义相关（语义化语音匹配）/词义无关（语音匹配）
yⁱ 基于 y
aⁱ 基于 a 且一般与 a 同义

**图 1**

本书中，新词创制（neologization）和新词（neologism）均取其比较宽泛的含义，即：**新词**既指全新的词汇单位，又指词义发生改变、获得了新词义的既有词。这里需要强调的是：本书所指的新词，并不是指产生时间较短，比如用时距今 20 年或 30 年之类的年限来衡量的词，而是指它诞生之时是一个新的、本族语中先前不存在的词。以新词 משקפים *mishkafáim* "眼镜" 为例，其创制过程大致如下图所示：

古希腊语
σκοπέω *skopéō*
"我看"
试比较：意第绪语 שפּאַקולן
*shpakúlŋ* "眼镜"
（立陶宛意第绪语
ספּאַקולן *spakúlŋ*）

→

以色列语
משקפים

***mishkafáim***

"眼镜"

←

（圣经）希伯来语
שקפ
√*šqp*

"向外看/看透"

**图 2**

这种词汇扩充方式尽管十分常见，但是，语言学家们却还没有针对多源造词和多源新词做过系统而深入的研究。就希伯来语而言，希文（Sivan 1963：37—38）的著作《现代希伯来语语言创新的格局与趋势》（*Patterns and Trends of Linguistic Innovations in Modern Hebrew*）仅有三行文字提到这一现象，其他学者也都一笔带过，比如黑德（Heyd 1954：90）称之为"语音仿造"（*calques phonétique*），海格戈（Hagège 1986：257）称之为"同音异义借用"（*emprunt-calembour*），图里（Toury 1990）称之为"语音移借"（*phonetic transposition*）。哈伊姆·拉宾（Chaim Rabin）提出的术语是 תצליל *tatslúl*（参看 Kutscher 1965：37，但未提到具体的文献出处）①，套进与（密西拿希伯来语>>）以色列语 *targúm* "翻译" 相同的名词词型，但是源自（圣经希伯来语>>）以色列语 צליל *tslil* "声音"。在汉语词汇研究中，尤其是在现代汉语研究中，早就有学者注意到多源造词和多源新词现象，只不过所用的术语各不相同，比如罗常培（1950）提到"音兼义"如"德律风"（<英语 *telephone*）、"可口可乐"（<英语 *coca cola*）等，汉塞尔（Hansell 1989）探讨了"语义化译音"（semanticized transcription），姚荣松（1992：343—345）论及台湾地区外来词"音中有义"的音译形式，等等。

　　任何一种语言面临词汇匮乏或空缺时，都可以通过多种途径进行词汇扩充，进行自我调节和完善，而每一种途径都有独特的机制和模式。为了清楚展示多源造词和多源新词在词汇扩充中的地位及其自身的类别与功能，我制作了一张思维导图（见图3）。在这张导图里，五个围绕"词汇扩充"的圆圈里列出了五种扩充途径，包括无中生有（*ex nihilo*）、利用本族语资源（*ex interno*）、摹声（*ex sono*）、利用外语资源（*ex externo*）、同时利用外语资源和本族语资源（both external & internal，即多源造词）等，每个圆圈之下串联的方框里列出了造词的方法和词汇类型。可以说，圆圈里表示的五种途径是从宏观角度观察词汇扩充而总结出来的路径，方框里表示的是从微观角度观察到的具体方法或结果。不过，不同的语言在微观层面可能存在

---

① 根据 תצליל *tatslúl* 这一术语，罗森（Rosen 1994：86）采用了 תצליל *khatslúl*，它是一个首字母缩略词，代表 חקוי צלילים *khikúy tslilím* "语音模仿"，用于指语素改造。

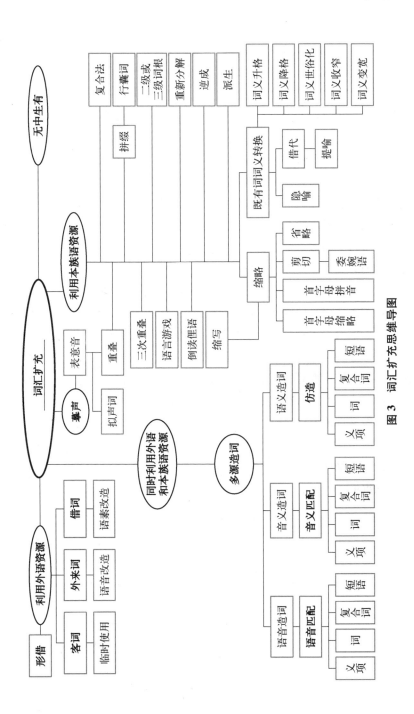

图 3　词汇扩充思维导图

细微差异，比如利用本族语资源采用缩略法造词时，英语可以创造缩写词（graphic abbreviation），比如把 doctor "博士" 缩写为 Dr.，这样减缩原词的形式，但是读音保持不变，而汉语里却没有这种情形。这张导图对于后文的分析非常重要，我将会通过实例说明相关的各种现象。

在下文中，我将对多源造词和多源新词进行全面分析，不仅将其作为语言现象去研究，而且将从更广阔的角度对其进行政治、社会和文化等多个层面的分析。我不仅要分析无意识的多源新词创制过程和多源新词，而且要聚焦于纯语论者深思熟虑的同类活动。为明晰起见，本书将分为多个章节。第一章针对多源造词和多源新词现象评述传统借词分类的不足之处，并说明多源造词现象普遍存在于多种语言中。第二章解释以色列语为什么倾向于多源造词，以色列纯语论者为什么把多源造词当作填补本族语词汇空缺的理想手段。第三章以造词单位为标准对多源造词进行分类。第四章考察以色列语多源新词更容易出现在哪些特定的术语领域。第五章从社会语言学角度分析新词创制者和母语使用者对多源新词的态度。第六章分析以色列语多源新词的来源语言，着重分析国际通用词汇所起的作用。第七章对色列语多源新词做基本的统计分析，并根据源语、通用度、词义类别、造词类别、术语领域等标准进行分类。第八章是结语部分，指出未来的相关研究路径，阐述本研究对历史语言学、社会语言学和词汇学研究的重要理论价值。

# 第一章　词汇扩充研究的新视角

## 1.1　传统借用分类的缺陷

本书的"借用"（borrowing）取其广义，指语言接触过程中发生的各种借用现象，既包括词汇成分的借用，又包括语法成分的借用，而不是仅仅局限于"借词"（loanword）①（§1.2.1）。豪根（Haugen 1950）对词汇借用做过复杂的分类（参看 Appel and Muysken 1987：164），使先前混乱的术语多少有了一些条理，但就音义匹配现象（phono-semantic matching，简称 PSM，参看§1.2）而言，他的分析存在两大缺陷：遗漏和归类不当。

我先谈遗漏问题。语言接触导致词汇扩充，而扩充常常来源于音义匹配②，但是豪根（Haugen 1950）几乎没有触及这一扩充方式。他简要分析了"意借"（semantic loan）（1950：214），而这只是音义匹配的一个类别，即转义③型音义匹配（参看§3.1.2），因而排除了

---

① "借用的传统分类"指以前的借词研究中的分类，比如 Betz（1945，1949），Haugen（1950，1956），Deroy（1956），Gusmani（1973），Heath（1994），Haugen（1953），Weinreich（1963，第 1 版：1953），Carstensen（1968），Haugen（1973），Clyne（1967），Hock（1986，尤其§14 第 380—425 页），Myers-Scotton（1988）等。"借用"在语言学里指"复制"。有人可能把借用理解为：借用的成分最后变成了礼物或者是偷窃物。不过，我比较喜欢"复制"这种表述，因为被借的语言成分其实一直留在源语里。
② 音义匹配与利用内部资源是两种不同的词汇扩充方式；比如，语内（intra-lingual，即利用同一语言内部的资源）混合就属于后者，如以色列语 דחפור *dakhpór* "推土机" < דחף √*dḥp* "推" + חפר √*ḥpr* "挖"。豪根的研究未能涵盖音义匹配现象（参看§2.1.2.2）。
③ 即"语义转换"（semantic shift），泛指词义演变过程。在历史（或历时）语言学中，语义转换指词义发生变化，包括词义增加、消失、改变等各种变化；经过变化之后，一个词当前的词义有可能变得完全不同于最初的词义，或者同源词的词义变得完全不同。

诸如 משקפיים *mishkafáim* "眼镜" 之类的音义匹配新造词。再者，转义型音义匹配包括多种情形，但他似乎只考虑到了其中一种，即词义发生了变化的目标语词项与源语对应词是同源词。请看以下例词：

- 因受英语同源词 *humorous* 的影响，（美式）葡萄牙语 *humoroso* "任性" 的所指变成了 "幽默的"（Haugen 1950：214），试比较：葡萄牙语 *humoristico* "幽默的"。
- 法语 *réaliser* "实现" 越来越多地表示 "认识，考虑，理解"，这是受英语 *realize* 的影响（Deroy 1956：59），后者源自意大利语 *realizzare* 或者源自法语原有的词 *réaliser*。
- 法语 *toster* "烤，烘烤" 于 1750 年获得新义 "祝酒，为（某人某事而）饮酒"，这个词义因受英语 *toast* 的影响而产生（Deroy 1956：62），后者的词源可追溯至古法语 *toster*（见于 12 世纪文献；*OED*）。到了 19世纪，*toster* "祝酒" 才开始拼写为 *toaster*。

豪根本人也承认，"意借" 这个术语本身存在缺陷，这是因为根据他所指的 "意借" 里 "意" 的含义，所有其他类型的借词也都属于意借（即目标语词项保留了源语词项的词义），唯一区别是：在所谓的意借词中，唯一可辨的借用证据是该词所获得的新词义。

归类不当是豪根的第二个问题，而且严重得多。豪根划分出了两类借用：替换（substitution）和引进（importation），但是这种分类没有考虑到音义匹配现象，因为音义匹配兼有替换和引进，属于一种特殊情形。

我将在 §1.4 分析第一个缺陷的严重性，并且论证多源造词的普遍性，说明除以色列语之外，其他许多语言中都存在多源造词现象，比如牙买加克里奥耳语、巴布亚皮钦语和汉语①。即便如此，因篇幅所限，加之我希望尽可能全面分析至少一种语言，因此，本书将重点研究以色列语。

---

① 关于土耳其语多源新词的论述，参看 §5.2；关于日语多源新词的论述，参看 §1.3.5 和 §4.7。

若要矫正第二种缺陷，可以采用一种简单的方法，即在借用类别中添加"替换兼引进"这一类别。然而，倘若我们将视角变得更为广阔一些，则会更加清楚地认识借用现象。为此，我主张在借词类别中分出两个全新而又相互交叉的次类：第一类：在不同程度上保留了源语词项语音的各类借词；第二类：隐蔽借用的各类借词。这两类借词中都存在多源造词现象，下面我将进行详细分析。

## 1.2 保留了源语词项语音的各类借词

一般而言，借用的过程可以分为三个阶段：

第一阶段：输入分析：分析源语词项的各种成分，比如语义、所指对象、语音和词源。

第二阶段：确定与上述成分相对应的目标语成分。

第三阶段：输出成果：创制出新词，通常（但并非总是）考虑到目标语的语素音位特征。

本节所分析的各类借词均为与源语词项发音相似的目标语词项，其相似度可能并非最高，但一定不是偶然。换言之，"变换过程中的不变成分"不仅包括语义，而且包括语音。我对这样的借词做了多层级分类，如下所述：

第一类：利用源语词项作为创制新词的基本材料，所造的新词与源语词项的语音相似度依次递减：①

**1.** **客词**（guestword，德语 *Gastwort*，即非同化借用)②

**2.** **外来词**（foreignism，德语 *Fremdwort*，比如经过语音改造而成的词——简称"**语音改造词**"）

---

① 克里斯托尔（Crystal 1997：227，此外，他还提到了 loan translation）对 loan word，loan blend，loan shift 等术语区分得不够清楚；相比之下，我的分类比较清楚。

② 马基尔（Malkiel 1968：3）和尼尔（Nir 1993：193）只提到 *Lehnwort* 和 *Fremdwort* 两大类别，但是我认为，*Gastwort*（guestword，客词）也是一个重要类别，应该添加进来。

**3. 借词**（loanword，德语 *Lehnwort*，即完全同化的借词，比如经过语素改造而成的词——简称"**语素改造词**"）

第二类：利用目标语既有词根或词项作为创制新词的基本材料，所造的新词与源语词项的语音相似度各不相同：

**1. 语音匹配**（phonetic matching，简称 PM）：目标语材料原本与源语词项语音相似，但语义不同；这样创制而成的词叫"**语音匹配词**"

**2. 语义化语音匹配**（semanticized phonetic matching，简称 SPM）：目标语材料原本与源语词项语音相似，语义虽然有一定关系，但语义联系比较松散；这样创制而成的词叫"**语义化语音匹配词**"

**3. 音义匹配**（phono-semantic matching，简称 PSM）：目标语材料原本与源语词项在语音和语义上都相似；这样创制而成的词叫"**音义匹配词**"

必须注意的是，第二类新词中的三个小类是从语义角度划分出来的，其分类依据是目标语或第二源语词汇材料与第一源语词项的语义近似度。具体而言，如果目标语或第二源语的词汇材料与第一源语词项仅仅在语音上相似、没有任何词义联系，那么两者的关系属于语音匹配（§1.2.3）；如果两者语音相似、词义也近似，则属于音义匹配（§1.2.4）；如果两者语音相似、词义存在一定联系，但是词义关联度比较弱甚至牵强，则属于语义化语音匹配（§1.2.5）。非常重要的是，我们应该把语义化语音匹配与单纯的推导型俗词源（参看§1.2.2）区别开来。

对于多源新词，我们还可以采用与语义标准截然不同的**造词类别分类法**（lexicopoietic classification，试比较：古希腊语 ποίησις，参看§3 和§1.3），即根据新造的词语的类别（比如是词义新而形式旧——旧词新义？是新单词还是新复合词或新短语？）去划分，而上述按语义标准划分出来的各类借词同样也可以根据这个标准进行归类。

需要注意的是，本节的大部分例词都是非专业人士自然而然临时引入的借词，与本书重点研究的纯语论者惯常的借词仅仅在造词技术上相似。本节的大多数例词都属于前者，这是出于方法论的考虑，即：本章的主要目标是要整理词汇学海洋里所充斥的混乱不清的术语，并建立起一个专门的术语体系，而这往往需要重新分类。总体而言，非专业人士所创制的本族化俗词源（参看§1.2）更容易理解。只有对专门术语达成了一致认识，才更有可能进行历史、社会语言学、统计等方面的分析。

既然本节探讨新词中的语音留存问题，这里就需要提出一点：本族化俗词源可以看作是违背了19世纪末新语法学派所认同的语音定律。当时，莱比锡附近的一群学者把语音演变界定为一种纯粹的语音过程。用布龙菲尔德（Bloomfield 1933：364）的话说，语音演变"既不为碰巧包含该音位的词语的语义特征所推进，也不受其阻碍"。[①] 另一方面，语音匹配、语义化语音匹配和音义匹配在语音上既无规律，也不是独立于源语词项，而是背离传统的"音系演变"（phonological change，参看 King 1969，McMahon 1994），因为它们涉及一些"零散的语音演变"（参看 Menéndez-Pidal 1904，Malkiel 1968：38），用音系学方法无法预测；但是如果检查目标语既有的词汇库存，却是可以预测的。即便如此，我们不妨看看音义匹配词与源语词项语音上的偏差有多大，或者换句话说，看看音义匹配有哪些语音制约条件。[②] 举例来说，在音义匹配过程中，汉语的声调似乎不起作用，以色列语的辅音似乎比元音更重要。在多源造词过程中，除了音系的要求之外，又增加了对词汇特征的要求，因此，其中的语音定律要比传统的语音定律复杂得多。

## 1.2.1　客词、外来词与借词

**客词**是未被同化的词项，保留着源语词项的语音、书写形式、语法和语义，而且用法不广。比如，英语 *Gastwort* "客词"本身就是一个

---

① 更多论述，参看 Saussure（1916：19，259），试比较：1959：5，184 和 1983：5，183），Robins（1969：183—192），Malkiel（1993：21），Bynon（1977：23—31）等。

② 这一类研究可以采用优选理论（Optimality Theory）（参看 Prince and Smolensky 1993）作为模型。

客词，它的发音含有［v］音，首字母大写，复数形式为 *Gastwörter*，一切都遵照德语的规范，词形与德语 *Gastwort* 完全相同。这类词通常局限于专业人士的行话，一般使用斜体并附注解，我们可以称之为**临时借词**（ad hoc borrowing）。

　　相比之下，外来词走得更远一步。**外来词**经过改造之后，已被纳入本族语系统，具有稳定的拼写形式和发音（本族语的发音或异域发音），并且常常派生出二次派生词（secondary derivatives）。这种已经被同化的借用成分常常被视为外来语言成分，但有时候其词源已被遗忘。与借词所不同的是，与源语词项相比照，外来词所起的变化源于本族语语音（听觉或发音）上的制约，源语特征仍然十分明显。① 例如，德语 *Restaurant*［RɛstɔˈRã:］保留了法语 *restaurant* 的发音；英语 *kindergarten* 保留了德语原词中的 *t*，不同于英语* *kindergarden*（或仿造词* *children-garden*），英语 *Realpolitik* 与 *realpolitiker*（试比较：德语 *Realpolitik*）等。有些语言会控制单纯借用，会根据自己的正字法改变源语词项，比如在意大利语里，*puzzle* 的发音为［ˈput͡sle］。许多外来词都是经过语音改造的，详情请参看 Weinreich（1963，尤其第 46—54 页）。

　　当然，要清楚地区分同化过程的各个阶段是不太可能的。英语 *bureau de change*［ˌbjʊərəu də ˈʃãʒ］"货币交换处"源自法语 *bureau de change*，在同化过程中，*bureau* 经过了语音改造，*change* 却没有。俄语 *glásnost* 和 *Spútnik* 几乎一夜之间进入英语，并派生出 *pre-glasnost* 这样的二次派生词。墨西哥西班牙语 *taco* 起初只在美国和墨西哥边境地区使用，后来逐渐进入美式英语通用词汇，并最终成为国际通用的美语词（Americanism），试比较：全球快餐专卖店店名

---

① 一个相关的术语是 Hobson-Jobson "霍伯森-乔伯森"，不过这个术语有些过时。霍伯森-乔伯森式行为指改变源语词语的发音以适应目标语的语音体系的做法。不过，英语-印度语表达式 Hobson-Jobson 本身就是一个语音匹配词，源自阿拉伯语 يا حسن يا حسين ［jaːˈhasan, jaːhuˈsajn］"O Hasan, O Husain!（啊哈桑！啊侯赛因!）"（参看 Yule and Burnell 1886，试比较：1903：419a—420b）。什叶派穆斯林在穆哈兰节游行（Muḥarram procession）时，会反复击打自己的胸脯并发出这样的呼喊，以纪念穆罕默德的孙子哈桑和侯赛因。

*Taco Bell*。

就以色列语而言，制锁和建筑等行业的许多词汇都是由出生于德国的先驱者们对德语词汇进行语音改造之后引入的，而汽车修理工深受英语交通运输术语的影响，因为在英国委任统治地时期（British Mandate，1917—1948），客户常常是英国士兵。由于工作上需要互动，犹太汽车修理工与英国官员之间的接触比犹太锁匠或建筑工人与英国人之间的接触更为频繁。请看下列以色列语例词：

- 英语 *puncture* >以色列语 פנצ'ר *páncher* "小孔"，其复数形式为 פנצ'רים *páncherim*。这个词受到纯语论者巴哈特（Bahat）的批评，他敦促以色列语母语者代之以 נקר *néker*（1987：530），试比较：托西纳（Torczyner）创制的同义词 נקירה *nekirá*，נקיבה *nekivá*，נקידה *nekidá*（1938：29）。以色列语 פנצ'ר *páncher* 的词义已经发生了变化，除保留原来的字面意义之外，现在喻指各种"障碍"或"灾祸"。
- 英语 *power take-off* "（尤指拖拉机）动力输出轴" >以色列语 פורטיקו *pórtiko*。后者的产生也许受到英语或意大利语既有词 *portico* "柱廊"的影响。如果真是这样，那么 פורטיקו *pórtiko* 是语音匹配（§1.2.3）的一个特例，而不是语音改造。
- 英语 *back axle* "后轴" >以色列语 בקקס *békaks*（复数形式：בקקסים *békaksim*）和词义与之对立的词（参看§2.3 的"词义对立"部分）בקקס קדמי *békaks kidmí*（字面意义"前面的后轴"，即"前轮轴"）。
- 英语 *handbrakes* "手刹车，手闸，手制动器" >以色列语 אמברקס *ámbreks*（复数形式：אמברקסים *ámbreksim*），参看§6.4。
- 英语 *sealed-beam*（*headlamp*）（试比较：美式英语 *sealed-beam headlight*）"受保护的灯" >以色列语 סילבים *sílvim*（有时也作 *sílbim* 或 *sílibim*），被以色列某些汽车修理工重新调整为 סילב *silv*（也作 *silb* 或 *silib*）+ ים- *-im*（复数后缀），因此 *silv* 的意思是"前灯"。

上面的后三例涉及以色列语的一种常见现象，即对外来词的同化是在重新分析词语的形态结构的基础上实现的。与 בקקסים *békakasim* "后轴［复数］" 和 אמברקסים *ámbreksim* "手刹车［复数］" 一样，以

色列语 שרימפסים *shrímpsim* 意思是"虾"，源自英语 *shrimps*"虾"，而 *shrimps* 其实是英语 *shrimp* 的非标准形式，因为 *shrimp* 与 *deer*"鹿"，*fish*"鱼"，*sheep*"羊"等词一样是集合名词，它们的单复数同形。这种弄错词语单复数形式的现象非常普遍。试比较：美式挪威语 *karsar*"汽车［复数］"，这个词里的 *-ar* 是复数后缀（参看 Lehiste 1988：15；请对比 Deroy 1956：278 提到的美式挪威语 *karser*"汽车［复数］"），*karsar* 是美式挪威语 *kars*"汽车"的复数形式，来自英语 *cars*（试比较：挪威语 *bil*"汽车"）。与以色列语 סילב *silv*"前灯"一样，斯瓦西里语 *digadi*"挡泥板"来自斯瓦西里语 *madigadi*"挡泥板［复数］"，后者的词源是英语 *mud-guards*。斯瓦西里语 *vitabu*"书［复数］"来自斯瓦西里语 *kitabu*"书"（该词源自阿拉伯语 كتاب [kiˈtaːb(u)]"书"），利用一种巧合将 *kitabu* 纳入斯瓦西里语的名词分类系统，其中表示复数的 *vi-* 与表示单数的 *ki-* 相照应（参看 Deroy 1956：261，Hagège 1986：257）。英式英语 *keep left*"靠左"被斯瓦西里语改造成 *kiplefti*，意思是"环岛"（因而成为一个伪英语表达式，参看 §8.3），复数形式为 *viplefti*。①

　　以色列语的语音改造词有时会采用阿拉伯语的形式。例如，国际通用词② *soap*（试比较：阿拉伯语 صابون [ṣaːˈbuːn]；法语 *savon*；意大利语 *sapone*；西班牙语 *jabón*；拉丁语 *sapo*——欧洲语言里相应的词都基于其宾格形式 *saponem*；德语 *Seife*）被本-耶胡达写成 סבון *sabón*"肥皂"（参看 Avinery 1935：39）。这里需要注意的是，阿拉伯语根据自己的语音库存把 [p] 改成了 [b]，但是以色列语把这个新词写成 ספון \**sapón* 也是可能的（参看 Torczyner 1938：28—29）。③ 更早的时候，希伯来语就有由拉丁语 *sapo* 改造而成的词，即密西拿希

① Whitley（1967），Zuckermann（2000，尤其第 328—333 页），McMahon（1994：207）等人都分析过大量的类似例词。
② 国际通用词（internationalism）是一种跨语言借词，指被几种语言同时或先后从同一终极源语借用、词义相同或相近的词。本书中的国际通用词一般列出英语表达式；如果所列举的国际通用词是欧洲语言词汇但是没有相应的英语表达式，则列出最流行的其他欧洲语言表达式，详情请参看 §6.1。
③ Klein（1987：433a）和 *MES*（：1209c）都忽视了阿拉伯语的影响。

伯来语 צפון［ṣå'pʰōn］"肥皂，清洁剂"，但是这个词后来湮没无闻了。
贾斯特罗（Jastrow 1903：1295b）曾经指出：这个词的拼写（用 צ 而
不是 ס）可能受到密西拿希伯来语 צוף √ṣwp "浮起，漂浮"的影响。
不过，我们还应该注意：阿拉伯语 صابون［ṣa:'bu:n］的拼写与此相似，
用了［ṣ］而不是［s］。

我将语音改造词归入"外来词"类别，但是有的语音改造词可
能恰巧看起来像是经过语素改造而形成的借词（参看下文）。例如，
以色列语 אגזוז egzóz 是英语 exhaust 的同化形式，它打败了纯语论者
由 פלט √plṭ "排放，发出"创制的 מפלט maflét，用于翻译英语 exhaust
"排出"。以色列语 אגזוז egzóz 似乎是套进名词词型 e□□ó□，就像
אשבול eshból "玉米棒子，（植）肉穗花序"，אשכול eshkól "簇，串"，
אתרוג etróg "香橼"等词一样。此外，אגזוז egzóz 里貌似重叠的成分会
让人想起以色列城市名 אשדוד（以色列语 ashdód，希伯来语
［ʔaš'dōd］）"阿什杜德"，这会让人觉得 אגזוז egzóz 是一个希伯来语
词。实际上，我调查发现，许多母语使用者都认为 אגזוז egzóz 是一个
纯粹的希伯来语词，即使他们熟悉英语词 exhaust，也不会把两者相
联系；此外，他们还把 אגזוז egzóz 的复数形式念为 egzozím 而不是
egzózim。后面的这种发音保留了单数形式的重音，倘若 אגזוז egzóz 被
当作外来词，其发音就应该如此。试比较最小对立体（minimal
pair）：גן gan "花园"及其复数形式 ganím 与 גן gen "基因"及其复数
形式 génim，其中前者的词源可追溯至圣经希伯来语，而后者却是国
际通用词。① 讨论完 אגזוז egzóz 之后，下文将探讨语素改造词。

语素改造词应该归入借词。**借词**指那些已经变得无法与本族语其
他词汇区别开来的词项，它们受制于本族语正常的构词规则和用法规

---

① 以色列语中也有一些本族语词在变格（decline）时会保留原来的重音，比如 סל sal
"篮球得分，篮子"的复数形式 סלים sálim，不过，这可能是为了与 סלים salím "篮子，
容器"（来自 סל sal "篮子，容器"）区别开来。由于同样的原因，פן pan "方面，形
式"的复数形式 פנים 一般念 pánim，以区别于 פנים paním "脸"；צחוק tskhok "笑"的
复数形式 צחוקים 发音不同时，词义也不同：tskhókim "好笑的事，故事"，tskhokím
"笑"。以色列语有些词的重音落在倒数第二个音节上，相关分析请参看 § 5.4.3，
也可参看 § 6.2.2 和 Zuckermann（2001a）。

则。我们设想一下：倘若一个意大利人在 1940 年代访问以色列，在与从意大利来的犹太移民打交道时，他或者她可能会听到这样一句话：*Fallo regare un momento!* "让他 *regare* 一会儿！"然后就会纳闷：这个貌似纯粹的意大利语动词的 *regare* 是什么意思呢？其实，这个词的词源是以色列语 רגע *réga* "时刻"，所以这句迂回的话语意思是"让他等一会儿！"（试比较：意大利语 *Fallo aspettare un momento!*）这个例词说明的就是**语素改造**，即源语（这里指以色列语）词项经过改造之后才符合目标语（这里指意大利语）的形态结构。我们可以比较该词与利文斯顿（Livingston 1918：210，225）提到的许多美式意大利语词语：*giobba* "工作"，*bosso* "老板"，*grosseria* 和 *grussaria* "杂货店"，*beccia* "母狗"，*bloffo* "吓唬"，*grollo* "咆哮者"，*grognollo* "新手"，*checche* "蛋糕"（意大利语既有词 *checca* "'同性恋男子'，同性恋"对 *checche* 似乎没有产生任何影响，否则 *checche* 就是语音匹配词，参看 §1.2.3）。[①] 与 *regare* 的借用路径相反的是从意大利语借入以色列语，例如以色列语 מטונטן *metuntán* "愚蠢的"来自意大利语 *tonto* "笨蛋，傻瓜"，但是这个词也可以看作是词汇归并（参看 §1.4），具体而言是并合了以色列语 מטומטם *metumtám* 和意大利语 *tonto*。我的妹妹从印度旅行回到以色列时，她用到的一个词是 *rapidím*（רפידים）。该词是她对英语 *rapid* "激流"进行语素改造之后所得到的词的复数形式，但是这个词从形态上看像是希伯来语。所以，语素改造与语音改造截然不同：在目标语占主导地位的情况下，源语词的变化十分明显。

　　语素改造不仅带有个人言语特点，而且常常为语言规划者所利用。在 1993 年 11 月的 *LLN 2* 里，希伯来语科学院（The Academy of the Hebrew Language）引入英语 *lasing*（<*laser*，参看 §1.4.3.2.1）的语素改造词 לזירה *lezirá* "产生激光"。这个词看起来像是包含 לזר √*lzr*，套进名词词型 □□i□á，词型与 יצירה *yetsirá* "艺术品，创作（行为）"一样。同样，1996 年 11 月 11 日，希伯来语科学院建议用

---

① 更多例词可参看 Menarini（1947：145—208）。

קלישה *klishá* "陈词滥调" 去同化国际通用词 *cliché*（参看 *Akadém*，1997 年 5 月 11 日），而 קלישה *klishá* 看起来含有成分 קלש √*qlš*，套进名词词型 □□*i*□*á*。不过，大多数以色列语母语者并不知道 *klishá* 这个词；他们使用的是外来词 קלישה *klishé* 和看起来像阿拉姆语的语素改造词 קלישאה *klishaá*。

派恩斯（Pines）在其著作《权力之书》（*séfer hakóakh*）（1897：XVI—XVII）中提出的许多以色列语新词都经过了语素改造，例如，נתרית *natrít* "钠"（试比较：*natrán*，参看 §3.2.2），אלומית *alumít* "铝"，סליצית *silitsít* "硅"，קובלת *kovélet* "钴"，צנקה *tsinká* "锌"，רבידית *rubidít* "铷"，אסטרונטית *estrontít* "锶"，צרקונית *tsirkonít* "锆"，מלבדן *melavdén* "钼"，רוטנית *rutanít* "钌"，קדמית *kadmít* "镉"，אנדית *indít* "铟"，ארבית *erbít* "铒"，אטרבית *iterbít* "镱"，ארידית *aridít* "铱"，אסמית *osmít* "锇" 等。不过，这些词几乎都没有流行开来。

## 1.2.2　推导型俗词源与生成型俗词源

"俗词源"（popular etymology，也称"通俗词源"）有很多不同的名称，包括"共时词源"（synchronic etymology）、"类词源"（para-etymology，试比较：意大利语 *paretimologia*，见于 Pisani 1967）等，还有一个带点感情色彩的名称"民间词源"（folk-etymology）。[①] 我倒是想称之为"神话词源"（etymythology，< etymology + mythology），因为这种词源往往借助推导和想象对词语的来源做出各种自认为合理的解释，宛如神话创造一样。不过，为了尊重传统，我还是采用比较通用的名称"俗词源"。尽管名称如此之多，但正如科茨（Coates 1987）所言，俗词源并未得到语言学家的足够重视。俗词源的定义也千差万别，有的强调这种词源推导过程本质上是下意识的、错误的、愚蠢的（参看 Bolinger 1975：406—407，Crystal 1993），还有的侧重词或短语的重塑过程（参看 Trask 1993：105）。俗词源现象往往与一

---

① 术语 folk-etymology "民间词源" 是德语 *Volksetymologie* 的仿造词，由佛尔斯特曼（Ernst Förstemann）在 1852 年提出，参看 Buyssens（1965）和 Malkiel（1993：19）。

种谬见有关，即语音上的相似性意味着两者存在亲缘关系。为了促进对俗词源的理解，我主张清楚地区分两种俗词源：一种是**推导型俗词源**（derivational-only popular etymology，简称 DOPE），即被动地仅靠推导而得出的俗词源，也就是事后（在词语形成之后）推导出的错误但又自认为合理的词源；另一种是主动的、创造出新词（包括新词义、新词项等）的**生成型俗词源**（generative popular etymology，简称 GPE），也就是人们为使外来词本族化①而创造的、不专业的词源；换言之，人们碰到陌生难解的外来词时，以自认为合理的方式去加以同化，将它们改换成自己熟悉的、发音近似而意义无关或相关的词，结果创造出了新词，这个新词就是生成型俗词源。在传统的俗词源分析中，研究者大多强调俗词源是不科学的，比如索绪尔（1999：244）曾经指出：

> 我们有时会歪曲形式和意义不大熟悉的词，而这种歪曲有时又得到惯用法的承认。例如……这些创造不管看起来怎么离奇，其实并不完全出于偶然：那是把难以索解的词同某种熟悉的东西加以联系，借以作出近似的解释的尝试。人们把这种现象叫作流俗词源。

我采用"**本族化俗词源**"（folk-etymological nativization，简称FEN）这一术语，意在强调：在同化外来词的过程中，因俗词源解释而产生的新词既包含外来语言成分，又包含本族语成分，因而是一种多源新词。上文所述的推导型俗词源常常是生成型俗词源的第一阶段，但是将两者明确区分开来是至关重要的。在界定这两种俗词源之后，我将简要说明非专业人士所创造的与纯语论者所创造的生成型俗词源有哪些区别，而后者正是本书的主要焦点。

1.2.2.1　推导型俗词源与"阿波罗倾向"

推导型俗词源与对既有词汇单位——通常是外来词——的词源所

---

① "本族化"（nativization）也叫"同化"，据《牛津英语词典》的定义，指对借词进行改造、使之符合本族语的语音结构的过程（the process of adapting a loan word to the phonetic structure of the native language）。

做的重新分析有关，不过，这种再分析最后不会引入新词义或者新词项。举例来说，阿拉伯语使用者把国际通用词 *influenza* "流感" 解释为阿拉伯语 أنف العنزة [ˈʔanf əlˈʕanza]（字面意义 "山羊的鼻子"）（非常湿，仿佛得了感冒），其实不是在用 [ˈʔanf əlˈʕanza] 替代 *influenza*，这种情形下既没有造出新词，也没有发生语音变化。

为什么会有推导型俗词源这种现象？我认为，这是因为我们有一种 "阿波罗倾向"（Apollonian tendency）（参看 Pisani 1967：160 对 *la tendenza apollinea* 的分析）。[①] 概括地说，**阿波罗倾向**指描绘或创建秩序的愿望，尤其针对不熟悉的信息或新体验。有一个可笑的故事可以说明这种倾向：美国南达科他州有一个人到了雅典，惊喜地发现希腊人都是美国航空航天局的粉丝，因为他无论到哪里，都看到阿波罗这个名称，而他心中的阿波罗是与美国航空航天局的阿波罗登月计划联系在一起的，他就以为希腊人所说的阿波罗和他所想的一样。[②] 具体到语言现象中，阿波罗倾向的表现是：给词的用法寻找正当理由并且殷切渴望词都有意义。我们来看看纯朴的以色列年轻读者是如何理解 דוקטור סוס *dóktor sus*（试比较：英语 *Dr Seuss* [ˈdɒktə(r) suːs]）这个名字的。这其实是美国儿童读物作家和插图画家西奥多·苏斯·盖泽尔（Theodore Seuss Geisel，1904—1991）的笔名。许多以色列人肯定他就是 "马博士"，因为（圣经希伯来语>>）以色列语 סוס *sus* 的意思是 "马"。为什么会这样？我听到过一个推导型俗词源解释：这是由于苏斯博士的故事里有许多动物。这种 "误解" 可能符合豪根（Haugen 1950：212）对借词所做的综合判断，即 "每个语言使用者都会试图复制先前学会的语言模式，去应对新

① 试比较：尼采（Nietzsche）提出的两个概念：*Apollinisch* "阿波罗的，太阳神的" 与 *Dionysisch* "狄奥尼索斯的，酒神的"。Apollo "阿波罗" 是希腊人和罗马人的太阳神，象征理性；而 Dionysus "狄奥尼索斯" 是酒神和自然神，往往让人联想到一些疯狂的宗教仪式。

② 还有一个类似的故事：一位印度学者到了罗马，惊喜地发现意大利人都是梵语语法的狂热爱好者，因为无论他到哪里，都会看到 *PANINI* 这个词。他心中的 *PANINI* "帕尼尼" 是公元前 4 世纪的印度语法学家，而罗马的 *PANINI* "帕尼尼" 指的是意大利的一种传统三明治。

的语言情境。"

  同样，有些阿拉伯语母语者——尽管多数是开玩笑——争辩说：莎士比亚其实是阿拉伯人，他的名字在阿拉伯土语里叫 شيخ زبير [šeːχ zuˈbeːr] Sheikh Zubēr（在标准阿拉伯语里则叫 [šajχ zuˈbajr]），因为 Zubēr 是一个常见阿拉伯名字。这种说法连巴格达大学的某位教授（参看 Haywood 1971：214）都深信不疑。有些人认为英语 *barbecue* 来源于法语 *barbe à queue*（字面意义"胡子到尾巴"）（参看 *OED*），实际上该词的词源是西班牙语 *barbacoa* "烧烤"（试比较：当代西班牙语 *barbecue*），可继续追溯到海地语 *barbacòa* "柱子上放置的棍棒架"（试比较：圭亚那印第安语 *babracot*）。语言学知识不够丰富的母语使用者往往认为，现行的词与所提出的俗词源形式之间的语音相似性不可能是偶然的，很有可能两者是同源词。然而，有一点现在已经得到公认：在两种既无亲缘关系又无任何接触的语言中，某一特定词语——还不包括拟声词——在两种语言中发音相似且语义相同的可能性之大超过了许多非专业人士所能接受的程度。比如，马来语 *mata*（发音一般是 [ˈmatə]）"眼睛"与现代希腊语 μάτι [ˈmati] "眼睛"（参看 Bloomfield 1933：297，Hall 1966：62 脚注）；圣经希伯来语 מלך [ˈmɛlɛkʰ] "国王"、阿卡得语 *malku* "统治者，部长"与艾马拉语 *millku* "部落首领"；① 日语训读词 無し *nashi* "没有"与英语 *nothing*；日语训读词 ほら *hora* "瞧！嘿！"与古希腊语 *horáō* "我看，我看见"；日语训读词 こら *kora* "指责"与古希腊语 *kolázō* "惩罚"；英语 *mission* 与密西拿希伯来语 משימה [məšiˈmå] "任务"；法语 *comme* 或意大利语 *come* 与（希伯来语>）以色列语 כמו *kemó/kmo* "像"。

  我在上文用到"非专业人士"（laymen）这个词，并不是说只有非专业人士才会持以上观点，其实语言学家和其他文人也无法免受语音相似性的诱惑。例如，中世纪博学家迈蒙尼提斯（Maimonides）就认为希伯来语 אסטניס [ʔistəˈnīs] "过度敏感的，大惊小怪的"（试比较：英语 *asthenic*；德语 *asthenisch*）源自 צנן（Avinery 1946：134）而

———————————

① Baruch Podolsky（私人通信）。

不是来自古希腊语 *a-sthénēs* "没有力气，弱，虚弱"，试比较：古希腊语 *sthénos* "力气，力量"。再如，英国大文豪乔叟（Chaucer）认为英语 *dismal* 源自中古法语 *dis mal* "十种恶"（试比较：当代法语 *dix* "十"），其实 *dismal* 的词源是拉丁语 *dies mali* "邪恶的日子"（参看 Mish 1991：144—145）。过去的一些语文学家认为英语 *sincere*（拉丁语 *sincerus*）的词源是拉丁语 *sine cera* "无蜡"，比喻意义为 "纯洁的，真的，诚实的"（参看 Bierce 1911，试比较：1996：108），但实际上，历时地看，它真正的词源是原始印欧语 *\*sm/\*sem/\*sim/\*som-* "一样，一个，唯一"。① （不过，从来就没有英语母语者把这个词念为 *sine cera*。）归根结底，当今非专业人士的观点常常与昔日语文学家的观点完全一样，那么，我们不禁要问：当今语言学家的见解是否会遭遇同样的命运呢？

1.2.2.2　"耶路撒冷为世界之都"观点持有者的推导型俗词源

曾经有一种普遍的观点，认为 "耶路撒冷为世界之都"（*Hierosolyma caput mundi*），而希伯来语则是世界语言的原始语（*Ursprache*），因此常常有人试着为欧洲语言里的词语提供希伯来语化的词源。厄特尔（Oertel 1746，尤其在 xxxii—xxxiii，第 134—156 页）给出了许多匈牙利语词语的希伯来语词源，比如：

同义词

- 匈牙利语 *álom* ［ˈalom］ "梦" 与（圣经）希伯来语 חלום ［ħă'lōm］ "梦"（第 134 页）
- 匈牙利语 *szikra* ［ˈsikrå］ "火花" 与希伯来语 זיק ［zīq］ "火花"，试比较：（圣经）希伯来语 זיקה ［zī'qå］ "火花"

语义相关的词

- 古匈牙利语 *alunni* ［ˈålunni］ "睡觉"（匈牙利语现已不用此词，试比较：当代匈牙利语 *aludni* ［ˈåludni］ "睡觉"）与（圣经）希伯来语 לון

---

① 英语 *similar* 和 *simple* 也源自这个词，参看 Ayto（1990：478a）。

［lūn］"过一夜"（第 134 页）

- 匈牙利语 *homok*［ˈhomok］"沙"与（圣经）希伯来语 חומה［ħōˈmå］
  "墙"（第 140 页）
- 匈牙利语 *ok*［ok］"起因，原因"（拉丁语 *ratio*）与（圣经）希伯来语
  חק［ħoq］"法律"（拉丁语 *statutum*）（第 144 页）
- 匈牙利语 *reggel*［ˈrɛggɛl］"早晨"与（圣经）希伯来语 רגל［ˈrɛgɛl］
  "脚；假日"（第 145 页）
- 匈牙利语 *tiz*［tiz］"10"与（圣经）希伯来语 תשע［ˈtešaʕ］"9"（第
  146 页）

同样，扎亚斯科夫斯基（Zajączkowski 1953：16—17）给几个波
兰语词语提供了希伯来语词源，例如（圣经）希伯来语 דרך
［ˈdɛrekʰ］"路"与波兰语 *droga* "道路，路"，这是在比较赫宾纽斯
（Herbinius 1675）和穆奇林斯基（Muchliński 1856）的分析之后得出
的结论。耶特尔斯（Yetles 1838：106）有一个提法十分荒谬：拉丁语
*morbus* "疾病"源自希伯来语 מרע ביש［məˈraʕ bīš］"恶疾"，后者实际
上是（阿拉姆语>）中古希伯来语 מרעין בישין［marˈʕīn bīˈšīn］"烦恼
［复数］，瘟疫［复数］"通过逆生法形成的单数形式，而 מרעין בישין
［marˈʕīn bīˈšīn］见于安息日祷告（参看 *MES*：1063c）。萨丹（Saddan
1955：10）对此评论道："这位智者（指耶特尔斯）弄混了……他把
仿品看成原作，又把原作看成仿品。"

犹太拉比伊扎克·莱文森（Yitzhak Lewinson）及其门徒们认同
下述词源解释（参看 Avinery 1946：135）：

- 德语 *Liebe* "爱" "<"① （圣经）希伯来语 לב［lebʰ］"心"
- 德语 *Zwiebel* "洋葱" "<"（圣经）希伯来语 בצל［båˈṣål］"洋葱"
- 德语 *Dekan* "主持牧师" "<"（圣经）希伯来语 זקן［zåˈqen］（阿拉姆
  语 דקנא）"老"
- 德语 *Orakel* "神谕" "<"希伯来语 אור הכל［ʔōr hakˈkol］"万物之光"

---

① 这里的引号表示事实并非如此。

- 德语 *Almosen* "救济品" "<" 希伯来语 על מזון [ʕal måˈzōn] "在食物上面"
- 德语 *durch* "穿过" "<"（圣经）希伯来语 דרך [ˈdɛrɛkʰ] "穿过"
- 德语 *kurz* "短" "<"（圣经）希伯来语 קצר [qåˈṣår] "短"
- 德语 *ruhig* "安静，平静" "<"（中古）希伯来语 נרגע [nirˈgaʕ] "镇定"（试比较：希伯来语 רגוע [råˈgūwaʕ] "放松的，平静的"）

拉尼亚多（Laniado 1997）提出希伯来语是英语的祖先这个假设，并且做出了一些荒谬的推论，比如 *believe* < בלב（以色列语 *balév*）"在心里"，*vocal* < בו קול（以色列语 *bo kol*）"里面有声音"，*automatic* < אותו מעתיק（以色列语 *otómaatík*）"正在复制"（试比较：以色列语 *otòmovíl* "汽车"，参看 § 5.1.4），*Buddha* < בו דעה（以色列语 *bo deá*）"他有知识"。拉尼亚多往往还做出详细解释，说得确切一点，是为自己的说法作貌似有理的自我辩解。比如，他提出英语 *ashame* "源自" אשם（以色列语 *ashém*，圣经希伯来语 [ʔåˈšem]）"有罪的"，因为"觉得羞愧的人也觉得有罪"（同上：234）。再如：他提出 *acetylchlorine* "来源于" א(להים) שתל קול（以色列语 *e(lohím) shatál kol*）"上帝播种的声音"，因为"这种化学物质在神经末端或肌肉神经结点释放，才能传播神经脉冲……声音和语言是……交际语言脉冲"（同上：219）。约瑟夫·亚胡达（Joseph Yahuda）撰写了一部非常深奥的俗词源著作《希伯来语就是希腊语》（*Hebrew is Greek*）（1982），其中也有不少类似的例子。

希伯来语化的推导型俗词源还有许多，例如：

- 国际通用词 *radio* "<" 密西拿希伯来语 רדיא [ridjå] "莉迪亚（Rydia，雨水天使）"，理由见 1945 年 11 月 30 日《邮报》（*HaDoar*）的"语言问题"板块，参看 Avinery（1946：138）。
- 英语 *aberration* "<" 密西拿希伯来语 עברה [ʕåbʰeˈrå] "罪，恶行"。实际上，前者的词源是法语 *aberration*，可追溯至拉丁语 *aberratio*，即拉丁语 *aberrare* "离开正道"的动作名词，由 *ab* "离开"和 *errare* "漫

游"两部分构成，试比较：*errant*，*error*。

- 德语 *Heirat* "婚礼" "<" 密西拿希伯来语 הרי את מקדשת לי בטבעת זו כדת משה וישראל [hǎˈre ʔatt məqudˈdɛšet lī bəṭabˈbaʕat zō kəˈdât moˈʃɛ wəjiśråˈʔel] "根据摩西和以色列的律法，你我订立婚约"（参看 *Mishnah*：Qiddushin 3：1b）（参看 Avinery 1946：133，Klausner 1949：56，Tur-Sinai 1950：5；1951：3）。

- 通俗拉丁语 *heresia* "异端邪说" "<"（中古）希伯来语 הרס יה [ˈhɛres jåh] "毁灭上帝"。

- 德语 *Nachlass* "遗产，财产" "<" 阿什肯纳兹①希伯来语 *nákhlas*，来自希伯来语 -נחלת [nahǎˈlat]，即希伯来语 נחלה [nahǎˈlå] "财产，遗产，遗赠"（本义为"礼物"，参看 *BDB*：635b）的名词构造型（*nomen rectum form*）（参看 §3.2.4 第 155 页脚注②），试比较：希伯来语 נחלת-יעקב [nahǎˈlat jaʕǎˈqobʰ] "雅各的产业"（Isaiah 58：14）（参看 Tur-Sinai 1950：5）。

- 英语 *boss* "老板，上司" "<" 意第绪语 בעל-הבית *bàləbós* "所有者，物主" <（密西拿）希伯来语 בעל-בית [ˈbaʕal ˈbajit] "房东"。请注意，בעל-בית 现在也可指"老板，有钱人"。历时地看，英语 *boss* 源自荷兰语 *baas* "主人"。

　　与此相反的是"去希伯来语化的推导型俗词源"，但这种现象远不及上文分析的"希伯来语化的推导型俗词源"普遍。例如，（密西拿希伯来语>>）以色列语 גט *get* "离婚（的法律文件）" 被人（常以开玩笑的方式）解释为来源于英语 *get* (*off*)，*get* (*a divorce*) "下车，离（婚）"，但是历时地看，该词的终极词源是阿卡得语 *gittu*（试比较：苏美尔语"长板，证书"，参看 Rosen 1994：78）。

### 1.2.2.3　语内推导型俗词源

　　推导型俗词源不仅涉及不同语言之间词源关系的解释，而且发生在同一种语言内的词源关系推断中，比如对密西拿希伯来语 משמד

---

① 阿什肯纳兹犹太人又称德裔犹太人，中世纪指法国北部、德国西部的犹太人，后来其中心向波兰、立陶宛等地蔓延，主要指欧洲犹太人。本书所引用的阿什肯纳兹希伯来语（Ashkenazic Hebrew）词语如果未作详细说明，那么，其词形就是以东北部（立陶宛）阿什肯纳兹希伯来语的发音为根据来确定的。

［məšumˈmåd］（以色列语 *meshumád*）"叛教者"的词源关系的推断。我调查发现，大多数以色列语母语者认为以色列语 *meshumád* 的词源是希伯来语 שמד √*šmd*，参看格里内特（Glinert 1992：152）的断言："*Meshumad* 与 *mashmid* '毁灭者' 这个词有……关联"。但是，真相却与此有些不同，如下所示：

阿卡得语 *emêdu* "站，斜靠，承载，征税或罚款" >

密西拿希伯来语 אמד √*ʔmd* "估计"（试比较：圣经希伯来语 מדד √*mdd* "衡量"）>

אמד √*ʔmd* "估量深度" >

אמד √*ʔmd* "下降，跳水"（> 密西拿希伯来语 אמודאי ［ʔåmōˈdaj］ "跳水者"）>

עמד √*ʔmd* "下降，跳水" >

שעמד √*šʔmd* "浸入"，套进动词词型 *shi□ □é□* >

משעמד ［məšuʕˈmad］ "浸入→受洗礼→叛教者" >

密西拿希伯来语 משמד ［məšumˈmåd］ "叛教者" >>

以色列语 משמד *meshumád* "叛教者"。

犹太拉比海·伽翁（Hai Gaon, 939—1038）认为密西拿希伯来语 משמד 是 משעמד 的缩写形式（参看 Klein 1987：664c）。不过，משמד 可能直接源自 משאמד，这种解释就缩小了推导型俗词源与真正的历时词源之间的偏差，但前提条件是接受 *MES*（：1847b）中的一个假设：שמד √*šmd* 来自 שאמד √*šʔmd*。

1.2.2.4　多源新词与推导型俗词源的区别

对于某些词语，很难判定它们究竟是多源新词还是有着多种词源解释的词项，后者是指那些来源不明但是对其词源已经有多种说法的词，其典型例子是国际通用词 *pidgin* "皮钦语"。关于 *pidgin* 的词源，至少有七种说法，比如源自英语 *business*（由汉语讹变而来；*OED*）；源自希伯来语 פדיון *pidyon* "讨价还价"；源自亚戈语 *pidian* "人们"（参看 Hall 1966：7, Mühlhäusler 1986：1, Aitchison 1981：192, Todd

1974，Hancock 1979，Baker and Mühlhäusler 1990）；等等。另一个广
为人知的例词是 *OK*，有人臆断它来自 *ole korrek* "全对" 或 *Old
Kinderhook* 或乔克托语 *okeh*，等等。① 再一个例子是 *macabre* "恐怖
的"，其词源也有多种解释，其中一种说法是它源自希伯来语 מכבי
［makkabˈbī］"马加比"（试比较：法语 *danse Macabre* "死亡舞蹈"；
拉丁语 *chorea Machabæorum*；荷兰语 *Makkabeusdans* "死亡舞蹈"；
*OED*）；另一种说法是它源自阿拉伯语 مقابر ［maˈqa: bir］"坟墓，
墓地"。

我们虽然难以避免错把有多种词源解释的词汇单位当成多源新
词，但是我们必须多加小心。例如，密西拿希伯来语 פקר *påqar* "持异
端邪说，反对宗教，放肆，背弃信仰［阳性，单数］" 的词源有两
种可能：

（1）源于不信教的雅典哲学家 *Epíkouros*（Epicurus，即伊壁鸠
鲁，公元前 341 年—公元前 270 年）之名，是对其名字进行语素改造
后得到的动词形式。

（2）是密西拿希伯来语 פרק *påraq* 的音位转换形式，试比较：密西
拿希伯来语 פרק על תורה ［påˈraq ʕol tōˈrå］"摆脱妥拉（Tora，即律法书）
的约束，变成异教徒"，后者来自圣经希伯来语 פרק על ［påˈraq ʕol］"推
卸责任"。

如果对上述两种说法进行分析，则可得到如下五种结论：

第一种：词源是（1），（2）是推导型俗词源。

第二种：词源是（2），（1）是推导型俗词源

第三种：词源是（1），但受到（2）的影响。

第四种：词源是（2），但受到（1）的影响。

第五种：词源是（1）和（2），即这个词是 *Epíkouros* 的音义匹
配词。

我希望本书中所认定的多源新词都确实不是有着多种词源解释的

---

① 我所遇到的以色列语使用者中，有人提出 *OK* 是首字母缩略词，代表以色列语
אמנם כן *omnám ken*（字面意义 "是，没错"），不过他们明白这种说法似是而非。

词项。不过，有一点必须承认：由于我所提出的词源不仅数量极大，而且内容全新，因此，这绝不是一件能够自动防错的事，出现差错也就在所难免。

　　如果有可能将一个纯粹的借词或外来词与以色列语中一个语音近似但词义毫无关系的既有词联系起来，那就很难分清它究竟是多源新词还是推导型俗词源。例如，以色列语 קופון *kupón* "优惠券" 是由英语 *coupon* 改造而来，某些母语者却将它与以色列语 קופה *kupá* "钱柜"（<<密西拿希伯来语 קפה <拉丁语 *cupa* "桶，大酒桶，大桶"）相联系，就好像它是 קופה +（希伯来语>）以色列语名词后缀 ון- *-ón* 一样。这些母语者一般把复数形式念成 קופונים *kuponím*，而不是念成带有外来语音特征的 *kupónim*，可参看§1.2.1 对以色列语 *egzóz* 的具体分析。

　　上述情形常见于俚语和口语。我认为，以色列语口语词 צ'ופר *chupár*（= *tshupár*）"奖金，奖品，额外收入" 的词源是西班牙语 *chupar* "吮吸"，但是，我采访发现：一些母语使用者把它和以色列语 שפר √*špr* "改善" 相联系，试比较：（阿拉姆语>希伯来语>）以色列语 שופרא דשופרא *shúfra deshúfra* "质量上乘的，一流的"。依文-肖山（Even-Shoshan，参看 *MES*：1517a）断言：以色列语口语词 *chupár* "奖金，奖品，额外收入" 的词源是阿拉伯语 جبار [ʤabˈbaːr] "强大的，骄傲的，巨大的"，这个词在阿拉伯语里用于形容上帝，所以一些阿拉伯姓氏都含有这个词，比如美国职业篮球联赛（NBA）退役篮球明星卡里姆·阿卜杜勒-贾巴尔（Kareem Abdul-Jabbar），其阿拉伯语姓名为 كريم عبد الجبار [kaˈriːm ˈʕabd alʤabˈbaːr]。以色列语口语词 שטינקר *shtínker* "告发者" 的词源是意第绪语 שטינקער *shtínkər* "臭鬼"，一些母语使用者却把它与以色列语口语词 שתינה *shtína* "小便，尿" 相联系，试比较：שתן *shéten* "尿"。以色列语口语词 גברדיה *gvárdya* 指 "一群背景相同、有团队精神的人"，比如 הגברדיה של מלחמת ששת הימים *hagvárdya shel milkhémet shéshet hayamím* "六日战中的兄弟们"，但是有些母语者认为它与以色列语 גבר *géver* "男人" 有关，其实它真正的词源是意大利语 *guardia* "守卫，守候［名词］"，最初的书写形式是

גוורדיה（参看 Alcalay 1967：82）。这个词的书写形式从 ו（*v*）变为 ב（*b*），这种变化多见于以色列语的外来词和借词，而正是这个变化导致母语使用者将它与 גבר *géver*"男人"相联系。

在罗斯滕（Rosten 1971：363）的想象中，一个 שמענדריק *shmendrik*（笨手笨脚的人，笨拙、不成功的人，参看 §4.4）是又瘦弱又矮小的。这个词是亚伯拉罕·哥尔德法登（Abraham Goldfaden，1840—1908）[①]所创作的一部音乐喜剧中一个狂热、迷信而又无知的片名角色的名字。他起这个名字，极有可能是受到意第绪语 שמענדעראץ *shméndərhots*"笨手笨脚的人"（试比较：波兰语 *mądry*"聪明的"）的影响。我认为，如果罗斯滕是一个不会讲意第绪语的以色列语母语者，那么他就很难理解口语词 שמענדריק *shmendrik* 指瘦子，因为这个词的语音与 שמן *shamén*"肥胖"相似。

以色列语 חמסין *khamsín*"喀新风"（从南部或东南部刮来、令人难以忍受的热风，会让空气中充满沙尘）来自阿拉伯语 خمسين [χam'si:n]"喀新风"（字面意义"五十"）（试比较：阿拉伯语 خمسون [χam'su:n]"五十"），[②] 因为这种风每年大约会刮五十天。但是，许多以色列人以为这个名称与词源与之不同的 חם *kham*"热"相关。于是，在酷热无风的日子，我们可以听到以下谈话：

　　-בוא-הנה, חם פה משהו!- *bóena, kham po máshu*"听着，这里可真热啊！"

　　-מה זה חם, חמסין!- *má ze kham, khamsín*"你说热是什么意思？这可是喀新风！"

如此看来，以色列语 *khamsín*"喀新风"已经获得了新词义"酷热"。换言之，这显然是一种推导型俗词源，它促使 *khamsín* 的词义发生了变化，也就是赋予了旧词以一种新义。至此，我在下文中探讨

---

① 亚伯拉罕·哥尔德法登出生于俄罗斯，是犹太诗人、剧作家、舞台导演和演员，一生有剧作约 40 部，被视为犹太现代戏剧之父。

② 与此类似的是：有些美国人把意大利语 *venti* 理解为"大的"而不是"二十"，因为星巴克用 *venti* 指最大号的咖啡杯，用 *grande* 指中号杯，用 *tall* 指小号杯。

生成型俗词源也就顺理成章了。

1.2.2.5　生成型俗词源：以色列语里的双关义新造俚语词

生成型俗词源在俚语里十分常见。我们先给俚语（slang）下一个定义：俚语是特定社会团体，比如青少年、士兵、囚犯和小偷等所使用的非正式词语，往往转瞬即逝。俚语不同于口语（colloquial），口语是普通说话者有时随便使用的非正式言语，包括 you're "你是，你们是"这样的缩写词和口语词。口语词是非正式口语中所使用的词，最广义的口语词包括俚语词，但是狭义的口语词不包括俚语词。① 俚语词常用于口语中，但是并非所有的口语词都是俚语词。如果要分清二者，一种方法是弄清是否大多数母语使用者了解并使用某个词；如果是，该词就是口语词。但是，俚语词与口语词之间并不是一个离散的、量化的体系，而是一个连续体。虽然绝大部分俚语词转瞬即逝，常常被新的俚语词所取代，但是有些俚语词摆脱俚语身份而获得口语词地位（例如，英语 silly，试比较：德语 selig "有福的"；中古高地德语 sælde "福气，运气"；犹太女性名字 Zelda），甚至于获得正式身份，变成正式语言的一部分（例如，英语 mob）。此外，以色列社会比较特殊，大多数以色列人在以色列国防军服役，包括18—21岁的男性和18—20岁的女性，而且男性在服完现役之后每年参加预备役集训2—5周，一直到他们四五十岁的时候都是如此，因此，军队俚语渗透到大众口语中，有时很难分清军队俚语与大众口语。

有一点非常重要：俚语中的许多多源新词实际上是生成型俗词源，它们的形成不是因为无知，而是出于机智的文字游戏。因此，如果把纯语论者与非专业人士创造的本族化俗词源分别称作学者型本族化俗词源（FEN savant）与民众型本族化俗词源（FEN populaire），那么，有些含有双关意义的本族化俗词源俚语词则可看作是博学民众型本族化俗词源（FEN populaire savant）。我收集了数以百计的以色列语俚语词，其中大多数是军队俚语，下面分四种情况各举几例加以

① 术语 slangism "俚语词" 见于1853年文献（OED），构词模式上模仿 colloquialism "口语词"，在19世纪和20世纪一直有人使用。

说明：

第一种：给外来词引入新词义。由于目标语缺乏能用于同化的语言材料，就给外来名称加进一个新词义，用作目标语词项，这样往往会形成归并词（参看§1.4），例如：

* 以色列语俚语 הלמוט *hélmut* "（新手）惊魂未定" <
  1. （德语>）以色列语 הלמוט *hélmut* "Helmut（赫尔穆特）"（德语人名）
  2. 以色列语 הלם *hélem* "惊吓"
  3. 英语 *helmet*（起次要作用）

* 以色列语口语词 חומייני *khuméni* "码绢金龟，一种刺激性叶甲" <
  1. （波斯语>）以色列语 חומייני *khuméni* "霍梅尼"（伊朗什叶派宗教领袖"阿亚图拉"的尊号）
  2. （圣经希伯来语>>）以色列语 חום *khum* "褐色"
  3. （圣经希伯来语>>）以色列语 חום *khom* "热"（起次要作用）

• 以色列语俚语 פינוקיו *pinókyo* "被宠坏的，爱挑剔的，苛求的"（参看 *MAM*：182a）<
  1. 以色列语 פינוקיו *pinókyo* "皮诺丘"，来自意大利语（或许经过国际通用词中转）
  2. 以色列语 פינוק *pinúk* "宠爱，溺爱"，试比较：以色列语 פינוקי *pinúki*，一本以色列儿童读物里的主角小狗的名字（也许受到卡通画《花生》〔*Peanuts*〕里史努比〔Snoopy〕这一角色的影响），试比较：以色列语 מפונק *mefunák* "被宠坏的"。

第二种：给以色列语词语引入新词义：

• 以色列语俚语 ביזון *bizón* "新兵，新手" <
  1. （国际通用词>）以色列语 ביזון *bizón* "欧洲野牛"（试比较：俄语 бизон *bizón*），试比较：以色列语 טירון *tirón* "新手"
  2. 以色列语俚语 ביזיונר *bizyonér* "咎责"（<以色列语 ביזיון *bizayón* "丑闻" < בוז √*bwz* 或 בזי √*bzj* / בזה √*bzh* "轻蔑"）（参看 Sappan 1971：14a, Akhiasaf 1993：27a）

3. 以色列语俚语 ביזבז *bízbaz* "新手"（参看 Akhiasaf 1993：28b）

• 以色列语俚语 בולבוס *búlbus* "肥胖者"（参看 *MOLM*：30b）<

1. 以色列语俚语 בולפס *búlfas* "肥胖者"（参看 Sappan 1971：14a，*MOLM*：31a）

2. 以色列语 בולבוס *bulbús* "土豆"（该词本身是音义匹配词，参看 §3.1.4.1），试比较：英语 *bulbous* "球形的，臃肿的"

## 第三种：引入新词：

• 以色列语俚语 מגניף *magníf* "出色的" <

1. 英语 *magnificent*

2. 以色列语俚语 מגניב *magnív* "出色的"（字面意义 "使……被偷"，来自 גנב √*gnb* "偷"），而这个词本身可能是英语 *magnificent* 的本族化俗词源

• 以色列语俚语 קוסינה *kusína* "宝贝，性感的" <

1. （国际通用词词>）以色列语俚语 קוזינה *kuzína* "宝贝，亲爱的"（意第绪语 קוזינע *kuzínə* "表姐妹，堂姐妹"，参看 Sappan 1971：71a），这也许是因为以前的以色列男子被人发现与其他女人在一起时，往往会找个借口说：זאת הקוזינה שלי *zot hakuzína shelí* "她是我表（堂）姐妹！"

2. 以色列语口语词 כוסית *kúsit* "宝贝"（<以色列语口语词 כוס *kus* "女性阴部"，源自阿拉伯语）

• 以色列语口语词 קריזה *kríza* "疯癫"（试比较：הוא חטף קריזה *hu khatáf kríza* 或 הוא תפס קריזה *hu tafás kríza* "他很生气，他气疯了"）<

1. 德语 *Krise* "危机"，试比较：意第绪语 קריזיס *krízis*，俄语 кризис *krízis*；英语 *crisis*

2. 英语 *craze*（参看 Sappan 1971：73b）

俄语俚语 креза *krezá* "疯癫 [阴性]" 和 криза *krizá* "疯的"（两者的词源也许都是英语 *crazy*）也许也参与了以色列语口语词 קריזה *kríza* 的创造，试比较：以色列语口语词 קריזיונר *krizyonér* "易怒的人" 和 קריז *kriz* "（毒品）断瘾期不适"，后者用于 הוא בקריז *hu bekríz* "他经历了一

场危机"和口语 הוא חטף קריז *hu khatáf kriz* "他经历了一场危机",后面的这一句受到口语 הוא חטף קריזה *hu khatáf kríza* "他疯了"的影响。

第四种：利用以色列语内部材料引入新词：

- 以色列语俚语 אפף *éfef* "飘飘然的,反复无常的人", "脑子不清楚", "愚笨,发神经", "疯狂的,心不在焉的" <
  1. 以色列语口语词 אפס *éfes* "零,毫无用处的人,小人物"
  2. 以色列语俚语 אפוף *afúf* "(累得)瘫掉的人,飘飘然的,反复无常的人"(<希伯来语 אפוף "被包围的,被围困的" <希伯来语 אפף √ʔpp)

对于缩略语各成分所代表的原词,使用者会尝试做出解释,但有的解释与真正的原词不同。关于对缩略语进行再分析的论述,参看 Zuckermann（2000：317—321）。

　1.2.2.6　非专业人士的生成型俗词源与纯语论者的生成型俗词源

　　本书主要研究纯语论者系统地创制出来的本族化俗词源（即学者型本族化俗词源）和归并词（参看§1.4）。从技术上看,前者与民众临时创造的俗词源（即民众型本族化俗词源）是相似的,因此,用"俗词源"一词来描述是恰当的。但是,制定规范的语言学家创制纯语化多源新词的目的与非专业人士的目的是不相同的。纯语论者的多源造词是一种精明的策略,在扩充本族语词汇的同时让人觉得似乎不需要外来词或者借词。这是一种十分常见的词汇扩充手段,既不同于其他类型的借用,又不同于利用本族语内部资源来进行词汇扩充。相比之下,非专业人士的多源造词往往是一种简单的、临时寻找共时词源的过程；在此过程中,他们分析特定词语（通常听起来是外语）,将其简单地重新分解为自己比较熟悉的语言成分（通常为自己的母语）,详情请参看§1.2.2.1有关"阿波罗倾向"的分析。在纯语论者的多源造词过程中,创制者熟谙源语材料,有时甚至比对自己所用的目标语材料还了解得多。实际上,希伯来语复兴主义者熟悉他们竭力想改变为希伯来语的欧洲语言词项,其熟悉程度大大超过他们所倡导的符合希伯来语词法的多源新词。引入纯语论者的多源新词实际上是基于意识形态的语言工程项目的重要组成部分。

在造词技术上和词语结构上——而不是在造词动机上，"无知的"非专业人士本族化俗词源、语义双关的本族化俗词源、纯语论者的本族化俗词源其实是相似的。尽管如此，一般而言，只有非专业人士创制的本族化俗词源遭到许多语言使用者的蔑视，但是这些语言使用者所不了解的是：他们奉为圭臬的许多规范的新词，就造词技术而言与非专业人士的本族化俗词源其实完全相同，比如希伯来语委员会和希伯来语科学院的装配线上所生产出来的一些新词就是如此。

### 1.2.3　语音匹配

语素改造仅仅利用目标语中的语法语素（比如名词词型），而语音匹配与此不同，因为语音匹配利用目标语或第二源语中完整的既有词项去替代第一源语中的词，从而造出新词。本书所指的**语音匹配**是一种多源造词过程，这种过程最突出的特点是目标或第二源语中用于匹配的语言材料原本与第一源语词项语音相似，但是语义上没有任何关系。换言之，语音匹配是将第一源语词项与本族语或第二源语中语音相似、但词义无关的固有词项相匹配。经由语音匹配创制而成的新词我称为**语音匹配词**。在造词过程中，目标语或第二源语的语言材料吸收第一源语对应词的词义，整个造词过程如图4所示：

第一源语 x "a" →→→→目标语(+语音匹配词) y' "a" ←←←←目标语/第二源语 y "b"

y 与 x 语音相似
a 与 b 词义无关
y' 基于 y

**图 4**

举个简单的例词：英语 *mayday* "国际通用的无线电通话遇难求救信号"用于同化法语 *m'aider* "救我！"[1] 或者法语方言词或口语词

---

[1] 依据为 1927 年的无线电电报公约（Radio Telegraph Convention）；参看 *OED*。

*m'aidez*"救我!"（不同于标准法语 *aidez moi*）或法语 *venez m'aider* "快来救我!"英语既有词 *May*"五月"和 *day*"天,日子"与"救命"毫无关系。请注意,现在法语里呼救常用的表达式是 *au secours* "救命! 帮帮我!"和 *aidez moi*"救我!"

最早的一批西班牙海员碰到纳瓦特尔语（阿兹台克语）*ahuakatl* "鳄梨"（字面意义"睾丸"）一词时,对它进行了语音改造,变为 *aguacate*（在现代西班牙语里指"鳄梨",可能受到西班牙语 *agua* "水"的影响）。不过,有些地方却把这个词与语音相似的古西班牙语 *avocado*（字面意义"提倡"）（试比较:当代西班牙语 *abogado* "提倡",西班牙语 *evocado*"回忆起,唤起,援引"）相匹配,其实后者与那种睾丸形的果实毫无关系。请注意,西班牙语 *avocado* 在 17 世纪后期以 *alligator*（*pear*）"鳄（梨）"的形式进入英语,而这也是一个语音匹配词。

同样,英语 *cockroach*"蠊属,尤指东方蠊,蟑螂"语音上匹配西班牙语 *cucaracha* 或者古西班牙语 *cacarucha*,中间曾有约翰·史密斯船长（Captain John Smith）创造的 *cacarootch*（见于 1624 年文献,参看 *OED*,Mencken 1936: 112）这一过渡词形。请注意,*cock*"公鸡"（见于 897 年文献,参看 *OED*）和 *roach*"斜齿鳊"（见于 1314 年文献,参看 *OED*）都指动物,但我倾向于认为这一事实在此所起的作用非常有限。相比之下,英语 *cray**fish***"小龙虾"（美式英语 *craw**fish***）从局部看是古法语 *cre**visse*** [krɛˈvis]（试比较:当代法语 *écrevisse*）的本族化俗词源,后者是英语 *crab* 的同源词。① 在 *cray**fish*** 一词里,语义似乎发挥了有限的作用,不过当今大多数英

---

① 有关英语 *crayfish* 的分析,参看 Mencken（1936: 105）,McMahon（1994: 184）和 Trask（1996: 35—36）。就我所知,有的土耳其语使用者认为西班牙语 *cucaracha* 与（当代）土耳其语 *kokarca*"臭鼬,臭猫"有关（试比较:当代土耳其语 *kokmak*"嗅,闻 [不及物动词],有……气味",试比较:*koklamak*"嗅,闻 [及物动词]"）,因而形成一个推导型俗词源。土耳其语指"蟑螂"的词是 *hamamböceği*（字面意义"浴室跳蚤"）。西班牙语 *cucaracha* 在其他语言中的对应词也可能包含本族化俗词源成分,比如低地德语 *kakerlack*（16 世纪）,高地德语 *kakerlak*,荷兰语 *kakkerlak*（17 世纪）（试比较:荷兰语 *kak*"大便"与 *koek* [ku:k]"蛋糕"）,法语 *cackerlac*（18 世纪初）,法语 *cancrelat*。

母语者并不认为小龙虾是一种鱼，正如 *shellfish* "贝类动物" 不是鱼一样。法语 *beaupré* "船首斜桁"（字面意义 "漂亮的牧场"）是英语 *bowsprit* "船首斜桁" 的语音匹配词（参看 Mencken 1936：105）。

　　语音匹配常见于移民社会的语言生活中。例如，美式意大利语 *bimbo*（在意大利语里的意思是 "孩子"）"光线"，*giuro*（在意大利语里的意思是 "我发誓"）"犹太人" 和 *grasso*（在意大利语里的意思是 "肥，油腻"）"汽油"（Livingston 1918：225）。在德克萨斯州，我曾听到有人用 *Austin Waco*（德克萨斯州两座城市的名字）表示 *Hasta luego* "再见"（字面意义 "直到后来"）。

　　一个受过教育的匈牙利人收到装有一粒咖啡豆的信封后，可能会变得忧虑起来，为什么？答案就在语音匹配：匈牙利语 *kávé* ['kave] "咖啡" 与拉丁语 *cave*（匈牙利人可能读成 ['kavɛ]）"当心！" "小心！（表示威胁）" 的语音非常相似。[1] 更接近于拉丁语原文的发音应该是 ['kawe]，可是匈牙利人却会念成 ['kave] 或者 ['kavɛ]（参看 Allen 1978：40—42）。[2]

### 1.2.3.1　黑话隐语中的语音匹配

19 世纪俄国小偷专用的黑话里常有一些以希伯来语词项为构词材料的语音匹配词。当时，俄国警察为了智取犯罪分子而学会意第绪语，结果后者只好求助于希伯来语了。尽管黑话里的希伯来语词往往也存在于意第绪语里，而且小偷们一般模仿阿什肯纳兹或意第绪语的发音，但是有些词语非常罕用，而且语言风格极为正式，因此，我认为它们不仅仅是意第绪语词语，请看下列例子：

- 俄语 малина *malína* "藏身之地" 模仿（圣经）希伯来语 מלונה [məlū'nå] "小屋"（试比较：该词在以色列语里的意思是 "狗舍"），在波兰意第绪语里可能变成 *melinə*（试比较：阿什肯纳兹希伯来语 *melúno*）。在这

---

① 意第绪语使用者也可能出现同样的情况，试比较：意第绪语 קאַווע *káve* "咖啡"。
② 试比较拉丁语 *viva voce* 的发音：英国人如果把它念为 *we were walking*，而不是念为标准英语的发音 ['vajvə 'vowsi:]，那么，发音会更接近于拉丁语原文的发音 ['wiwa 'woke]。

个词里，起同化作用的语言材料是俄语 малина *malína* "覆盆子"，试比较：立陶宛语 *mëlynas* "蓝色" 和 *mëlyna* "污点"；古希腊语 *mēlas* "黑色"（Vasmer 1955：ii：91）；意第绪语 מאלינע *malínə* "覆盆子"。俄语 малина *malína* "藏身之地" 曾在电影《碰头地点不变》（Место встречи изменить нельзя *mésto vstréchi izmenít' nel'zyá*）里多次出现，现在也为俄罗斯人所熟悉。请注意：俄语短语 *ne zhízn', a malína*（字面意义 "不仅仅是活着，还有覆盆子"），意思是 "生活真美好！"。意第绪语 *malínə* 曾为维尔纳犹太人聚居区的人所使用，意思是 "藏身之地"，参看 Sutzkever（1946：14）。

- 俄语 параша *parásha* "谣言，调查" 保留了（圣经希伯来语>密西拿希伯来语>中古希伯来语）希伯来语 פרשה ［på̀rå'šá］"圣经《旧约》之首五卷的章、节、部分" 的语音。① （试比较：意第绪语 אַ נײַע פּרשה *a náyə párshə* "新闻，新消息"）。这里起同化作用的是俄语 Параша *Parásha* "帕拉斯科娃"，即俄语女性名字 Прасковья *Praskóv'ya* "帕拉斯科维娅" 的指小、表爱形式。在现代俄语里，这个词已经没有 "谣言，调查" 之意。请注意，俄语 *parásha* 也指 "夜壶，厕所（贬义词）"，试比较：俄语 *paráshnik* "洁厕剂"，见于 Dal'（1882，试比较 1955：iii：18a）。这个词的词源可能有两种解释：第一，俄语 *parásha* "厕所" 的词义源于俄语 *parásha* "谣言"，因而词源可追溯至希伯来语；第二，俄语 *parásha* "厕所" 在 *parásha* "谣言" 出现之前就已存在，因此在这个词里起到同化作用，而不是 *Parásha* 这个名字起了同化作用。Vasmer（1955：ii：315）提到 *Parásha* 时仅仅当作人名，这一点可能更让人觉得第一种解释是正确的。

- 俄语 мусор *músor* "告密者" 同化（密西拿）希伯来语 מסור ［må'sōr］"告密者"（试比较：〔密西拿〕希伯来语 מוסר ［mō'ser］"告密者"），这里的 מסור 被阿什肯纳兹希伯来语改造为 *mósoyr*，被波兰意第绪语改造为 *músər* "告密者"。这个语音匹配词里起同化作用的是能够提示词义的俄语既有词 мусор *músor* "垃圾"，其词源可追溯至古希腊语 *músos*

---

① 英语 *portion* "安息日或节日诵读的经文"（试比较：*Torah-portion* "妥拉读经篇"，*portion of the Law* "律法书"）是（中古）希伯来语 פרשה ［på̀rå'šá］"妥拉读经篇"（<密西拿希伯来语 "章，节" < 圣经希伯来语 "内容"）的音义匹配词，或许是同化意第绪语 פרשה *párshə* 而产生的，而后者的词源为中古希伯来语 ［på̀rå'šá］。

"不洁，污秽"（参看 Vasmer 1955：ii：179）。"告密者"这个词义在现代俄语里已经不通用了。

更多相关论述，可参看 Trakhtenberg（1908）。

希伯来语词语在匈牙利小偷的黑话中也十分常见。布达佩斯警察局 1911 年出版了一本词典，收录 3 000 个词条，其中约有 30% 的词目词的终极词源是希伯来语（参看 Kennedy 1991：186）。这部词典和 1917 年、1924 年出版的词表收录了许多希伯来语语音匹配词（同上：187），而这些词往往经由意第绪语或罗特韦尔语①中转而来，例如：

- 匈牙利语 *leves* "钱" <匈牙利语 *leves*［ˈlɛvɛš］"汤" + 希伯来语 לווה "借用人"，试比较：意第绪语 *lóyvə* "债务人"（试比较：立陶宛意第绪语 *léyvə*）。
- 匈牙利语 *siker* "醉鬼" <匈牙利语 *siker*［ˈšikɛr］"成功" + 希伯来语 שכור "醉鬼"，试比较：意第绪语 *shíkər*。
- 匈牙利语 *illem* "人群，集会" <匈牙利语 *illem*［ˈillɛm］"礼貌" + 希伯来语 עולם "世界"，试比较：意第绪语 *óyləm*（试比较：立陶宛意第绪语 *éylom*, *éyləm*）。
- 匈牙利语 *kajakos* "强壮的" <匈牙利语 *kajakos*［ˈkåjåkoš］"划皮划艇的人" + 希伯来语 כח "力量"，试比较：意第绪语 *kóyakh*, *kóyəkh*。
- 匈牙利语 *kifli* "两个" <匈牙利语 *kifli*［ˈkifli］"（面包）卷" + 希伯来语 כפל "两个"，试比较：意第绪语 *kéyfl*。

### 1.2.3.2　姓氏语音匹配

一个犹太人持假护照逃出东欧，到达爱丽丝岛②，想移民美国。

---

① 罗特韦尔语（Rotwelsch）是德国和奥地利流浪者和不法分子所使用的黑话，以西意第绪语作为来源语言，后者包含大量的希伯来语词语，参看 Katz（1993b：32）和 Noble（1961—1962：18）。诺贝尔（Noble 1964：401）认为，在 17 世纪的西意第绪语中，希伯来语成分接近 50%。有关罗特维尔语和意第绪语的参考文献，参看 Katz（1993b）。

② 爱丽丝岛（Ellis Island）位于美国纽约州纽约港内，曾是美国主要的移民检查站，与自由女神像的所在地自由岛相邻。

办事员问他姓名是什么，他用意第绪语自语道：שױן פֿאַרגעסן *shoyn fargésṇ*，因为他想不起自己的假身份了。他说的意思是"全忘了"，可是办事员既不懂意第绪语也不懂德语（试比较：德语 *schon vergessen*），听到他的话音后就把他的名字记录为 *Sean Ferguson*。这虽然只是一个故事，却能生动说明（非专业人士的）语音匹配这种常见现象是如何发生的。① 实际上，语音匹配常见于姓氏和地名，多因说话人觉得语音与名称有着内在联系，相关情形将在 §4.6 和 §4.7 中加以阐述，有关汉语的分析详见 Zuckermann（2000：260—262，271—272）。至于以色列语人名中的语音匹配词，§4.7 将聚焦于以色列语姓氏，下文中的例词皆为以色列语名字。

伊扎克·泽金森（Itzhak Zelkinson）（1878）把莎士比亚的作品《罗密欧与朱丽叶》（***Romeo and Juliet***）（1595）译成了希伯来语，书名的译文是 רם ויעל *ram veyaél* "**Ram** 和 **Yael**"，这个译名现在已经很少使用了。*Ram* 和 *Yael* 其实是希伯来语圣经中的名字（分别参看 Ruth 4：19 和 Deuteronomy 4：17），发音近似于"罗密欧"和"朱丽叶"（试比较：标准的以色列语语音改造词 *roméo veyúlya*）。在 1874 年，泽金森把莎士比亚的作品《奥赛罗》（*Othello*，1604）翻译成希伯来语 איתיאל הכושי *itiél hakushí*（字面意义"黑人伊锡尔〔Ithiel〕"），而 *Ithiel*"伊锡尔"也是圣经中的名字（参看 Nehemiah 11：7）。路易斯·卡罗尔（Lewis Carroll）的《爱丽丝漫游奇境记》（*Alice's Adventures in Wonderland*）已被译成以色列语（可参看 Ofek 1989 等）עליסה בארץ הפלאות *alísa beérets haplaót*，其中 עליסה 是一个以色列语女性名字，构词材料为密西拿希伯来语 עליסה [ʕǎlīˈså]"幸福，快乐"，试比较：（希伯来语>）以色列语女性名字 עליזה *alíza*。请注意，正常情况下，即如果不做语音匹配，那么 *Alice* 应该变成 אליס *ális*，这里的 א 与 ע 截然不同。同样，瑞典语 *Pippi Långstrump*（试比较：英语 *Pippi Longstocking* "《长袜子皮皮》"），这里的姓氏是瑞典语对应词的仿造

---

① 儿童有时会给以色列语姓氏创造出滑稽的语音匹配词，比如 *líkhtenshteyn > lekh tashtín*（"去尿尿！"），*otmazgín > óto im mazgán*（"有空调的小汽车"），*dokhóvna > dkhof na*（"请推！""放进去！"）。

词），即阿斯特丽德·林格伦（Astrid Lingren）① 所著的儿童故事主人公的名字，经语音匹配后变成了以色列语 בילבי לא-כלום *bílbi lókhlum*（字面意义"小人物比尔比"）。

有些外语名字已经被彻底同化。例如，צופיה *tsofía*（有时作 *tsofiá*，不过比较罕用）（字面意义"向外看，观察［阴性，单数］"）是 *Sophia* "索菲亚"的语音匹配词，מקסים *maksím*（字面意义"迷人的"）语音上与俄语 Максим *Maksím* "马克西姆"是绝配，它们都保留了整个源语词项的语音。但是，有些语音匹配词只有部分语音与源语词相匹配，一些已经英语化的意第绪语名字就是如此。例如，英语 *Morris* 或 *Morton* 与意第绪语 משה *móyshə* 或 מאָטל *mótl*，*Herbert* 或 *Harry* 与 הערש *hersh*（试比较：הָאָרש *harsh*）或 חיים *kháym*，*Robert* 与 ראובן *ruvŋ*，*Solomon* 与 זאלמאן *zálmən*。② 同样，有一些外来人名已经希伯来语化了，比如 יגאל *ígal*（或更为纯正的希伯来语人名 *yig'ál*）与俄语 Игорь *Ígor'*，ברוך *bárukh*（或更为纯正的希伯来语人名 *barúkh*）与俄语 Борис *Borís*（俄罗斯犹太人如果选择 *Borís* 做名字，大多是因为 ברוך 这个名字的影响），נתן *natán*（或 *nátan*）与俄语 Анатолий *Anatóliǐ*，נחמן *nákhman*（很少用 nakhmán）与英语 *Norman*，נועם *nóam* 与英语 *Norman*，פינחס *pinkhás* 或 *pínkhas* 与英语 *Peter*。意大利语 *Renzo* 与英语 *Terrence* 也是部分语音相配。③

1.2.3.3 委婉语和伦敦押韵俚语中的部分语音匹配现象

同一语言中有许多词是用部分语音与之匹配的其他词去表示的，比如英语委婉语中就有这样一些词：

• 用 *gosh!*（见于 1757 年文献，*OED*）表示 *God!*（见于 1340 年文献，

---

① 阿斯特丽德·林格伦（1907—2002）是瑞典著名的儿童文学女作家。
② 这里的有些例词见于 Mencken（1936：506）和 Weinreich（1963：53）。
③ 有些以色列语名字可能会让人在国外时觉得很尴尬，因为那些名字的发音会让外国人产生不一样的联想，比如 גד *Gad*（字面意义"运气"）与美式英语 *God* "上帝"，דור *Dor*（字面意义"世代"）与英语 *door* "门"，נויה *Noia*（字面意义"美"，试比较：以色列语 נוי *noy* "美"）与意大利语 *noia* "无聊"，דני *Danny* 与日语训读词 *dani* [da'ni] "滴答声，小虫"，איתי *Itay* 与日语训读词 *itai* "伤害"。

*OED*）。

- 用 *shoot!*（见于 1934 年文献，*OED*）或 *sugar!* 表示 *shit!*（见于 1920 年文献，*OED*）。
- 用 *darn!*（见于 1840 年文献，*OED*）表示 *damn!*（见于 1760 年文献，*OED*）。
- 用 *frig*（试比较：*frig you!*，见于 1936 年文献，*OED*）表示 *fuck*；用 *frigging hell!* 表示 *fuckin' hell!*
- 用（*What the*）*dickens!*（见于 1598 年文献，*OED*）表示 *devil!*
- 用 *heck*（见于 1865 年文献，*OED*）表示 *hell*。
- 用 *blooming*（试比较：Oh, you blooming idiot!，见于 1882 年文献，*OED*）表示 *bloody*。
- 用 *blinking*（见于 1914 年文献，*OED*，试比较：*bleeding*，*bally* 和 *ruddy*）表示 *bloody*。

意大利语里的一些委婉语也是用部分语音匹配的词去表示的，比如用 *cavolo!*（字面意义"卷心菜"）表示 *cazzo!*（字面意义"鸡巴"，但用法如同英语 *shit!* "呸"），用 *incavolarsi*（"发怒，生气"，但不如后者粗俗）表示 *incazzarsi* "生气"，用 *mercoledì!*（字面意义"星期三"）表示 *merda!* "呸"，用罕用词 *porca mattina*（字面意义"猪+早晨"）表示极为粗鲁的词 *porca Madonna* "'贪心的'麦当娜"。

伦敦押韵俚语也利用部分语音匹配这一手段，用几个词（通常是两个词结合而成的短语）去取代一个词，而这个短语保留原词最后一个音节的发音，所以可以用"押韵"去形容。请看以下例子：

- 用 *Adam & Eve* 表示 believe
- 用 *Jelly Bone* 表示 telephone
- 用 *Donald Duck* 表示 fuck；luck
- 用 *Tea Leaf* 表示 thief
- 用 *Buckle My Shoe* 表示 Jew

这些词语的创造者或使用者往往觉得这些伦敦方言表达式与其所指之

间有着某种联系（不过有时候是为了取得诙谐的效果），所以这种押韵方式可以看作是音义匹配（§1.2.4），或者至少可以看作是语义化语音匹配（§1.2.5）而不是纯粹的语音匹配，例如：

- 用 *Trouble & Strife* 或者押头韵的 *Struggle & Strife* 表示 **wife**
- 用 *Sorry & Sad* 表示 **bad**
- 用 *Sorrowful Tale* 表示 **jail**
- 用 *Edward Heath* 表示 **teeth**
- 用 *Ten to Two* 或 *Four by Two* 表示 **Jew**（后者"从前据说指犹太人鼻子的平均尺寸，单位可能是英寸，是一种不友好的说法"，参看 Puxley 1992：66①）

有时候，这种词语组合只有开头的部分还在使用，结果韵律就不复存在了。例如，*me Germans are cold* 意思是"我手冷"，其中 *German* 是与 *hands* 相配的押韵成对词语 *German bands* 的开头部分。还有些时候，一些押韵成对词语完全湮没无闻了，比如流布甚广的英语词 *berk* "傻瓜"其实源自表示 *cunt* "蠢货"之意的 *Berkeley Hunt* 或 *Berkshire Hunt*。有关伦敦押韵俚语的论述，可参看 Anttila and Embleton（1995）。

### 1.2.3.4 民间和文学创作中的多语语音匹配

有些语音匹配词是用两种语言中的同音词创制的，比如从中古希伯来语到以色列语的"过渡时期"就有这种情形，既见于诸如意大利的现代希伯来语早期文献，也见于 18 世纪后半期发端于波兰东南部尽头的哈西德派的文献（Hasidism）。下面的句子取自一首混合了两种语言的（macaronic）② 意第绪语民歌③：

---

① *Four by Two*［名词］在军队用语中指擦枪布。
② 不要将 *homophonous* "同音异义的"与 *macaronic* "两种语言混合的"相混淆。实际上，*macaronic* 来自现代拉丁语 *macaronicus*，可追溯至意大利语 *macaronico*，后者是来自意大利语 *macaroni* "通心粉"的戏谑性表达式。起初，*macaronic* 指一种混合使用本地话和拉丁语的滑稽诗，该词很有可能是福伦戈（Teofilo Folengo，笔名为 Merlinus Cocaius）创造的，因为他在 1517 年发表了一首这样的诗。广义的 *macaronic* 现在指混合了两种或两种以上语言的诗文。
③ 这首民歌在 1918 年由 M. Kipnis 出版，收录在 Mlotek and Mlotek（1988：167—169），也见于 Wexler（1991：41）。

קאטארינא מאלאדיצא פוידי סיודא

在乌克兰语中，*katarina moloditsa poydi syuda* 的意思是"卡特琳娜，年轻的少女啊，到这里来吧！"① 然而，如果把音节重新分解组合一下，然后再连读，那么，这句话在阿什肯纳兹希伯来语里也是有意义的：

כת רינה מלא דיצה פודה [פדית] שדי

（阿什肯纳兹）希伯来语 *kat ríno móle dítso póyde* [*poidíso*] *shaday* 包含希伯来语 כת "（哈西德）教派"，רינה "歌曲，欢乐"，מלא "充满[阳性，单数]"，דיצה "欢乐，高兴"，פודה "救赎"[פדית "你救赎过"] 和 שדי "上帝"。如果翻译成完整的句子，则为"一首（哈西德）教派的歌，充满欢乐，主救赎（你救赎了，主啊）"，但是这个句子会有误导性，原因有两点。第一，从词法上看，*móle* "充满"是阳性，但 *kat* "教派"和 *ríno* "歌曲，欢乐"却是阴性。第二，历史原因：在哈西德教派传统中，希伯来语文本是逐词翻译的，而这首歌的创作者似乎正是这样做的。

　　整个欧洲的语言中都有这种由普通语言使用者利用两种语言的同音词创制而成的表达式。以 *I vitelli dei romani sono belli* 为例，在拉丁语中，这句话的意思可能是"前进吧，维提里乌斯，踏着罗马诸神的战地之声！"但是，在意大利语中，这句话的意思却是"罗马人的小牛很漂亮"。又如，拉丁语 *Mala declina de bello sirie* 意思是"待在美丽的昔瑞斯（Siris），远离邪恶"，但是，在斯洛文尼亚语里，*Mala deklina debelo serje* 的意思却是"一个小女孩拉一大坨屎"。

　　埃弗拉姆·卢扎托（Efraim Luzzatto, 1729—1792）在一个无名墓碑上写下了如下意大利语−希伯来语诗句（参看 Luzzatto 1942：48，初版于 1768 年）：②

---

① 当代乌克兰语 катерина，молодиця，［при］йди сюди *katerína molodítsya* [*pry*] *ydí syudí*。
② 还可参看 *Ev*（1995：51）。

| 意大利语 | 希伯来语 | |
|---|---|---|
| Ah! l'uom | הלום | hăˈlōm |
| misero é | מי זה רואה | mī zɛ rōˈʔɛ |
| Se notte, e di, | שנות אדי, | šəˈnōt ʔēˈdī, |
| pene, e lai, | פנה אלי; | pəˈne ʔeˈlaj; |
| oime! | או מה! | ʔō mɛ! |
| suol cibar. | שאול שבר. | šəˈʔōl šibˈbar. |
| Chi nasce muor; | קנה שמור; | qiˈnå šəˈmōr; |
| animati, | אני מתי; | ʔăˈni matˈti; |
| Avoi giammai | אבוי ימי | ʔăbʰōj! jåˈmaj |
| avvenga mal | און עמל, | ˈʔåwɛn ʕåˈmål, |
| ah! che passo! | הה, כי פסו. | håh, kī ˈpassū. |

同样，在 1583 年，犹太拉比莫瑟·巴素拉·马雷罗卡（Moshe Basula Malerocca）去世时，意大利摩德纳（Modena）的耶胡达·阿耶（Yehuda Arye）写下了下面的意大利语-希伯来语挽歌：①

意大利语：

> Chi nasce muor: Oime, che pass' acerbo!
>
> Colto vien l'huom, cosi ordin' il Cielo,
>
> Mose morì, Mose gia car de verbo.
>
> Santo sia ogn' huom, con puro zelo.
>
> Ch' alla meta, gia mai senza riserbo
>
> Arriv' huom, ma vedran in cangiar pelo
>
> Se fin habbiam, ch' al Cielo vero ameno
>
> Va l'huomo va, se viva assai se meno

---

① 这里的希伯来语元音标记为本书著者所注。有关译文注释可参看 Bernstein（1932：51—52）。还有一首意大利语-希伯来语同音词诗文，参看 Zuckermann（2000b：7；2003b；也可以访问网址 www.zuckermann.org/poem.html）。另有一篇法兰克语-希伯来语墓志铭，作者为 D. Manor，参看 Ev（1995：51）。相关分析可参看 Pagis（1986，尤其 162—183 页）。

希伯来语：

| | |
|---|---|
| קינה שמור/אוי מה/כי פס/אוצר ב | qī'nå šə'mōr/ ʔōj me/ kī pas/ ʔō'ṣer bō |
| כל טוב/עילום כוסי/אור דין/אל צלו | kol ṭōbʰ/ ʕī'lūm kō'sī/ ʔōr dīn/ ʔɛl ṣil'lō |
| משה מורי/משה יקר/דבר/בו | mo'še mō'rī/ mo'šɛ jå'qår/ då'bʰår/ bō |
| שם תושיה/און/יום כפור/הוא זה לו | śåm tūšij'ja/ʔōn/ jōm kip'pūr/ hū zɛ lō |
| כלה/מיטב ימיו/שן צרי/אשר בו | kå'lå/ me'ṭåbʰ jåm'åw/ šen ṣa'rī/ ʔǎ'šer bō |
| יחריב אום/מות רע/אין כה/ירפא לו | jaħǎ'ribʰ ʔōm/ 'måwɛt raʕ/ ʔen kå/ jar'pɛ lō |
| ספינה/בים קל/צל עובר/ימינו | səpʰī'na/ bə'jåm qal/ ṣel ʕō'bʰer/ jå'menū |
| הלום/ילך שבי/ושם/שמנו | hǎ'lōm/ je'lekʰ 'šɛbʰi/ wə'šåm/ śå'manu. |

上文里所有的诗文都是同时采用两种语言创制而成。但是，在翻译中，一旦译者用发音相似的目标语词项去匹配源语中的既有语言成分或词，那么语音匹配往往就非常明显。在纳博科夫（Nabokov 1973：48）的小说《梦锁危情》（*Transparent Things*）中，有一个情节是：俄语 Я люблю тебя *ya lyublyú tebyá* "我爱你" 被转换成了英语 *yellow blue tibia*：①

> 茱莉亚与他握手，并求他为她祈祷，当时她其实是想用俄语对这位热情的杰出诗人说 *je t'aime* "我爱你"，可是她含糊的话语听起来像是英语 yellow blue tibia "黄蓝色的胫骨"。

在 1958—1969 年间，西莉亚·道（Celia Thaew）和路易·祖科夫斯基（Louis Zukofsky）把盖尤斯·瓦雷里乌斯·卡图卢斯（Gaius Valerius Catullus，公元前 84 年—公元前 54 年）的一些情诗译成英

---

① 我还听到过另外一个语义化语音匹配词：*yellow blue to be*。

语，其译文保留了卡图卢斯拉丁语原诗的音韵和句法，参看 Zukofsky（1997：241—319），Zukofsky and Zukofsky（1969）。以色列语里也有几首这样的歌曲。例如，约拉姆·特哈莱夫（Yoram Teharlev）用一些发音相似的词语翻译了俄文歌曲 *U nas pod kúǐbȳshevom*，其中的一句歌词是：מה שהיה היה מה שיהיה יהיה *ma shehayá hayá ma sheyiyé yiyé* "发生过的就发生了，该来的就会来"（副歌），这句歌词译自俄语 *U nas pod kúǐbȳshevom polyá shirókie. U nas pod kúǐbȳshevom khlebá vȳsókie* "在家乡，在古比雪夫地区，田野辽阔。在家乡，在古比雪夫地区，小麦长高了。"希腊语歌曲 *Ti Thélis Yéro* "你想要什么，老人家?"被艾里·莫哈尔（Eli Mohar）① 翻译为 שכשנבוא *shekshenavó*。绝非偶然的是，以色列语版的歌词中，有几个词语与希腊语歌词语音相似，例如：

1. שכשנבוא *shekshenavó* "当我们来到" 与现代希腊语 σε ξένο κόσμο［se ˈkseno ˈko(smo)］"在异乡"
2. יניס *yanís* "（它）会仓皇逃窜，会寻找" 与现代希腊语口语词 μπελαλής［belaˈlis］"有麻烦的人"
3. מכניס *makhnís* "促使［单数］" 与现代希腊语 κουρελής［kureˈlis］"衣衫褴褛的"
4. המסילה *hamsilá* "道路／轨道／铁路"（常用形式为 *hamesilá*）与现代希腊语口语词 τα ψιλά［ta psiˈla］"零钱（硬币）"
5. התפילה *hatfilá* "祷告" 与现代希腊语 χαμηλά［xamiˈla］"在低处"
6. גילה לי *gilá li* "让我明白" 与现代希腊语 ράφι［ˈrafi］"架子"
7. מחכה תשובה לי *mekhaká tshuvá li* "有个答案在等着我" 与现代希腊语 το ράφι［ta ˈrafi］（请注意，口语中的发音为［ta］而不是［to]）"架子"

为什么译者希望在目标语中保留源语的语音呢? 这与像似性有关（参看§1.4.3.3）。关于文学翻译和约束条件下书面语新词的音义匹

---

① 艾里·莫哈尔（1948—2006）是以色列歌曲作者和专栏作家。

配问题，参看 Zuckermann（2000：307—310，324—328）。

    1.2.3.5　本节结语

语音匹配现象不仅常见于犯罪分子的黑话、非专业人士的新造词语或本族化俗词源，而且常见于煞费苦心创作的文学作品中。另外，如前所述，语音匹配也常为纯语派语言规划者所利用。例如，有一种紫草科植物的拉丁语名称是 *Arnebia*"软紫草属植物"，植物学家哈路凡尼（HaReuveni）为它创制了语音匹配词 ארנבית *arnavít*（参看 Auerbach and Ezrahi 1928：166；1930：6b，词条编号：99，*Tsimkhéy Érets Yisraél* 1946：11），其构词材料为密西拿希伯来语 ארנב"野兔，兔子"，来自圣经希伯来语 ארנבת 的阴性形式（参看 Leviticus 11：6，Deuteronomy 14：7），后者泛指"野兔"，而以色列语 ארנבת *arnévet* 仅指"母兔"。

## 1.2.4　音义匹配

**音义匹配**是一种多源造词过程，在此过程中，造词者采用的目标语或第二源语材料在语音和语义上都与第一源语对应词近似，而经由音义匹配创制而成的新词我称为**音义匹配词**。这种现象将在后面的章节展开论述，不过其创制过程如图 5 所示：

> 第一源语 x "a" →→→目标语(+音义匹配词) y' "a" ←←←目标语/第二源语 y "b"

y 与 x 语音相似

a 和 b 词义相同或相近

y' 基于 y

**图 5**

以下音义匹配词来自生成型俗词源（参看 §1.2.2），是由非专业人士创制而成的：

- 巴斯克方言词 *zainhoria* "胡萝卜"（参看 Trask 1996：36）。它不同于常用的标准巴斯克语 *azenario*（参看 Azkue 1905：i：115b），也不同于受

法语影响而产生的巴斯克方言词 *karrota*，试比较：巴斯克方言词
*azanarioa* <

1. 西班牙语 *zanahoria* "胡萝卜"（试比较：葡萄牙语 *cenoura*
   ［se'nora］）< *azanoria* < *safanoria*（参看 *Enciclopedia Universal
   Ilustrada Europeo-Americana* 1930：LXX：957b）<北非阿拉伯语 إسفرنيّة
   ［ʔisfar'nijja］（加利利地区等地的阿拉伯语中没有这个词）（见于
   Dozy 1927：i：22b；参看 Dozy and Engelmann 1869：224）。①

2. 巴斯克语 *zain* "根"（"小根"，参看 Aulestia 1989：531a；也指"血
   管，动脉，腱，神经"，参看 Azkue 1906：ii：402a）+ *hori* "黄色
   的" + *a*（冠词）。

- 英语方言词 *sparrow grass* ②"芦笋"。该词源自拉丁语 *asparagus*，可追
  溯至希腊语 *asparagos*。据 *OED* 记载，在公元 1600 年，因草药商和园
  艺作家的影响，*asparagus* 一词为大众所熟知。非重读的字首消失后变
  为 *'sparagus*，取代了英语既有词 *sperage*，但是又发生讹变，在公元
  1650 年之前生成了两个俗词源 *sparagrass* 和 *sparrow-grass*。在 18 世
  纪，*sparrow-grass* 一直是"芦笋"的常用名。19 世纪时，*asparagus*
  恢复了常用词身份，而 *sparrow-grass* 一词只有文盲才使用，不过其省
  略形式 *grass* 仍见于烹调书籍里。

- 英语 *woodchuck* "美洲旱獭，土拨鼠"。该词 1674 年首次出现在英语里
  （*OED*），是印第安部落阿尔贡金语［ottʃek］的音义匹配词（试比较：
  Cree*otchock*，参看 Mencken 1936：105），因非专业人士将该词与 wood
  "木头，树"相联系而产生（参看 Hock 1986：203，Anttila 1989：92）。

- 德语 *Hängematte* "吊床"（参看 Scholze-Stubenrecht and Sykes 1997：
  362a；罕用）<

  1. 法语 *hamac* "吊床"。

① 试比较：阿拉伯语 إسفاناخ ［ʔisfa:'na:χ］ 或者 إسفانخ ［ʔisfa:'naχ］ "菠菜"（参看 Wehr
1994：20b）（试比较：阿拉伯语 سبانخ ［sa'ba:niχ］ "菠菜"）；有人提出它是国际通用
词 *spinach*（试比较：西班牙语 *espinaca*）的终极词源，但也需注意拉丁语
*Hispanicum olus* 和法语 *herbe d'Espaigne*；详细分析可参看 *OED* 和 Corominas
（1954：iv：822—823）。

② 见于 Anttila（1989：92）等文献。

2. 德语 *Hänge-*"悬挂的，墙上" + *Matte* "垫子"。①

- 德语 *Felleisen* "背包"（参看同上：278a；现为废弃词）<
1. 法语 *valise* "手提箱"（不同于法语 *sac* "袋"）。
2. 德语 *Fell* "毛皮" + *Eisen* "铁"。②
- 匈牙利语 *elem* ［ˈɛlɛm］"元素"（也有 "电池，成分" 之意）（参看 Országh 1982—1985：417b，Magay and Országh 1990：205），它是一个成功流传开来的音义匹配词，其词源为：
1. 国际通用词 *element*。
2. 匈牙利语 *elé* "在……之前"（Országh 1982—1985：412b），"站在某人之前"（Magay and Országh 1990：203）或词义与之相关的匈牙利语 *elö* "前面的"（Országh 1982—1985：460a，参看 Hagège 1986：257），而这些成分都与 *eleje* "前部，开始" 相关（Országh 1982—1985：415a），再加上后缀 *-m*。

以下例词只有部分音义相匹配：

- 爱沙尼亚语 *riist**vara*** "硬件"（字面意义 "财产，财富"）<英语 *hard**ware***，爱沙尼亚语 *tark**vara*** "软件"（字面意义 "聪明的财产/财富"）（试比较：*vara* "财产，财富"）<英语 *soft**ware***。这一对词大约创制于 1977 年，造词者尤斯图斯·亚古尔（Ustus Agur）是计算专家，对语言学有浓厚的兴趣，也是爱沙尼亚计算领域的先锋人物之一。③
- 英语 *pent**house*** "阁楼" <盎格鲁-诺曼语 \**pentis* "附楼"（Ayto 1990：389a）<古法语 *apentis*（试比较：当代法语 *appendice*）<拉丁语 *appendicium* "附件"（>英语 *appendix* "附录"，16 世纪）（参看 McMahon 1994：184）。
- （热那亚）意大利语 *gentil**mano*** "绅士"（字面意义 "温柔的手"），即英语 *gentle**man*** 的同化形式，试比较：标准意大利语 *gentiluomo* "绅士"。

---

① 见于 Baldinger（1973：247）。
② 参看 Saddan（1955：40）。
③ Raimo Raag（私人通信）。

- 法语 *dormeuse*（法语 *dormeur* "卧铺" 的阴性形式），在 15 世纪时被英语改造为 *dormouse*（复数形式：*dormice*）。① 试比较：古英语 *titmase* "山雀" 的改造词 *titmouse*，复数形式为 *titmice*。② 古英语 *titmase* 里的成分 *mase* "山雀" 与 *mouse* "老鼠" 毫无关联，实际上，*titmouse* 不是指啮齿动物，而是指鸟。不过，这种鸟体型很小，动作迅速，也许正是这些特性让人把它与 *mouse* "老鼠" 相联系。

## 1.2.5 语音匹配与音义匹配之间的连续体

语音匹配和音义匹配是本族化俗词源的两种主要类型。如上所述，两者的区别在于：语音匹配时，创制新词所用的目标语语言材料原本与源语词项没有任何词义联系，而音义匹配时，两者的词义原本是相关的。让我们比较一下两个由非专业人士创造但是未能进入口语词汇的词（参看 Anttila 1989：92—93）：英语 *three beans* "很好" 是法语 *très bien* "很好" 的本族化俗词源，由美国士兵引入英语（我认为，对于这个表达式，beans 在 *He is full of beans.* "他精神饱满" 中的积极联想意义没有产生影响）；英语 *yellow wine*（字面意义 "黄色的酒"）由去芬兰旅游的英国游客引入，是芬兰语 *jaloviina* 的本族化俗词源，指芬兰的一种混合白兰地，其颜色并非黄色，而是褐色，与干邑颜色相似。芬兰语 *jaloviina* 的字面意义是 "贵族酒"，来自 *jalo* "高贵的" + *viina* "酒"（试比较：*viini* "酒"），现在这种酒已经不像二战结束之后的那段时期那么受人欢迎了。*yellow wine* 可称为音义匹配词，而 *three beans* 却仅仅是一个语音匹配词。

不过，语音匹配与音义匹配之间尽管存在差异，但两者并不是一个离散系统，而是一个连续体。换句话说，许多音义匹配词完全可以

---

① 据 *OED* 记载，*dormouse* 不迟于 1575 年引入英语，但是并没有证据证明法语 *dormeuse* 在 17 世纪之前就已经存在。英语复数形式 *dormouses* 见于 16 世纪和 17 世纪文献；试比较：16 世纪荷兰语 *slaep-ratte*（试比较：当代荷兰语 *slaap* "睡眠"，*rat* "老鼠"），*slaep-muys*（试比较：当代荷兰语 *slaap* "睡眠"，*muis* "老鼠"）。现代法语表示 *dormouse* 的词是 *loir*。
② 这个例词见于 McMahon（1994：184）。

看作是语义化语音匹配词；造词者先从目标语中选取与源语词项语音近似的语言材料去进行同化，然后才在两者的语义之间建立起看似合理的联系，只有这样创制而成的语音匹配词才是**语义化语音匹配词**。这里需要强调的是，这种语义联系是在语音相匹配的基础上建立的。尽管新词与源语词项之间的语义联系可能比较微弱，但是建立语义联系的过程却是区分语义化语音匹配与纯粹的推导型俗词源的一个至关重要的标准：前者建立语义联系的过程发生在造词者完成新词创制活动之前——也就是新词诞生之前，而后者建立语义联系的过程却发生在新词形成之后（因为造词者当初并没有考虑到语义上的联系），因此本族化俗词源并不是真正的或者科学的词源，更不能视为词的理据（试比较：方欣欣 2004）。

举例来说，以色列语多源新词 נדנד *nidnéd* "烦恼〔阳性，单数〕" 的同化对象是波兰意第绪语 נודיען *nídyən* "无聊，烦恼，唠叨"（参看§6.2.3），起同化作用的目标语材料是密西拿希伯来语 נדנד √*ndnd* "动"，而它的本义 "动" 与 "烦恼" 之间有什么关系呢？一种貌似合理的解释是：一个人不断动（比如晃动）另一个人的身体时，被动的人可能会恼怒，于是烦恼可视为心理上在 "动某人"。如果这种解释正是造词者心里当时的想法，那么 *nidnéd* "烦恼" 可视为音义匹配词。不过，如果觉得这种解释（包括能够想得出的其他语义联系）只不过是推导型俗词源，那么 נדנד *nidnéd* 就只是一个语音匹配词而已。绝对的怀疑主义者甚至会否认这是一个语音匹配词，他们会辩解说 נדנד *nidnéd* "烦恼" 是单纯的（波兰意第绪语 *nídyən* 的）语素改造词，或者是意第绪语 נודניק *núdnik* "烦恼，讨厌" 或其以色列语后代 נודניק *núdnik* "烦恼，讨厌" 的一种冗长的表达式，只不过碰巧与词义无关的密西拿希伯来语 נדנד √*ndnd* "动" 同音而已。我认为，冗长表达式这种说法毫无根据可言，因为倘若果真如此，那么预期的以色列语表达式应该是 *nidnék 而不会是 *nidnéd*。如果仅仅是对波兰意第绪语 *nídyən* 进行语素改造，那么从理论上讲，以色列语词形可能是 *nidnéd*。不过话说回来，语素改造时复制外语的两个辅音字母（即 *n* 和 *d*）却不是一种常见的借词方式。再者，נדנד *nidnéd* "烦恼〔阳性，单数］"进入以色列语时，נדנד *nidnéd* "动［阳性，单数］"还在广泛使用，因此很难相信造词者会无视这一点。

用弗雷格（Frege 1892）的话来说，在大多数音义匹配词中，起同化作用的语言材料是与源语词项的所指（referent）有语义联系，而不是与其词义（sense）有任何关系。例如，意大利语 *scarafaggio* ［skaraˈfaddʒo］（字面意义"蟑螂"，比喻意义"肮脏"，试比较：词义无关的英语 *scruffy*）① 由意大利电视台第五频道（1995）译自 *Scarface*（即 1983 年的美国电影《疤面煞星》），语音与 *Scarface* 近似。有人可能把 *scarafaggio* 当作语音匹配词而不是音义匹配词，但是，由于"肮脏"之义适用于 *Scarface* 这个角色，因此，我认为，语义经由所指（而非经由词义）在这个语音匹配词中所发挥的作用要超过在语音匹配词 *Mayday* 中所起的作用。

此外，我还要区分语义化语音匹配的两种主要类型：**所指型**与**词义型**，其中前者更为普遍，其语义联系建立在目标语或并列源语词项的所指与源语词之间，而在后一种类型中，纯语论者努力想证明目标语或并列源语词项本来就有一个义项与源语词的词义相关。例词 נדנד *nidnéd* 属于所指型语义化语音匹配词，而 חווילה *khavíla* "别墅"（§2.3）和 צעצוע *tsàatsúa* "玩具"（§6.2.1）则属于词义型语义化语音匹配词。有关语义化语音匹配的概述，还可参看地名中的多源新词（§4.6）以及汉语和日语中的多源新词（§1.4.3）。

# 1.3　隐蔽借用：仿造与语音仿造

**隐蔽借用**（camouflaged borrowing）是隐秘而无形的借用；**隐蔽借词**不同于典型的客词、外来词和借词，因为在隐蔽借词里，源语词项被语义上、语音上或者这两方面都相关的目标语语素或词项所取

---

① 试比较：意大利语 *baco*（字面意义"蠕虫"），它是英语 *bug* 的音义匹配词，用于指千禧虫（尤其在 1999 年末），试比较：*il baco del millennio* "千禧虫"。

代。可以比较一下"隐蔽借用"这个术语与古斯曼尼（Gusmani 1973：83—94）提出的 *prestiti camuffati*（试比较：*prestiti apparenti*），后者是奥里欧雷（Orioles 1994）分析意大利语中源自苏维埃语言的词语时所采用的术语，另外他还采用了 *prestito mimetizzato* 这一术语。**狭义的隐蔽借用**包含"刻意"这一层含义，多指纯语派所采用的一种精明的词汇扩充手段，比如希伯来语科学院就充分利用了这一手段去扩充以色列语词汇。本书论及的大部分新词都是由语言规划者为了纯化语言而有意引入的，当然还包括其他一些由普通语言使用者所创制的新词。由于涉及后一种新词，我所说的"隐蔽借用"取其广义，指经过伪装或者隐藏的借用。

　　非常重要的是，隐蔽借词属于多源新词，不应混同于那些词源因时间久远而湮没的借词，比如那些希腊语词源一般没有人注意到的（希伯来语>）以色列语词语，如（密西拿希伯来语>）以色列语 נימוס *nimús* "有礼貌，优雅"（试比较：古希腊语 νόμος *nómos* "用法，习俗，法律"）（试比较：其二次派生词 מנומס *menumás* "有礼貌的"），（密西拿希伯来语>）以色列语 ננס *nanás* "侏儒，矮子"（试比较：古希腊语 νᾶνος *nânos* "侏儒"），（中古希伯来语>）以色列语 פזמון *pizmón* "歌曲，流行歌曲，副歌"（试比较：在中古希伯来语里的意思"教会赞美诗"）（来自阿拉姆语 פזמא，可追溯至古希腊语 ψάλμα *psálma* "弦乐曲，竖琴曲，圣歌"），（密西拿希伯来语>）以色列语 נימה *nimá* "音调"，试比较：נימה אישית *nimá ishít* "个人风格"（试比较：在密西拿希伯来语里的意思"线，头发，毛发，细丝，弦"）（试比较：古希腊语 *nêma* "线，纱线"）和（密西拿希伯来语>）以色列语 סגנון *signón* "风格"（试比较：古希腊语 σίγνον *sígnon* "雕像"，试比较：拉丁语 *signum* "记号，标志，符号，痕迹，标准，形象，形状"）。除此以外，还有许多例词，可参看 Aharoni（1935：158—159）和 Torczyner（1938，尤其第 17—18 页）等。

　　上述借词的外来特征往往无法辨识，这是因为它们是**流浪词**（*Wanderlehnwörter*），与**普通借词**（*Sachlehnwörter*）截然不同。这两个概念是耶内克（Jänicke 1968）对罗曼语言中的俄语词进行概括时提出的。**流浪词**是指在欧洲语言中漫游的借词，由于在不同语言之间迁移，它们已经失去了语音、语法和语义上的外来特征，一般不再被当作表示外来事物的词。比如，法语 *zibeline*，意大利语 *zibellino* 和西班牙语 *cebellina*，意思都是"黑貂"，都源自俄语 соболь *sóbol'*。仅有少数法语母语使用者把 *zibeline* 视为"俄罗斯动物"，而大多数母语者都觉得这个词与俄罗斯没有任何关系。相比之下，**普通借词**仍与异质的、带有异域情调的俄罗斯社会有着某种直接的联系，所指事物显然不属于目标语文化（host culture）。例如，法语 *boyard*，意大利语 *boiar(d)o* 和西班牙语 *boyardo*（试比较：英语 *boyar*〔*d*〕）都源自俄语 боярин *boyárin*，指"沙俄贵族阶层（地位低于执政王子）的成员"，带着明显的异域社会历史特征。

　　我将隐蔽借用分为两大主要类型，再按造词类别（词义、单词、复合词、短语）各分出四个小类：

仿造（*Lehnübersetzung*，又称借译、摹借、译借）：
1. 引入新词义的仿造，即"意借"（semantic loan）
2. 引入新单词的仿造
3. 引入新复合词的仿造
4. 引入新短语的仿造

"语音仿造"（与"多源造词"同义，包括音义匹配、语义化语音匹配、语音匹配）：
1. 引入新词义的语音仿造（即通过改变目标语成分的词义而创制多源新词，我把这样创造的词称为"**转义型多源新词**"）
2. 引入新单词的语音仿造（这样创制出的目标语成分是一个可以独立使用的单词，我称之为"**多源新造词**"）
3. 引入新复合词的语音仿造（这样创制出的目标语成分是一个新复合词，我称之为"**多源新复合词**"）
4. 引入新短语的语音仿造（这样创制出的目标语成分是一个新短语，我称之为"**多源新短语**"）

　　有人可能主张"隐蔽借用"也应该包括语素改造，因为有些语素改造词确实将其外来词源隐藏得严严实实。例如，以色列语 בזלת bazélet "玄武岩"是国际通用词 basalt 的同化形式（试比较：拉丁语 basaltes），但是几乎所有的以色列语母语者都认为它源自希伯来语，就好像它的成分包括 בזל √bzl 套进名词词型 □a□é□et，构词方法同 שמנת shaménet （§4.4）"奶油"和 קלטת kalétet "盒式磁带"（§3.2.1）一样。① 但是，这些新词的主要语素（这里指"词根"בזל √bzl）是外来的，其外来特征只要浏览一下词典就可以发现，因为几乎所有的以色列语词典都将词根单独列为词条，但是 {√bzl} 这个语素却没有独立的词条。

　　更为复杂的是，语素改造词如果发生二次派生，比如变为动词（相关例词的论述，参看§2.1.3），那么，"引进的词根"（即借词通过逆生法产生的词根，这个词根在语素改造之前在目标语中是不存在的）就可能变成目标语的独立词根而且被录入当代词典。例如，以色列语 מברשת mivréshet "刷子［名词］"是意第绪语 באַרשט barsht 的语素改造词，试比较：德语 Bürste；英语 brush；法语 brosse，参看§8.4。词根 ברש √brš 来自 מברשת mivréshet，现在可以套进好几种动词词型，其中最为常见的是 hi□□í□（试比较：הבריש hivrísh "刷过［第三人称阳性单数］"），因此 ברש √brš 已经被词典收录。此外，若要深究词源，有些以色列语母语者难以相信 מברשת mivréshet "刷子［名词］"是一个借词，并且会断言这个词来自 הבריש hivrísh "刷过［阳性，单数］"，甚至有一种推导型俗词源将其词源解释为（圣经希伯

---

① 以色列语 בזלת bazélet "玄武岩"打败其他竞争对手而流行开来，其中包括外来词 בזלט bazalt "玄武岩"（MES：148a）和以色列语 בשנית bashanít（同上：148，206），后者来自圣经希伯来语 בשן［bắšån］，指约旦东部一个玄武岩十分丰富的地区（参看 Deuteronomy 42：14）。斯卢希奇（Slouschz 1930：115）断言：欧洲语言中表示 basalt（即国际通用词 basalt "玄武岩"）的词项的终极词源是闪族语。在他之后，克雷恩（Klein 1987：68b）提出，拉丁语 basaltes 是拉丁语 basanites 的讹变形式（corruption），试比较：古希腊语 βασανίτης λίθος basanítēs líthos "巴桑（Basan，圣经希伯来语 בשן）的石头"，试比较：古希腊语 βάσανος básanos "试金石"（Liddell and Scott 1996：309a）。如果这种说法正确，那么，בזלת bazélet "玄武岩"与希伯来语 בשנית bashanít 就是同源词。

来语>>）以色列语 ברוש brosh "柏树"，理由是刷子和柏树叶相像。这样，由于是二次派生所得，仅靠查阅简单的词典（因而发现这样的词根没有独立的词条），就很难发现它是语素改造词。要解决这个问题，就必须查阅新词形成时期的词典，这样的词典虽然不会收录 ברש √brš，但会收录（典型的）隐蔽借用过程中所产生的词根或词项，包括仿造词、音义匹配词、语义化语音匹配词、语音匹配词等。

以色列语仿造词十分丰富，许多是模仿意第绪语和英语得来的，尤其常见的是引入新短语（参看§1.3.4）和引入新词义（即意借，参看§1.3.1）的仿造词。

## 1.3.1　引入新词义的仿造

本书的意借采用豪根（Haugen 1950）的定义，不同于引进新单词、新复合词、新短语的仿造，后者有时概括地称为 loan-translation "仿译" 或 calque "仿造"。① 我之所以采用豪根的定义，是因为仿译一般会创造出全新的词项或短语（参看§1.3.2—1.3.4），而意借仅仅指既有词项吸收新词义。尼尔（Nir 1993：22）也采用了 semantic loan "意借" 和 loan-translation "仿译，翻译借词" 这种二分法，但以 loan shift "转用借词" 替换 semantic loan "意借"，因而他与豪根对 loan shift 的解释是不同的。豪根（Haugen 1950：215）用 loan shift 指 "不涉及引进的语素替换"（同前），所以包含了仿译和意借。意借过程图解如下：

**表 1**

|  | 源语词项 | 目标语词项 |
|---|---|---|
| 第一阶段 | 所指 1+所指 2 | 所指 1 |
| 第二阶段 | 所指 1+所指 2 | 所指 1+所指 2 |

① 我根据词汇单位的类别对仿造进行上述细分之后，用 *calque* 这一术语仅仅指引入新单词或新复合词或新短语的仿造就很成问题了，原因在于引入新词义的仿造与引入新单词的仿造之间的差别并不比引入新单词的仿造与引入新复合词的仿造之间的差别更大。（下划线为本书著者所加）

为了让表 1 所示的过程更为清晰，让我用图 6 （其中 C-S 表示 "引入新词义的仿造词"） 来说明这个过程：

---

源语 x "a, b"　　→→→→　　目标语$_{(+C-S)}$ y "a, b"　　←←←←目标语 y "a"

---

**图 6**

以英语 Lord "上帝" 为例，该词用于翻译拉丁语 Dominus "一家之主，老爷，上帝"，后者是古希腊语 κύριος kúrios "老爷，主人，上帝" 的意借词，而这个古希腊语词是圣经希伯来语 אדני [ʔăđoˈnåj] "老爷，上帝" 的意借词。① 谈完 Lord "上帝" 之后，用维吉尔（Virgil）的话来说，si magna licet componere parvis "如果可以把渺小的事物与伟大的事物相提并论的话"，让我来谈谈犹太启蒙运动时期的希伯来语 עכבר "老鼠"（试比较：圣经希伯来语 עכבר [ʕakʰˈbår]），该词因受拉丁语 mus "老鼠" 的指小词 musculus "肌肉" 的影响而获得了 "肌肉" 之意。相比之下，以色列语 עכבר akhbár "老鼠" 因受英语 mouse "鼠标" 的影响而获得了新词义 "鼠标"。以色列语 כוכב kokháv "星星"，俄语 звезда zvezdá "星星"，波兰语 gwiazda "星星" 和芬兰语 tähti "星星" 等都受英语 star 的影响而获得了新词义 "（流行音乐或电影）明星"。以色列语 אתר atár "地点" 和意大利语 sito "地点" 因受英语 site 的影响而获得了新词义 "网址"。意大利语 salvare "拯救" 因受英语 save 影响而获得了新词义 "保存（文件或文档）"（Orioles 1994：671）。现代汉语 "冰" 因受英语 ice "冰毒" 的影响现在也指毒品 "冰毒"。

19 世纪后半期，东欧的反犹情绪促使许多讲意第绪语的犹太人移民美国。1877—1917 年间，约有 2 500 000 名犹太人抵达美国，加入到为数不多的犹太人群体当中，因为在 1870 年的美国，犹太人口总数不过 250 000 人（参看 Steinmatz 1986：16）。意第绪语很快就开

---

① 古希腊语 κύριος kúrios 也用于翻译不可说出的圣经希伯来语四字圣名 יהוה，最初发音为 [jahwe]，传统发音为 [jəhoˈwå] 或 [jɛhoˈwi]。请注意，犹太人一般把圣经希伯来语 יהוה "耶和华" 念为 [ʔăđoˈnåj]。

始了**亲密借用**（intimate borrowing），这种借用发生在双语者（这里指讲意第绪语和英语的人）生活在单语者（这里指讲英语的人）中间的时候。布龙菲尔德（Bloomfield 1933：461）指出，亲密借用"发生在同一地区同一政体使用两种不同语言的时候"，而与此不同的是更为常见的**文化借用**（cultural borrowing）。操不同语言的人通过阅读、旅游、贸易等方式进行非正式接触时，文化借用就产生了（参看同上，Steinmatz 1986：1）。英语词汇与意第绪语词汇相互干扰，而且十分普遍。① 意第绪语隐蔽借用美式英语的一种方式是通过仿造引入新词义。例如，意第绪语 לויפֿן *lóyfn* "奔跑" 因受英语 *run*（*for*）"竞选" 的影响而获得了新词义 "作为候选人"，意第绪语 גיין *geyn* "步行" 因受英语 *go* "走" 的影响而获得引申义 "旅行"。

以色列语里的许多意借词来源于意第绪语（以及俄语和波兰语），其中大多数意借发生在 20 世纪上半期。例如，以色列语 מת *met* "垂死的，死的"，在 אני מת לפגוש אותו *ani mèt lifgósh otò* "我很想见他" 这一句里的意思是 "渴望，盼望"，这是仿造意第绪语 שטארב *shtarb* "渴望"（试比较：איך שטאַרב פּישן *ikh shtarb píshṇ* "我很想小便"），同时也是仿造俄语 умираю *umiráyu* "渴望"（试比较：俄语 Умираю, хочу его видеть *umiráyu, khochú egóvídet'* "我很想见他"）。以色列语 בוער *boér* "燃烧的" 也有 "紧急" 之意，是因为受到意第绪语 עס ברענט *es brent*，ברענענדיק *brénəndik* "燃烧的+紧急"（试比较：意第绪语 עס איז אַ ברענענדיקער ענין *s'iz a brénəndikər ínyən* "这事很急"）和俄语 горит *gorít* "燃烧的+紧急" 的影响（试比较：俄语 Не горит *ne gorít* "这事不急"，其字面意义为 "没在燃烧"）。以色列语 כבר *kvar* 的用法源自意第绪语 שוין *shoyn*，试比较：以色列语 זוז כבר *zuz kvar* 和意第绪语 גיי שוין *gey shoyn*，两者的字面意义均为 "已经走了"，实际意思却是 "快点！"，试比较：英语 *Shake a leg!*

以色列语 דפק *dafák* "敲打，打［阳性，单数］" 现在也表示 "性

---

① 有关这种借用方式的论述，参看 Mencken（1936, 初版于 1919；1945；1948；1977），Weinreich（1963），Feinsilver（1970），Rosten（1971）和 Samuel（1971）。

交"，这是仿造俄语 трахать *trákhat'* "猛击+性交" 和波兰语 *stukać* "发出哗啦声+性交" 而形成的。后来，以色列语 דפק *dafák* "性交" 的使用更为广泛，或许是因为它的发音与英语 *fuck* 相似。①

　　以上分析说明，意第绪语的影响往往伴随着俄语和波兰语的影响，这正符合**一致性原理**（Congruence Principle）这一重要原理（§1.4.1.3）。我（Zuckermann 1999a）的研究表明：以色列语从意第绪语借入的词（这里指仿造词）往往是那些同时存在于俄语和波兰语中的词（参看 Even-Zohar 1982：12—13）。即便如此，一个词受到几种语言共同影响的情形并不是很常见。比如，在下面几例以色列语仿造词里，意第绪语的影响肯定超过俄语或波兰语的影响：כאב ראש *keév rosh* "头痛"，重音通常为 *kèev rósh*，也指 "强加，不受欢迎的事，烦恼"，后一种词义就是仿造意第绪语 קאָפּ ווייטיק *kop véytik*，试比较：俄语 головная боль *golovnáya bol'* （字面意义 "头痛"）。再如，שרוף *sarúf* "（火）烧焦的" 也指 "虔诚的，狂热的"，用于诸如 ליקודניק שרוף *likúdnik sarúf* "利库德党的狂热支持者" 等词语，就是受到意第绪语 פֿאַרברענט *farbrént* "烧焦的+虔诚的" 的影响，试比较：意第绪语 אַ פֿאַרברענטער ליקודניק *a farbréntər likúdnik* "利库德党的狂热支持者"；俄语 пламенный коммунист *plámennyĭ kommuníst* "狂热（虔诚）的共产主义者"；波兰语 *zapalony* "照亮的+虔诚的或热情的"；俄语 горячий *goryáchiĭ* "热的+虔诚的"（试比较：俄语 угорелый *ugorélyĭ* "热的+疯狂的"）。

## 1.3.2　引入新单词的仿造

　　仿造所产生的四种词语中，新单词是最为罕见的。举一个典型的

---

① 因发音的影响而导致使用频率增加的现象也见于（密西拿希伯来语>>）以色列语 סכום *skhum* "总的"。萨丹（Saddan 1955：40）认为，*skhum* 战胜（密西拿希伯来语>>）以色列语 סך *sakh* "总的" 而流行开来，是因为拉丁语 *summa* 或德语 *Summe* "总数" 的影响，试比较：俄语 сумма *súmma* "总额"。*skhum* 在以色列语中独有的词义 "算术和" 或许是受英语 *sum* 的影响而产生的。因语音相似而导致用法增强（使用频率增加）这种现象的相关分析，参看 Zuckermann（2000，尤其第 313—317 页）。

例词：1904 年，以色列语之父艾利泽·本－耶胡达的第二任妻子恩姐·本－耶胡达（Hemda Ben-Yehuda，1873—1951）仿造了一个新词 אפנה *ofná* "时尚"，其原型为国际通用词 *móda* "时尚"（试比较：以色列语 מודה *móda*；意第绪语 מאָדע *módə*；俄语 мода *móda*；德语 *Mode* 和波兰语 *moda*）。① 更具体地说，从词源上看，该词是用（希伯来语>）以色列语 אפן *ófen* "样式"去模仿国际通用词 *móda* "时尚"的词源（试比较：拉丁语 *modus* "样式"）及其词尾的 [a]。我们不妨把它与以色列语语义化语音匹配词 מידה *midá* "时尚"进行比较（§5.3.3）。这种仿造过程如图 7 所示，其中 C-W 表示"仿造引入的新单词"：

$$\text{源语 x "a"} \to\to\to\to \text{目标语}_{(+\text{c-w})}\ \{y\} + \{z\}\ \text{"a"} \leftarrow\leftarrow\leftarrow \text{目标语}\ \{y\}\ \text{"b"}$$

y 是词汇语素（词根）
b 与 a 词义相关
z 是语法语素（例如名词词型）
{y} + {z} 为一个词

**图 7**

有的仿造词将源语中两个词源不相干的同音同形异义词相联系。例如，意第绪语 גלייַך *glaykh* "与……相似，像"在美式意第绪语中的词形变成了 גלײַכן *gláykhn* "喜欢"，正是因为受英语同音同形异义词 *like* [形容词] "像，与……相似"和 *like* [动词] "喜欢，以……为乐"的影响，其实这两个词的词源毫无关联。② 以色列语 עגורן *agurán* "起重机"也是一个引入新词项的仿造词，详情请参看 §3.1.5。

## 1.3.3　引入新复合词的仿造

本书所说的**复合词**指合成的词，即"词义简单的词汇复合体"（a

---

① 见于 *MBY*（i：353a）和 Saddan（1955：36—37）。

② 英语 *like* "同样的，相似的 [形容词]"来自早期现代英语 *līch*，*līk*，即古英语 *ǧelic* 的缩略形式，试比较：古高地德语 *gilîh*，中古高地德语 *gelîch*，现代德语 *gleich*。不过，英语 *like* "喜欢 [动词]"来自古英语 *līcian*（试比较：古高地德语 *līhhên*，*līchên*），词源可追溯到古条顿语 \**līkæjan*，\**līkōjan*，后者来自 \**līko-* "身体，主体"（参看 *OED*）。

lexical complex which is semantically simplex，参看 Cruse 1986：37），这样的词由几个单词组合而成，但是被看作一个整体，是一种（通常为名词性的）固定搭配（参看 Nir 1993：95—105），试比较：polysynthesis "多式综合"。请注意，复合词属于我所说的 "词项"，参看 §3.2.4。

仿造的复合词在德语里比比皆是。例如，德语 Fernsehen "电视"（字面意义 "远处的图像"）是模仿国际通用词 television 的词源创制而成。德语 Sauerstoff "氧气"（字面意义 "酸性物质"）模仿的是法语 oxygène（Lavoisier 最初在 1777 年提出的名称是 principe oxygine "酸素"，试比较：principe acidifiant，OED）。英语 superman 是以德语原词为模型仿造而成（试比较：德语 Übermensch）。有人可能认为这些例词是简单词而不是复合词。的确，过去的许多复合词变成了现在的简单词，而今天被我们当作复合词的许多词项最终会变成简单词，这样一来，复合的过程只有词源学家才能辨认。就当下趋势而言，特别是在美国，去掉复合词中的连字符已经成为一种趋势。[①] 书写形式上的这种 "丢失" 起初可能无关紧要，但是可能会使复合词的透明度彻底丧失。举例而言，英语 power politics "强权政治" 现在看起来像是复合词，它其实是德语 Machtpolitik 的仿造词，但从书写形式来看，后者却不是复合词。同样，以色列语 גן ילדים gan yeladím "幼儿园"（字面意义 "孩子们的花园"）是仿造德语 Kindergarten 而形成的复合词。引入新复合词的仿造过程如图 8 所示，其中 C－C 代表 "仿造引入的新复合词"：

---

源语 x+w "a+b" →→→目标语$_{(+C-C)}$ y+z "a+b" ←←←目标语 y "a"，z "b"

---

**图 8**

---

① 有时候，省略连字符会导致歧义，但是仍然有人不写连字符。例如，有人拼写时会省略化学术语 per-iodic "过碘酸"（例如，$H_5IO_6$ "正高碘酸"，一种氧含量高于碘酸的酸）和 un-ionized（"非离子化的"）中间的连字符，结果就会分别与 periodic "定期的"（< period）和 unionized "组成工会的"（< union）相混淆。类似的例子还包括 resolve "解决" 与 re-solve "再溶解"，德语 übersetzen "翻译" 与 über-setzen "摆渡，渡过" 等。

仿造复合词在现代汉语里非常普遍。现代汉语"热狗"是根据英语 *hotdog* 的词源仿造而成。① 在这样的仿造词里，造词者关注的是词义而不是所指，参看 § 1. 2. 5 词义型语义化语音匹配词与所指型语义化语音匹配词之间的重要差异。同样，*cocktail* 进入现代汉语时变成了"鸡尾酒"。② 不过，现代汉语的大多数仿造词不仅仅是依据源语词的词源仿造而成。这里有一个有趣的例子：*basketball* 被同化为"篮球"，*tennis* 被同化为"网球"，结果，英语含有"网"的 *netball* 只好变成了"英式篮球"，因而成为仿造词"篮球"的二次派生词，试比较：（新加坡）国语"女子篮球"。

## 1. 3. 4 引入新短语的仿造

以色列语里的许多表达式是从外文短语逐词翻译而成的。起初，最常见的源语是意第绪语。例如，以色列语口语词 משוגע על כל הראש *meshugá al kol harósh*（字面意义"整个脑子都疯"）指疯子，意思是"傻头傻脑的"，它是从意第绪语习语 משוגע אויפֿן גאַנצן קאָפּ *məshúgə áfṇ gántsṇ kop* "傻头傻脑的" 翻译而来，其中意第绪语 משוגע *məshúgə* 的词源是（圣经）希伯来语 משוגע [məšugˈgåʕ] "发疯的"（参看 Hosea 9：7）。以色列语口语词 משוגע על כל הראש *meshugá al kol harósh* 使用广泛，不过也许不及 דפוק בראש *dafúk barósh* 广泛，后者的字面意义为"头被打了"。试比较：波兰语口语词 *chory na głowę*（字面意义"脑袋有病"），意思是"发疯的"（有些许侮辱意味，试比较：波兰语 *upaść na głowę*，其字面意义为"落在头上"，实际意思是"要疯了"），波兰语口语词 *chory*（字面意义"生病的"），意思也是"发疯的"。也可比较俄语口语词 больной на голову *bol'nóĭ na gólovu*（字面意义"脑袋有病"），意思是"发疯的"。引入新短语的仿造过程如

---

① 试比较：*chiens chauds* "热狗"，曾有人 1964 年在加拿大看到摊贩的标牌上有这个词（Raphael Loewe，私人通信）。

② 试比较："马踢你"，用于匹配国际通用词 *martini*。拉姆塞（Ramsey 1989：60）称这个语义化语音匹配多源新词是著名语言学家赵元任创制的，不过它并未被汉语母语者接受。现代汉语常用词是语音改造词"马提尼"（*CDJ*：2031）。

图 9 所示，其中 C－P 表示"仿造引入的新短语"：

> 源语 x+w······"c"→→→目标语$_{(+C-P)}$ y+z······"c"←←←目标语 y "a"，z "b"······

c 为习语，由 a+b······组成

**图 9**

以上仿造过程的独特之处在于源语表达式（意第绪语 משוגע אויפֿן גאַנצן
קאָפּ *məshúgə áfņ gántsņ kop*）中有一个词（即意第绪语 משוגע *məshúgə*
"疯的"）的词源可追溯至目标语（即希伯来语 משוגע［*məšugˈgåʕ*］
"疯的"），而后者正是以色列语仿造词 משוגע על כל הראש *meshugá al kol
harósh* 所采用的词。同样，以色列语 יש לך טעות *yesh lekhá / lakh taút*
（字面意义"你有错"，即"你错了"）是意第绪语 האָסט אַ טעות *host a
tóəs* "你错了"的仿造词；以色列语 לבלבל את המוח *levalbél et hamóakh*
（字面意义"脑子混乱"，即"烦扰，唠叨"）的词源是意第绪语
דולן דעם מוח *dúlņ dəm móyəkh* "烦扰，唠叨"，试比较：以色列语口语
词 לזיין את המוח *lezayén et hamóakh*（字面意义"脑子混乱"，即"说一
些激怒听者的蠢事或假话"），来自俄语口语里的粗鄙词 ебать мозги
*ebát' mozgí*（字面意义"脑子混乱"，即"说一些激怒听者的蠢事或
假话"），试比较：俄语 пудрить мозги *púdrit' mozgí*（字面意义"在脑
袋上擦粉"）。

　　以上三例中，由于以色列语所采用的希伯来语词项正是意第绪语
所采用的，源语似乎必定是意第绪语。但是，我收集了大量的例词，
其中包括几十个类似的仿造习语，经过分析之后，我从中可以归纳出
一点：许多被仿造的意第绪语表达式其实也存在于俄语和波兰语里，
详情请参看 §1.3.1。这种现象符合一致性原理。再如，以色列语
מה נשמע *ma nishmá*（发音多为 *má nishmà*，字面意义"你听到什么
了？"）被一些以色列语母语者误解为另一句音同而义不同的话："我
们会听到什么？"其实，*ma nishmá* 的意思是"你好吗？"或者"有什
么新鲜事？"意第绪语 וואָס הערט זיך *vos hert zikh*（发音一般是
*vosértsəkh*，字面意义"你听到什么了？"）对这句话的理解产生了一
定影响。再如，俄语 Что слышно *chto slyshno*；波兰语 Co słychać；格

鲁吉亚语 ნა ისმის *ra ismis*；罗马尼亚语 *Ce se aude*（字面意义均为"听到什么了？"），意思都是"你好吗？""近况如何？"同样，以色列语 דבר אל הקיר *dabér el hakír*（字面意义"去对墙讲！"）意思是"对砖墙讲话，自言自语"（即"得不到回答"），是模仿意第绪语 רעד צו דער וואַנט *red tsu der vant*"对砖墙讲话，自言自语"得来的（试比较：词义相同的俄语 говорить со стеной *govorít' so stenój* 和波兰语 *mówić do ściany*）。

当前，这种以色列语仿造词最常见的源语是美式英语，而美式英语似乎已经对意第绪语产生了影响。例如，意第绪语 מאַכן אַ לעבן *mákhṇ a lébṇ*（字面意义"谋生"）可能是英语 *make a living* 的仿造词（这样就引入了一个新短语），而以色列语 לעשות חיים *laasót khaím*（字面意义"维持生活"）意思是"享受，纵情享受"。不过，仿造并非本书的研究焦点，而且学界已有充分论述；本书的焦点是多源造词，即基于语音的一种隐蔽借用。在下文中，我将在第三章根据造词类别对多源造词进行分类。

### 1.3.5　仿造、音系重编与形借

以色列语 תחת *tákhat*"在下面"现在指"底部，屁股"（试比较：英语 *tush* 和 *tochus*），它是意第绪语 תחת *tókhəs*（试比较：波兰意第绪语 *túkhəs*）的仿造词，而后者的词源是希伯来语 תחת［'taḥat］"在下面"（有人断言该词也有"底部"之意，试比较：犹太西班牙语① *tákhad*"底部"）。这样的语义转换发生在意第绪语里，极有可能是受到西意第绪语相关词项的影响，因为那些词语均有"在下面"和"底部，屁股"两种词义，试比较：东意第绪语 אונטן *úntṇ*"在下面，底部，屁股"（试比较：意第绪语 הינטן *híntṇ*"在下面，底部，屁股"）；英语 *bottom*（见于 1794 年文献，*OED*），英语 *behind*；德语

---

① 犹太西班牙语（Judaeo-Spanish）是一种源自古西班牙语的罗曼语言，起初在奥斯曼帝国部分地区（包括巴尔干半岛、土耳其、中东和北非等地）以及法国、意大利、荷兰、摩洛哥、英国等地使用，现在的使用者主要是塞法迪犹太人，大部分使用者在以色列定居。犹太西班牙语不同于拉迪诺语（Ladino，参见§2.1.1 第 87 页脚注①）。

*Hintern* "后面，后部，底部，屁股"；俄语 зад *zad*［zat］"背；臀部，后部"；波兰语 *tyłek* "臀部"（<波兰语 *tył* "背" + 指小词后缀 *ek*，因此意为 "小背"，试比较：波兰语 *piesek, psek* "小狗"，来自 *pies* "狗"，试比较：古教会斯拉夫语 *pъsъ* "狗"）。由此可见，以色列语里新增加的这个词义是仿造意第绪语而形成的，其过程如图 10 所示：

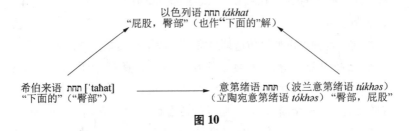

**图 10**

请注意，以色列人根本意识不到意第绪语在这个词里发挥了作用，因此，这里的借用隐蔽得非常彻底。

分析上述过程的另一种方法是将其界定为**音系重编**（rephonologization）①。比如，波兰意第绪语 *túkhəs* 到了以色列语里，语音就变为 *tákhat*；意第绪语里的希伯来语 מבין *méyvn* "专家，内行" 到了以色列语里，语音就变成了 *mevín*。

此外，**形借**（graphic borrowing）也是一种分析思路。以色列语使用希伯来文字，תחת 也许就是借自意第绪语的借形词，因为意第绪语使用的是同样的希伯来语字母。这个例词是口语词，会削弱以文字为依据这种分析方法的有效性，但是用这种思路去分析其他词语，是可以反映语言现实的。这种形借过程与汉语借用日文汉字词的原理是非常接近的。汉语里的日语借形词常常被视为用汉语内部材料创制的新词，而不会被看作是借自日语的借词。马西尼（Masini 1993：147—149）研究发现：现代汉语中的日语借形词约有 850 个，其中有

---

① 音位（phoneme）是具体语言或方言中能够区别意义的最小的语音单位。据雅各布森（Jacobson 1990）的定义，一个音位分化为两个音位即为音系化（phonologization）；相对立的音位混同为一个音位，即失去音位区别，即为去音系化（dephonologization）；原有的区别性特征消失，全部改用其他的特征来区别，则为音系重编（rephonologization）。

些是"回归词"（returned loans）或"弹回词"（bounced borrowings）。有关汉语、日语和越南语借形词的论述，参看 Zuckermann（2000：272—277）。下面仅举一例加以说明。

（英语）国际通用词 club 进入日语时被译为 kurabu，书写形式用片假名クラブ或日本汉字**俱楽部**，其中后者用于高尔夫俱乐部的标牌里。日语训读词 kurabu 包含音读 ku"一起"，音读 ra(ku)"享受"和 bu"单位，部门"，所以意思是"大家在一起享受的部门"（参看 Kindaichi et al. 1975：vi：631）。日语训读词**俱楽部** kurabu 被借入现代汉语，变成**俱乐部**（参看 CED：1410，Ramsey 1989：60，Kōsaka 1994：1658），所用的汉字是现代汉语简化字，与日文汉字不同。这个词的汉字字形使得汉语母语者相信它是一个彻头彻尾的汉语词（请看图 11）。

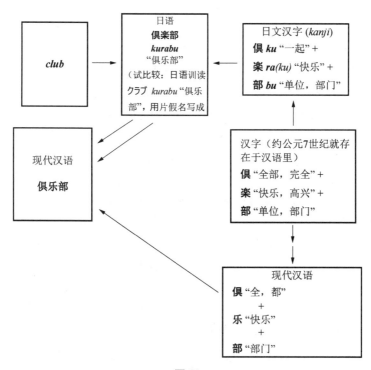

**图 11**

日语训读词 *kurabu* 说明了两个要点：一是日语在努力同化表示西方思想的词语，二是在 1975 年以前，汉字用于日语、朝鲜语/韩语、汉语和越南语，促进了这些语言之间的相互影响。例如，越南语**科學** *khoa học*"科学"（Dao and Han 1957：460）（字面意义"学科"）同化日语音读词**科學** *kagaku*"科学"。这种相互借用非常普遍，尤其是科技术语，其中有许多是仿造词或者根据词义新造的词，这种现象否定了普塞尔（Purcell 1936）的一种观点，即汉语中指西方技术的大多数词都是表音词。

虽然汉语**俱乐部**是借自日语训读词**俱楽部** *kurabu* 的借形词，但是后者本身是一个多源新词，这就是我下一节要讨论的对象。

# 1.4　词汇归并与本族化俗词源

## 1.4.1　一致性

### 1.4.1.1　两类多源造词：词汇归并与本族化俗词源

初看之下，本书似乎也可以取名为"隐蔽借用"。大多数以色列语多源新词是传统意义上的隐蔽借词，即源语只有一种，因采用了目标语既有的语言材料而掩盖了借用的真相，但是，有一些多源新词可以看作是"双语源借用"（double borrowing）。例如，以色列语 קרפדה *karpadá*"蟾蜍"（§3.1.1）是一个多源新造词，同化对象是法语 *crapaud* [kʀaˈpo]"蟾蜍"和阿拉姆语 קורפדאי [qūrpədaj]（指一种未知动物）。我认为，在创制 קרפדה *karpadá* 的时候，阿拉姆语 קורפדאי 并不是以色列语词汇的一部分，以色列语母语者不可能知道这个词。换言之，阿拉姆语 קורפדאי [qūrpədaj] 也是从其他语言借入的词。因此，קרפדה *karpadá* 一词不应视为本族化俗词源这一类的多源新词，因为这种新词与仿造词一样，需要利用已为大众所熟知的目标语语言材料。尽管阿拉姆语与以色列语采用相同的文字，但是就这个词而言，阿拉姆语材料并不是目标语以色列语的语言材料，它的造词过程如下图所示：

**图 12**

以色列语转义型音义匹配词 דיבוב *dibúv* "配音" (参看 §6.4) 是本族化俗词源多源新词, 因为它利用了为人所熟知的既有词 דיבוב "使(某人)说; 口语", 而 *karpadá* "蟾蜍"属于因**词汇归并** (lexical conflation)而形成的多源新词。词汇归并现象在纯语论者创制的多源新词中特别普遍, 如果起同化作用的语言材料是阿拉姆语或阿拉伯语, 那么新词必定属于归并词, 因为这两种语言都不是目标语, 所以不适合用 [源语> 目标语 (+多源新词) < 目标语] (如 §1.2.3—§1.2.5 所示) 这一图示去描绘。此外, 如果用希伯来语语言材料去同化, 也会产生词汇归并现象, 这是由于以色列语纯语论者往往重新利用已经废弃 (obsolete) 而不属于以色列语的词去创制新词, 详情请参看 §2.3。从时间上看, 词汇归并与本族化俗词源截然不同, 常见于以色列语的形成时期, 也就是在以色列语成为口头语言、充当目标语之前; 那个时期的以色列语新词是根据好几种源语的材料创制而成的, 这些源语各自充当了主要或次要的源语, 而其中一种源语就是希伯来语。

鉴于上述原因, 多源造词应该分为两大类: 本族化俗词源和词汇归并。从语义角度来看, 由于匹配既可指源语语言材料与目标语语言材料之间的匹配, 又可指两种不同源语的语言材料之间的匹配, 因此, 这两类多源造词又可以进一步细分为音义匹配、语义化语音匹配和语音匹配。本族化俗词源与词汇归并之间的异同图解如下:

**本族化俗词源**

> 源语 x "a" →→→→目标语_(+本族化俗词源) y' "a'" ←←←←目标语 y "b"

y 与 x 语音相似
a 与 b 同义或近义（音义匹配）/词义相关（语义化语音匹配）/词义无关（语音匹配）
y' 基于 y
a' 基于 a

**图 13**

**词汇归并**

> 第一源语 x "a" →→→→目标语_(+归并词) y' "a'" ←←←←第二源语 y "b"

y 与 x 语音相似
a 与 b 同义或近义（音义匹配）/词义相关（语义化语音匹配）/词义无关（语音匹配）
y' 基于 y（和 x）
a' 基于 a（和 b）

**图 14**

我的研究将会表明，本族化俗词源和词汇归并在以色列语中普遍存在，但是往往难以区分。不过，由于两者都属于多源造词这种迄今为止一直被忽视的语言现象，区分两者就不是本书的重点了。我研究发现，从语言类型来看，容易产生本族化俗词源现象的典型语言是那些采用音位词符（phono-logographic，或 cenemo-pleremic）文字的语言如汉语，而容易产生词汇归并现象的语言是皮钦语（pidgin）和克里奥尔语（creole），比如巴布亚皮钦语和牙买加克里奥尔语。

　　1.4.1.2　共时性语内形态混合词和多源新词

　　本书所研究的某些多源新词既不是借自一种源语也不是借自两种源语，而是**语内多源新词**，即造词所用的同化材料来自同一语言内部。某些本族化俗词源是采用大家熟知的语言材料创制而成，而且匹配对象是国际通用词或者业已成为以色列语组成部分的外来词，这样的本族化俗词源即为**语内多源新词**（intra-lingual MSN）。例如，אילו זה היה *ílu ze hayá*（字面意义"假如"）意思是"错觉"（参看 §3.2.4），带有诙谐意味，其同化对象是（国际通用词>）以色列语אילוזיה *ilúzya*，在创制新词时后者已经是以色列语不可或缺的组成部分。还有其他多源新词也是语内多源新词，例如以色列语 יעפת yaéfet"时差综合征"
（§3.2.1），其构词材料包括（圣经希伯来语>）以色列语 יעף √jʕp，
亦即 עיף √ʕjp"疲劳的"和 עוף √ʕwp"飞行"的二级词根，套进名词
词型 □a□é□et（参看§3.2.1）。换言之，ílu ze hayá 和类似的本族化
俗词源均可视为利用内部资源来扩充词汇。

再举一个重要的例词：以色列语 חופולוגיה khupológya 在创制之时，
以色列语中已有国际通用的 לוגיה(ו) - -(o) lógya，所以前者不能看作
是跨语言新词，只能当作以色列语利用内部材料创制的新词。更概括
地说，所谓"形态混合词"（morphological hybrid）其实并非跨语言
形成的，这种观点与许多语言学家的看法不一样。举例来说，英语
beatnik 中的成分 -nik"爱好或热衷于……的人，具有……特征的东
西"不是来自俄语 -nik，而是来自英语 sputnik"人造地球卫星"，但
sputnik 本身是来自俄语的借词。温里奇（Weinreich 1963：31）曾经指出，
英语 -ette 是从英语既有的成对词 cigar-cigarette 中"提取"（extract）出
来的，换言之，词缀是不可借用的。英语 sputnik 以及后来的 -nik 的同
化过程类似于阿拉伯语 كتاب［kiˈtaːb］"书"被斯瓦西里语同化为 kitabu
（以及 vitabu"书［复数］"，参看§1.2.1）的过程。这两例借词已经
成为本族语词汇和形态结构中必不可少的组成部分。

辛格（Singh 2001）是词缀不可借这种观点的热烈拥护者之一。
他可能会赞同英语 -ette 不是借自法语这种说法，但是很可能不赞同
用"提取"这个词，即上一段所说的从 cigarette 中提取 -ette。他这种
观点我称之为反形态论，他的理由是：撇开"构词策略"（Word
Formation Strategies，简称 WFSs）（参看 Ford and Singh 1991，Ford,
Singh and Martohardjono 1997），词缀根本就不存在，所以词缀是不可
借的。辛格的这种主张是对穆斯肯（Muysken 1992）的挑战，因为穆
斯肯试图证明存在费内曼（Vennemann 1974）所说的"**二级词库**"
（Second Lexicon），即"（新）帕尼尼派所深信不疑的词缀储藏库"
（参看 Singh 2001：358）。辛格认为，词缀属于元语言，在语言本身
里是不存在的，无论是在所谓的"二级词库"还是在"一级词库"
（First Lexicon）里都不存在。在努韦尔和辛格（Neuvel and Singh

2001）看来，形态学关注的不是词缀，而是那些系统地用于扩充某一语言词汇库的各种差异。

　　我将以新加坡英语为例，探讨辛格等人试图证明的语言现象。新加坡英语 *chiminology*（也作 *cheeminology*①）意思是"夸夸其谈，艰深、难解的事情"。② 如果用传统方法去分析，那么 *chiminology* 是由福建话（Hokkien）*chim* "深"和后缀 *-inology* 构成的。显然，这个后缀在英语或新加坡英语里都不存在。但是，如果比较一下 *crime*↔*criminology* 和 *term*↔*terminology*，就不难发现构词模式 *X*↔*Xinology*（这是我简化过的结构模式，更多详情请参看 Singh 2001：350）。如果对照拉丁语或意大利语相关语言现象，我们就可以从历时角度或者从词源上解释 *-inology* 这一后缀，然而这两种语言并非新加坡人所熟知的语言。这样一来，共时性的解释就比较容易接受，那就是：是 *X*↔*Xinology* 这种构词模式导致了 *chiminology* 一词的产生。此外，还有一个问题需要解释：为什么选择 *-inology* 而不是 *-ology* 呢？有人可能会辩解说：由于 *chim* 是单音节，又由于最后的辅音是鼻音，就使人想起了类似结构 *X*↔*Xinology*，于是 *chiminology* 就产生了，但是这又如何解释 *gemology* 或者 *gemmology* 的形态结构呢？就这个例词而言，辛格的分析方法比传统的形态分析方法要简洁得多。

　　总之，以色列语使用者可以意识到 לוגיה(ו)- -(*o*)*lógya* 这个词的外来特征。因此，从自我感触出发，也就是根据以色列语使用者自己的判断，这是一个混合词（hybrid）。同样，回到多源造词这个话题，尽管 אילוזיה *ilúzya* "错觉"是以色列语不可缺少的一部分，但是以色列语母语者知道这个词来源于外语，因此应该把它与 *yaéfet* "时差综

---

① 新加坡人与以色列人一样难以区分 [ɪ] 和 [iː]，有些笑话就因此而产生，比如 *beach* "海滩"与 *bitch* "母狗，泼妇"，*sheet* "纸张，床单"与 *shit* "大便"等。

② 这个词的具体用法可以举例说明：1. *Ooi! Wat you say I dun understand lah, stop using chiminology can or not!* "哇哦！你讲的我都听不懂啊！别再讲得那么难，好不好！" 2. *We all must now be very **kiasu** and start **piahing** for exams, because got a lot of **cheeminology** we need to learn, so cannot depend on **agaration**. No **paktology** for a while **tahanable**, lah. Just remember that must write more **cheem angmor**.* "我们现在都好怕输，都在拼命备考。有好多东西都好复杂，不能靠瞎猜。这阵子没空约会，只好忍忍啦。得好好记呀，考试要答得很专业。"

合征"之类的词区别对待。

### 1.4.1.3　一致性原理

**一致性原理**（Congruence Principle）的定义：

> 某一特征存在于越多的源语中，这一特征就越有可能留存在正在形成的目标语中。

在§1.3有关仿造词的分析中，我已经涉及一致性原理，但是这个原理同样适用于国际通用词。此外，一致性原理（参看 Zuckermann 2020；试比较：convergence "聚合"，见于 Thomason and Kaufman 1988）也适用于语法（§1.4.2.2）。不过，本书焦点是词汇，因而我所探讨的"特征"都涉及词项。具体而言，本书聚焦于音素语义上的相似性（尽管这条原理也适用于仅仅语义上相似的情形）。这样一来，"这一特征就越有可能留存在正在形成的目标语中"主要指两种词汇形成过程：本族化俗词源和词汇归并。

## 1.4.2　典型的词汇归并产出语：皮钦语和克里奥尔语

惠依（Whinnom 1971：106）认为，一种皮钦语的形成一般需要一种目标语和两种或两种以上的底层语言。基姆（Kihm 1989：352）和缪尔豪斯勒（Mühlhäusler 1985：181）认为，皮钦语是滋生词汇归并的丰沃土壤。"**归并**"（conflation）这一术语是塔米（Talmy 1972；1985：60）提出来的，指"意在形里的形义关系"（meaning-in-form relation）。缪尔豪斯勒也提到过"词汇材料的多重来源"（multiple origin of lexical material）（1982：101—107）和"词汇混合化"（lexical hybridization）（1985：181—187）。勒·帕吉（Le Page 1974：49）认为，"两种不同语码的词项如果碰巧形式和意义都相似，那就意味着这些词项极有可能在正处于形成过程中的皮钦语语码中存活下去。"贝特森（Bateson 1944：138）提出的例词是巴布亚皮钦语 *liklik*，来自英语 *little* 和拉包尔语 *ikilik*。[①] 这种现象还可用其

---

① 参看波利尼西亚语里的相关词，比如夏威夷语中的 *liʻiliʻi* "小"；拉包尔语属于巴布亚语。

他词语进行描绘，包括"聚合"（convergence）和"（词源）混合"（〔etymological〕blend），但是由于这两个词也指其他多种语言现象，因而用处不大。相关论述可参看 Valkhoff（1966：223—640）和 Cassidy（1966）。

　　下面以牙买加克里奥尔语（Jamaican Creole）为例加以说明。牙买加克里奥尔语是加勒比群岛地区流行的一种基于英语的克里奥尔语，与背风岛克里奥尔语（Leeward Island Creole）和巴巴多斯克里奥尔语（Barbadian Creole）一样，以英语和西非的语言为基础。[①]勒·帕吉（Le Page 1974：49）提到：早期牙买加克里奥尔语里的词 *dati* "肮脏的，泥巴"是一个归并词，由英语 *dirty* 和契维语 *dòté* "土壤，泥巴"并合而成（后者也用于牙买加克里奥尔语，试比较：*dutty*，*dóti*，*dórty* "泥土，粪便"，参看 Cassidy and Le Page 1980：166）。*dati* 的造词过程如下图所示：

**图 15**

　　在对通用语（Lingua Franca）[②] 的分析中，舒哈特（Schuchardt 1909：446）指出，通用语的许多词语都给人一种印象，即它们之所以被采用，是因为阿拉伯语词项和与之大致相应的罗曼语词项在语音上相似，比如〔kašana〕（试比较：阿拉伯语 خزانة〔χiꞋzaːna〕"碗柜，壁橱"与意大利语 *cassa* "篓"）和〔mareja〕（试比较：阿拉伯语 مراية〔miꞋraːja〕"镜子"与法国南部方言词 *miralh*，*mirai*，试比较：法语 *miroir* "镜子"）。

### 1.4.2.1　巴布亚皮钦语里的词汇归并

　　巴布亚皮钦语是巴布亚新几内亚的一种基于英语的克里奥尔语，

---

[①] 有关分析，参看 Taylor（1977），Allsop（1996）等。
[②] 这里的 Lingua Franca 指中世纪时期罗马人与阿拉伯人和土耳其人交际时所使用的一种由罗曼语词汇构成的语言。

也叫新美拉西亚语（Neo-Melanesian）、美拉尼西亚皮钦语（Melanesian Pidgin）和新几内亚皮钦语（New Guinea Pidgin）。传统的词汇分类结果表明，它的词汇79%来自英语，11%来自托莱语（Tolai），6%来自新几内亚的其他语言，3%来自德语，1%来自马来语（Salisbury 1967：46，试比较：Laycock 1970：5）。但是，缪尔豪斯勒（Mülhäusler 1985：179；1982：101）指出，巴布亚皮钦语在形成时期约有25%的词汇属于共享词汇，后来他又解释说高达50%的词汇可以追溯至一种以上的源语（1986：2）。请看下例：

- 巴布亚皮钦语 *bel*（及其异体 *bele*）"腹部，胃，情感所在地"（Mühlhäusler 1982：101—102；1985：180）<
  1. 上层语言：英语 *belly*。
  2. 底层语言：托莱语 *bala* "胃，情感所在地"。

米赫里奇（Mihalic 1971）和斯泰因鲍尔（Steinbauer 1969）仅仅提到 *bel* 的英语词源。事实上，英语还有其他词语也表示"腹部"，比如 *tummy* 或 *tumtum*，但是都未被提及，这就更加说明 *bel* 是一个多源新词（参看 Mühlhäusler 1982：118）。这个例词和其他类似例词说明：词汇归并决定了哪种形式可以幸存下来。

对于下面的例词，内费曼（Nevermann 1929：253—254）也提出其词源仅仅来自一种语言，不过与米赫里奇和斯泰因鲍尔所不同的是，内费曼认为上层语言英语里的词项（即那些语音与底层语言词项近似的词项）与新词创制没有任何关系。

- 巴布亚皮钦语 *pusi* "猫" <
  1. 上层语言：英语 *pussy*。
  2. 底层语言：萨摩亚语 *pusi* "猫"。
- 巴布亚皮钦语 *mari/meri* "女人" <
  1. 上层语言：英语 *Mary* "玛丽" 或 *married* "已婚的"。
  2. 底层语言：托莱语 *mari* "爱" 或 *mári* "漂亮的，美丽的"。

下面再看几例：

- 巴布亚皮钦语 *blut*, *bulut bulit* "树液，胶，血" <
  1. 上层语言：英语 *blood* "血"，德语 *Blut* "树液，胶，血"。
  2. 底层语言：托莱语 *bulit* "某些树的树液，胶，血"。
  3. 底层语言：迷奥可语 *bulit* "树液"，摩洛特语 *bulit* "树液"（参看 Mühlhäusler 1982：103，106）。
- 巴布亚皮钦语 *liklik* "小" <
  1. 上层语言：英语 *little*。
  2. 底层语言：（巴布亚）拉包尔语 *ikilik* "小"（Bateson 1944：138, Mühlhäusler 1985：183）。
  3. 底层语言：波利尼西亚语，比如夏威夷语 *liʻiliʻi* "小"。

伍德（Wood）曾在 1972 年指出，"用传统词源学的方法……分析克里奥尔语之类的非常规语言并不十分恰当"（参看 Edwards 1974：5, Mühlhäusler 1985：177；1979）。

### 1.4.2.2　表示语法意义的词汇归并

主体语言（matrilect，即上层语言）中的词项如果碰巧与底层语言中的某个词项相似，底层语言中也有可能产生一种经过并合的小品词（grammatical particle）或多级汇合词（multilevel syncretism）（参看 Edwards 1974：5, Mühlhäusler 1985：181）：

- 海地克里奥尔语 *te-*，表示过去时 <
  1. 上层语言：法语 *ete*，试比较：法语 *était* "过去是"（未完成过去时）；法语 *été* "已经是"（过去分词）。
  2. 底层语言：约洛巴语 *ti-*，完成时前缀（Hall 1966：60）。
- 海地克里奥尔语（*a*）*va-*，表示将来时 <
  1. 上层语言：法语 *va* "将要"。
  2. 底层语言：埃维语（*a*）*va-*，将来时前缀，试比较：班图语词根 *bia-* "来"（同上）。

## 1.4.3 典型的本族化俗词源产出语：使用音位词符文字的语言

### 1.4.3.1 音位词符文字

汉字已有3 000多年的历史。从汉字跟汉语的关系来看，汉字是一种"语素文字"（morphemic script，参看Backhouse 1993：47）。汉字不仅是汉语的书写用文字，也用于书写日语、朝鲜语/韩语等语言，不过，日语和朝鲜语/韩语还使用字音表（syllabary）。随着时间的流逝，关于汉字的性质，人们提出了多种说法，简要介绍如下：

- pleremic "表意的"（来自古希腊语 *plérēs* "丰富的"，"富有意义的"）：pictographic "象形的"，ideographic "意符的"，logographic "词符的"，morphemic "语素的"。在所有这些术语里，用"语素的"这一术语界定汉字可能比用"词符的"更为准确，因为词符文字里的每个字（或称词符）代表一整个词（即一个语义单位），但是在汉语里，像"灯泡"这样的复合词就有两个字，表示"灯"和"泡"两个语素。
- cenemic "表音的"（来自古希腊语 *kenós* "空的"，即"没有意义的"）：phonographic "表音的"，syllabic "音节的"（参看DeFrancis 1984：111以次）等。就借词而言，汉字的作用常与字音表相似；具体而言，有些时候，源语的同一个词项借入汉语后，会有好几个不同的语音改造词，它们所用的汉字都有所不同，这是因为所用的汉字仅仅起到表音的作用。此外，还有一点也值得注意：如果要写下一个词而又不知道字的准确写法，汉语母语者会用汉字记下该词的读音，这也是汉字充当表音符号的证据。①

---

① 采用pleremic和cenemic这两个术语的包括French（1976：118），Haas（1976）和Coulmas（1989，1999：71，408）等，这两个术语来自叶尔姆斯列夫（Hjelmslev）1938年所用的 *plérématique* 和 *cénématique*（参看Hjelmslev 1959：152）。关于汉语书写系统的分析，也可参看Haas（1983），Norman（1988）和Frellesvig（1996）。

　　一直以来，汉字理论中最有影响的是表意文字理论（参看 Suzuki 1975：182），不过，现在大多数语言学家似乎已经摒弃了这种观点。对"表意文字迷思"提出严厉批评的包括德弗兰西斯（DeFrancis 1984：133—148），昂格尔（Unger 1990，试比较：1987）和弗里耶斯维格（Frellesvig 1993）等，批评的一个主要理由是：书写用的字实际上代表的是语言单位而不是代表概念，所以字或者表音，或者充当词符。

　　我认为，汉语的书写系统应该看作是具备多重意义，汉字往往兼具音位词符特征。换言之，汉字可以同时表音又表意。乍听之下，这似乎自相矛盾，但是汉语中不仅存在音义匹配和语义化语音匹配现象，而且相当普遍，这足以证明我的观点是正确的。汉语经本族化俗词源形成了大量的音义匹配词和语义化语音匹配词，它们不仅最大程度上模拟源语词项的语音，而且用于记录源语词项语音的汉字（因而也是语素）是根据语义标准进行取舍的。有时候，为了选用语义上与源语词项更相配的汉字，新词的语音与源语词项的语音相比可能稍微有点失真。例如，现代汉语"声纳"①利用"声"和"纳"合并而成，其中"声"与英语原词的第一个音节语音上并非绝配，当然，如果配以读 peng 的汉字，则会更糟。汉语有着大量的同音语素，声调可能相同，也可能不同，语音上都可以与英语原词的第一个音节相配，但语义上不一定合适，比如读 song 的汉字（试比较：**送**、**松**、**耸**等），读 sou 的汉字（试比较：**搜**、**叟**、**馊**等），或者读 shou 的汉字（试比较：**收**、**受**、**手**、**首**、**兽**、**瘦**等）。下图说明的是"声纳"的造词过程：

---

① 刘正埮等（1984：314）以"声纳"这种形式作为正体，以"声拿"作为异体，定义为"声波定位仪，水声测位仪，声波导航和测距系统，是舰船、飞机和潜艇用的水中声波仪器之一"，并指出其词源为英语 sonar。但是，《现代汉语词典》（第 7 版）没有收录"声纳"，而是录入同音词"声呐"（MCD：1172），指"利用声波在水中的传播和反射来进行导航和测距的技术或设备"，并指出其词源为英语 sonar。

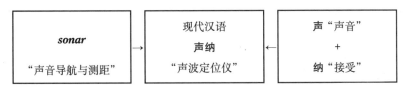

**图 16**

我从现代汉语、台湾国语、粤语和日语中收集到的音义匹配词和语义化语音匹配词数以百计，但是由于多种原因，音义匹配现象并未得到相关语言研究者足够的重视。由于篇幅有限，本书无法分析太多例词，但是会对相关问题进行概述。更多细节可参看 Zuckermann（2000）。

### 1.4.3.2 现代汉语本族化俗词源的主要术语领域

初看之下，以色列语与汉语（以及日语）似乎有一点不同：最早的以色列语母语者都不是单语者，而大多数汉语（以及日语）母语者只会讲一种语言。虽然音位词符文字非常有利于音义匹配，但是撇开这一点不谈，单从汉语母语者多为单语者这一点来看，我们会推测：汉语里的本族化俗词源现象应该不会非常普遍。但是，如上所述，我研究发现的汉语本族化俗词源就有数百个。此外，我还发现，除了通用词之外，汉语的本族化俗词源主要常见于三大术语领域：（商业）品牌名称（和代称）、计算机行话和科技术语。绝非巧合的是，这三类术语领域恰恰存在本族语词汇空缺，而且（受过良好教育的）汉语母语者熟悉相应的外语词项。这样一来，虽然汉语母语者多为单语者，但是对本族化俗词源而言并不构成严重障碍。在下文中，我将举例说明各术语领域的本族化俗词源。

### 1.4.3.2.1 科技术语

与上文提到的 sonar 一样，（英语）国际通用词 radar 被同化为"雷达"（CED：1540，Ramsey 1989：60，MCD：789）（字面意义"雷+到达"），如下图所示：

图 17

同样，英语 *gene* 被同化为"基因"（*MCD*：604）。*gene* 是"生物体遗传的基本单位，存在于细胞的染色体上，呈线装排列"，而"基因"的字面意义是"基础+因子"，稍稍懂得遗传学的汉语母语者仅凭字面意义就可以明白这个词的基本含义，因此，用"基因"匹配 *gene*，音同义也同，可谓匹配得天衣无缝，其匹配过程如下图所示：

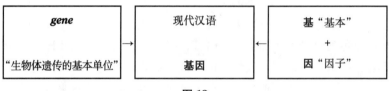

图 18

除了整体上音义匹配之外，现代汉语中还有些本族化俗词源包含语音匹配成分和翻译成分，因而成为部分语音相匹配的词，这一类词中有一部分是科技术语，比如"因特网"，用于匹配英语 *Internet*，其中"因特"在语音上匹配 *Inter-*，而"网"译自 *net*①。同样，"爱克

---

① 在现代汉语中，表示"因特网"之意的"网"已经成为一个非常能产的词，比如"上网"、"网民"、"网友"、"网络"、"网购"、"网游"等，其中"网络"是 1980 年代产生的新词（参看闵家骥等 1987：208）。有趣的是，"网络"中的"网"和"络"都指网状的东西——参看《现代汉语词典》（2005：902，1408），因此"网络"是一个同义反复表达式（tautology），或者叫 *máim akhróynəm vásər*，即意第绪语表达式 מים אחרונים וואַסער，其字面意义为"最后的水水"（试比较：希伯来语 מים ['majim]"水"；德语 *Wasser*"水"），实际上指"供饭后洗手的水"。以色列人偶尔把这个意第绪词语当作同义反复表达式的典型代表，用它去指措辞累赘的短语。意第绪语里同义反复的复合词还包括：חמור-אייזל *khameréyzl*"玩弄女性者"（字面意义"驴驴"，试比较：希伯来语 חמור [ħăˈmōr]"驴"；德语 *Esel*"驴"），פינצטער חושך *fintstər khóyshəkh*（字面意义"黑暗的黑暗"，试比较：德语 *finster*"黑暗的"；希伯来语 חושך [ˈħōʃɛkʰ]"黑暗"）。意第绪语名字里也有同义反复现象，比如 *Dov-Ber*"熊熊"（希伯来语 דב [dobʰ] +（转下页）

斯光"用于匹配英语 *X-ray*，其中"爱克斯"在语音上匹配 *X-*，而"光"译自 *ray*。类似例词还包括"摩斯电码"（<英语 *Morse code*）、"拓扑学"（<英语 *topology*）、"珂罗版"（<英语 *collotype*）等。

1.4.3.2.2　品牌名

英语（国际通用词）*Viagra*（治疗男性阳痿的药物，由辉瑞公司生产）在 1998 年被现代汉语同化为"伟哥"（字面意义"伟大的+哥哥"），侧面暗示了这种药物的治疗效果。*Viagra* 这个名称是由辉瑞制药公司所雇佣的咨询公司（名称为 Interbrand Wood）提出的，它本身是一个多源新词，同化对象是梵语 व्याघ्र *vyāghráḥ* "老虎［阳性］"（参看 Mayrhofer 1976：iii：274）。另外，*Viagra* 还可能让人联想到 **vig**our "活力"和 **Niag**ara "尼亚加拉大瀑布"，于是名称就这么确定下来，造词过程如下图所示：

**图 19**

同样，"扑热息痛"与其匹配对象 *Paracetamol* 不仅语音近似，而且所用汉字表示解热镇痛之意，完美地提示了这种药物的作用。

再如，可口可乐饮料在 1920 年代末初入上海市场时，其名称

（接上页）意第绪语 בער *ber*，试比较：德语 *Bär*），*Tsvi-Hirsh* "鹿鹿"（希伯来语 צבי ［șəˈbʰī］+意第绪语 הירש *hirsh*，试比较：德语 *Hirsch*），*Ze'ev-Volf* "狼狼"（希伯来语 זאב ［zəˈʔebʰ］"狼"+意第绪语 וואָלף *volf*，试比较：德语 *Wolf*），*Arye-Leyb* "狮子狮子"（希伯来语 אריה ［ʔarˈje］"狮子"+意第绪语 לייב *leyb*，试比较：德语 *Löwe*）。与此类似的还包括美式意大利语 *canabuldogga* "斗牛犬"（Livingston 1918：215，也见于 Menarini 1947：163 和 Weinreich 1963：52），其构词成分包括 *cana*（这一成分模仿意大利语 *cane* "狗"）和 *dogga*（英语 *dog* 的语音改造词）。即便如此，英语母语者是从整体上去理解 *bulldog* 这个词的，就像把 *poodle* "狮子狗" 当成整体一样，而不是当成 *poodle-dog*，这种解释可能会弱化 *canabuldogga* 的同义反复意味。换言之，英语 *bulldog-dog* 听起来并不和谐，但在意大利语里却不成其为问题。

*Coca-Cola* 的语音匹配词是"蝌蝌啃蜡"。古怪的味道加上古怪的名称，这种饮料自然销路不佳。后来，可口可乐公司悬赏公开征求译名，旅居伦敦的中国画家、书法家、作家蒋彝（Chiang Yee，1903—1977）凭"可口可乐"这一语音匹配词拿走了 50 美元的奖金（参看Ramsey 1989：60）。"可口可乐"既保持了英语原词的语音，又比原词更有寓意，而且易于传颂，可称为语义化语音匹配词中的经典。

　　瑞典家具品牌名 *Ikea* 是一个首字母缩略词，字母分别代表该品牌创始人的名字 *Ingvar Kamprad*、他的农场名 *Elmtaryd* 和村庄名 *Agunnaryd*，其语义化语音匹配词"宜家"既符合中国人宜室宜家的说法，又暗示了品牌的美好属性。品牌名（*Mercedes-*）*Benz* 被同化为"奔驰"（试比较：*Pentium* 的中文名"奔腾"，参看§4.5），香港地区叫"平治"，新加坡则称"马赛地"，相比之下，"奔驰"这种同化形式既简洁又贴切。*Ericsson* 被同化为"爱立信"，寓意"我们（公司）喜欢建立信任"。同样含有正面意义的品牌名还包括"百威"（<德语 *Budweiser*）、"宝马"（<德语 *BMW*，即 *Bayerische Motoren Werke* 的简称）、"兰蔻"（<法语 *Lancôme*）、"露华浓"（<英语 *Revlon*）等。这些语义化语音匹配词都能唤起人们美好的联想，对品牌的传播无疑颇有帮助。

### 1.4.3.2.3　通用词

　　汉语通用词中有不少词都是匹配外语原词而形成的多源新词。比如"香波"匹配英语 *shampoo*，"妈咪"匹配英语 *mummy*，"酷"匹配英语 *cool*。国际通用词 *mini*（试比较：英语 *miniskirt*"迷你裙"）被同化为"迷你"（*CED*：1754），这样一来，"迷你裙"① 的字面意义就是"吸引你的裙子"。②。

　　国际通用词 *vitamin* 被同化为"维他命"（*CED*：2650b，*CDJ*：3202，周有光 1961：274，刘正埮等 1984：357，*MCD*：1363）（字面

---

① 据刘正埮等（1984：237），"迷你裙"源自英语 *miniskirt*，指"超短裙，长不及膝的短裙"，与此类似的还有"迷哥裙"（<英语 *microskirt*，同上：237），指"超短裙，露股裙"。
② 以色列语 לבוש מיני *levúsh miní*（字面意义"性感连衣裙"）借自英语 *mini-skirt*。

意义"维持+他的+生命"），后来又称作"维生素"（*CED*：2650a，
*CDJ*：3202，*MCD*：1363）。

英语 *humour* 的语义化语音匹配词是"幽默"（刘正埮等 1984：
395，*CED*：3091，Ramsey 1989：60，*MCD*：1582），由幽"深远，僻
静"和默"不说话，不出声"构成。从语义来看，这两个字似乎表
达了一种观点，即机敏而内敛的人也可以有幽默感，或者幽默的人应
该让别人发笑但自己要庄重地保持沉默，试比较：美式波兰语
*humoroso*（§1.1）。

再如，法语 *décadent* 被同化为"颓加荡"（刘正埮等 1984：
348），意思是"颓废派"，指"十九世纪末叶在法国兴起的颓废主义
文艺思潮中的一个主要流派"。"颓加荡"模拟源语词的语音，其构
词成分很容易让人理解为"颓废+浪荡"，这样就在源语词原有的词
义基础上增加了"浪荡"的含义，因而可能会引起误解。法语 *coup
d'état* 被同化为"苦迭打"（同上：191），意思是"政变，通过军事
或政治手段造成政府突然的更迭"，但其字面意义可能被解读为"苦
心+更迭+打斗"，似乎或多或少地提示了政变的动因、目的和手段。
英语 *bandage* 被同化为"绷带"（同上：41），乍看之下意思是"绷紧
的带子"，似乎为词义"包扎伤口或患处的纱布带"的理解提供了重
要的线索。这样看来，这些同化形式似乎与源语词存在某种语义关
联，然而，这些语义联系是对这些同化形式的来源的通俗解释，因而
属于本族化俗词源。

现代汉语中的本族化俗词源还有许多，仅就以英语为源语的词而
言，已经录入《现代汉语词典》（2016，第 7 版）的通用词就包括
"蹦极"（<*bungy*）、"的确良"（<*dacron*）、大丽花（<*dahlia*）、"丁
克"（<*DINK*，即 *dual income no kids* 的缩写）、"蔻丹"（<*Cutex*）、
"鸦片"（<*opium*）、"托福"（<*TOEFL*，即 *Test of English as a Foreign
Language* 的缩写）、保龄球（<*bowling*）、嘉年华（<*carnival*）、脱口
秀（<*talk show*）等。

### 1.4.3.3　汉语的本族化俗词源与以色列语的本族化俗词源

以色列语与汉语的主要差别在于：以色列语可以采用诸如语素音

位改造之类的方式原样引进西方语言的词汇材料，而汉语却不可能如此。汉语虽然可以仿造西方语言词汇或自创新词，但是若要引入语音，至少必须采用固有的汉字去书写，而这些字本身至少从理论上讲是与一些既有词相关联的。创制新词时，汉字虽然必不可少（不过，现代汉语中已经有了为数不少的字母词），但是，采用哪些汉字却完全是另外一回事。选字的灵活性，再加上汉字用法上的约束，就使得汉语成为音义匹配的一块极为肥沃的土壤。

在汉语多源新词的创制过程中，由于要引进的国际通用词或美式英语词项一般为大众所熟知，所以，不适合将它们翻译成汉语或者干脆创造新词去匹配。汉语纯语论者又不可能仅仅仿造计算机术语或者自创新词（狭义上而言），于是就对源语词汇材料进行伪装，用俗词源手段去进行同化。除此以外，还可以在书面语中使用罗马字标音，或者在口语中模仿美语发音（参看：code switching "语码转换"，此时所用的外语词至多是一个客词）。总之，汉语中的本族化俗词源似乎是本着"两害相权取其轻"的原则做出的选择。

就品牌名称的本族化俗词源而言，还存在其他动机。首先，是想用悦耳的名字吸引顾客。其次，顾客往往认为专有名词的语音是有内在意义的，因此必须利用顾客的这种心理。正是因为这种心理，*Hallelujah* "哈利路亚（意为赞美上帝）"和 *Amen* "阿门（用于祈祷或圣歌结束时，表示诚心所愿）"这两个词在许多语言里是不用翻译的，就好像它们的语音和所指本身有关，而一旦语音改变，就会失去意义一样。①

汉语中源自梵语的宗教词汇里也存在一些本族化俗词源。例如，佛教节日盂兰盆节中的"盂兰盆"来自梵语 *ullambana*，意思是"解救倒悬"，它本来是一个纯粹的语音匹配词，也写作"乌兰婆"、"于

---

① 在犹太教神秘哲学里，字母是有魔力的。例如，有一种特殊的读经法叫根码替亚释义法（gematria），通过计算希伯来语字母的数值，作为灵意解经的根据，可以把字母数值总和相等的词语进行互换。举例来说，希伯来语谚语 נכנס יין יצא סוד [nikʰ'nas 'jajin jå'så sōd]（字面意义"进去的酒出来的秘密"）意思是"酒后吐真言"，因为 יין "酒"的字母数值（י=10；י=10；ן=50）与 סוד "秘密"的字母数值（ס=60；ו=6；ד=4）都等于70，因此，许多犹太人相信这句谚语的正确性。

兰婆"等，指一种佛教仪式，但是进入汉语后形成了以盆供食的内容，成为一个本族化俗词源（参看张绍麒 2000：141—142）。

汉语有一种悠久的传统，即对地名进行语义化语音匹配，而且地名的选字十分讲究，一般都会做到政治上正确，比如"美国"（< America）的字面意义"美丽的国家"给人一种美好的联想。同样，美国地名 Yosemite 的语义化语音匹配词"优山美地"传递出景色优美之意；法国地名 Fontainebleau 的语义化语音匹配词"枫丹白露"画面感十足，让人想起枫叶如血、白露为霜之类的景象。这些地名都音义兼顾，非常传神，可能引发无限遐想。相比之下，现代希伯来语中有一个伪阿拉姆语诙谐词 עמא ריקא（以色列语 amá reká），（字面意义"空虚的民族"），其匹配对象为国际通用词 America，在一些希伯来语文本中用于讥讽美国。① 这个名称是在模仿（阿拉姆语>）密西拿希伯来语 עמא פזיזא [ʃamˈmå pəziˈzå]"轻率的民族"，后者在犹太法典（Talmud：Kethuboth 112a）里指以色列民族。此外，以色列语 עם ריקני am reykaní（字面意义"空虚的民族"）用于替代（国际通用词>）以色列语 אמריקני amerikáni"美国人"，是一个戏谑性的名称。

---

① 试比较：עמא ריקה，该词出现在罗森茨维格（Gershon Rosenzweig）的讽刺性作品"论美国"（Massékhet Amérika）第 1 页，见于 1894 年在维尔纳出版的 Talmud Yanka'i，也可参看 Ben-Yishai（1971：127）。

# 第二章 以色列语多源造词研究

## 2.1 以色列语多源造词的背景

### 2.1.1 多源造词的社会历史背景

根据犹太人的神话传说，犹太人起源于地中海东岸的一块狭小区域，即今天的以色列和巴勒斯坦。大约在公元前 3000 年，迦南人已经在巴勒斯坦定居，约在公元前 13 世纪，游牧者希伯来人战胜迦南人（即迦南征服），希伯来语开始作为口语使用。约公元前 11 世纪，希伯来人建立希伯来王国，定都大卫城（今耶路撒冷）。希伯来语属于亚非语系闪米特语族西北分支的迦南语，是犹太人的民族语言。自公元 1 世纪起，犹太民族踏上漫漫流散之路，而伴随着犹太人的流散，在公元 2 世纪左右，希伯来语逐渐从犹太人生活中消失，不再作为口语使用，成为一种昏睡或者"死亡"的语言。此后的 1 700 多年间，特别是从中世纪开始，犹太人被欧洲基督教社会视为异教徒和杀基督者而遭到歧视和隔离，犹太人饱受漂泊离散之苦，他们仅用希伯来语作为宗教仪式语言和书面语言；即便有时候用作通用语，也不再是作为母语使用了。20 世纪初期，现代希伯来语（本书称为"以色列语"）出现于"以色列地"（Eretz Yisrael）①，特别是以色列复国（1948 年）以来，以色列语作为口语

---

① 现代以色列的所在地，在公元前 1400 年以前被称为迦南地（Land of Canaan）或应许之地（Promised Land）。以色列人约在公元前 1406 年至公元前 586 年进入迦南后，迦南地就被称为以色列地（Eretz Yisrael），用以表明这块土地就是上帝赐予以色列人的应许之地。

在犹太人中复活，渐渐取代阿拉伯语、拉迪诺语①和意第绪语，成为以色列官方语言之一（另一种官方语言为阿拉伯语），使用人数超过800万人，主要在以色列国本土使用，也有分布在美国、俄罗斯和欧洲等国家或地区的犹太人使用。以色列语采用希伯来语字母书写，拼写法为横写从右至左。

对于希伯来语的分期，我分为这样几个时期：第一个时期是圣经希伯来语时期（约公元前10世纪至公元前1世纪）。《旧约》和第一圣殿的铭文都是用圣经希伯来语写成的。最早的希伯来语见于《摩西五经》（Pentateuch）和早期先知书，所用的语言为古体圣经希伯来语。"巴比伦之囚"（Babylonian Exile，公元前597—公元前538年）之前的《圣经》经文使用的是标准圣经希伯来语。《历代志》（Chronicles，成书于公元前500年至公元前150年的第二圣殿时期）以及后来的著述所使用的是后期圣经希伯来语。第二个时期是密西拿希伯来语时期（Mishnaic Hebrew，也叫Rabbinic Hebrew，约从公元前1世纪到公元6世纪），犹太口传的律法集《密西拿》（Mishnah）和犹太教仅次于《圣经》的主要经典《塔木德》（Talmud）成书于这个时期。第三个时期是中古希伯来语时期（约从公元6世纪到公元17或18世纪）（Zuckermann 2008；2009），这一时期内希伯来语仅在犹太人的宗教生活中使用，日常交际的功能已经衰退，并且逐渐消失。19世纪末以来的现代希伯来语（即以色列语），是艾利泽·本-耶胡达等人在圣经希伯来语的基础上创造出来的现代语言。

虽然学界对以色列语的渊源有着多种说法（参看Zuckermann 2001a），但是对以下几点应该具有共识：第一，希伯来语词汇严重匮乏；第二，由于以色列人曾经四海为家，以色列语深受分属不同语系的各种语言的影响；第三，以色列语得到意识形态层面的支持，目的

---

① 拉迪诺语（Ladino）是加进了西班牙语词汇的希伯来语，是翻译圣经所使用的，以罗马字母或希伯来语字母书写，需要与希伯来语《圣经》原文一起对照才容易理解。

在于推进犹太人在以色列地定居（参看 Tur-Sinai 1960：9，Wexler 1990：13）。因此，以色列语可谓是一种"重塑的语言"（reinvented language），纯语论者不得不殚精竭虑，利用本族语成分去替换外来语言成分，从而创造出一些新词。在这种造词过程中，多源造词成为最理想的手段，原因在于它具备以下优势：

第一，对未来的母语者而言：因利用了本族语成分而隐藏外来影响；

第二，对"复兴主义者"而言：重新利用废弃词；

第三，对当代学习者或使用者（20 世纪之前均为非母语者）而言：有利于初始阶段的学习和记忆。

上述第一种和第三种优势相互关联，而且这种关联性非常独特，因为第一种优势意味着源语词项被隐藏起来了，第三种意味着这个隐蔽词项会促进多源新词成功进入以色列语，这显然十分矛盾。要理解隐蔽成分的这种情形，可以从相互联系的两个方面找到原因：其一，互补性分布，即这些优势并不是由同一造词者有意识或主动地同时加以利用的；其二，一厢情愿的想法，即造词者有意识或主动同时利用了这两种优势，以为因以色列语正处于形成过程中，那么第三种优势只会有利于当代以色列语学习者，而第一种只会有利于未来的以色列语母语者。用塞缪尔·约翰逊（Samuel Johnson）的话来说，"榜样总是比规矩更有意义。"（1759：§ 30，参看 Johnson 1828：109）。对这三大优势的具体阐述，参看 § 2.2—§ 2.4。

此外，有些以色列语多源新词含有戏谑意味，这可能与犹太人讲解希伯来语《圣经》的传统有关。他们善用说教式讲解，利用双关语或不同词语之间的偶然相似性去讲解经文。最近的几代犹太人在口头辩论时有一个显著特点就是善于文字游戏（试比较：פלפול *pilpul*），不过这种传统不同于常见的"阿波罗心理"。

以色列语出现大量的多源新词，既有历史原因，也有社会因素，还有语言本身的原因。以色列语的某些形态特点使得音义匹配、语义化语音匹配和语音匹配都比较容易。不过，我将先探讨两种仅用以色列语内部成分（即希伯来语成分）构造以色列语词汇的方法，复兴主义者正是靠这两种方法去解决词汇严重匮乏的问题，或者更具体地说是解决根语素缺乏的问题。

## 2.1.2　利用内部资源扩充词根

以色列语缔造者们所面临的主要问题是希伯来语词汇空缺（lexical void）[1]，但是，这种空缺不是语义上的空缺，而是因为纯语论者们想要替换不受欢迎的客词、外来词和借词而导致的空缺。纯语论者们试图主要利用内部材料去扩充词汇，却不得不面对词根匮乏的问题。据考证，圣经希伯来语的词汇总量为 8 198 个，其中约 2 000 个是一次频词（hapax legomena），而作为造词基础的词根总量为 2 099 个。另据考证，密西拿希伯来语的词汇总量不足 20 000 个，其中：7 879 个是典型的密西拿希伯来语，也就是说这些词未在《旧约》中出现过（密西拿希伯来语新词根的总数为 805 个），另有约 6 000 个词属于圣经希伯来语的一个次类，还有数千个词是可能具备希伯来语形式的阿拉姆语词汇。中古希伯来语有 6 421 个词进入现代希伯来语。以色列语的新词总数约为 17 000 个（试比较：Even-Shoshan 1970：vii：3062 提出的总数 14 762 个）。如果将外来词和科技语包括在内，那么以色列语的词汇总量估计超过 60 000 个，这里包括圣经希伯来语、密西拿希伯来语和中古希伯来语的词汇。依文-肖山（Even-Shoshan 1970）收录了 37 260 个词，而收词最广的以色列语词典 *MES* 收录的词语稍多一些，相关分析参看 Rabin（1981：10）和 Schwarzwald（1995）。

下面的例词属于"学者型新造词"（*Gelehrtenbildungen*）[2]，我们从中可以看出复兴主义者是如何利用以色列语内部材料去创造新词根的（参看§2.3 的"内部取材法"）。

---

[1] 有关这个术语的分析，参看 Dagut（1976：37—38，1978：44—120）。试比较：拉宾（Rabin 1958：127）的用语 blanks "空白"和 blank spaces "空白空间"。

[2] 这个术语为本-耶胡达所用，试比较：*ZV* 4（1914：10）中的印刷错误 *Gelehrtenbil**b**ungen*。本-耶胡达也采用了法语 *créations savantes*（同上）。

2.1.2.1 从名词创造出二级词根

以色列语 מקום *mikúm* "位于［动名词形式］"来自 מקמם √*mqm* "位于［动词形式］"，后者源自圣经希伯来语 מקום［måˈqōm］"地方"，其词根为 קום √*qwm* "站立"，如下图所示：

$$\begin{array}{l} \sqrt{_1}\ \textbf{\textit{qwm}}\ \text{"站立"} \rightarrow mqwm\ [\text{maˈqom}]\ \text{"地方"} \rightarrow \\ \sqrt{_2}\ \textbf{\textit{mqm}}\ \text{"位于"} \rightarrow mqwm\ [\text{miˈkum}]\ \text{"位于"} \end{array}$$

**图 20**

希伯来语科学院在 *Akadém* 8（1996 年 3 月，第 1 页）引入了 מדרוג *midrúg* "排名"，来自 מדרג *midrág*，后者的词根是 דרג √*drg* "级别"。这种造词过程在形态上类似于拉丁语反复动词（frequentative verbs, iterative verbs）的形成过程，例如：

- *iactito* "翻来覆去"来自 *iacto* "吹嘘，不断提起，骚扰，打扰，扔，丢掉"，后者来自 *iacio* "扔，丢掉"（过去分词为 *iactus*）。
- *scriptito* "常常写，创作"来自 *scribo* "写"（< "画线条，用尖利的工具雕刻"）。
- *dicto* "经常说，重复"来自 *dico* "指出，说，告诉"。
- *clamito* "大声哭，经常哭，狂喊"来自 *clamo* "叫，喊"。

再如，密西拿希伯来语 תרם √*trm* "捐赠，捐献［动词］"（*Mishnah*：T'rumoth 1：2："分摊祭师费"）来自密西拿希伯来语 תרומה［tərūˈmå］"捐献［名词］"，后者的词根是 רום √*rwm* "筹集"，试比较：密西拿希伯来语 תרע √*trʕ* "吹喇叭，吹号角"，来自圣经希伯来语 תרועה［tərūˈʕå］"喊，叫，大声，喇叭声"，后者来自 רוע √*rwʕ* [1]。

阿拉伯语也有类似情形。例如，阿拉伯语 مركز √*mrkz*（试比较：［ˈmarkaza］"集中［阳性，单数］"），来自［ˈmarkaz］"中心"，可追

---

① 参看 Tenenblat（1964：231），他分析了希伯来语复兴主义者莫瑟·舒尔波伊姆（Moshe Sholboim，1828—1918）对这种词汇扩充方式的积极态度。

溯至［ˈrakaza］"植入土壤，竖起（标枪）"（< ركز √*rkz*）；阿拉伯语 أرجح √*ʔrʤħ*（试比较：［taˈʔarʤaha］"起伏［阳性，单数］"），来自 ［ʔurˈʤuːħa］"秋千［名词］"，后者来自［ˈraʤaha］"使负重，偏重 ［阳性，单数］"（< رجح √*rʤħ*）；阿拉伯语 محور √*mħwr*（试比较： ［taˈmaħwara］"集中，聚焦［阳性，单数］"），来自［ˈmiħwar］ "轴"，后者来自［ˈħaːra］"转动［阳性，单数］"（< حور √*ħwr*）；阿 拉伯语 مسخر √*msχr*（试比较：تمسخر ［taˈmasχara］"嘲弄，取笑［阳 性，单数］"），来自 مسخرة ［ˈmasχara］"嘲弄"，后者来自 سخر ［ˈsaχira］"嘲弄［阳性，单数］"（< سخر √*sχr*）。

### 2.1.2.2　混合不同的词根

以色列语 דחפור *dakhpór* "推土机"由（密西拿希伯来语>>）以色 列语 דחף √*dħp* "推"和（圣经希伯来语>>）以色列语 חפר √*ħpr* "挖 掘"混合而成，其创制者是雷米兹（Remez，参看 Sivan 1966：186 = 1995：12）。同样，以色列语 שלטוט *shiltút* "频频换台，快速转换电视 频道"是由（希伯来语>）以色列语 שלט *shalát* "遥控"和（希伯来 语>）以色列语 שטוט *shitút* "漫游，流浪"① 混合而成，其中前者是由 广为人知的合成词 שלט רחוק *shalát rakhók*（参看 *MES*：1837b）省略而 来，试比较：希伯来语科学院提出的词 שלט רחק *shalát rákhak*（*LLN* 19，1996 年 10—11 月）。

以色列语 שלטוט *shiltút* 是希伯来语科学院在 *LLN* 19（1996 年 10— 11 月）提出的，参看 *Akadém* 11（1997 年 5 月）。从共时角度看，这 个词似乎是 *shalát* "遥控"的词尾辅音重叠以后所产生的。

以色列语混合词 גחלילית *gakhlilít* "萤火虫，发光粉，欧洲萤属" 也被解释为因语音重叠而成。该词由比亚利克（Chaim Nachman Bialik）创制，是用（希伯来语>）以色列语 גחלת *gakhélet* "燃烧的 煤"和（希伯来语>）以色列语 לילה *láyla* "夜"混合而成。可以比 较该词与未曾混合的词 חכלילית *khakhlilít* "（黑色）红尾鸲"（<<圣经

---

① 以色列前总理内坦尼亚胡（1996—1999）使用过该词，见于 1998 年 4 月以色列国 家电视台节目，参看 §2.5。

希伯来语 חכליל "暗红色的，微红的"）。不过，从共时角度看，大多数以色列语母语者都会觉得 gakhlilít 包含 גחל √ghl 中第三个辅音字母 l 的重叠成分，而克雷恩（Klein 1987：97a）碰巧也是这么解释 gakhlilít。不过，克雷恩当时是想解释该词的词源，如果比亚利克造词时所想的就是采用混合的方法，那么克雷恩的解释就有误导性。

关于以色列语 כספר kaspár "银行职员，出纳" 的词源，存在两种说法。其一，它的构词成分包括（希伯来语>）以色列语 כסף késef "钱" 和国际通用词或（希伯来语>）以色列语施事后缀 ר- -ár。其二，它是一个准行囊词，由 כסף késef "钱" 和（希伯来语>）以色列语 ספר √spr "数数［动词］" 混合而成。כספר kaspár 起初是一个品牌名称，但是不久就进入了以色列语通用词汇。即使第二种分析正确，其词尾音节 ר- -ár 显然有利于该词的同化，因为它被当作希伯来语后缀 ר- ['-år]（或许源自波斯语）。后缀 ר- ['-år] 一般指工匠和专业人员，比如阿布拉莫维奇（Shalom Jacob ben Haim Moshe Abramowitsch）所造的词 סמרטוטר smartutár 指 "碎布经销商"（参看 Avinery 1964：223b—224a）。

对于以色列语中其他含有 ר- -ár 的词语，人们也会做出类似的再分析。例如，对于希伯来语 טפסר（圣经希伯来语［ṭapʰˈsår］或［tipʰˈsår]）"抄写员，职员" >中古希伯来语 "显要人物，天使" >以色列语 tafsár "消防员准将"，有些以色列语母语者把 טפסר 理解为 טפס tófes "表格" + ר- -ár，因而这个词的意思是 "抄写员，职员"。但是，这个词真正的词源是阿卡得语 ṭupšarru（参看 Klein 1987：248b：dupsharru），来自苏美尔语 ṭubsar "刻碑者"（同上：dub-sar），后者来自 ṭup "碑，碑牌" 和 sar "写"（参看 Torczyner 1937：108）。同样，（密西拿希伯来语>>）以色列语 סנדלר sandlár "鞋匠，补鞋匠" 被视为由（密西拿希伯来语>>）以色列语 סנדל sandál "凉鞋" 加希伯来语后缀 ר- ['-år] 构成，但是它真正的词源是拉丁语 sandalarius（注

意拉丁语后缀 -arius)。① 人们之所以做出这样的再分析，也可能是因为一些广为使用的以色列语词的词尾 ר (r) 不是后缀而是"根"，比如 ספר sapár "理发师"，דור davár "邮递员"，ציר tsayár "画家"，תיר tayár "游客"（§2.3）。类似情形也见于意第绪语一种能产的构词模式，טעסלער téslər "木匠"，שוסטער shústər "鞋匠"，סאנדלער sándlər "鞋匠"，שינדלער shíndlər "盖屋顶板者"，קינסטלער kínstlər "艺术家" 等词都符合这一模式。

## 2.1.3 元音交替与多源造词

除了独特的社会历史背景之外，以色列语的形态特点也非常有利于多源造词。以色列语有一些辅音词根，可以套进数十种名词词型、动词词型或形容词词型，也就是说，几个辅音字母作为相互关联的名词、动词、形容词的词根，通过添加元音或双写辅音等方式实现语法功能。这种元音交替体系类似于印欧语的元音变换（Ablaut，也称为元音递变），比如英语［s□ng］sing-sang-song-sung 之间的元音变化，或者德语［spr□ch］spricht-sprechen-sprach-gesprochen-Spruch 之间的元音变化，试比较：元音变音（Umlaut，即"逆向元音同化"），比如英语［f□t］foot-feet 之间的变化，［m□n］man-men 之间的变化。然而，现代印欧语的元音变换在可变性、规律性和能产性方面都远远不如闪族语的元音交替（apophony），以色列语作为闪族语就有着这些方面的优势。正因为有这种元音交替机制，以色列语造词者在进行音义匹配时很容易找到元音顺序近似于第一源语词项的词型；把动词语素改造为以色列语词汇成分时，这种机制同样是一种优势。我们可以比较一下以下例词，它们所用的动词词型里的元音都与源语词的语音相匹配：

---

① 又如，密西拿希伯来语 בלדר［bal'dắr］"信使"（试比较：阿拉姆语 בלדר；拉丁语 veredarius）；密西拿希伯来语 לבלר［labʰ'lắr］"抄写员，秘书"（<拉丁语 librarius）；密西拿希伯来语 לודר［lū'dắr］"角斗士"（< 拉丁语 ludius "演员，角斗士"）；圣经希伯来语 גזבר［giz'bắr］"库官"（参看 Ezra 1：8）（< 波斯语 ganzabara "库官"）。有关分析，参看 Nir（1993：75）和 Kutscher（1965：24）。

第一，利用动词词型 *hi*□(□□)□*í*□ 的词：

- השוויץ *hishvíts* "爱出风头，吹嘘，炫耀［阳性，单数］"，保留了意第绪语原词 שוויץ *shvits* "汗" 的辅音群。
- השפריץ *hishpríts* "喷射［阳性，单数］"，保留了意第绪语原词 שפריץ *shprits*（试比较：德语 *Spritz, spritzen*）"溅起，喷射" 的辅音群（参看 Rubin 1945：306）。
- הפליק *hiflík* "掌掴［阳性，单数］"，保留了源语词——意第绪语拟声词 פליק *flik* "拉，摘" 或 פלאָק *flok* "戳，用棍棒打" 的辅音群，试比较：以色列语 פליק *flik* "掌掴"。
- הסניף *hisníf* "嗅，吸（可卡因等）［阳性，单数］"，保留了英语原词 *sniff*（= *snuff*）的辅音群。请注意，名词 סניף *snif* "分支，树枝" 为以色列语既有词。

第二，利用动词词型 □*a*□*á*□ 的词：

- לחרופ *lakhróp* "睡得香"，保留了意第绪语原词 כראָפּן *khrópņ* "打鼾" 的辅音群，试比较：意第绪语 כראָפ *khrop* "鼾声［名词］"（参看 Wexler 1990：85）。

第三，利用动词词型 *hit*□(□)*a*□(□□)*é*□(□) 的词：

- 以色列语俚语 התרנדווו *hitrandevú* "（他们）约会了"，保留其源语——国际通用词 *rendezvous* 的辅音群（参看 Sappan 1971：77a）。

第四，利用动词词型 (□)□*i*(□)(□)□*é*□(□) 的词：

- 含有五个辅音字母的词 לפלרטט *leflartét* "调情［阳性，单数］"（试比较 פלרטט *flirtét* "调情［阳性，单数］"），保留了其源语词——国际通用词 *flirt* 的辅音群，试比较：以色列语 פלירט "调情"。
- לפרגן *lefargén* "不嫉妒"，用于同化意第绪语 פֿאַרגינען *fargínən* "不嫉妒，迁就"（参看 Weinreich 1977：480a）（试比较：其意第绪语过去分词形式 פֿאַרגונען *fargúnən*），源自德语 *gönnen* "不嫉妒" 或德语 *vergönnen* "准许"。
- לקטר *lekatér* "发呜呜声，抱怨"，其词源为波兰意第绪语 קאָטער *kútər*

"公猫，发呜呜声的人，抱怨的人"（试比较：立陶宛意第绪语 *kótər*），也许是因为猫在乞食、受热或交配时会发出呜呜声。

- להפנט *lehapnét*（有时念为 *lehafnét*）"对……施催眠术"。
- לגלוון *legalvén* "通电"（*LL* 140，1983）。
- למגנט *lemagnét* "使磁化"（1938 年就已存在，参看 Torczyner 1938：25）。
- לטרפד *letarpéd* "破坏，毁灭"。
- לסבסד *lesabséd* "资助"。
- לנטרל *lenatrél* "抵消，中立化"。
- סנכרון *sinkhrún* "同步"，希伯来语科学院建议用 *sinkrún*（*LL* 171，1989）。
- 以色列语口语词 לדסקס *ledaskés* "讨论"。

又如，以色列语 שנורר *shnorér* "讨得［第三人称阳性单数］"，来自意第绪语 שנאָרן *shnórņ* "讨要，索要"（试比较：意第绪语 שנאָרער *shnórər* "乞讨者，行乞者，无业游民" 以及与其同义的以色列语 שנורר *shnórer*），套进 □□*é*□ 词型的变异形式□o□*é*□，这样可以保留意第绪语原词的语音。以色列语 שנורר *shnorér* 是由比亚利克引入的，试比较：*beír haharegá* "杀戮之城"（1903，参看 Bialik 1959：98b)[1] 中的 וכאשר שנוררתם *vekhaashér shnorártem tishnorerú*。

以色列语这种语素音位上的优势可以与汉语（和日文汉字词）

---

[1] 动词词型（□□*i*(□)(□)□*é*□(□) 目前是以色列语最能产的动词词型（参看 Wexler 1990：85—86，Bat-El 1994），原因在于这个词型很容易插入外语辅音，这样可以隐藏外语对以色列语词汇形态的影响，参看 §8.3。巴特-艾尔（Bat-El 1994）提出了一种崭新的思路，认为这种动词是以源语词项为构词基础，而不是以以色列语自己的词根为构词基础。比如，למגנט *lemagnét* "磁化" 不是用词根 מגנט √*mgnṭ* 套进动词词型（□□*i*(□)(□)□*é*□(□)，而是用国际通用词 *magnet*（试比较：以色列语 מגנט *magnét*）套进这个动词词型，这样就可以保留源语词的语音。这种观点可能会弱化以色列语词汇的闪族形态特征，因为据这种观点判断，词根系统在这里没有起作用，而词根系统是希伯来语和其他闪族语言最根本的要素之一。意第绪语词语和英语词语往往含有辅音群，而随着这些词语被改造为以色列语，意第绪语和英语就在这种弱化过程中发挥了重要作用。

相媲美，而后者的表意材料十分丰富，几乎每一个外语音节都可以用词义恰当的汉语音节去做语音改造。在进行音素语义匹配时，以色列语造词者可以从丰富的词汇材料中挑选那些符合源语词项的元音的语素（这里指名词词型或动词词型）。相比之下，汉语造词者则可以从丰富的词汇库存中挑选那些与源语词项的所指相符合的语素或词项。

例如，汉语造词者将源语词 *Yahoo* 改造为"雅虎"，字面意义为"优雅的老虎"。汉语里其实还有许多其他语素可供选择，例如：

- 亚、哑、丫、涯、牙、鸭、压、呀、押、崖、芽、揠、轧……
- 忽、壶、乎、呼、胡、湖、糊、鹄、狐、弧、户、护、互……

以色列语里也有类似的情形。比如英语 *dock* 的以色列语音义匹配词是 מבדוק *mivdók*，造词者刻意选择了语音和语义都相匹配的（圣经希伯来语>密西拿希伯来语>>）以色列语词根 בדק √*bdq* "制止，抑制"（密西拿希伯来语），"修理"（圣经希伯来语）①，其实造词者还有其他词型可以选用，比如名词词型 *mi□□a□á,*② *ma□□e□á, mi□□é□et, mi□□a□áim*③ 等。造词者之所以选择了 *mi□□ó□* 这个能产性不高的词型，是因为 *mi□□ó□* 中的 [o] 正好使 מבדוק *mivdók* 的末尾音节听起来像英语 *dock*。

再如，以色列语 תקע *téka* "插头"套进名词词型 □é□e□（最后的 [a] 是因为第三个字母 ע 是喉音的原因，元音起了变化），正是为了与意第绪语 שטעקער *shtékər* 和德语 *Stecker* "插头"形成音义匹配（תקע

---

① 以色列语 מבדוק *mivdók* 意思是"码头，船坞"，参看 צף מבדוק *mivdók tsaf* "浮动码头，浮桥，闸门港"，יבש מבדוק *mivdók yavésh* "干坞，干船坞"，试比较：以色列语 מספן *mispán* "码头"，见于 *Lešonénu* 18（3—4）：240b（1953）。另一个套进名词词型 *mi□□ó□* 的词是 מצפור *mitspór* "瞭望点，观景台（可以鸟瞰全貌的地点）"，试比较：（希伯来语>）以色列语 צפור *tsipór* "鸟"。
② 试比较：以色列语 מלטשה *miltashá* "钻石打磨工场"，מספנה *mispaná* "造船厂"。以色列语 מבדקה *mivdaká* "检查员办公室，测试实验室"现在已经不通用了。
③ 试比较：以色列语 מטבחים *mitbakháim* "屠宰场"。我没有提到词型 *mi□□á□*，因为 מבדק *mivdák* 先前的词义很有可能是"检查，测试"；词典给出的词义"测试材料"（参看 *MES*：840a）现在并不常用。

*téka* 的希伯来语词根是 תקע √*tqʕ* "吹，插入"。）。这个新词是由希伯来
语委员会引入或改造的，参看 *ZV* 5（1921：94）。以色列语 מסר *méser*
套进名词词型 □*é*□*e*□，与英语 *message* 形成音义匹配，其希伯来语
词根是 מסר √*msr* "交给，交付，传达"。

即便如此，我们还需要思考一个问题：倘若造词者找不到一个与
源语词的元音相匹配的词型，情形又会如何呢？以色列语母语者会觉
得音义匹配不够完美，不过仍与源语词项有关联，因为辅音是相同
的。以色列语具备闪族语元音交替的特点，辅音（而不是元音）成
为以色列语词汇中的不变因子，因而也是重要因子。元音是融合词汇
形态、实现表达功能、提供语法信息的手段，但是基本的指称对象是
由辅音来表达的，所以，以色列语的书写文字没有元音，发挥重要作
用的是语素（或者按通俗的说法叫"辅音"），这不同于欧洲语言的
音素或发音拼写方式。

元音交替是以色列语最突出的闪族语特征之一，以色列语因此而
与其他闪族语之间有所关联。比如，阿拉伯语也利用元音交替对外来
词进行音素语义上的同化，方法上非常相似，但绝对达不到与以色列
语相同的程度，例如：

- 阿拉伯语 تقني［ˈtaqni］／［ˈtiqani］"技术的，工艺的"，试比较：阿拉伯
  土语［ˈtiqani］／［ˈtiqni］
- 阿拉伯语 تقنية［taqˈnijja］／［tiqaˈnijja］"技术，工艺"

这些词均来自国际通用词 *technical* 和阿拉伯语 تقن √*tqn* "掌握，改善，
使完美"（参看 Blau 1981：171—172）。还有其他阿拉伯语词也包含
词根 √*tqn*，比如 أتقن［ˈʔatqana］"改善［阳性，单数］"，إتقان
［ʔitˈqaːn］"完美，精通"，متقن［ˈmutqan］"完美的，专业的，强的，
完成的，改善的"（常用于工艺或艺术品），تقن［tiqn］"熟练的"。似
乎可以肯定的是：阿拉伯语 تقن √*tqn* 对这些词的形成产生了一定影响
（因此它们都可视为多源新词），原因在于两个方面：首先，技术与熟
练之间、信息时代的技术与完美之间存在语义联系；其次，在现代阿

拉伯语里，纯粹的外来词的预期形式应该用ك[k]而不是用ق[q]。事实上，国际通用词 *technique* 的阿拉伯语语素改造词是تكنيك[tak'ni:k]而不是 تقنيك*[taq'ni:k]①，*technological* 的阿拉伯语形式是 تكنولوجيّ[takno:'lo:dʒi]而不是تقنولوجيّ*[taqno:'lo:dʒi]。相关例词还包括阿拉伯语 ميكانيكيّ[mi:ka:'ni:ki]"机械师，机械的"，إلكترون[ʔilik'tru:n]（阿拉伯土语[ʔelek'tro:n]）"电子"。

　　至于阿拉伯语تقنيّ['taqni]的形态结构，我认为它包含两个语素，即形容词词型□á□□i 和词根√tqn。一般情况下，阿拉伯语□á□□i 用作□á□ 的形容词形式，词尾的[i]是 ياء النسبة[ja:ʔ an'nisba]（形容词后缀）。再如，阿拉伯语شمسيّ['šamsi]"太阳的"，来自阿拉伯语شمس[šams]"太阳"和阿拉伯语أصليّ['ʔaṣli]"原始的，最初的，真实的，纯的"，可追溯至阿拉伯语أصل[ʔaṣl]"根，（树）干，来源，源头"。不过，阿拉伯语تقنيّ['taqni]的情形有所不同，因为阿拉伯语里没有تقن*[taqn]这个词。这样，我们可以说这是一种形态上的妥协。即便如此，这里的音义匹配分析照样成立。

　　有的读者可能有疑问，会认为阿拉伯语تقنيّ['taqni]不是音义匹配词。他们会以非音义匹配词为例，说明外语里的[k]是如何变为阿拉伯语ق[q]的，比如对比一下阿拉伯语قمرة['qam(a)ra]"卧铺，铺位，客舱，包房"与意大利语原词 *camera* "房间"就清楚了。但是，我认为，这里之所以用[q]而不用[k]，可能是因为以下三种原因：

　　第一，为了区别于阿拉伯语كمرة['kamara]"龟头"；

　　第二，阿拉伯语قمرة['qamara]"客舱"是一个"文字层面的语音匹配词"（orthographic PM）（参看§5.4.2），它利用了阿拉伯语قمر['qamar]"月亮"，试比较：阿拉伯语قمريّ['qamari]"月亮的"。

　　第三，与近代阿拉伯语تقنيّ['taqni]"技术的"不同的是，阿拉伯语قمرة['qamara]"客舱"是在中世纪引入的，不发音的[k]当时

---

① 我遇到过这样的阿拉伯语母语者：他们不知道有تقنيّ['taqni]这个词，但是一碰到国际通用词 *technical*，就会自然而然地把它转换成تكنيّ['takni]"科技的"。

转录为 ق [q]，而意大利语原词 *camera* 就是这样转录的。类似的例词还包括阿拉伯语 سقراط [suqˈraːṭ]"苏格拉底"，阿拉伯语 بقراط [buqˈraːṭ]"希波克拉底"，阿拉伯语 (ال) قلقديس [(ʔal) qilqidiːs]（源自古希腊语 χαλκιτîδες *khalkitîdes* "明矾石"；属格），阿拉伯语 (ال) هبوقسطيداس [(ʔal) hibuːqisṭiːdaːs]（源自古希腊语 ὑποκιστίδας *hupokistídas* "簇花草属"）。①

总而言之，除了独特的社会历史因素之外，以色列语具备闪族语的一些基本形态特征，这特别有助于音义匹配，阿拉伯语也有这些特点。此外，以色列语利用元音交替进行音义匹配时比较灵活，这一点类似于文字资源比较丰富的语言，比如汉语等使用音位词符文字的语言。

## 2.2 掩藏外来影响

多源新词从词法上看是"纯正"的本族语词，因而被录入词典的比例很高，纯语论者因此得以"杀死（外国）信使"。比如，阿尔特曼（Alterman 1963：43）用 סלוד *silúd* 表示"致敬，欢迎"②，但是没有人会指责他借用了其他语言，因为 סלוד *silúd* 的词源是中古希伯来语 סלוד [silˈlūd]"敬畏，光荣"，后者来自 סלד √*sld*，因此，סלוד *silúd* 会被看作是一个希伯来语血统无可挑剔的词。但是，它的现代词义"致敬，欢迎"却是模仿国际通用词 *salute*，试比较：意第绪语 סאלוט *salút*；俄语 салют *salyút*；波兰语 *salut*（常用意义为"礼炮"，试比较：波兰语 *salutowanie* "〔举手〕敬礼〔名词〕"，来自波兰语

---

① 在最后一个例词里，古希腊语 τ (*t*) 被转换成强调形式 ط [ṭ] 而不是 ت [t]。不过，外语中的 *k* 既可以转换为 ك [k]，也可以转换为强调形式或咽音 ق [q]。虽然如此，当代人更喜欢非强调形式 ت [t] 和 ك [k]。参看阿拉伯语 تيتانوس [ˈtiːtaːnuːs] "破伤风"，它来自国际通用词 *tetanus*。

② 阿尔特曼的原文是：נקבל אותם בהצדעה וסילוד *nekabél otám behatsdaá vesilúd* "对于他们的到来，我们将敬礼欢迎"；Knaʼani（1960—1989：4049；1998：4031a）提到，曾有报纸采用 סילוד הנשיא *silúd hanasí* "总统致意"这个词语。

*salutować* "敬礼"）；法语（这里指书写形式）*salut*。סלוד *silúd* 一词并非阿尔特曼率先使用，它曾经出现在 1934 年 6 月 17 日的报纸《物/词》（*Davar*）上，也见于 1937 年出版的《体操术语词典》（*Milón leMunekhéy haHitamlút*）（1937：96，词条编号：1218）和阿维内里的著作（Avinery 1946：143）。迈尔泽（Meltzer 1966：78）使用的是音义匹配词 סלד *séled* "敬礼"，它是 סלוד *silúd* 的异体。

在《大马士革誓约卷轴》（*Megilát Brit Damések*）（8：5）里，（密西拿）希伯来语 נטור ［niṭˈṭūr］的意思是"守卫，保持"，但是希伯来语科学院却用这个词（现代读音为 *nitúr*）表示"监控"，参看 *LL* 144（1984），*LL* 154（1988）和 *LLN* 3（1994 年 1 月），而且每次使用的时候词义都稍有不同。这种用法是受到 20 世纪国际通用词 *monitor* 的影响而产生的，因为这两个词的发音相似，试比较：以色列语 מוניטור *mónitor*；英语 *monitor*；德语 *Monitor*；法语 *moniteur*；波兰语 *monitor*。国际通用词 *monitor* 中的［m］被省略了，可能是由于以色列人下意识地对其形态重新做了分解，以为它是由 נטר √*nṭr* 和前缀 מ（*m*）构成。事实上，-מ［mV］是一个常见的前缀成分，试比较：以色列语 משגוח *mashgóakh*，词义也是"监控［名词］"，来自（圣经希伯来语>>）以色列语 שגח √*šgh*。这里还有另外一种可能：在对这个词的认知过程中，造词者可能想到过要用 מנטר \**mantér* 表示"监控［名词］"，这个词包含两个语素，即 נטר √*nṭr* 和名词词型 *ma□□é□*。

现在分析一下另外一个词：以色列语地理术语 מתמר סלע *séla mutmár* "变质岩"，它通常以复数形式 מתמרים סלעים *slaím mutmarím* 出现，参看弗莱克塞尔（Flexer）的著作《地质原理与方法》（*geológya: yesodót vetahalikhím*）（1969：157—160）。מתמר *mutmár* 是国际通用词 *metamorphic* 或 *metamorphosis* 的音义匹配词，试比较：以色列语 מטמורפוזה *metamorfóza*；英语 *metamorphic*；俄语 метаморфоза *metamorfóza* "变形；变质"；波兰语 *metamorfoza*。מתמר *mutmár* 的构词材料包括（希伯来语>）以色列语固有词 תמר √*tmr*（试比较：它在中古希伯来语中的词义"变化，变形"，在以色列语中的词义"变更"，

"替代"，后面的这个词义见于 *ZV* 6，1928：57a）。תמר √*tmr* 是（密西
拿）希伯来语 תמורה［təmū'rå］"变化"（< מור √*mwr*）的二级词根
（secondary root），而 תמורה［təmū'rå］在以色列语里的形式为 *tmurá*，
词义也是"变更"。从形态看，מתמר *mutmár* 是 תמר √*tmr* 的现在时形式
套进动词词型 *hu*□□*á*□。选用这个动词词型和现在时，就会得到以
-מ（*m-*）开头的词语，这显然是想模仿国际通用词 *metamorphic* 的发
音，这样一来，这个国际通用词就悄悄地对以色列语三级词根 מתמר
√*mtmr*"使变形"（试比较：מתמור *mitmúr*"变形"）的形成产生了影
响，具体过程如下图所示：

---

מור √₁*mwr* "变化" →希伯来语 תמורה［təmū'rå］"变化" →

→תמר √₂*tmr* "变化，变形，替代" →以色列语 מתמר *mutmár*→

→מתמר √₃*mtmr* "使变形" →以色列语 מתמור *mitmúr* "变形"

---

**图 21**

下文的例词用以说明以色列语多源新词是如何利用本族词的。请
注意，这些新词都已经本族化，以色列语母语者尽管会使用或至少懂
得这些词，但是几乎都不知道它们还有外语并列词源。

密西拿希伯来语 בולשת［bō'lɛšet］（参看 *Talmud*：Sabbath 145b）
意思是"军团，团，侦查组"，试比较：词义相同的密西拿希伯
来语 בלשת［bal'lɛšet］（Jastrow 1903：175b）。但是，以色列语
בולשת *boléshet* 现在指"秘密警察"（参看 Saddan 1955：41），例如
הבולשת הפדרלית *haboléshet hafederálit* "联邦调查局"。以色列语 בולשת
*boléshet* 是国际通用词 *police* 的音义匹配词（试比较：俄语 полиция
*polítsiya*；波兰语 *policja*；德语 *Polizei*；英语 *police*），经由该词的阿
拉伯语同化形式 بوليس［bu:'li:s］或阿拉伯土语［bo:'li:s］中转而来。
如果考虑到现在通行的形式是 בולשת *boléshet* 而不是本-耶胡达（参看
*MBY*：i：557a，487b）所偏爱的 בלשת *baléshet*，那么就会更加确定这
个词是音义匹配词。

中古希伯来语 הלה［hil'lå］意思是"光，光明"，但是在以色列语
里，הלה *hilá* 更常见的用法是指"光环，光晕；正面形象，光荣"，用

于同化国际通用词 halo，试比较：法语/英语 halo，来自拉丁语 halos，可追溯至古希腊语 hálōs "禾场，日轮，月轮，盾"（OED），试比较：意大利语 alone；西班牙语罕用词 halon。①

　　以色列语 סופית sofít "后缀"② 混合了如下词项：一是国际通用词 suffix "后缀"，试比较：以色列语 סופיקס sufíks；英语 suffix（见于 1778 年文献；OED）；俄语 суффикс súffiks；波兰语 sufiks（试比较：词义相同的波兰语 przyrostek）；德语 Suffix；现代拉丁语 suffixum；二是（圣经希伯来语>>）以色列语 סוף sof "结束，末端" +（希伯来语>）以色列语后缀 ית- -ít，这个后缀可用作指小词。以色列语 תחילית tkhilít "前缀"（来自希伯来语>以色列语 תחלה tkhilá "开头"）和 תוכית tokhít "中缀"（来自希伯来语>以色列语 תוך tokh "在里面"）似乎是在 סופית sofít "后缀"出现之后才产生，因此模仿其构造而采用了 -ít。这种因语言内部的演变而形成的三分法现象（即 תחילית-תוכית-סופית tkhilít-tokhít-sofít）或许可以说明 סופית sofít 为什么成功地进入了以色列语。这种造词过程也可以说明音义匹配对以色列语的隐蔽影响。如此看来，音义匹配不仅仅用于同化特定词项，还会产生更为广泛的影响。

# 2.3　重新利用废弃词项

　　在多源造词过程中，我们可以利用 חשיפת גנוזות khasifát gnuzót "再次发掘出来的隐藏的词"或者去 إستنباط [ʔistinˈbaːt] "发现，创作，推断"（参看 Blau 1981：163），也就是去改造古旧词（archaic words），让它们适用于现代社会。我先简要分析一下以色列语里这种改造过程的大致情况，然后再结合多源造词进行分析。这类隐藏的词

---

① 至于 הלה hilá 的外语并列词源，参看 Klein（1987：151c），Kutscher（1965：70），MES（：371c，所提供的词源信息是 Gk alos "希腊语 àlos"，但这是不准确的，因为真正的词源是 hálōs）。

② 见于 Wexler（1990：31）。

被希文（Sivan 1966：200 = 1995：26）称为 מלים מתנערות *milím mitnaarót* "正在苏醒的词"。例如，以色列语 אקדח *ekdákh* "手枪，左轮手枪"（原先指"加煤机"，参看 *MBY*：i：373a，Ben-Yehuda 1978：249—250），来自圣经希伯来语 אקדח [ʔɛqˈdåħ] "（用于装饰的）红宝石"（Isaiah 54：12）。אקדח *ekdákh* 的创造者本-耶胡达指出，他是受到希伯来语或以色列语 קדח √*qdħ* "钻孔"的影响（参看 *MBY*：i：373a: 脚注 3，Sivan 1995：71）。原词 אקדח "红宝石"的词源也可以追溯至 קדח √*qdħ*（参看 *MBY*：i：373a：脚注 1）。这种用 אקדח *ekdákh* "加煤机"专指"手枪，左轮手枪"的用法已经通行开来，但是，倘若本-耶胡达在造词当时想着英语 *drill rounds* "钻头弹"或类似表达式，那么 אקדח *ekdákh* 就是通过仿造词源（参看 §1.3.2）或仿造词义（参看 §1.2.5）而引入了新词义（参看 §1.3.1）。

给废弃的宗教词语注入新词义往往会导致词义世俗化（secularization，参看诸葛漫等 2015），例如：

- כנסת：密西拿希伯来语（"集会"＞）"犹太教会堂；犹太人集会" ＞＞ 以色列语 *knéset* "以色列国会"
- משכן：圣经希伯来语（"住处"＞）"约柜，密室"（圣经希伯来语称为 אהל מועד [ˈʔohɛl mōˈʕed]）＞＞以色列语 *mishkán* "（用于特定目的的）建筑物"，例如 משכן האומנויות *mishkán haomanuyót* "艺术中心"，משכן הכנסת *mishkán haknéset* "国会大厦"
- מעריב：中古希伯来语"晚祷"＞以色列语 *maarív*，指以色列日报的名称"《晚祷报》"（本书里称为 *Maariv*）
- שחרית：密西拿希伯来语（"早晨"＞）"晨祷" ＞＞以色列语 *shakharít* "白天举行的音乐会，正午前的戏剧表演、音乐会、电影"，例如 שחרית מוזיקלית לנוער *shakharít muzikalít*（或 *muzikálit*）*lanóar* "青年音乐会"，试比较：俄语 утренник *útrennik* "白天举行的音乐会"

英语里也有一些宗教词语的词义变得世俗化。例如，*cell* 原指"修道士的住处"，在生物学里获得了新词义"细胞"（参看 Hughes

1988：192）。下面的例词也产生了类似的词义变化：

- *sanction* "忏悔" > "法律或政治上的处罚"
- *office* "礼拜" > "商业局"
- *hierarchy* "（中世纪时期）天使的级别（包括智天使，炽天使，能天使，主天使等）" > （17 世纪）教士的级别 > 等级制①

巴-阿什尔（Bar-Asher 1995：8）把重新利用废弃词的办法叫做 עקרון השאיבה מבפנים *ekrón hasheivá mibifním* "内部取材法"（也见于 *Akadém* 8，1996 年 3 月，第 3 页）。在此之前，其他人也对此表达过自己的看法，比如派恩斯（Pines 1893：61）指出：*hagdolá shebamaalót lemilá khadashá － im enéna khadashá* "新词最大的优点在于它不是新的词"，克劳斯纳（Klausner 1940：289）也曾提到：*kedéy lekhadésh tsaríkh limtsómilá yeshaná，sheyésh la shóresh ivrí，sheyésh la tsurá ivrít，sheyésh ba táam ivrí* "为了造一个新词，我们应该找到一个旧词，这个旧词必须具备希伯来语词根、希伯来语形式和希伯来语重音"。本-耶胡达曾经指责这种做法创新不足，亚伦·梅尔·马奇亚（Aaron Meyer Mazia）回应道：②

我不仅不以为耻，反而十分满意，因为（希伯来语）委员会确立了体育运动、算术、服装等领域的众多词语，而其中大多数词只不过是旧词……只要我们利用古代文献材料就能够满足需要，我们就不想创造新词。

---

① 也可参看 *mercy*，*novice*，*passion* 和 *sanctuary*。与此相反的是，一些世俗的词语逐渐带上了宗教含义，比如英语 *bishop* "主教" 和法语 *éveque* "主教"，词源都是古希腊语 *epískopos* "监督者"，因在基督教团体内使用而逐渐获得了现在的宗教含义（参看 McMahon 1994：180）。

② 参看 ZV 4（1914：42）。马奇亚也在 ZV 6（1928：85）中表达了相似的观点。他于 1858 年生于莫吉廖夫（Mogilev，以前属于俄罗斯，现在属于白俄罗斯），于 1930 年在耶路撒冷去世。他的姓氏 מזי"א 是一个首字母缩略词，代表 מזרע ישראל איסרלין "以色列以瑟林的后裔"，有时拼写为 Masie。

多源造词方法常常用于复活废弃词，例如以色列语 תיר *tayár* "旅游者，游客" 的复活过程如下：①

| 国际通用词<br>***tourist*** | 以色列语 | 密西拿希伯来语<br>תייר |
|---|---|---|
| （试比较：俄语 турист<br>*turíst*；波兰语 *turysta*；<br>英 语 *tourist*；德 语<br>*Tourist*；意 第 绪 语<br>טוריסט *turíst*） | תייר<br><br>***tayár***<br><br>"旅游者，游客" | [taj'jår] "引导"<br><br>（< 圣经希伯来语<br>תור √*twr*<br>"秘密监视，探索"） |

**图 22**

另外，תייר *tiyér* "旅游，作为游客［阳性，单数］" 可能是由 תייר *tayár* "旅游者，游客" 二次派生所得，也可能是重新起用的中古希伯来语 תייר [tij'jer] "引导［阳性，单数］"（来自 תור √*twr*）。

以色列语 פרס *pras* 意思是 "奖品，奖赏"（参看 *Milón leMunekhéy haHitamlút*）（1937：49，词条编号：625），用于同化国际通用词 *prize*，试比较：俄语 приз *priz* [pris] "奖品，奖赏"；德语 *Preis* "奖品，价格"；英语 *prize*（试比较：英语 *price*）；意第绪语 פריז *priz* "奖品，奖赏"。② 希伯来语 פרס [pə'rås] 的本义为 "半条面包"（参看 *Mishnah*：K'rithoth 3：3），因而指 "报酬"，例如，שלא על מנת לקבל פרס [šɛl'lo ʕal mə'nåt ləqab'bel pə'rås] 意思是 "动机不是想获得报酬"（*Mishnah*：Aboth 1：3）。但是，我调查发现，当今许多以色列语母语者把它理解为 "动机不是想得到奖品"，因为他们以为密西拿希伯

---

① 有趣的是，以色列语俚语 טוריסט *turíst* "挖掘者，拿大锄头干活的人"（戏谑词，参看 Sappan 1971：35a）采用了国际通用词 *tourist* "旅游者，游客"（试比较：以色列语 טוריסט *turíst*）作 "同化材料"，用于指拿大锄头干活的人，试比较：以色列语 טוריה *turíya* "大锄头，鹤嘴锄"（<阿拉伯语 طورية [tuˈrijja] "大锄头，鹤嘴锄"）。

② 还可比较：意第绪语 פרייז *prayz*（波兰意第绪语 *prās*）"价格"，该词最近获得了新词义 "奖品，奖赏"。因此，*dóvid hófshteyn prayz* 的意思是 "戴维·霍夫斯泰因奖"（Dovid Hofshteyn Prize）（参看 *Fórverts*《意第绪语前进报》2000 年 7 月 28 日第 16 页），这个词是英语 *prize* 的转义型近亲音义匹配词，参看 §3.1.4。

来语 פרס 的意思是"奖品",其实这是对其真正词源的错误理解。①

采用"内部取材法"所复活的词,其本义通常与现代含义相关联,但是有时词义可能彻底改变,甚至变到词义对立(enantiosemy)的程度,也就是在保留本义的同时又产生了相反的词义。以希伯来语 ברגני(以色列语 burganí)为例:在后圣经文献中,密西拿希伯来语 ברגני [burgåʼnī] 意思是"男主人"——参看 Midrash Tehillim（Shoḥer Ṭobʰ）的 Chant 41（约公元 900 年）,它与密西拿希伯来语 ברגן [burʼgån]"客栈"词义相关（参看 Midrash Rabba to Leviticus 7）。密西拿希伯来语 ברגני 也有"村民"和"（边境）居民"之意（试比较:Tosefta：Pʼsahim 1：27,此处的 ברגן 意思是"军事聚落"）。但是,以色列语 ברגני burganí 现在的意思是"资本家,中产阶级人士,都市人,资本主义者",这个新词义是 1906 年由拉泽森（M. Lazarson,后来改名为 Ben-Eliezer；参看 Sivan 1981b：8）引入的,因为 burganí 的发音近似于国际通用词 bourgeois "资本家",试比较:德语 bürgerlich（试比较:德语 Bürger "市民"）；俄语 буржуй burzhúǐ；波兰语 burżuj（现为贬义词,不同于现代波兰语中性词 burżuazja "资产阶级"）；法语或英语 bourgeois。密西拿希伯来语 ברגני 源自拉丁语 burgus,而国际通用词 bourgeois 也源自同一拉丁语词。② 如此看来,ברגני 是一个近亲结合而产生的转义型音义匹配词,其原始语为印欧语（§3.1.4.1）。

废弃词（甚至包括一次频词）复活现象常见于圣经中的名称,比如地名（包括河流名）、姓氏等,那些词在以色列语里使用并且录入了以色列语词典,但是不再用作名称。例如,khavíla 和 parpár 这两个词既是复活的圣经中的名称,又是语义化语音匹配词,下文将详细说明。

以色列语 חווילה khavíla "别墅"是语义化语音匹配词,同化对象

---

① 试比较:三角牌（Toblerone）巧克力 1999 年在英国的广告（广告词为"激励全世界"）,广告图片为埃及金字塔,图片上有一个问句:"古三角?"也可以比较 artichoke 一词,详细分析参看 §6.2.7。

② 库彻尔（Kutscher 1965：18）提出,有人认为 bourgeois 及其德语词源 Burg "城堡"可能来自德语 bergen "提供住所"而不是来自拉丁语 burgus,后者可能来自古希腊语 púrgos "塔"。萨法迪（Sarfatti 1970：58）提到过以色列语 ברגני burganí。

为国际通用词 *villa*，试比较：以色列语 וילה *vílla*；英语/法语/意大利语/西班牙语 *villa*；俄语 вилла *vílla*；波兰语 *willa*。① 圣经希伯来语 חוילה［ḥăwī'la］是一个国名（参看 Genesis 2：11, Genesis 25：18, I Samuel 15：7）。依文-肖山（*MES*：511a）认为 חוילה［ḥăwī'la］与密西拿希伯来语 חוילאות "城堡，宫殿" 有关系，后者出现在 *Siphrei deBe Rab*：'Eqeb：37。密西拿希伯来语 חוילאות 似乎是 חולאות 的异体，而 חולאות 是阿拉姆语 חולא "堡垒，城堡" 的复数形式（参看 Jastrow 1903：433b），这就使情况变得更为复杂。חוילאות 被重新分析为 חוילה 的复数形式，因而与现代词义 "别墅" 相关联，这样 חוילה *khavíla* 就成为词义型语义化语音匹配词（不同于所指型语义化语音匹配词，参看 §1.2.5）。请注意，חוילה 的发音是外来语音 *khavíla* 而不是 *khavilá*，重音落在倒数第二个音节上，这可能是因为两方面的原因：一是因为国际通用词 *villa*（参看 §5.4.2 "文字层面的多源新词"）的影响，二是由于说话人希望把 חוילה 与（密西拿希伯来语>>）以色列语 חבילה *khavilá* "包裹" 区别开来。

以色列语 פרפר *parpár* "蝴蝶" 是一个语义化语音匹配词，匹配对象为欧洲某一语言中表示 "蝴蝶" 的词，比如，意大利语 *farfalla* 或者法语 *papillon*（试比较：俄语 бабочка *bábochka*；意第绪语 פלאטערל *fláterl* 以及比较不常用的 באבעטשקע *bábəchkə*）。以色列语 *parpár* 是由圣经希伯来语一次频词 פרפר［par'par］复活而来，后者是大马士革一条河流的名字（参看 II Kings 5：12）。本-耶胡达于 1902 年重新起用了这个名称（参看 *MBY*：x：5223a, Ben-Avi 1951——参看 Sivan 1981a：91；1981b：19, Rosen 1994：94），不过他本来可以采用密西拿希伯来语复合词 צפרת כרמים［ṣip'poreṯ kərå'mīm］"蝴蝶"（参看 *Talmud*：Sabbath 90b, Ḥullin 25a），但是他偏爱这个表达式，因为它只有一个单词，而且语音类似于欧洲语言里的拟声词，含有重复的唇音（*farfalla*, *papillon*）。本-耶胡达认为自己的选词是合理的，因为

---

① 所有这些词的词源都是拉丁语 *villa* "村舍，农场"，它或许是拉丁语 *vicus* "村子，小村庄，乡村别墅" 的指小词。

阿拉伯语里有 فرفور ['far'fuːr] 这个词，比如（叙利亚的）阿拉伯语方言词 فرفور [fur'fuːr] "蝴蝶，蛾"（参看 Hava 1915：552a），阿拉伯语 فرفر ['furfur] "麻雀"（同上），"小鸟"（Wehr 1961：708a；1994：829b）等。魏斯（Weiss 1975：50 脚注）忽视了其欧洲语言中的词源，① 用 פרפר √prpr "动，摇，粉碎"（参看 Job 16：12）去说明词义"蝴蝶"的合理性，其实 פרפר √prpr 来自 פרר √prr "摇，粉碎"（参看 Psalms 74：13），后者可能是一个拟声词，试比较：阿拉伯语 رفرف ['rafrafa] "飘动，鼓翼［阳性，单数］"。② 总之，对于 parpár "蝴蝶"的来源，纯语论者会断定它是希伯来语词语。如果继续追问，他们会说它源自某阿拉伯语词项，就像本-耶胡达所说的那样。实际上，parpár 并非十足的闪族语词，这不禁让人想到一个故事：一位著名的英国政治家在伦敦布里克斯顿（Brixton）街头问一位黑人妇女她来自哪里，结果她说来自布里克斯顿。政治家继续追问："你早先从哪里来？"妇女回答道："哦，伦敦的斯托克韦尔（Stockwell）呀！"③

再如，语音匹配词 חגלה khoglá "鹧鸪，松鸡"重新起用了圣经希伯来语中的女性名 חגלה [ħog'lå]，试比较：新近出现的语音匹配词 Emilio，它实际上是西班牙语里的一个名字，用于同化（英语>）国际通用词 email "电子邮件"。

---

① 忽视这种词源的还包括克雷恩（Klein 1987：531c），他（也许是在排字上）混淆了 √prpr "粉碎"和 √prpr "摇动"，参看 פרפר parpár 词条。无论从哪方面来看，以色列语 פרפר parpár 都应该归入来自三种源语的多源新词，试比较：以色列语 פרומז froméz（一种奶酪），意第绪语 נישקשה nishkóshə "可以忍受的"和意第绪语 שלימזל shlimáz! "不幸的人"，参看 §4.4。

② 试比较：以色列语俚语 פרפר firfér "旋转，绕过（足球球员）［阳性，单数］"；试比较：阿拉伯语 فرفر ['farfara] "（鸟）拍打翅膀［阳性，单数］"（Hava 1915：552a），"（动物或鸟）抖动［阳性，单数］"（Wehr 1961：708a）；参看 Isaiah 24：19 和密西拿希伯来语 פרר √prr "弄碎，粉碎"，密西拿希伯来语 פרור "弄碎"。也可考虑像斯普纳误置（spooneristic）一样、转换音位而形成的推导型俗词源，即把英语 butterfly "蝴蝶"的词源推导为 flutter by "鼓翼而过"。

③ 斯托克维尔（Stockwell）在伦敦郊区，靠近布里克斯顿（Brixton）。

## 2.4　促进初始阶段的学习

> 外语词与本族语词语音越相似，就越容易被本族语吸收，也越容易
> 被理解为原生词，甚至可能对现有词的词义变化产生影响。
>
> （Avinery 1946：137）

　　如果语言使用者熟悉第一源语里被匹配的表达式，多源新词就很
容易被内化并记住，因为两个表达式的语音相似。用多源新词充当助
记符，这是一种记忆法。现在有一种趋势，即创制的新词在语音上近
似于外语对应词，目的在于促进同化，这一趋势已经得到了切尔尼霍
夫斯基（Chernikhovsky 1929）的承认。他根据一些原则创制了以色
列语骨骼学和韧带学新词，这些词都是由密西拿希伯来语里的医学词
语复活而来，而这些复活词里有一部分原本是对希腊语或拉丁语词项
改造而成，它们本身与第一源语词项是同源词，而现在他却试图将这
些第一源语词项变为以色列语。因此，他所创造的新词并非典型的多
源新词，但是他所承认的恰恰是许多本族化俗词源制造者所掩盖的，
因此他的表述非常有价值。切尔尼霍夫斯基的原文如下：

> 　　我采用的名称尽可能接近密西拿希伯来语，目的是为了帮助学习者
> 记这些词语。例如，***bsis** hagulgólet* – ***basis** cranii*，***vilón** hakhékh* –
> ***velum** palatinum*，***sáif** – **xyph**oideus processus*，***tik** – **the**ca*,① *gmamiót*
> *hagariním – faveolae **granulares***,② ***sumsemanín** – ossa **sesamoidea***，
> ***karnáim — cornua***,③ ***kufsít** – **capsula***。我用了 ***pisát** harégel* 去指

---

① 希伯来语 תיק [tīq] 的词源可追溯至希腊语。
② 对于希伯来语 גרעין [gar'ʕīn] "粮食，谷粒" 参与创制的音义匹配词，本书分析了两
个，即 *garinít* "花岗岩"（§5.3.5）和 *garinómet* "肉芽肿"（§4.2）。
③ 希伯来语 קרן ['qeren] "光线，羊角" 是一个闪族语词。如果 קרן 词源上与拉丁语
*cornu* 相关，那么它就属于原始闪族语-原始印欧语或诺斯特拉语。诺斯特拉语
（Nostratic languages）是佩德森（Pedersen 1924：311）提出的，属于一种超级语系
假说，包括印欧语系、乌拉尔语系、阿尔泰语系、亚非语系和南高加索的卡尔特维
里语（Kartvelian）。希伯来语 קרן ['qeren] 也参与了音义匹配词的创制，本书分析
了其中两个，即 *kéren* "（足球）角球"（§3.1.4.3）和 *kéren* "号角"（§4.3）。

*Pes*；*kubyá* - *os cubiti*，*kunkhiyá* - *concha*；① *du hakéres* - *digastricus*。

（第 252 页，粗黑体和斜体为本书著者所加）②

这些新词的语音与相对应的外文科技术语相似，因而比较容易记住（参看§4.2）。

犹太人有一个悠久的传统是使用记忆术。在《旧约》离合诗里，连续的诗文句首按希伯来语字母顺序排列，比如《箴言》第 31 章第 10 至 31 节（Proverbs 31：10—31，也见于犹太祈祷文）是这样开头的：אשת חיל מי ימצא ורחק מפנינים מכרה／בטח בה לב בעלה ושלל לא יחסר ['ʔešet 'ḥajil mī jim'ṣå wərå'ḥoq mippnī'nīm mikʰ'rå／**bå'ṭaḥ bå lebʰ baʕ'låh** wəså'lål lo jɛħ'sår] "才德的妇人谁能得着呢？她的价值远胜过珍珠。她丈夫心里倚靠她，必不缺少利益。"

新近出现的词也可以说明犹太人是如何使用记忆术的。比如，יקנה"ז *y.q.n.h.z.* 是一个语音匹配词，但是与本书所分析的大多数语音匹配词相比，这个词的方向是相反的，即它从希伯来语中来，而不是要进入希伯来语。在犹太教传统里，希伯来语 יקנה"ז 的发音通常是 *yaknehóz*，它是一个首字母缩略词，每一个字母代表一个单词，五个字母就代表五个词，即：יין（以色列语 *yáin*）"酒的祝福"；קדוש（以色列语 *kidúsh*）"祝福圣化安息日"；נר（以色列语 *ner*）"光的祝福"（字面意义"蜡烛"）；הבדלה（以色列语 *havdalá*）"把安息日和下一周隔开的祈祷"；זמן（以色列语 *zman*）"感恩季节的回归"（字面意义"时间"）。这个缩略词表达的是特定的仪式次序，每当犹太节日（比如逾越节晚餐③）碰巧是在安息日即将结束的时候，就需要遵守这一

---

① 希伯来语 קונכיה［qōnkʰi'ja］"贝壳，海螺"与拉丁语 *concha* 是同源词，试比较：古希腊语 κόγχη *kónkhē*；阿拉姆语 קונכיתא［qōnkʰītå］。

② 其他类似的词还包括以色列语 דלתית - 拉丁语 *deltoidea*，以色列语 לבנה - 拉丁语 Os *lunatum*（同上：262—263）。

③ 其他节日包括五旬节（Shavuoth），犹太新年（Rosh Hashanah）和住棚节（Sukkoth）的第二天。

次序。在逾越节晚餐上，犹太人可以查阅用来传述逾越节规定的犹太文本哈加达（Haggada），哈加达解释了整个晚餐的进行流程。在某些阿什肯纳兹哈加达版本里，有一幅画里画的是一个猎人在追一只兔子。这幅画出现在祝福圣化安息日的段落附近，成为一个非常有用的助记符，让人很容易记住希伯来语首字母缩略词 יקנה"ז，因为这个词在语音上与德语口语 *Jag'en Has'* ［jaken'haz］相匹配，而后者是 *Jag einen/den Hasen!* "追兔子！"的口语表达式。此外，יקנה"ז 也和相应的意第绪语表达式相匹配，比如 יאָג'ן האָז *yog 'n hoz* 和 יאָג דעם האָז *yog dəm hoz*，试比较：*yókn̥hoz*, *yoknəhóz*, *yaknehóz*（参看 Weinreich 1973：i：252）；波兰意第绪语 *yákn̥hus*（Bernstein 1908：130b）。① 这幅画的创意可能来自异域的复活节习俗，即复活节期间兔子会带来鸡蛋，于是人们就去寻找复活节蛋。② 但是，我却找不到证据去证明这个习俗是 17 世纪之前引进德国的，而这幅画从 15 世纪就开始出现在哈加达上了。

　　יקנה"ז 和德语 *Jag 'en Has'* 的语音相似性与复活节找蛋这一习俗的形成不无关系，还有其他犹太传统也是因语音相似性而形成的。有关民俗传统的分析，请参看 §4.4 和 §8.2。英语 *gopher* 从 1991 年初开始指"网络协议"，其实 *gopher* 是英语 *go for*（指用户要求计算机系统去获取自己要找的信息）的语音匹配词。用 *gopher* 去调换 *go for*，是因为人们觉得用 *gopher* 所指的北美囊地鼠作为标志去表示互联网信息搜索分享系统是再合适不过的。再者，囊地鼠是明尼苏达大学的吉祥物，而那个搜索分享系统正是在明尼苏达大学设计开发出来的（参看 Knowels and Elliott 1997：129）。美式英语既有的俚语词 *gofer*

① 参看肖洛姆·阿莱汉姆（Sholem Aleichem）的喜剧 יקנה"ז（*j.q.n.h.z.*，写于 1894 年）（试比较：1942，ii，Part 2：Comedies，29—133）。

② 德语 *Osterhas* 指复活节兔。在复活节传统中，复活节兔用两条腿走路，会在复活节带来鸡蛋。现在，在英格兰、意大利、德国、希腊等地，孩子们吃的是巧克力蛋。蛋是春天和新生命的象征。这个传统可能与犹太人逾越节吃蛋的传统有关。拉斐尔·罗威（Raphael Loewe，私人通信）等人相信，逾越节吃蛋的习俗可能来自罗马人吃饭以吃蛋开始的习俗，试比较：*Ab ovo usque ad mala* "从鸡蛋到苹果"（因而意思是"从头至尾"）（Horatius，*Satirae*，I，3，6—7）。

"兼勤杂工作的助手"对这个词的形成也产生了一定影响。据 *OED*
记载，gofer（而不是 gopher）的词源是 go for 和 gopher（试比较：美
式英语 twofer "可半价优待的两张戏票，买一送一"）。正因为有这两
个并列词源，gopher 就成为名副其实的多源新词。

　　语音匹配也可以运用于教学活动中。在二语习得过程中，语音匹
配是一种有效的记忆手段。例如，我（Zuckermann 2011）发现，学
习以色列语的加拿大学生通过下列对话就很容易记住一些以色列语
词语：

- *Oh Hell*, there is a racoon in my *tent*! "哦，**糟糕**，我帐篷里有只浣熊！"
（试比较：以色列语 אהל *óhel* "帐篷"）①
- *Quickly, my hair* is burning! "**快点，我的头发**烧着啦！"（试比较：以色
列语 מהר *mahér* "快，快速"）②

　　即便如此，在现实生活中，多源新词有时候对以色列的双语者并不
管用，原因之一是多源新词让他们想起源语词，他们就宁愿使用源语词，
这样一来，多源新词的效果就打折扣了。更多详情，请参看§5.3。

## 2.5　以色列语多源新词的分类

　　在多源新词研究中，有两个步骤是必不可少的：第一步：收集音
义匹配词、语义化语音匹配词和语音匹配词。如前所述，我经实地调
研和图书资料检索，已经收集到数百个以色列语多源新词。第二步：
对多源新词进行分类，这对于深入分析这种语言现象至关重要。为了
探讨多源造词性质与功能等重要问题，我主张对多源新词做如下
分类：

---

① 这里的"**哦，糟糕**"的英语发音与以色列语"**帐篷**"的发音一样。
② 这里的"**我的头发**"的英语发音与以色列语"**快点**"的发音一样。

第一，按造词类别分类（参看§3）：

第一种：引入新词义的多源新词。在进行音素语义匹配时，改变目标语/第二源语既有词的词义，目的在于把这个词的词义限定为第一源语对应词的词义，这样就给既有词引入了新词义。如果新造的多源新词通行开来，那么其本义（意义变更之前的词义）往往消失。例如，圣经希伯来语 כֵּף［kepʰ］"岩石，悬崖" >> 以色列语 כֵּף kef "海角，岬"，这个新词义是同化国际通用词 cape 而获得的（参看§3.1.3），这种词我称为**转义型多源新词**（MSN by semantic shifting）。

转义型多源新词的一个次类是词义具体化（specification），即目标语/第二源语既有词的词义原本比较模糊，用于匹配第一源语词之后，词义变得具体化。例如，密西拿希伯来语 אַבּוּב［ʔabˈbūbʰ］"寺庙里表演所用的一种笛子" >> 以色列语 אַבּוּב abúv "双簧管"，这个词义是同化国际通用词 oboe "双簧管" 而获得的（§3.1.1），这种词我称之为**词义具体化多源新词**（specifiying MSN）。

第二种：引入新词项的多源新词。第一源语词项与目标语/第二源语语素或词项来源于不同语言，但是语音（和语义）相似，造词者把两者混合到一起，从而创制出全新的目标语词项，这就是引入新词项的多源新词。例如，以色列语 משקפים mishkafáim < 古希腊语 skopéō + 希伯来语 שקף √šqp（参看本书导言部分），这种词我称为**多源新造词**（creational MSN）。

这种混合词有一个次类是全新的目标语复合名词。这些复合词大多带有戏谑意味，属于文字游戏。例如，以色列语 אלתר נתיב altér natív（字面意义 "临时提供［阳性，单数］道路或车道！"），用于匹配国际通用词 alternative，试比较：法语 alternative（§3.2.4），这种词我称为**多源新复合词**或**多源新短语**（compound/phrase MSN）。

第二，按术语领域分类（参看§4）：

要做好这种分类，比较妥当的办法是查明多源新词最容易在哪些术语领域内产生，比如动物学、医药、美食学、音乐、计算机等。所调查的领域应该包括姓氏和地名，因为以色列语里的人名和地名往往与词典所收录的词汇单位具有相似的特点。

第三，按通用度分类（参看§5.3—§5.4）：

这种分类主要分析哪些多源新词获得了成功，哪些没有，多源新词是否会深入人心，等等。这种分类需要回答一些重要问题，比如多源新词什么时候会成功，有无可能预测它们是否会通用，以色列的双语者是否更有可能喜欢某个多源新词，双语者对源语的了解是否会降低某个多源新词成功的可能性，等等。

第四，按源语分类（参看§6）：

这种分类需要回答的问题包括：哪些多源新词来源于哪些语言？纯语论者是否更喜欢采用俗词源手段去同化国际通用词，尤其是意第绪语、俄语、波兰语中的国际通用词（详见§6.1）如 *cholera*，*villa*，*élite*，*salute*，*cyst* 和 *protocol* 等？意第绪语、阿拉伯语、英语（包括英式英语和美式英语）等语言在多源新词中扮演了什么角色？在整个"希伯来语复兴"和以色列语形成时期，尤其是在 20 世纪，主要的文化上层语言是否发生了变化或者被取代？

第五，按语义分类（参看§7.1，试比较：§1.2.3—§1.2.5）：
第一种：语义型多源新词（音义匹配词，参看§1.2.4）。
第二种：语义化多源新词（语义化语音匹配词，参看§1.2.5）。
第三章：非语义型多源新词（语音匹配词，参看§1.2.3）。

第六，按时间顺序分类（详见后文）：

这种分类应该提供多源新词的创制时间，还需要考虑是否有可能提供年表，说明多源新词在哪些期间受人欢迎，在哪些期间不受欢迎，等等。

第七，按创造者或造词机构分类（详见后文及§5.1）：
这种分类需要确定是谁创造了多源新词。对以色列语而言，创造者包括多种人士，现分述如下：

第一种："职业复兴主义者"，比如：

- "希伯来语复活之父"艾利泽·本-耶胡达。他于 1858 年生于立陶宛/
  俄罗斯；1871—1877 年在维尔纳、德文斯科等地生活；1877—1880 年
  在巴黎学习；1881—1922 年居住在以色列地。哈夏夫（Harshav 1993：
  55）指出，本-耶胡达对希伯来语和犹太复国主义的兴趣是在他阅读
  了乔治·埃略特（George Eliot）的小说《丹尼尔的半生缘》（*Daniel
  Deronda*）（1876）之后才产生的。这部小说的犹太主人公试图在政治
  上恢复同胞的生存权利并使之成为一个民族，这让本-耶胡达深受启
  发。此外，巴尔干地区 1877—1878 年间爆发的俄土战争启迪了他的思
  想：巴尔干的斯拉夫人借助俄国摆脱奥斯曼帝国的民族解放运动唤起
  了他的民族主义热情，促使他把复兴希伯来语的想法付诸实践。他所
  创制的多源新词总共约有 250 个，包括 *parpár*, *mivréshet*, *shélet*,
  *glída*, *ribá*, *ahád*, *bubá* 等。
- "希伯来语复活之祖父"、现代希伯来语书面语之父施罗摩·雅各布·
  本·海姆·莫什·阿布拉莫维奇（Shalom Jacob ben Haim Moshe
  Abramowitsch, 也叫 Sholem Yankev〔Broyde〕Abramovich），一般称为
  蒙德尔（Mendele Móykher-Sfórim），这是他 1879 年开始使用的笔名。
  阿布拉莫维奇大约 1835 年出生于白俄罗斯；1848—1858 年生活在立
  陶宛和乌克兰；1881—1905 年在敖德萨；1905—1908 年在日内瓦；
  1908—1917 年在敖德萨。关于蒙德尔在以色列语形成过程中所起的关
  键性作用，请参看帕特森（Patterson 1962）和库彻尔（Kutscher 1982：
  190 以次）的相关论述。他所创制的多源新词包括 *bulbús*, *tsoaní*, 以
  及大量的动物名称。
- "希伯来语复活之子"伊塔马尔·本-阿维（Itamar Ben-Avi，原名
  Ben-Zion Ben-Yehuda）。他是艾利泽·本-耶胡达之子，他创造的多源
  新词包括 *avirón*（אוירון）等。

第二种：文学家，例如：

- 哈伊姆·纳赫曼·比亚利克（Chaim Nachman Bialik），他创制的多源新词包括√*ršrš*，*kotlít*，*tilelón* 等。
- 阿拉哈姆·希朗斯基（Avraham Shlonsky），他创制的多源新词如 *éshef késhef*。

第三种：语言学家或教育家，例如：

- 纳夫塔利·赫兹·图尔-西奈（Naphtali Herz Tur-Sinai），原名托西纳（Torczyner），希伯来语委员会的最后一任主席（1942—1949），也是希伯来语科学院的首任主席（1953—1973）。他创制的多源新词包括 *avirón*（אבירון），*eshgár*，*khonén* 等。
- 安农·沙丕拉（Amnon Shapira），希伯来语科学院成员，他创制的多源新词包括 *bagít*，*mufín* 等。

第四种：媒体人士，包括广播节目主持人、以色列国家电视台新闻播音员等，细节从略。

第五种：政界要人，例如：

- 以色列前总理本雅明·内坦尼亚胡（Benjamin Netanyahu）。希伯来语科学院在 1996 年创制了新词 שלטוט *shiltút* "频频换台，快速转换电视频道"，内坦尼亚胡 1998 年 4 月接受以色列电视台采访时使用了这个词，对这个词的流行可能起到了推动作用。

此外，多源新词的创造者也可能是一些机构，例如：

- *Váad halashón*（*haivrít*）"希伯来语委员会"，由本-耶胡达等人创立于 1889 年。该机构创制的多源新词包括 *téka*，*tsilaít*，*sikhsákh*，*natrán*，*pat mordekháy*，*kével* 等。
- *Haakadémya lalashón haivrít* "希伯来语科学院"，创立于 1953 年。它取代了希伯来语委员会，是希伯来语最高的学术机构。它创造的新词很多，例如 *nitúr*, *misúkh*, *kalétet*, *métsa*, *pat peér*, *kistá*, *sibít*, *klit*, *gladín*, *svivól*, *migdár*, *palúsh*, *trufát déme*（*déme* 的二次派生词）等。

我们不仅应该研究纯语论者个人对多源新词的态度（参看 §5.1.1），而且应该研究他们的背景与他们对多源新词的态度有何关系。

上述分类所涉及的各种问题将在 §3—§7 进行充分探讨。对于所提到的每个多源新词，我将从不同方面进行分析，包括语义特点、造词类别、所属的术语领域、来源语言、创制时间（或年表）、创制人或创制机构、通用度等。不过，现行的以色列语词典还无法提供所有多源新词的准确创制时间和创造者等方面的信息。毋庸讳言，现行的以色列语词典完全不合用，因为里面没有收录仿造词和意借词，这也是《牛津英语词典》的一个编纂缺点。此外，没有任何一部以色列语词典能够回答严肃的词源问题或者像《牛津英语词典》那样列出一个词所有的早期书证。克雷恩编纂的《希伯来语综合词源词典》（*Comprehensive Etymological Dictionary of the Hebrew Language*）（1987）提供的许多信息都不准确。本-耶胡达编纂的《古代希伯来语与现代希伯来语综合词典》（*milón halashón haivrít hayeshaná vehakhadashá*，在本书中简称为 *MBY*）（1909—1959）非常有价值，性质类似于《牛津英语词典》，但是因无法涉及当代以色列语而有些古旧。克纳阿尼（Kna'ani）编纂的《希伯来语词库》（*otsár halashón haivrít*）（1960—1989）收词广泛，但是词源信息比较欠缺。古尔（Gur）编纂的《希伯来语词典》（*milón ivrí*）（1947，第 2 版）收词不广，也没有提供词源信息。巴哈特和米绍尔（Mishor）编纂的《当代词典》（*milón hahové*）（1995）和舒埃卡（Choueka）编纂的《Rav-Milim：现代希伯来语综合词典》（*rav milím: hamilón hashalém laivrít hakhadashá*）（1997）收词最新，但是同样没有词源信息。关于《当代词典》的评介，参看 Shkedi（1995）。依文-肖山编纂的《新词典》（*The New Dictionary*，简称 *MES*）所提供的有些词源信息并不可靠，此外还有一些其他错误，比如把 גרון（以色列语 *garón*）"颈部"

标示为阴性（参看第 264c 页），其实它是阳性，不过，这是迄今为止最好的以色列语词典。

　　§5.4.3 将会分析的两个例词很能说明现行以色列语词典词源信息欠缺的问题，即音义匹配词 פתה *píta* "披塔饼，口袋面包，空心圆面包" 和 לבה *lába* "熔岩；火山岩"。现在，我们探讨一下有关以色列语 דלתון *daltón* "形状像风筝的四边形" 的一些误导性信息。这个新词在以色列语母语者听来像以色列语，但是 *LL* 177（1990）提到其对应词是英语 *deltoid*，那么，有一点似乎很明显：这个词是国际通用词 *deltoid* 的语素改造词。但是，克雷恩（Klein 1987：126b）和依文-肖山（Even-Shoshan 1970：436b）还给这个词强加了一个希伯来语词源，即（圣经希伯来语>>）以色列语 דלת *délet* "门" +（希伯来语>）以色列语后缀 ון- -*ón* "指形状，暗示有两扇三角形的门"（Klein，同前）。国际通用词 *deltoid* 的词源是古希腊语 *deltoidēs*，可追溯至 *délta* "Δ"，而 *délta* 与密西拿希伯来语 דלת ['dålɛt] 是同源词。דלת ['dålɛt] 是希伯来语字母表里的第四个字母，词源上与圣经希伯来语 דלת ['dɛlɛt] "门" 相关。然而，希伯来语 דלת "门" 似乎并没有在新词 דלתון *daltón* 的创制过程中发挥任何作用，依文-肖山和克雷恩所做的词源解释似乎毫无根据。后来，依文-肖山（Even-Shoshan 1997，即 *MES*：310c）更正了这种误导性的词源解释，没有再提起 דלתון *daltón* 与密西拿希伯来语 דלת "门" 有任何关系。

　　在这种情况下，为了对多源新词进行恰当的分类，我们很有必要编纂出自己的以色列语多源新词词源词典。本书列举了大量多源新词，从多个时间维度（polychronic，即包括共时和历时角度，参看 §8.7）进行分析，并且提供完整的词源信息，这些都有利于我们将来编纂出综合性更强的以色列语词源词典。

# 第三章　增加词义与引入词项

　　根据所创制的词语的性质，我们可以将多源造词分为两种类型，一种是给既有词项引入新词义，另一种是引入新词项。在这两种造词过程中，都存在音义匹配、语义化语音匹配和语音匹配现象，但是，由于以色列纯语论者大多采用音义匹配手段，因此，本章将专门探讨音义匹配现象。

## 3.1　引入新词义

　　引入新词义的大致过程如下图所示：

第一源语 x "a" →→目标语(+多源新词) y "a" ←←目标语/第二源语 y "b"

y 与 x 语音相似
a 与 b 同义或近义（音义匹配）/词义相关（语义化语音匹配）/词义无关（语音匹配）

**图 23**

### 3.1.1　词义具体化多源新词

　　如果目标语/第二源语的某个既有词语义模糊，但是其所指与第一源语中语音相似的某个词的所指属于同一语义场（semantic field）①，那么，就可以让这个既有词的词义具体化，赋予它与第一

---

① 语义场是在同一个语义系统中，在共时条件下，若干个具有共同义素的义位聚合起来的聚合体。语义场必须在一个共同语义要素的支配下组成，例如在"家畜"这一语义要素的支配下，"牛、羊、马、猪"等构成一个语义场。

源语中的那个词同样的词义，从而创造出一个多源新词，整个造词过程如下图所示：

---

第一源语 x "a" →→→目标语(+多源新词) y "a" ←←←目标语/第二源语 y "b"

---

y 与 x 语音相似
b 语义模糊且与 a 属于同一语义场

**图 24**

这种造词方法在有些术语领域中尤其常见。下面举例说明具体情况，但是每个术语领域仅举一例，更多的例词将在后文讨论。

音乐（以乐器名为例）：

以色列语 אבוב *abúv* "双簧管"（见于 Bendavid 1967：147）<

1. 国际通用词 *oboe*（<意大利语 *oboe* <法语 *hautbois*，由 *haut* "高"和 *bois* "木头"拼缀而成），试比较：波兰语 *obój*；德语 *Oboe*；英语 *oboe*；俄语 гобой *gobóǐ*。

2. 密西拿希伯来语 אבוב［ʔabˈbūbʰ］"寺庙里表演所用的一种笛子"（参看 *Talmud*：Arakhin 10b）。

动物学（以动物名为例）：

以色列语 קרפדה *karpadá* "蟾蜍"（参看§1.4.1）<

1. 法语 *crapaud*［kʀaˈpo］"蟾蜍"。

2. 阿拉姆语 קורפדאי［qūrpədaj］/קרפדאי［qarpədaj］，指一种未知动物（参看 *Talmud*：Ḥullin 63a）。

因为 קרפדה *karpadá* 与阿拉姆语 קרפדאי 有差别，这个词可以看作是多源新造词。这样，קרפדה 中的 ה 只能视为由阿拉姆语改造而来。

地名：

密西拿希伯来语 יון［jåˈwån］"希腊"（*Midrash Rabba to Genesis* 44）<

1. 古希腊语 *Iónia* "爱奥尼亚"。

2. 圣经希伯来语 יון［jåˈwån］"雅完（雅弗的一个儿子的名字），雅完人"（Genesis 10：2）。

中古希伯来语 ספרד "西班牙"，中古希伯来语 אשכנז "德国，阿什肯纳兹"
等希伯来语地名都属于词义具体化的本族化俗词源，详情请参看
Zuckermann（2000：137 - 141）。

## 3.1.2 转义型多源新词

改变目标语/第二源语某个既有词的词义，将其词义限定为与其
语音相似的第一源语词的词义，从而赋予其新的词义，这样创制的新
词即为**转义型多源新词**。如果这个新词通用开来，那么语义发生变化
之前的本义可能会消失，这往往是由于语言使用者出于实用的目的，
比较偏爱让能指与所指之间保持一一对应的关系（参看§3.1.3）。
这类词的创造过程如下图所示：

第一源语 x "a" →→→目标语(+多源新词) y "a" ←←←目标语/第二源语 y "b"

y 与 x 语音相似
a 与 b 同义或近义（音义匹配）/词义相关（语义化语音匹配）/词义无关（语音匹配）
b 语义不模糊且与 a 不属于同一语义场

**图 25**

例如，כידון：圣经希伯来语 כידון［kī'dōn］意思是"矛"（参看 I
Samuel 17：45）。不过，以色列语 כידון kidón 还指"（自行车）手把"，
它是法语 guidon［gi'dō］"手把"的语义化语音匹配词。这种［k］-
［g］变换的情形也见于以色列语 glik "咔哒声；（鼠标）点击"
（§5.4.3）。大多数年轻的以色列语母语者不了解 כידון kidón 的法语
并列词源，但是有一些证据说明这个词是外来的：纯语论者希文
（Sivan 1962：175；1985a：98a）把它列入了外来词和借词词表，他
认为应该用希伯来语本族词去替换词表里的那些词，比如用 הגה
hége "方向盘"去替换 כידון kidón。将法语的［g］变为以色列语的
［k］，是为了顾及语义而做出的语音妥协，音义匹配和语义化语音
匹配常常需要做出这种妥协。但是，כידון kidón 这个词的处理也有
可能是为了把 *［gi'don］"手把"与希伯来语 גדעון 区别开来，后者

是一个以色列语名字，现在的发音是 *gidón*（或 *gídon*）。有人可能会认为，词义在这个本族化俗词源里没有起到任何作用，因为"矛"与"手把"没有任何关系，但其实两者在外形上是相似的。换一种文化环境，同样会有类似情形，比如意大利语 *sciabola* "军刀；马刀"因受英语 *shovel* "铲子，铁锹"的影响，在北美的意大利语里获得了新词义"铲子，铁锹"（参看 Livingston 1918：210）。这两例恰好说明一句圣经希伯来语俗谚：וכתתו חרבותם לאתים וחניתותיהם למזמרות [wək^hittə'tū ḥarb^hō'tåm ləʔit'tīm waḥǎnītōte'ḥem ləmazme'rōt] "他们要将刀打成犁头，把枪打成镰刀"（Isaiah 2：4）。

　　以色列语 פחה *pékha* 也是转义型多源新词。圣经希伯来语 פחה [pɛ'ḥå] 意思是"统治者；地区长官"（Jeremiah 51：23，Nehemiah 5：18），词源是亚述语 *paḫâti* "地区"，后者来自 *bêl paḫâti* "地区长官"。但是，以色列语 פחה *pékha* 指"帕夏，大人物"，即（过去的）土耳其最高级文官和武官（现在专指将军），试比较：土耳其语 *paşa* 及其后代：词义相同的阿拉伯语 باشا ['ba:ša:]（在埃及等地使用）；意第绪语 פאשא *pásha*；俄语 *pashá*。托西纳（Torczyner 1937：107）断言，土耳其语 *paşa*（在其著作中写为 *pasha*）的词源是阿卡得语 פחה，这意味着目标语词项与源语词项是同源词。不过，土耳其语 *paşa* 似乎源自波斯语 *pādšā*(*h*)（参看 Doerfer 1963—1975）；试比较：土耳其语 *başçi* "领袖，监督者"（参看 Clauson 1972：378a，试比较：当代土耳其语 *başı* "〔团体〕领袖"），源自 *baş* "头"（同上：375ab；仍在使用）。在土耳其东部的一些方言中，*baş* 后来变为 *paş*（**b**ashaw 先于 **p**asha 被引入西方语言）。需要注意的是，在古土耳其语中，p 与 b 并无明确的区别，阿拉伯语没有 [p]，波斯语和土耳其语里的 [p] 在阿拉伯语里是用 [b] 代替的（*OED*）。希伯来语科学院在回复读者询问时，肯定了 *pékha* 有多种词源，详情请参看 *Leshonenu La'am* 3 (5)（1952：29）。

　　密西拿希伯来语 מעגילה [maʕgi'lå] 意思是"滚筒"（参看 Jastrow 1903：813a），词源为希伯来语 עגל √ʕgl "滚动，绕行"。以色列语 מעגילה *maagilá*（有时也作 *maagelá*）指的却是"碾压机，轧布机"，

因为它的语音近似于国际通用词 mangle "碾压机"，试比较：意第绪语 מאַנגל *mángl*；波兰语 *magiel*；德语 *Mangel*，*Wäschemangel*。滚筒和碾压机均有滚动功能，这一点显然有助于该词义的引申。切尔尼霍夫斯基在其著述（例如 Chernikhovsky 1952：140）中明确指出，מעגילה *maagilá* 过去也有"擀面杖"之意。这两种含义虽然现在都很罕用，但是据萨丹（Saddan 1955：39）研究，在 20 世纪中期却很常用。以色列集体农场里还有一些人知道 מעגילה *maagilá* "碾压机，轧布机"这个词。也可参看《印刷术语词典》（*Milón leMunekhéy haDfús*）（1933：76）里的 מעגילה *maagilá* "滚筒"词条（试比较：德语 *Walze*）。

密西拿希伯来语 פין［pīn］指"钥匙牙花"，或许是因为将密西拿希伯来语 חפין［ħåˈpʰin］（*Mishnah*：Kelim 11：4）误读为密西拿希伯来语 הפין［hapˈpīn］而产生，也就是把它分解为 ה "定冠词" + פין 而得来的。① 但是，פין *pin* 在以色列语里指"大头针，别针"，已经录入《术语词典》（*Milón leMunekhéy haTékhnika*）（1929：3a）。与英语 *safety-pin* "安全别针"相对应的以色列语词是 פין בטחון *pin bitakhón*。以色列国防军士兵都非常熟悉的一个词是 פין של שבת *pin shel shabát*（字面意义"星期六别针"），它指 M－16 步枪的连接销，士兵们必须随时管控好，一旦遗失就会被关在基地度过周末。以色列语 פין *pin* 之所以有这个新词义，完全是受英语同音词 *pin* 的影响；此外，פין *pin* 也指"阴茎"，也许是英语 *penis*［ˈpiːnɪs］的转义型音义匹配词。② 同样，密西拿希伯来语 תג［tåg］"小王冠，小冠冕，垂直衬线

---

① 见于 *MES*（：1423b）和 Klein（1987：505c）。请注意，希伯来语字母 ה（*h*）与 ח（*ħ*）的书写形式相似。试比较希伯来语的另一个"幽灵词"（ghost word，指因误读、误写而造出来的词，别字）：（密西拿）希伯来语 ליסטים［līsˈṭīm］（也作 לסטים［lisˈṭīm］）"土匪，盗贼，强盗，掠夺者"，它因误读希伯来语 ליסטיס［līsˈṭīs］而产生，词源是古希腊语 *lēstés* "土匪，盗贼，强盗，掠夺者"。希伯来语字母 ם（词尾的 *m*）与 ס（*s*）也相似。关于书写形式的重要性，参看 §8.5。

② 试比较：פין *pin* "阴茎"与（巴黎的）法语俚语 *pine* "阴茎［阴性］"。英语 *penis* "阴茎"源自拉丁语 *penis* "尾巴"。试比较：以色列语 זין *záin*，来自（希伯来语>）以色列语 זין，后者是希伯来语字母表第七个字母的名称，是 זנב（以色列语 *zanáv*）"尾巴"的缩写形式，因而是意第绪语 שוואַנץ *shvants* "尾巴，阴茎"的仿造词，试比较：德语 *Schwanz* "尾巴，阴茎"。显然，还有其他因素导致了这个词的产生，比如希伯来语 זין "匕首，短剑"。有关分析，参看 Assaf and Bartal（1993）。

（用于装饰希伯来语字母）"① 后来在以色列语里指"撇号"，再后来又指"标签"，原因在于它的语音与英语 *tag* "标签"非常相似。

以色列语 ספרה *sifrá* "数字"是转义型音义匹配词，用于同化国际通用词 *tsífra* "数字"，试比较：波兰语 *cyfra*；俄语 *tsífra*；意第绪语 ציפֿער *tsífər*；德语 *Ziffer*；法语 *chiffre*（试比较：其同源词 *cipher* 和 *zero*）。这个国际通用词源自阿拉伯语 صفر [ṣifr] "零，没有"，来自 صفر [ṣifr] / [ṣufr] / [ṣafr] "空的，空虚的"，可追溯至 صفر ['ṣafara] "空着［阳性，单数］"（或许是梵语 *s'unya* "零，空的"的仿造词，因为阿拉伯数字是从印度引入的）。圣经希伯来语一次频词 ספרה 意思是"书"（参看 Psalms 56：9），与阿拉伯语 سفر [sifr] "（圣）书"是同源词。克雷恩（Klein 1987：456a）和 *MES*（：1268c）提到，ספרה 是阿拉伯语 صفر [ṣifr] "零"的同源词。如果这种说法正确，那么 ספרה *sifrá* 就是原始语为闪族语、近亲结合而产生的音义匹配词（参看§3.1.4.2）。但是，我至今无法把［s］与［ṣ］联系起来，因而不认为 ספרה（试比较：阿拉伯语 سفر [sifr]）与阿拉伯语 صفر [ṣifr] 在词源上有任何关系。② 不过，要找到书与数字之间的语义联系是很容易的，试比较：英语 *count* "数数"与 *recount* "重新计数"，（希伯来语>）以色列语 ספר *safár* "数数"与 ספר *sipér* "重新计数"等。ספרה *sifrá* "数字"经过二次派生，还产生了其他音义匹配词，详情请参看以色列语 סיבית *sibít* "二进制数字"的相关分析（§4.5）。

有时候，很难分清转义型本族化俗词源与用法增强现象（use-intensification）；前者赋予既有词以新义，属于一种积极的办法；而**用法增强现象**指希伯来语既有词因发音近似于（通常为大家所熟悉的）外语词而提高了使用频率。比如，（圣经希伯来语>>）以色列语

---

① 试比较：波斯语 *tāj*（> 阿拉伯语 تاج [ta:ʤ]）"王冠"。受 *tāj* 的影响，慕塔芝·玛哈（Mumtaz Mahal，即莫卧儿帝国第五代君主沙迦罕〔Shah Jahan〕在阿格拉〔Agra〕为纪念其爱妃慕塔芝·玛哈〔1631 年去世〕而修建的陵墓）变成了"泰姬·玛哈"（Taj Mahal）。

② 不过，可以参考希伯来语 סמן 与 שנא 之间的关系。请注意，希伯来语 ספר 本义是"公文"，试比较：阿卡得语 *saparu* "发送，寄"（Raphael Loewe，私人通信）。

תורה *torá* 因国际通用词 *theory* "理论" 而增加了使用频率，试比较：
以色列语 תאוריה *teórya*。希伯来语 תורה 原意为 "圣约书，旧约，教
义"，而以色列语 *torá* 也有 "理论" 之意，如 תורת היחסות של איינשטיין
*torát hayakhasút shel áynshteyn* "爱因斯坦相对论"。关于因语音相似而
出现的用法增强现象，参看 Zuckermann（2000：313—317）。

　　有些情况下，转义型音义匹配会通过仿造而引入新短语（参看
§1.3.4）。例如，以色列语 אין רגע דל *en réga dal*（字面意义 "没有糟
糕的时候"）译自英语 Never a **dull** moment（从没有乏味的时候）。瑞
芙卡·米夏埃利（Rivka Michaeli）① 演唱的以色列语歌曲用到这一句
习语，歌曲开头一句是 *u a ma kará* "哦啊，出什么事儿啦？"。

### 3.1.3　能指与所指之间的一一对应关系

　　有时候，目标语词的词义发生变化，可能导致它原有的词义被弃
用，这包括两种情况。其一，以色列语词语的原义一直存在着（新词
产生于本族化俗词源），却遭到以色列语母语者弃用，因为他们比较
偏爱在能指与所指之间保持一一对应的关系。其二，以色列语词语从
来就没有过那个原义（新词产生于词汇归并），以色列语母语者不了
解那个原义，原义也就湮没无闻了。

　　下面的例词可以说明母语者对一词多义的抗拒心理，不过这个例
词十分独特，因为它的情况介于上述两种情形之间。圣经希伯来语 כף
[kepʰ] "岩石，悬崖"（Jeremiah 4：29，Job 30：6；见于 Kutscher
1965：37—38）在以色列语里（发音为 *kef*）指 "海角；岬"，它是国
际通用词 *cape* 的音义匹配词，试比较：英语 *cape*；意第绪语 קאפ *kap*；
德语 *Kap*。一般情况下，כף *kef* 用于固定表达式 כף התקוה הטובה *kef
hatikvá hatová* "好望角"。不过，2003 年 1 月，当以色列第一位宇航
员、已故的伊兰·拉蒙（Ilan Ramon）进入太空的时候，כף *kef* 曾用
在 כף קנדי *kef kénedi* "肯尼迪角" 一词中。在这个音义匹配词出现之
前，曾有多次尝试想要起用废弃词，但是都未能获得成功。例如，比

---

① 瑞芙卡·米夏埃利（1938—　），以色列女演员、编剧、电视节目主持人。

亚利克在 1905 年曾想复活希伯来语 כף，用它表示"岩石"（参看 *megilát haésh*"火焰卷轴"1905，Section 5，试比较：1959：105a），但是，由于以色列语中已经有 סלע *séla* 一词表示"岩石"，这不利于比亚利克推广 כף *kef*。① 这一实例再次证明以色列语母语者偏爱在能指与所指之间保持一一对应的关系。

　　以色列语母语者对一一对应关系的偏爱不仅表现在抗拒一词多义，而且表现在对同义词有抗拒心理。例如，圣经希伯来语 אשף [ʔašˈšåpʰ] 指"魔术师，男巫"（参看 Daniel 1：20），试比较：词义相同的阿拉姆语 אשף [ʔåšapʰ]（参看 Daniel 2：10）。从理论上说，可以让圣经希伯来语 אשף 在以色列语里复活，去表示"魔术师"之意，但是以色列语已经有了 קוסם *kosém*"魔术师"，这样一来，圣经希伯来语 אשף 就很容易用于音义匹配。实际情况却是：由于受国际通用词 *chef*"厨师，大师傅"的影响，以色列语 אשף *asháf*（试比较：אשף מטבח *asháf mitbákh*）后来用于指"厨师，大师傅"，试比较：法语 *chef de cuisine*；俄语 шеф повар *shef póvar*（试比较：俄语 шеф *shef*"老板"）；波兰语 *szef kuchni*（波兰语 *szef* 主要指"老板，经理，头目"）；德语 *Küchenchef*（试比较：德语 *Chef*"领袖，大师傅"）；英语 *chef*。②

　　有时候，有好几个词可以用于填补词汇空缺，但是往往只有一个词沿用下来，这也是抗拒同义词的表现。有些情况下，被淘汰掉的某个备选词转而用于表达与那个空缺词义稍有差别的意义，这样便于区分。例如，比亚利克曾经创制 משערת *mis'éret* 一词去表示"刷子"。本-耶胡达是意第绪语母语者，他建议用新词 מברשה *mivrashá* 表示"刷子"（参看 *MBY*：vi：2775b），这个词是意第绪语 באַרשט *barsht* 的

---

① 还有可能是因为有一个同音同形异义词同时存在，即以色列语 כף *kef*"乐趣"（有时拼写为 כיף），它来自阿拉伯语 كيف [kajf]"幸福，享受"。כף *kef*"乐趣"作为多源新词成分用于以色列语品牌名 כיף-כף *kíf kef*，指的是以色列的一种巧克力条，类似于雀巢公司旗下的奇巧巧克力条（*Kit Kat*），试比较：以色列语 *kakhi kakhá*，用于匹配 *comme ci comme ça*"马马虎虎，还可以"，参看 §5.1.4。

② 不过，现在更常用来指"厨师，大师傅"的正是国际通用词 *chef*（שף *shef*）。可以对比一下 *asháf* 与已淘汰的音义匹配词 אשף כשף *éshef késhef*"霍克斯波克斯（咒语）"（§5.3.6）。

语素改造词（试比较：德语 *Bürste*；英语 *brush*；法语 *brosse*）。他在给定义所做的脚注中写道："见于阿拉伯语口语词 مبرشة，来自动词 برش，但这个词根可能不是闪族语"（同上），试比较：阿拉伯土语 مبرشة ['mabraša/e] ／ ['mibraše] "擦菜板"，阿拉伯土语 برش ['bubruš] "使……成碎屑 [现在时，阳性，单数]"，后者来自阿拉伯语 برش ['baraša] "搓碎 [阳性，单数]"。① 倘若本-耶胡达造词时确实想着采用阿拉伯语，那么 מברשה *mivrashá* 就可以看作是国际通用词的本族化俗词源，起同化作用的材料为阿拉伯语语言材料（一般情况下是用希伯来语语言材料去同化；参看§6.3）。不过，由于他并没有明确提到这一点，而且他似乎也不能肯定阿拉伯语 مبرشة ['mabraša] 是闪族语词，因此，מברשה *mivrashá* 可能仅仅是国际通用词 brush 的语素改造词。还有一种流行说法：מברשה *mivrashá* 来自（圣经希伯来语>>）以色列语 ברוש *brosh* "柏树，柏树属"，因而是音义匹配新造词（参看§3.2.1），但是我认为它是推导型俗词源。מברשה *mivrashá* 后来变为大家所熟知的形式 מברשת *mivréshet*，现在的以色列人根本不知道它最初的形式是 מברשה。比亚利克不喜欢 מברשת *mivréshet* 一词，② 很可能是因为它的词源是外语，因此他建议采用纯正的希伯来语新词 משערת *mis'éret*，因为这个词来自希伯来语 שער [śe'ʕår] "毛发"。在 *MMM*（1938：66）中，מברשת *mivréshet* 和 משערת *mis'éret* 都被当作（*crumb-*）*brush* "扫屑刷"的对应词。最后的结果是，*mivréshet* "刷子" 获得了认可（参看§1.3 和§8.4），而 *mis'éret* 的词义变得具体化，专指"长毛软刷子"（用于扫面包屑等）。③

上文探讨了以色列语母语者对一词多义和同义词的抗拒心

① 试比较：现代标准阿拉伯语 فرشة ['furša] "刷子"，阿拉伯语方言词 ['forša]，[for'šaj] 和 [fur'ša:ja]，这些词可能源自土耳其语 *firça* "刷子"。

② 阿拉哈姆·希朗斯基在1969年3月26日致阿伦·悌曼（Aharon Teiman）的信中提到，比亚利克明确反对 *mivréshet* 这个词，相关内容见于 Kna'ani（1989：5）。

③ 参看 Sivan（1966：214 = 1995：40，1995：99）。也可比较以色列语（现已罕用的）ברוש *berúsh* "温习"（参看 Smilansky 1958：462），它是 *mivréshet* 的二次派生词。从形态来看，它基于 *mivréshet*，但是词义受到英语 *brush up* "温习"的影响。涉及意借的语义转换，参看§3.1.5。现在，*mivréshet* 十分通用，而 *mis'éret* 不常用。

理，不过一词多义和同义现象是长期存在的。例如，以色列语里有许多为人所熟知的成对同义词，这些词往往分别反映了圣经希伯来语与密西拿希伯来语对以色列语的影响，比如，שמש *shémesh* 与 חמה *khamá* "太阳"，ירח *yaréakh* 与 לבנה *levaná* "月亮"，עץ *ets* 与 אילן *ilán* "树"，חג *khag* 与 מועד *moéd* "宴会，假日"。不过，这些同义词往往语体不同，每对中的第二个词是正式用词，可以用于书面语，但很少用于口语。有人可能会用双重语体去解释这种现象，但是由于这里所探讨的大多数新词主要是指现代事物，因此不适合用双重语体去解释。

### 3.1.4　转义型近亲音义匹配

若要通过语义转换去实现音义匹配，那么目标语/第二源语词项与第一源语词项必须在语义上相近。除了希伯来语、阿拉姆语和阿拉伯语等语言外，对以色列语词汇产生巨大影响的语言主要是印欧语系的语言。有些印欧语言既借词给希伯来语（和其他闪族语），也从后者借词，结果就出现了——打个比方说——近亲结合（incestuous）而产生的音义匹配词（以下简称**近亲音义匹配词**），即语义转换过的目标语/第二源语词项与被同化的第一源语词项是同源词。换句话说，对新"出生"的目标语词义而言，其父系（即第一源语一方）的祖父母（曾祖父母，高祖父母……）与母系（即目标语/第二源语一方）的祖父母（曾祖父母，高祖父母……）是同一个人，这种造词过程大致如下图所示：

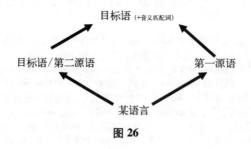

**图 26**

就终极源头而言，以色列语里的近亲音义匹配词可能源自印欧语（§3.1.4.1）、闪族语（§3.1.4.2）或诺斯特拉语① （参看§3.1.4.3）。根据终极源语的不同，本书将这种音义匹配词划分为三类。

### 3.1.4.1 原始语为印欧语的近亲音义匹配词

圣经希伯来语、密西拿希伯来语和中古希伯来语被以色列的语言规划者看作是目标语（以色列语）的词汇库存（事实上，它们有时也充当并列源语，参看§1.4.1），其实希伯来语里有许多借自印欧语言的借词。这也就是说，对以色列语词汇产生影响的语言，除了希伯来语的这三种变体（以及阿拉伯语和阿拉姆语）之外，主要还包括印欧语系的语言。因此，以色列语里有一部分近亲音义匹配词的终极词源可以追溯至印欧语，如下图所示：

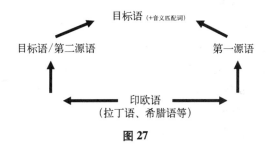

**图 27**

下面以 פולמוס *pulmús* "辩论"，יצא בדימוס *yatsá bedímus* "辞职，退休" 和 בולבוס *bulbús* "土豆" 为例加以说明。以色列语音义匹配词 פולמוס *pulmús/pulmós/púlmus* "辩论" 的构词材料是密西拿希伯来语 פולמוס [pūl'mūs]（也作 פלמוס [pul'mūs]）"战争"（参看 *Mishnah*：Soṭah 9：14），其同化对象是国际通用词 *polemic*，试比较：以色列语 פולמיקה *polémika*；德语 *Polemik*；意第绪语 פאלעמיק *polémik*；俄语 полемика *polémika*；波兰语 *polemika*；法语 *polémique*（<< 古希腊语 *polemikós*；参看 Drosdowski 1989：539a），而密西拿希伯来语 פולמוס 和国际通用词 *polemic* 的词源都是古希腊语 *pólemos* "战役，战斗，战

---

① 关于诺斯特拉语的含义，请参看§2.4 第109页脚注③。

争"（参看 Kutscher 1965：31），只不过密西拿希伯来语 פולמוס 的"战争"之意现在已经废弃不用了。

以色列语音义匹配词 יצא בדימוס yatsá bedímus/bedímos "辞去［阳性，单数］职务，退休"的构词材料是密西拿希伯来语 יצא בדימוס "释放［阳性，单数］"（*Midrash Rabba to Leviticus* 29），匹配对象为国际通用词 demission（也作 dimission），试比较：意第绪语 דעמיסיע demísyə；波兰语 dymisja；俄语 демиссия demíssiya；法语 démission；意大利语 dimissioni "辞职［复数形式］"，所有这些词的词源都是拉丁语 dimissio，即 dimittere "遣散，解雇"的动作名词，而上述欧洲语言词汇正是同化 dimissio 的宾格形式 dimissionem 而产生的。克劳斯（Krauss 1898：205）认为，密西拿希伯来语 דימוס［dīˈmōs］是借自拉丁语 dimissus 的借词，MES（：301a）却指出其词源可能是拉丁语 dimissio "遣散，解雇"，而这两个拉丁语词与国际通用词 demission 都来自同一个拉丁语词源。[①]

以色列语 בולבוס bulbús/bulbús "土豆"很有可能是由蒙德尔（Mendele，即阿布拉莫维奇）创制的，他曾在多部著作中用到这个词（参看 Mendele 1958：64b，202a 等）。密西拿希伯来语 בולבוס［būlˈbūs］（也作 בלבוס）指一种洋葱或者麝香风信子（参看 *Mishnah*：Uktsin 3：2，Jastrow 1903：146a），因受国际通用词的影响而获得现代含义"土豆"，试比较：（立陶宛/乌克兰）意第绪语 בולבע búlbə "土豆"（试比较：בולבעס búlbəs "土豆［复数］"）。纯语论者温里奇（Weinreich 1977：701b）认为应该避免使用意第绪语 בולבע búlbə 一词，因为它的词源是斯拉夫语，试比较：白俄罗斯语 бульба búl'ba；波兰语 bulwa "块茎（比如土豆）"；立陶宛语 bulvies "土豆［复数］"，所有这些词的词源都是古希腊语 βολβός bolbós "洋葱，球根"（试比较：拉丁语 bulbus；英语 bulb，bulbous），而密西拿希伯来语 בולבוס 的词源也是这个词。

---

① 有的看法与此相反。比如，萨丹（Saddan 1955：36）提出，密西拿希伯来语 דימוס 源自古希腊语 démos "人们"或 dómos "房子"，而这两个词的词源都与拉丁语 dimissio 无关。对萨丹而言，以色列语 דימוס 并非近亲音义匹配词。

### 3.1.4.2　原始语为闪族语的近亲音义匹配词

如果音素语义都相匹配的第一源语词项与目标语/第二源语词项来源于同一闪族语语言成分，那么所创制的多源新词就是原始语为闪族语的近亲音义匹配词。需要注意的是，目标语/第二源语往往是希伯来语而非以色列语，在下图中标示为"目标语(音义匹配词)"：

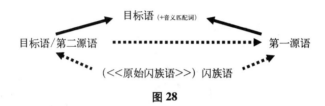

**图 28**

这类词的词源可能有两种情况：第一种是第一源语词项来源于希伯来语；第二种是第一源语词项的终极词源要么属于原始闪族语，要么属于除希伯来语之外的其他闪族语系语言，而这个终极词源与用于同化第一源语词项的希伯来语词项是同源词。不过，从共时角度看，在创制以色列语新词的当时，第一源语的词项本来就已经国际通用或者已经存在于欧洲语言（而非闪族语）当中。除共时分析之外，我将在§3.1.4.4对这种现象进行历时分析。

下面举例说明上述第二种词源。以色列语 רחת *rákhat* "（网球）球拍"（Flaum 1937, *MES*：1708b, Kna'ani 1998：5479b）来源于圣经希伯来语 רחת ['raħat] "簸去谷壳所用的铲子"（Isaiah 30：24）和国际通用词 *racket*，试比较：以色列语 רקטה *rakéta*；法语 *raquette*；俄语 ракетка *rakétka*；波兰语 *rakieta*；意大利语 *racchetta*（试比较：法语 *raquette* "手掌"）。国际通用词 *racket* 的词源是阿拉伯语 راحت ['ra:ħat]（*OED* 未提到这个词源；Devoto and Oli 1995：1577a 将它写为 *rḥet*），而后者似乎源自名词组合式①（正偏组合）（construct state）راحة اليد ['ra:ħat əl'jad] "手掌"（试比较：阿拉伯土语 ['ra:ħt əl'ʔi:d]）

---

① 更多有关名词组合式的分析，请参看§3.2.4第155页脚注②。

正次（nomen rectum）①，而 راحة اليد [ˈraːħat əlˈjad］"手掌"是 راحة
[ˈraːħa］"手掌"的异体，后者与用于匹配国际通用词 racket 的圣经
希伯来语 רחת [ˈraħat］是同源词，试比较其他同源词，比如阿卡得语
rittu；阿拉姆语 ריחתא [riħăta］。整个匹配过程如下图所示：

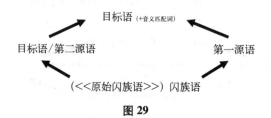

**图 29**

再如，以色列语 מחסן makhsán "仓库，储藏室"（参看 Torczyner
1938：30）是一个近亲音义匹配新造词，同化对象为国际通用词
magazine，试比较：意大利语 magazzino；法语 magasin（古法语
magazin）；意大利语 magazzino；西班牙语 magacen；英语 magazine。
这个国际通用词的词源是阿拉伯语 مخازن [maˈχaːzin］，即 مخزن
[ˈmaχzan］"储藏室，仓库"的复数形式，来自阿拉伯语 خزن
[ˈχazana］"贮藏，库存［阳性，单数］"。מחסן makhsán 的词根是
（圣经）希伯来语 חסן √ḥsn "珍惜，储藏"（试比较：圣经希伯来语
[lo jeʔåˈṣer wəˈlo jeħåˈsen］"必不积攒存留"，Isaiah 23：18），它是阿
拉伯语 خزن [ˈχazana］"储存"的同源词，而后者正是国际通用词
magazine 的终极词源。מחסן makhsán 是尤迪洛维奇（David
Yudilovich）在 1895 年创制的（参看 Sivan 1974：184；1981：15）。

上述例词中，那些印欧语词汇的词源是阿拉伯语。有一种情形更
值得注意：被匹配的第一源语词项的终极闪族语词源是希伯来语词
项，而该词项正是目标语/第二源语用于匹配第一源语词项的语言材
料，如下图所示：

① 本书有关阿拉伯语的一些汉语表述得到上海外国语大学东方语学院杨阳教授的指
   点，谨致谢忱！——译者。

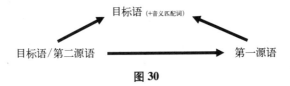

**图 30**

例如，以色列语 יובל *yovél* "周年纪念日" 先有一次过渡性音义匹配，然后才有了近亲音义匹配。这个词有两个并列词源，其中一个是圣经希伯来语 יובל [jōˈbʰel] "公羊，领头羊"（参看 Joshua 6：5：圣经希伯来语 והיה במשך בקרן היובל [wəhåˈjå bimˈšokʰ bəˈqɛrɛn hajjōˈbʰel] "他们吹的角声拖长……"），它很有可能来自 יבל √*jbl* "领导；引导"，所以才有 "公羊，领头羊" 之意。由于全体与部分之间的借代（metonymy）或者逆向借代（reverse metonymy）① 关系，因而出现一词多义，于是，圣经希伯来语 יובל 通过提喻（synecdoche）的方式以全体指代部分（totum pro parte），表示 "羊角"，"羊角号，号角"（试比较：圣经希伯来语 שופר [šōpʰår]），参看 Exodus 19：13：במשך היבל המה יעלו בהר [bimˈšokʰ hajjoˈbʰel ˈhemmå jaʕăˈlū bʰåˈhår] "到角声拖长的时候，他们才可到山根来。" 古代犹太人在过完七个周期的安息年之后，会吹响羊角号宣布五十禧年的到来。每个七年周期的第七年就是安息年，试比较：希伯来语 שנת שמיטה（以色列语 *shnat shmitá*）。第五十年是土地休耕之年和工人休息之年。于是，[jōˈbʰel] 转而喻指五十禧年，参看 Leviticus 25：10：וקדשתם את שנת החמשים שנה וקראתם דרור בארץ לכל ישביה יובל הוא תהיה לכם [wəqiddašˈtɛm ʔet šəˈnat haħămišˈšīm šåˈnå, uqrɑ̊ˈtɛm dəˈrōr båˈʔårɛṣ ləˈkʰol jošˈbʰɛhå, jōˈbʰel hī tihˈje låˈkʰɛm] "第五十年，你们要当作圣年，在遍地给一切的居民宣告自由。这年必为你们的禧年。"

圣经希伯来语 יובל [jōˈbʰel] 进入古希腊语之后被改造为 *iṓbēlos*，

---

① 借代指以全体代部分，比如英语中以 the pill "药丸" 代表 the contraceptive pill "避孕药"；逆向借代则以部分代表全体，比如以 aspirin "阿司匹林止痛药" 代表 any painkiller "任何止痛药"。

其形容词形式为 *iōbēlaîos*，而古希腊语 *iōbēlaîos* 又被后期拉丁语同化为 *iubilæus*（名词及形容词），不过这是一次过渡性的音义匹配。后期拉丁语 *iubilæus* 还有另一个并列词源，即词源上与它并无关联的拉丁语 *iubilare* "叫喊，欢呼，高呼"（试比较：英语 *jubil*，*jubil-trumpet*，*jubilation*）或拉丁语 *iubilum* "尖叫，欢呼"（试比较：古法语 *jubler*；法语 *jubiler*；德语 *jubeln*；荷兰语 *jubelen* "欢呼"）。这里有一点非常重要：倘若没有这个并列词源，那么所产生的拉丁语词的预期形式是 ˙*iōbēlæus* 而不是 *iūbilæus*。后来，拉丁语 *iubilæus* 广泛传播，进入了基督徒们所使用的许多语言，例如法语 *jubilé*（见于 14 世纪文献；*OED*）；西班牙语 *jubileo*；意大利语 *giubileo*；英语 *jubilee*；德语 *Jubiläum*；试比较：俄语 юбилей *yubiléi*；波兰语 *jubileusz*；意第绪语 יובילײ *yubiléy*。最后，国际通用词 *jubilee* 进入以色列语时被同化为 יובל，表示"庆典，（欢乐的）周年纪念日"。从圣经希伯来语 יובל [jōˈbʰel] 到以色列语近亲音义匹配词 יובל，形成了一个完整的环形。需要注意的是，要用以色列语指以色列的五十禧年（即 1998 年）时，以色列人用的是 יובל החמישים *yovél hakhamishím*（字面意义 "第五十个周年纪念日"）而不是仅仅用 יובל *yovél* "周年纪念日"。依文-肖山（*MES*：660b）完全忽略了国际通用词 *jubilee* 的影响，因而算得上是"杀死信使"。不过，他起码做到了前后一致，因为他对希伯来语 יובל 的定义本来就没有提到 יובל *yovél* 有重要庆典这一含义。下面总结一下这一环形的形成过程：

圣经希伯来语 יבל √*jbl* "领导，引导" >

圣经希伯来语 יובל [jōˈbʰel] "公羊，领头羊" >

全体与部分之间的借代或者逆向借代 >

圣经希伯来语 יובל "羊角号，号角" >

隐喻 >

圣经希伯来语 יובל "五十禧年（过完七个周期的安息年之后）" >

语言借用 >

古希腊语 *iōbēlos* >

古希腊语 *iōbēlaîos* >

**过渡性音义匹配**（与拉丁语 *iubilare* "欢呼" 或 *iubilum* "尖叫"一起）>

后期拉丁语 *iubilæus*（而非 *\*iobelæus*）>>>

法语 *jubilé*；西班牙语 *jubileo*；意大利语 *giubileo*；英语 *jubilee*；德语 *Jubiläum*；俄语 юбилей *yubiléǐ*；波兰语 *jubileusz*；意第绪语 יובילי *yubiléy*——国际通用词 *jubilee* >

**近亲音义匹配**（与圣经希伯来语 יובל "五十禧年"一起）>

以色列语 יובל *yovél* "庆典，（欢乐的）周年纪念日"

    还有一种可能是：在以色列语进行近亲音义匹配之前，意第绪语已经完成了近亲音义匹配，而以色列语只不过从意第绪语里引入了 יובל 的新词义。试想一下：意第绪语名词 יובל *yóyvl* "周年纪念，（数）十周年纪念日"衍生出了意第绪语动词 יובלען *yóyvlən* "庆祝（周年纪念日）"。意第绪语 יובל *yóyvl* 可能是圣经希伯来语 יובל 和后期拉丁语 *iubilæus* 的音义匹配词，试比较：意第绪语 יובל *yúbl* "欢乐，高兴"，意第绪语 יובלען *yúblən* "欢庆"。请注意：יובל *yóyvl* 与 יובל *yúbl* 是最小对立体。有些以色列语母语者使用的是意第绪语混合词 *yúvlən* "庆祝（周年纪念日）"。在这种情况下，上一段总结的最后部分则需要修改，如下所示：

后期拉丁语 *iubilæus*（而非 *\*iobelæus*）> > >

德语 *Jubiläum*；意第绪语 יובילי *yubiléy* >

**近亲音义匹配**（与圣经希伯来语 יובל "五十禧年"一起）>

意第绪语 יובל *yóyvl* "周年纪念，整数年纪念" >

以色列语 יובל *yovél* "庆典，（欢乐的）周年纪念日"

库彻尔（Kutscher 1965：30）提出一种说法：拉丁语 *iubilare* "欢呼"是受圣经希伯来语 יובל 的影响而产生的。但是，很难找到证据来证明这种"耶路撒冷为世界之都"的主张。希文（Sivan 1985b：155—156）分析了 יובל 一词，但是忽略了拉丁语 *iubilare*。其实，许多人在

分析英语 *jubilee* 的词源时，都忽略了其拉丁语并列词源。比如，乔姆斯基（Chomsky 1957：185）流于表面，断言英语 *jubilee* "借自希伯来语"，特伦齐（Trench 1862：12）则提到："我们有一定数量的希伯来语词汇……比如……*jubilee*。"

上述音义匹配过程就好比是一场"传话游戏"（Chinese Whispers，试比较：Russian Scandal，〔Broken〕Telephone），不同之处在于：在近亲音义匹配过程中，已经变了形的那个词被用来与最初的源语词进行音义匹配，而匹配所采用的语言材料正是最初的那个源语词或者它的同源词。

原始语为闪族语的转义型近亲音义匹配词还有其他例词。比如，以色列语 מסכה *masekhá* "面具"（参看 *Lešonénu* 10. 4：356；1940）源自圣经希伯来语 מסכה ［masse ̍kʰå］"铸造的偶像"（参看 Deuteronomy 27：15）和国际通用词 *mask*，试比较：俄语 маска *máska*；波兰语 *maska*；德语 *Maske*；法语 *masque*（见于 16 世纪文献）。国际通用词 *mask* 的词源是意大利语 *maschera* "面具"（参看 Deroy 1956：25）或西班牙语 *máscara* "面具"（*OED*），而这两个词的词源有如下四种争议性解释：

第一种：词源是中古拉丁语 *mascus, masca*（这两个词也许来自条顿语 \**maskwo* "网"；试比较：英语 *mesh*；参看 *OED*）；

第二种：词源是热那亚语/那不勒斯语 *masca* "面孔，面颊"（Devoto and Oli 1995：1159）；

第三种：词源是奥克西坦语/加泰兰语/葡萄牙语 *mascarar* 以及古法语 *mascurer, mascherer*（试比较：现代法语 *mâchurer*）"使（面孔）变黑"；

第四种：词源是阿拉伯语 مسخرة ［ ̍masχara］"奚落对象，笑柄，玩笑"（Kluge 1989：464b, Stahl 1995：267b, Ayto 1990：340a：*Mask may be of Arabi origin*. "Mask 可能源自阿拉伯语"），而这个词又来自阿拉伯语 سخر ［ ̍saχira］"嘲笑，愚弄〔阳性，单数〕"（试比较：سخر ［ ̍saχara］"利用〔阳性，单数〕"）。如果国际通用词 *mask* 的终极词源是阿拉伯语，那么到以色列语 *masekhá* "面具"产生时，就形成了

一个完整的环形，因为这个词在《圣经》中的词源（即：圣经希伯来语מסכה [masseˈkʰå]"铸造的偶像"）可能是这个阿拉伯语词的同源词。①

圣经希伯来语מסכה"铸造的偶像"的词根是נסכ √nsk "倾倒，向……祭酒，擦圣油"（参看 MES: 1164a）。依文－肖山（MES: 982c）把"面具"这一词义列入希伯来语מסכה"遮盖"（参看 Isaiah 25：7）词条，而不是列入希伯来语מסכה"铸造的偶像"词条，这就意味着终极词根是נסכ √nsk "编织，把……打结"（参看 MES: 1164b），而不是同形异义词נסכ √nsk "倾倒，向……祭酒，擦圣油"。不过，我并不认可这种分析。我认为，希伯来语נסכ √nsk "编织，把……打结"与希伯来语סככ √skk "掩蔽，覆盖"相关，后者是圣经希伯来语מסך [maˈsakʰ]"门帘"的词根（参看 Exodus 36：37；39：1），在以色列语里的意思是"屏幕"，例如מסך קולנוע masákh kolnóa "电影屏幕"。以色列语מסך masákh 衍生出二级词根מסכ √msk "放映"，而这个词根又衍生出以色列语מיסוך misúkh "正在放映"。在 LL 165（1988）里，希伯来语科学院对מיסוך misúkh 的词义进行限制，用它表示英语电工术语 masking "遮蔽"，② 这与以色列语סיכוך sikúkh "电磁屏蔽"截然不同。③ 英语 masking 可能是圣经希伯来语נסכ √nsk "倾倒，向……祭酒，擦圣油"的同源词，其发音影响到希伯来语科学院对מיסוך misúkh 的词义所做的选择，而מיסוך misúkh 又被与词义不同的圣经希伯来语נסכ √nsk "编织，把……打结"相联系。这样，מסוך

① 阿拉伯语مسخرة [ˈmasχara]本身也作"化装舞会，伪装，乔装"解，但是，我调查发现，一些阿拉伯人并未把标准阿拉伯语عيد المساخر [ʕiːd əlmaˈsaːχir]"普珥节"（字面意义"嘲笑节"，嘲笑对象是亚哈随鲁王〔Ahasuerus〕和恶人哈曼）理解为"面具节"，这个词不同于阿拉伯语（现已罕用的）عيد المسكرة [ʕiːd əlˈmaskara]"普珥节"。前者包含复数形式مسخرة [ˈmasχara]"嘲笑对象"，后者包含借词مسكرة [ˈmaskara]，试比较：西班牙语 máscara "面具"。再如，大多数以色列人以为以色列语口语词מסחרה máskhara 的意思是"非法交易"，因为他们把这个词与词源上毫无关系的מסחר miskhár "交易"相联系；事实上，máskhara 源自阿拉伯语مسخرة [ˈmasχara]。

② 释义参看 OED。

③ 释义参看 OED。

*misúkh* "遮蔽" 就是一个转义型音义匹配词，上文提到的 מסכה *masekhá* "面具" 也属于这一类型。不过，מסוך *misúkh* "遮蔽" 可能还涉及意借问题，详情请参看 § 3.1.5。

### 3.1.4.3　原始语为诺斯特拉语的近亲音义匹配词

以色列语 קרן *kéren* "（足球或手球）角球" 是个省略词，全称为 בעיטת קרן *beitát kéren* "（踢）角球" 或 זריקת קרן *zrikát kéren* "（掷）角球"（参看 ZA 10—11，1963—1964：64a）。קרן *kéren* 来源于英语 *corner* 和圣经希伯来语 קרן［ˈqeren］"角"（Isaiah 5：1），"羊角"（Genesis 22：13），它战胜了仿造词 כדור פינה *kadúr piná*（字面意义 "角球"）而留存下来。在 1950 年代，קרן "角球" 一词尚未开始使用，常用于指 "角球" 的是 קורן（בעיטת）（*beitát*）*kóren*，这极有可能是一个外来词，因为 קורן 的重音落在倒数第二个音节上（*kóren*），语音近似于 *corner*，因此不可能用重音落在最后一个音节上的（希伯来语>）以色列语 קורן *korén* "闪光的，容光焕发的，光亮的"（后来指 "散热器，发射机"）与英语 *corner* 进行语音匹配。圣经希伯来语 קרן "角落" 在以色列语里仅限于指 "（足球）角球"，"角落" 这一词义见于一些固定的（密西拿）希伯来语表达式，比如 קרן זוית（以色列语 *kéren zavít*）"（不显眼的）角落"（字面意义 "角落角落"）和 יושבי קרנות（以色列语 *yoshvéy kranót*）"小贩们，闲散人员，游荡的人"（字面意义 "坐在角落的人"）。因此，我认为 קרן *kéren* "（足球）角球" 是音义匹配词而不是仿造词，而且中间可能用已经废弃的外来词 קורן 充当了过渡形式。词源最后追溯到原始闪族语-原始印欧语（即诺斯特拉语）时，圣经希伯来语 קרן 可能就与拉丁语 *cornu* "羊角" 有关系。英语 *corner* 源自拉丁语 *cornu*。圣经希伯来语 קרן 也参与了其他词的音义匹配，比如，中古希伯来语 קרנית［qarˈnīt］"眼角膜" 是拉丁语 *cornea* 的音义匹配词，其构词材料包括圣经希伯来语 קרן "光线"（Habakkuk 3：4）或 "羊角"（Genesis 22：13）。以色列语 קרן *kéren* "号角" 是国际通用词 *corno* 的音义匹配词（参看 § 4.3）。

3.1.4.4 近亲音义匹配词的研究意义

在§3.1.4所分析的音义匹配词中，转义后的目标语/第二源语词项与被匹配的第一源语词项是同源词，这并不意味着音义匹配在这些词语里所起的作用就比较小。从共时角度来看，原始语为印欧语或诺斯特拉语的近亲音义匹配词采用了圣经希伯来语、密西拿希伯来语或中古希伯来语去同化第一源语词项，而不是用这些原始语的语言材料去同化；同样，就原始语为闪族语的近亲音义匹配词而言，第一源语词项属于印欧语而非闪族语。有人可能走向另一个极端，觉得没有必要探究转义后的目标语/第二源语词项与被同化的第一源语词项是否是同源词。但是，本书的分析是从共时和历时两个角度展开的，对全球语言而言，研究词语间的近亲结合现象有着非常重要的意义。首先，在源语与目标语有亲缘关系或历史渊源的大多数双语环境里，音义匹配词中就会出现近亲结合现象。让我们以美国的欧洲移民社区为例，分析一下仿造词引入新词义的情形。例如，因受英语同源词 *humorous*（参看§1.1）的影响，葡萄牙语 *humoroso* "任性的" 在美式葡萄牙语中的词义演变为 "幽默的"。因受美式英语同源词 *corn*（相关词源参看§5.3.5）的影响，美式意第绪语 קאָרן *kórṇ* "黑麦" 和美式挪威语 *korn* "谷物" 的词义演变为 "玉米"。因受语音相似的英语同源词 *factory* 影响，美式意大利语 *fattoria* 失去了本义 "农场"，转而指 "工厂"（试比较：标准意大利语 *fabbrica* "工厂"）。美式意大利语里的语音改造词 *farma*（Weinreich 1963：49）取代了 "原汁原味的" *fattoria*，变成了 "农场" 的新能指——参看 "能指与所指之间的一一对应关系"（§3.1.3）。

还有一种分析方法是把这种现象看作 "假朋友"（faux amis，或者 false friends）[①] 演变为同义词——变成 "真朋友"（vrais amis 或

---

[①] 在语言学中，"假朋友" 指两种语言中书写形式或者语音相似但是词义不同的词或字母，比如英语 *embarrassed* "尴尬的" 与西班牙语 *embarazada* "怀孕的"，英语 *sensible* "明智的" 与法语/德语/西班牙语 *sensible* "敏感的"，汉语 **手纸** "卫生纸" 与日语 **手紙** "信" 等。

real friends）——的过程。① 这也是一种区分被动与主动的二分法，我在对俗词源的分析中已经采用过（参看：推导型俗词源与生成型俗词源）。比如，受西班牙语 *actualmente* "当前"（试比较：西班牙语 *realmente* "实际上"）的影响，有的西班牙语使用者用英语 *actually* 表示"当前"；同样，受意大利语 *geniale* "天才的"的影响，有的意大利语使用者用英语 *genial* 表示"天才的"，这一类用法遭到一些人的鄙视，但是归根结底，外语习得中的这种难解的现象与移民通过俗词源解释创制出近亲音义匹配词并没有多大差别。

### 3.1.5　涉及意借的转义型音义匹配

意借不是语音仿造，而是引入新词义的仿造，本书在§1.2.1已经探讨过。从音义匹配过程看，涉及意借的语义转换表现为：目标语/第二源语词项与第一源语词项的语音相似，而且两者的词义恰巧相同，但是，第一源语词项还有一个词义是目标语/第二源语词项所没有的，经过匹配之后，目标语/第二源语词项就获得了第一源语词项的另一个词义，如下图所示：

第一源语 x "a, b" →→目标语(+音义匹配词) y "a, b" ←←目标语/第二源语　y "a"

y 与 x 语音相似（a 与 b 词义相关）

**图 31**

---

① 注意区分"假朋友"和"假借词"（法语为 *faux emprunts*，参看 Deroy 1956：63—64）。例如，德语 *Handy* ['hendi] "手机"是一个伪英语表达式，因为 **handy** 在英语中的意思并不是"手机"，而是"方便的，附近的"，不过英语 **hand**set 和新加坡英语 **hand**phone 都指"手机"。我曾在德国斯图加特听到这样一个推导型俗词源：德语 *Handy* ['hendi] "手机"来自德语方言 *Hän die koy Schnur?* "你没有线吗？"试比较：标准德语 *Haben Sie keine Schnur?* 再如，意大利语 *feeling* 指"个人关系，共同纽带"，也就是俗称的男女之间"来电"的感觉。比如，*Ho sentito subito che c'era un feeling che ci legava* "我立刻觉得有一种'来电'的感觉把我们联系在一起"，这里的意大利语 *feeling* 是一个伪英语表达式，词义可能受到了意大利语 *fili* "电线［复数］"的影响。意大利流行音乐中常用 *feeling* 一词，比如有一首歌叫 *Pensami per te* "想着我吧，为了你"，其中一句歌词是 *Tra di noi c'é uno strano feeling che ci lega ormai* "你我之间，有一种奇怪的联系，将我们系在一起"（Pietro Bortone，个人通信）。

需要注意的是，第一源语词项 x 有 a 和 b 两个词义；如果仅有 b 义，则不是意借。希伯来语 שלט 可以作为一个典型例词来说明这种音义匹配过程。שלט〔ˈʃɛlɛṭ〕在《旧约》里的意思是"盾牌"（II Samuel 8：7，Song of Solomon 4：4），但是，שלט shélet 在以色列语里复活后，表示"标示牌"。我认为，新词义"标示牌"的并列词源是德语 Schild〔šilt〕（试比较：中古高地德语 schilt）和意第绪语 שילד shild（波兰意第绪语 shilt），这两个词都指"盾牌"（德语 der Schild）和"标示牌"（德语 das Schild）。① 新词义"标示牌"由本-耶胡达在 1909 年引入（参看 Ben-Yehuda 1977：83；1981：21；试比较：MBY：7155a），最早使用该词义的人包括三语（意第绪语、德语和希伯来语）作家贝迪舍夫斯基（Micha Joseph Berdichevsky，1856—1921，后来称为 Bin-Gorion）。不过，纯语论者却提出下面两种说法，这样就会排除音义匹配的可能性：

第一种：这属于以色列语内部的语义转换。希伯来语 שלט〔ˈʃɛlɛṭ〕因内部的语义转换而独立获得了"标示牌"之意。由于盾牌与标示牌之间普遍存在语义联系，因此，德语 Schild 碰巧也经历了同样的内部语义转换过程。

对于这种假说，我可以这样驳斥：以色列语的历史相对比较短暂，希伯来语 שלט〔ˈʃɛlɛṭ〕"盾牌"缺乏历史依据去获得"标示牌"这一不甚相关的词义。德语 Schild "盾牌"却不一样，它的词义变化是有历史依据的。中世纪时期，骑士的盾牌上常有纹饰。由于全体与部分之间可以借代或者逆向借代，德语 Schild 获得了新词义"纹饰"。德语 etwas（Böses/nicht Gutes）im Schilde führen（字面意义"纹饰上显示〔坏〕东西）"，喻指"制定邪恶计划，图谋做某事，捣鬼"。后来，纹饰变成了身份的标志，Schild 的词义演变为"标示牌"。显然，由于社会历史原因，这样的词义演变不可能发生在年轻的以色列语里。

---

① 德语 Schild 的原形指"盾牌"，是阳性（der）。"标示牌"中标示中性的 das 是 18 世纪才有的（Drosdowski 1989：630b）。

　　第二种：这属于单纯的意借（不涉及音义匹配的意借）。希伯来语 שלט［ˈšelet］所获得的词义"标示牌"是借自德语 Schild，但与两者语音相似无关。

　　这种说法比较难以驳斥。其实，希伯来语 שלט［ˈšelet］的词义"盾牌"在以色列语里是废弃词义，因此，这种所谓的"自然而然的"单纯意借过程是不可能发生的，反而更像是复活了已经临床死亡的词项 שלט［ˈšelet］，而这样深思熟虑创造出来的词有可能就是音义匹配词。

　　此外，我们必须注意以色列语 שלט shélet"标示牌"的派生词，包括动词 שלט shilét"有标示牌［阳性，单数］"及其动名词形式 שלוט shilút"有标示牌"；试比较：שלט shulát"已设指示牌［阳性］"。MES（：1837b）却错把这些词当作 שלט"盾牌"的派生词（不过，这也可能是一个印刷错误）。

　　下面再举一例说明涉及意借的转义型音义匹配现象。以色列语 פיסה pisá（很少拼写为 פסה）的本义是"小片，少量"，但是现在也指"一件作品"，尤其是用于文学翻译时（参看 Zuckermann 2000：307—310），比如指一曲交响乐或者一出戏（参看 Toury 1990：197）。这个现代词义源于国际通用词 piece（试比较：英语 piece；法语 pièce），而后者又被俄语改造为 пьеса p'ésa"一段（短）音乐；（舞台）剧"，还被德语仿造为 Stück，比如 Theaterstück。意第绪语 פיעסע pyésə"（舞台）剧"可能借自俄语。相应的英语词项和法语词项都含有"少量"之意以及引申义"一件作品"，试比较：masterpiece"代表作"。

　　尽管有人把 shélet 和 pisá 解释为"单纯意借"（即上述第二种说法），但是我不认可这种解释。不过，以色列语 עגורן agurán"起重机"（见于 Eitan 1950：22—23，ZA 12，1965：62a）可能仅仅是意借，它的构词材料包括（圣经希伯来语>>）以色列语 עגור agúr"鹤"（参看 Jeremiah 8：7）。以色列语 agurán 有两个辅音与法语 grue［ɡʁy］"鹤"和意大利语 gru"鹤"相同（试比较：拉丁语 grus；古希腊语 géranos），与俄语 кран kran"鹤"的语音也相似。这些相似之处虽然被埃坦（Eitan 1970：252）忽略，但是我认为它们对 עגורן agurán 的词义有影响，因此，עגורן *agurán* 是一个音义匹配词。不过。从理论上讲，עגורן *agurán* 之所以被用于指"起重机"，原因可能仅仅是因为以色列语内部的隐喻性词义演变（从"鹤"演变而来），或者是因为欧洲语言中的相应词项都有"鹤"和"起重机"两种含义而意借（仿造）得来。在隐喻性词义演变过程中，由于形状和高度的原因，起重机便被用鹤这种大型涉禽的名字去指称。与此类似的是以色列语חרגול *khargól*（*MES*：581b）"油虹吸管"，其构词材料是חרגול *khargól* "蚱蜢"，因其形状像蚱蜢。

以色列语עגורן *agurán* 包含两个语素，即主要成分עגור *agúr* "鹤"和（希伯来语>）以色列语后缀ן- *-án*，它其实是一个全新的以色列语词项。在前文中，我把仿造分为意借（即引入新词义的仿造，参看§1.3.1）与引入新单词／复合词／短语的仿造（参看§1.3.2—§1.3.4），就עגורן *agurán* 的词义演变而言，从"鹤"变为"起重机"并不是意借，而是引入新单词的仿造，因此，即使它的形成过程中包含了语音仿造或者音义匹配过程，我们也不能将它视为转义型音义匹配词，而应视为音义匹配新造词。

# 3.2 引入新词项

## 3.2.1 多源新造词

**多源新造词**是用词源不同的词汇材料融合而成的全新的目标语词项，它不同于只引入新词义的转义型多源新词（参看§3.1）。就以色列语而言，转义型多源造词有时是一种无意识的造词过程，而多源新造词几乎都是出于纯化语言的目的（与皮钦语和克里奥尔语的情况不同，参看§1.4.2）而创造的。以色列语多源新造词①的形成过程如下图所示：

---

① 我们可以用 *Hebroid*，*Hebrewoid* 或 *Ivrid*（模仿 *hybrid* 而创造的词）等术语专指以色列语多源新造词，因为这些术语的构词成分都暗示与希伯来语或以色列语有关。

> 第一源语 x "a" →→目标语(+多源新造词) {y} + {z} "a" ←←目标语/第二源语{y} "b"

y 为词项/语素（词根），语音近似于 x
z 为目标语语法语素（例如，名词词型）
{y} + {z} 是一个词
a 与 b 同义或近义（音义匹配）/词义相关（语义化语音匹配）/词义无关（语音匹配）

**图 32**

　　以色列语多源新造词不能混同于常用的混合词（hybrid word，有时称为 mongrel word "混种词"），后者指那些构词材料据臆测是来源于两种不同语言的词项。例如，以色列语贬义词 חופולוגיה *khupológya* "找丈夫之术" 就是一个混合词，指那些不爱学习、对找个好伴侣和社交更感兴趣的以色列（女）大学生所做的"研究"[1]，其构词材料包括密西拿希伯来语 חפה [ḥup'på] "（犹太人婚礼上的）彩棚"（<圣经希伯来语，参看 Joel 2：16）；由于部分与全体之间可以相互借代，因此，这个词也指"婚礼"。除此以外，*khupológya* 还包含国际通用的后缀 לוגיה(ו)- - -(*o*)*lógy*（试比较：英语 -(*o*)*logy*；俄语 -ология *-ológiya*），这个后缀的词源是古希腊语 *lógos* "词，言语，谈话，理由"。很显然，חופולוגיה *khupológya* 是模仿大学所授学科的命名方式构造出来的，比如 ארכאולוגיה *arkheológya* "考古学"，סוציולוגיה *sotsyológya* "社会学"，ביולוגיה *biológya* "生物学" 等。这种构词模式通常仅在某一封闭的科技术语领域有比较高的能产性，因此 חופולוגיה *khupológya* 带有戏谑的意味。有一个混合词与这个词一样诙谐，但是带有贬义，即 כסאולוגיה *kisológya* "求官之术，尤指谋求以色列国会职位之术"，其构词材料包括（圣经希伯来语>>）以色列语 כסא *kisé* "椅子"。

　　我在上一段提到"据臆测是来源于两种不同语言"，这是因为我

---

[1] 试比较：新加坡英语 *paktorology* "约会"，它来自粤语 "拍拖（*paktor*），约会" 和英语 -*logy*；以色列语俚语 מרילוגיה *merilógya* "找丈夫的学问"（试比较：英语 \**marrylogy*；Sappan 1971：49a），它是一个伪英语词；以色列语俚语 חתנת *khaténet* "想结婚的'病'，结婚狂"（参看 Sappan 1971：34b，*MAM*：148b），它来自（希伯来语>）以色列语 חתנ √*htn* "结婚"——试比较：（希伯来语>）以色列语 חתן *khatán* "新郎" 套进名词词型 □*a*□*é*□*et*，该词型用于疾病名。

相信：在以色列语 חופולוגיה *khupológya* 创制之时，国际通用后缀 לוגיה(ו)- - (*o*)*lógya* 已经是以色列语的一部分，所以，这个词可视为用以色列语内部材料创造的新词（参看§1.4.1.2）。

相比之下，以色列语中的音义匹配新造词是指词源混杂的混合词，而不是指形态结构混杂的混合词。实际上，为了弥补以色列语词根的不足，希伯来语科学院经常创制希伯来语语内的词源混合词，或者更确切地说，是利用希伯来语言成分去创制以色列语语内混合词。例如，新词 יעפת *yaéfet* "时差综合症"（*LLN* 4，1994 年 3 月）套进名词词型 □a□é□et，而这个词型主要用于疾病名，比如 עגבת *agévet* "梅毒"。① יעפת *yaéfet* 的构词语素还包括圣经希伯来语 יעף √*ʕfp*，它是 עיף √*ʕjp* "累" 和 עוף √*ʕwp* "飞行" 两者的二级词根。希伯来语 עוף √*ʕwp* "飞行" 见于以色列语 יעף *yeáf*（发音通常为 *yáaf*） "匆忙，急速"（≪圣经希伯来语 ［jəˈʕåᵸ］"飞行"），比如以色列语 מכת יעף *makát yáaf* 或 בעיטת יעף *beitát yáaf* "（尤指足球）飞踢"，而后者是为了替代来自法语 *volée* ［vɔˈle］"飞踢" 的外来词 וולה *volé* 而创制的。希伯来语 עיף √*ʕjp* "累" 用于以色列语罕用词 יעף *yáaf* "疲劳"。

多源新词 יעפת *yaéfet* "时差综合症" 采用了以色列语内部材料，而多源新词 דמה *déme* "傀儡，军用人偶（诱导装置）" 的构词材料是希伯来语词根和外语词，造词方法和 משקפים *mishkafáim* "眼镜"（参看本书导言部分）一样。דמה *déme* 是一个音义匹配新造词，来自希伯来语 דמה √*dmh*（试比较：圣经希伯来语 דמי √*dmj*） "似乎" 和英语 *dummy*（来自英语 *dumb* "哑的"，词源与圣经希伯来语

---

① 其他例词包括：אדמת *adémet* "麻疹"，צהבת *tsahévet* "黄疸"，סחבת *sakhévet* "官样文章，繁文缛节"，דברת *dabéret* "'喋喋不休症'，'口腔痢疾'，'话痨'，饶舌"，פטפטת *patpétet* "话唠，饶舌"，נאמת *naémet* "喋喋不休症"（后者为比亚利克创制，参看 *Haaretz*，1928 年 1 月 20 日；试比较：Avinery 1935：29）；军队俚语 סגמת *sagémet* "（新）少尉之傲"。后者的"词根"是 סגמ √*sgm*，来自"סג *sagám*，是 סגן משנה *ségen mishné* "少尉" 的首字母缩略词。סגמת *sagémet* 的形态标示为疾病，因为这样的人刚刚获得初级军衔就认为自己无所不能，这被看作是一种行为上的瑕疵。

דמי √*dmj*无关）。① 含有 דמה *déme* 的词语包括 מטען דמה *mitán déme* "教练弹，诡雷"，מטרת דמה *matrát déme* "靶标"，טנק דמה *tank déme* "假坦克，壳子坦克"，תותח דמה *totákh déme* "假大炮"，שׂדה תעופה דמה *sde teufá déme* "假机场"，בצורי דמה *bitsuréy déme* "假防御工事"，מבחן דמה *mivkhán déme* "模拟考试"等。在 *LLN* 14（1995 年 12 月—1996 年 1 月）中，希伯来语科学院引入 תרופת דמה *trufát déme* "安慰剂"（字面意义 "假药，假治疗"）。这些例词说明，דמה *déme* 已经变成了一个能产词。有些以色列人把 דמה 念为 *démi* 而不是 *déme*，由此也许可以追溯其源语并列词源，不过这种发音有可能是模仿 בכי *békhi* "哭泣" 等词的发音而造成的。②

　　与 דמה *déme* 相似的词还有以色列语 תקול *tikúl* "（足球等）拦截"。*MES* 没有收录这个词及其动词派生词，如 תקל *tikél* "被拦截［阳性，单数］"，但是在以色列体育界，这个词应用广泛。它源自密西拿希伯来语 תקל √*tql* "失败，偶遇，绊脚"，见于密西拿希伯来语 תקלה［təqå'lå］（现在发音为 *takalá*）"障碍，妨碍" 和密西拿希伯来语 התקיל［hit'qīl］"绊倒，使绊倒［阳性，单数］"。在以色列语里，תקל √*tql* 套进动名词词型 □i□ú□，它还有一个英语并列词源 *tackle*（参看 Toury 1990：195）。可比较一下以色列语口语词 תקל（也作 תאקל）*tákel* "处理，争吵"（参看 *MAM*：419b），后者很有可能是英语 *tackle* 的语音改造词。

---

① דמה *déme* 见于 Toury（1990：195）。试比较：以色列语 דמאי *dmay* "模糊，怀疑，幻想"，来自密西拿希伯来语 דמאי［də'maj］"可疑的事情；可疑的水果（就是否适当征收了什一税而论）"。

② 这里提到的英语原词 *dummy* 也见于另一个本族化俗词源，不过这一次是作为目标语材料，具体情况是这样：在阿拉伯语语法中，有一个 personal pronoun "人称代词"（参看 Wright 1896：i：53），它就是名词后缀［hu］，每当句中某处需要一个代词时，就用它来填补，试比较：希伯来语 זה הוא מי 或 איזהו。［hu］用作主语，但形式上是宾语，在阿拉伯语元语言里，它的名称是 ضمير الشأن［dˤaːmiːr aʃ'ʃaʔn］"（未来）事的代词"（阿拉伯语 ضمير［dˤaːmiːr］"代词" 的字面意义是 "用于隐藏或掩饰某事的词"，试比较：同上：105）。有些美国老师称 ضمير الشأن［dˤaːmiːr aʃ'ʃaʔn］为 *dummy pronoun* "傀儡代词"，其中 *dummy* 是阿拉伯语 ضمير［dˤaːmiːr］的语义化语音匹配词，而建立这种词义联系的根据是：这个代词的作用正是充当傀儡，也就是说，它没有明确的指称对象。

以色列语 אווירון avirón "飞机"的构词材料包括（密西拿希伯来语>）以色列语 אוויר avír "空气"和（希伯来语>）以色列语后缀 ון-ón，用于匹配法语 avion "飞机"（试比较：拉丁语 avis "鸟"）。这个词不见于艾利泽·本-耶胡达的词典（参看 MBY：i：96—97），它是1909 年由艾利泽之子伊塔马尔·本-耶胡达创制的，当时法语 avion 和 aéroplane 已经属于常用词（参看 Ben-Avi 1951，Sivan 1981a：91）。现在，אווירון avirón 大多数情况下是儿童用语，例如有一首儿歌唱道：רד אלינו אווירון, קח אותנו למרום red elénu avirón, kakh otánu lamaróm "来吧，飞机，带我们飞到天上"。当前，表示"飞机"的常用词为 מטוס matós，由比亚利克创制（参看 Lešonénu 1，1928：79；试比较：Avinery 1935：53）。מטוס matós 之所以广为流传，是由于以色列人喜欢能指与所指之间保持——对应关系（参看 § 3.1.3）。此外，"战斗机"不能用 avirón 表示，而应该用以色列语 מטוס קרב metós krav（也念为 matós krav）。托西纳（Torczyner 1941）曾经提出一个同音异义的音义匹配新造词 אבירון avirón。希伯来语 אביר 意思是"呼气，吹，飞"，试比较：圣经希伯来语 אבר [ˈʔebʰɛr] "（鸽子或鹰的）翅膀"，圣经希伯来语 אברה [ʔɛbʰˈrå] "（鸵鸟或鸽子的）翅膀"（参看 BDB：7b）。新词 אבירון avirón 虽然被淘汰了，但比起 אווירון avirón，它是更为正宗的希伯来语，因为 אווירון avirón 所采用的密西拿希伯来语 אוויר avír "空气"源自古希腊语 aếr "吹，呼吸"，而这也正是法语 aéroplane 的词源，英语 aeroplane 又源自这个法语词。

用同一个词根可以创制出不同的音义匹配词，下面以词根 קלט √qlṭ "记录"（本义为"接收，吸收"）为例加以说明。以色列语 קליט klit "（视频）剪辑"是希伯来语科学院创制的（参看 LLN 8，1994 年12 月；Akadém 4，1994 年 9 月），由 קלט √qlṭ 套进名词词型 □□i□ 与英语 clip（参看 Gonen 1995：93，Yalkút HaPirsumím 1998：1080）归并而成，如下图所示：

**图 33**

为了匹配英语 *videoclip*，法语创制了多源新词 *bande promo*，它是 *bande vidéo promotionnelle* 的简称，字面意义为"促销视频"。虽然都是由纯语主义者创制，但是比起法语新词 *bande promo*，以色列语 קליט *klit* 更为简洁。同样，以色列语 קלטת *kalétet* "盒式录音带，磁带" 是希伯来语科学院在 *LL* 145（1984）中提出的，它是由 קלט √*qlṭ* 套进名词词型 □*a*□*é*□*et*，用于替代国际通用词 *cassette*，试比较：以色列语 קסטה *kaséta*；波兰语 *kaseta*；俄语 кассета *kasséta*。请注意，希伯来语科学院当时做出的决定是：不把名词词型 □*a*□*é*□*et* 的用法仅仅局限于表示疾病名称（参看 §3.2.1），试比较：רכבת *rakévet* "火车"（本-耶胡达于 1893 年创制，参看 Sivan 1981b：20；见于 Pines 1897：XIV）和 שמנת *shaménet* "奶油"（参看 §4.4）（参看 Bahat 1987：513）。

迄今为止，קליט *klit* 尚未被以色列语母语者所接受。音义匹配词 קלטת *kalétet* 由希伯来语科学院创制，但是让少数以色列语母语者感到很困惑，因为他们习惯用 *kaléta*，而这个词是由 *kaséta* 和 *kalétet* 构成的混合词。① 现在，*kaséta* 仍然广为流行，*kalétet* 也开始通用了。一些年龄较大的以色列语母语者是区别对待这两个词的，他们用 *kaséta* 指盒式录音带，用 *kalétet* 指录像带。之所以有这种区别，可能是因为

① 同样让人困惑的词还有以色列语 חולירע（也作 חלירע）*kholirá* "霍乱"，它是国际通用词 *cholera*（以色列语 כולרה *kholéra*）的音义匹配词，但其书写形式令人困惑。我发现，不仅有学生，甚至包括期刊（*Kupat Kholim Maccabi* 1994）也采用了 חולירע 这种拼写形式，从书写形式来看，这种写法"污染"了以色列语 חולירע 和（国际通用词>）以色列语 כולרה *kholéra*，参看 §5.4.2。

先有录音带，后来才有录像带。另一原因是因为有 זמר קסטות *zamár kasétot* 一词（字面意义"盒式录音带歌手"），它指演唱中东阿拉伯语区（动情或忧郁的）歌曲的歌手。多年以来，这种演唱一直流行于塞法迪（*Sephardim*）① 犹太人当中，或者更准确地说是流行于米兹拉希（mizrahi）② 犹太人（字面意义"东方犹太人"）当中，但是在阿什肯纳兹犹太人主导的以色列媒体中却得不到展现，至少从前是这样的。于是，歌手们只得另找办法去传播那些歌曲，而盒式录音带是一个不错的选择，以色列的街头市场里（比如特拉维夫市的老中心汽车站）都可以买到。塞法迪犹太人在 1974 年才录制第一盒这种录音带，但是到希伯来语科学院创制出 *kalétet* "盒式录音带"一词的时候，*zamár kasétot* 一词已经非常普及了，很难再用 *zamár kalatót* 这个听起来更为高雅的词去替换。

值得注意的是，这类中东音乐现在的媒体覆盖率已经正常了，也深受许多阿什肯纳兹犹太人的喜爱，如今已经成为以色列混合文化（hybrid culture）不可或缺的一部分。不过，在某些情况下，这种音乐的流行是因为人们的"反向势利心理"（inverse snobbery）；对于阿什肯纳兹犹太人而言，喜欢左哈尔·阿戈夫（Zohar Argov）③ 比喜欢贝多芬更"酷"一些。与此类似的是，英国小提琴家奈吉尔·肯尼迪（Nigel Kennedy）讲话时故意模仿伦敦东区的口音（Mockney）即伪考克尼口音（fake Cockney）④，目的就是要提高自己的街头威望。愤世嫉俗的人可能会争辩说，这种装模作样类似于维京大亨理查德·布兰森（Richard Branson）喜欢针织套衫胜于喜欢西服，这好比说他富得足以无视着装规范。

有时候，在单纯的借词形成之后，我们会把它与语音相似而词义

---

① 塞法迪是犹太人对伊比利亚半岛的称呼，意思是"西班牙的"。塞法迪犹太人是犹太人的分支之一，指在 15 世纪被驱逐前那些祖籍伊比利亚半岛、遵守西班牙裔犹太人生活习惯的犹太人。

② 米兹拉希犹太人是居于中东、中亚和高加索地区的犹太人的后裔。

③ 左哈尔·阿戈夫（1955—1987）是一位以色列歌手，在以色列被称为"米兹拉希音乐之王"。

④ 考克尼口音指伦敦东区工人阶层特有的口音。

无关的希伯来语既有词相联系（参看§1.2.2.4），因而下意识地做出推导型俗词源解释，这种现象有时很难与音义匹配区分开来。以 אקרן ekrán"（电影）屏幕"为例，一种看法是它是纯粹的借词，借自国际通用词 ekrán"屏幕"，试比较：法语 écran［ekˈʀã］；意第绪语 עקראן ekrán；俄语 экран ekrán；波兰语 ekran（Yanay 1990：258 认为该词借自法语）；另一种看法是：它是音义匹配新造词，匹配对象为国际通用词 ekrán"屏幕"，构词成分包括（圣经希伯来语>>）以色列语 קרן √qrn"发光，照射，发射"套进名词词型 e□□á□（试比较：以色列语 אקדח ekdákh"手枪"，参看§2.3）。那么，这两种说法究竟哪一种正确？音义匹配之说得到克雷恩（Klein 1987：52c）和 MES（：111b）的支持。请注意，以色列语还有两个词：（שקופיות / מקרן סרטים）makrén（sratím/shkufyót）"（电影/幻灯片）放映机"和（סרט）הקרין hikrín（séret）"放映（电影）"，但问题是这些新词义是否是在 אקרן ekrán"屏幕"形成之后才引入的？现在，ekrán 并不常用，仅用于 יצא לאקרנים yatsá laakraním"上映"（指影片发行），比如 haséret yotsé bashavúa habá laakraním"这部电影下周上映"，发音一般是 akrán 而不是 ekrán。如果这个词确实是音义匹配词（我倾向于这种说法），就不太可能被淘汰，因为它的发音与语音改造词完全相同，试比较：פין pin"大头针，别针"，תג tag"标签"（§3.1.2），פס pas"带子，条纹"（§6.2.2），כיסתה kistá"囊肿"（§4.2）。

### 3.2.2　近亲音义匹配新造词

近亲音义匹配新造词指利用同源的目标语词项与源语词项进行音义匹配而创制的新词（参看§3.1.4）。例如，以色列语 נתרן natrán"钠"（化学符号：Na；原子量：23）是一个音义匹配新造词，匹配对象为国际通用词 natrium，构词材料包括（圣经）希伯来语 נתר［ˈnɛter］"硝酸钾"（参看 Proverbs 25：20）和（希伯来语>）以色列语后缀 ן- -án，由希伯来语委员会引入或改造，参看 ZV 6（1928：54a，56a），试比较：以色列语 נתר néter"苏打"（同上：56b）。这里有一个问题：国际通用词 natrium 又源自哪里？我认为，词源过程是这样的：*natrium* <英语 *natrium* <英语 *natron* <法语 *natron* <西班牙语 *natrón* <阿拉伯语现已罕用的 نطرون‎ [naṭˈruːn] "苏打"。阿拉伯语 نطرون‎ 特指从开罗西北部的盐湖里提取的一种特产（参看 Wehr 1961：973b；1994；1142b），其词源是古希腊语 νίτρον *nítron*（试比较：拉丁语 *nitrum*），而后者借自圣经希伯来语 נתר‎ [ˈneter] "苏打"。圣经希伯来语 נתר‎ 在《七十贤士译本》（*Septuaginta*）①中译为古希腊语 *nítron*，在《〈圣经〉武加大译本》（*Vulgata*，或者称为《拉丁通行本》）中译为拉丁语 *nitrum*（参看 Jeremiah 2：22，或 *OED*）。对于国际通用词 *natrium* 的词源，有些词典仅仅提到阿拉伯语 نطرون‎ [naṭˈruːn]，但是我认为 نطرون‎ [naṭˈruːn] "苏打"并不是终极词源，原因在于这个词含有 ط (ṭ) 而不是 ت (t)，而只有包含 ت (t)，才能成为圣经希伯来语 נתר‎ [ˈneter] "苏打"、阿拉伯语 نترات‎ [nitˈraːt] "硝酸盐"（参看 Wehr 1961：942b；1994：1106b）、阿卡得语 *nitiru* 和阿拉姆语 נתרא‎ "硝酸钾"等词语真正的同源词，原因在于所有这些词用的都是 ת (t) 而不是 ט (ṭ)。但是，نطرون‎ [naṭˈruːn] "苏打"很有可能过去用于同化外来词 *nitrón*（参看 §2.1.3 末尾部分）。圣经希伯来语 נתר‎ [ˈneter] 在音义匹配词 נתרן‎ *natrán* "钠"中充当同化材料，因此，后者应该看作是原始语为闪族语（实际上是希伯来语）的近亲音义匹配词。

奥尔巴哈和埃兹拉希（Auerbach and Ezrahi 1930：18b，词条编号：306）介绍了以色列语新词 חרצית‎ *khartsít* "菊花"（参看 *Tsimkhéy Érets Yisraél*，1946：16，词条编号：218；*LL* 121，1981），这个词的词源似乎包括：第一，圣经希伯来语 חרוץ‎ [ħåˈrūṣ]，指一种黄金（Zechariah 9：3），或者与之相关的某种闪族语比如腓尼基语 חרץ‎，阿卡得语 *ħurāṣu* "黄金"，乌迦里特语 חרץ‎（Klein 1987：231c，*MES*：584a），阿拉伯语 خرص‎ [χurṣ] "金/银戒指，耳环"（Hava 1915：162b），或者古迦太基语（*MES*：590c）；第二，国际通用词 *chrysanthemum*，

---

① 《七十贤士译本》是《旧约》最古的译本，也是多种译成希腊语的译本中最古的译本，译于公元前 3 世纪至公元前 1 世纪。

试比较：以色列语 כריזנטמה *khrizantéma*；俄语 хризантема *khrizantéma*；
德语 *Chrysantheme*；英语 *chrysanthemum*；波兰语 *chryzantema*；拉丁
语 *chrysanthemum*，所有这些词都源自古希腊语 *khrūsánthemon* "万寿
菊"，而这个词是由 *khrūsós* "黄金" 和 *ánthemon* "花" 构成。

古希腊语 *khrūsós* "黄金" 和圣经希伯来语 חרוץ [ħå'rūṣ] 的词源
均可追溯至同一闪族语词语（参看 Frisk 1970：ii：1123, Chantraine 1968—
1980, Masson 1967：37—38, *MES*：584a, Slouschz 1931：119），因此，
חרצית *khartsít* 是原始语为闪族语的近亲音义匹配词（参看 § 3.1.4.2）。

*LL* 165（1988）引入了只有一种词义的以色列语新词 מצע *métsa*
"介质"。化学课的师生们一般把 מצע 念为 *matsá*，希伯来语科学院曾
经尝试去改变这种发音，也许是希望借此区分 מצע 与圣经希伯来语
מצע [maṣ'ṣåʕ]（来自 יצע √*jṣʕ*）"床垫，长沙发椅，床"，后者在以
色列语里念为 *matsá*，并且还有另一个词义 "政纲"。与圣经希伯来
语 מצע 不同的是，以色列语 מצע *métsa* 源自（密西拿）希伯来语 מצע
√*mṣʕ* "位于中间，居中，分为两半"，试比较：密西拿希伯来语 אמצע
"中间"；阿拉姆语 מציעא "中间，中心的"。不过，这里涉及的问题不
仅仅是区分两个词语。希伯来语科学院之所以建议发音为 *métsa*，是
因为受到国际通用词 *media* 和 *medium* 的影响，试比较：以色列语
מדיה *médya* 和 מדיום *médyum*；意第绪语 מעדיום *médyum*；波兰语 *medium*；
俄语 медиум *médium*；拉丁语 *medium*，或者是受到意大利语 *mezzo*
"中间" 的影响。① 希伯来语 מצע √*mṣʕ* 和密西拿希伯来语 אמצע 源自古
希腊语 *mésos* "中间"，而后者与拉丁语 *medium* 相关，因此，מצע
*métsa* 是一个原始语为印欧语的近亲音义匹配词。

### 3.2.3  据称见于《旧约》的音义匹配新造词

有时候，纯语论者们声称某个音义匹配新造词已在《旧约》里
出现过。比如，以色列语 עלית *ilít* "精英" 是用圣经希伯来语 עלית
[ʕil'līt] "上面的［阴性］"（参看 Joshua 15：19, Judges 1：15）去匹

---

① 试比较：以色列语 מציעני，用于匹配拉丁语 *medianus*（见于 Even-Odem 1959：225）。

配国际通用词 *élite* 而形成的音义匹配词。① 这个词的创制也许受到
（密西拿希伯来语>>）以色列语 עדית *idít* "好土壤"（也指"优质商
品"）（参看 *Mishnah*：Giṭṭin 5：1）及其阿拉姆语同义反复强调形式
עדי עדית "最佳，优质"（*Talmud*：Baba Metsi'a 66b）的影响。但是，
克雷恩（Klein 1987：473b）、依文－肖山（Even-Shoshan 1988：881）
等词典学家——也许还包括 עלית 的创造者本人——都认为：עלית 先前
就作为名词存在于圣经希伯来语；他们有的还建议单纯的读者去参考
阿拉姆语版的《但以理》第 6 章第 11 节（Daniel 6：11），声称那里
就有圣经希伯来语 בעליתה נגד ירושלם [məʕilliˈteh ˈnɛgɛd jərūšəˈlɛm]，其
中 עלית 的意思是"上层房间，阁楼"（试比较：阿拉姆语 עילתא "上层
房间，阁楼"，Jastrow 1903：1070b）。比起 עלית *ilít* 与圣经希伯来语
עלית "上面的［阴性］"之间的相关性，עלית *ilít* 与这个可能属于圣经
希伯来语的 עלית 之间的词义联系更为微弱，但是，纯语论者如果能把
整个实词形式 עלית 的词源追溯到《旧约》，他们就会更加言之凿凿
了。在这两种情况下，עלית *ilít* 都是国际通用词 *élite* 的音义匹配词，
试比较：意第绪语 עליט *elít*；法语 *élite*；以色列语 אליטה *elíta*；俄语
элита *elíta*；波兰语 *elita*；德语 *Elite*。请注意意第绪语 עליט *elít* "精英"
的书写形式（试比较：意第绪语 עליטע *elítə*［阴性］，见于 Stutchkoff
1950：611a，Rozeshteyn 1914：189b），其中的 ע 是元音，代表 *e*［ɛ］，
很容易让人联想到圣经希伯来语 עלית [ʕilˈliʔ] "上面的［阴性］"或
圣经希伯来语 עלית [ʕilˈlīt] "上层房间，阁楼"。还有人主张，倘若以
色列语 עלית *ilít* 的造词者采用的构词材料是圣经希伯来语 עלית [ˈʕilˈlīt]
（Daniel 6：11）而不是 עלית [ʕilˈlīʔ] "上面的［阴性］"或其希伯来
语阳性形式 עלי [ʕilˈlī] "上面的［阳性］"（《旧约》中没有这个词），
那么，עלית 的"精英"之意就应该看作是新词义。如果这种说法正
确，那么，עלית *ilít* "精英"则为转义型音义匹配词而不是音义匹配新
造词。

――――――――――

① 国际通用词 *élite* 源自古法语 *eslite* 和 *elite* "挑选，选择"，后来指"选中的对象"，
词源可追溯至中古拉丁语 *electa* "选择"，再追溯至拉丁语 *eligere* "选举"。

在 *LLN* 6（1994 年 8 月）中，希伯来语科学院引入了 טכנולוגיה עלית *tekhnológya ilít* 和 עלית תעשיה *taasiyá ilít*，词义均为“高科技”。此外，许多以色列服装店都用 אפנה עלית *ofná ilít* “高级时装”这个词。在这三个词里，עלית *ilít* 都作形容词，意思是“高级的”，修饰前面的词（技术、行业、时装）。更确切地说，有人会断定其中的 עלית 是 עלי “上面的（高的）”的阴性形式。但是，实际情况却是：阳性形式（עלי）很少用于“高级”之意，这意味着 עלית 是 עלי 的阴性形式这一说法是通过逆生法推导出来的，而实际上，*tekhnológya ilít*，*taasiyá ilít* 和 *ofná ilít* 等词语中的 עלית *ilít* 是受音义匹配词 עלית *ilít* “精英”的影响而产生的。以色列语 *ilít* “精英”在取代其源语词 *élite* 这一问题上只是取得了部分成功，详情请参看 §5.3.2。

以色列语 ספה *sapá* “沙发，长沙发，长沙发椅”与国际通用词 *sofa* 是原始语为闪族语的近亲音义匹配词，试比较：意第绪语 סאָפֿע *sófə*；德语 *Sofa*；波兰语 *sofa*；俄语 coφa *sofá*；英语 *sofa*；法语 *sofa*；意大利语 *sofà*；西班牙语 *sofá*。所有这些词的词源都是阿拉伯语现已罕用的 صفة [ˈṣuffa] “神龛”（Hinds and Badawi 1986：506a），“马鞍垫，石凳”（Hava 1915：398a），“造型，笔架，架子”（“垫子”，参看 Devoto and Oli 1995：1862b, *OED*, Kutscher 1965：70），试比较：阿拉伯语 كنبة [kanaba] “沙发，矮沙发”，试比较：国际通用词 *canapé*，比如法语 *canapé*；意大利语 *canapè* “沙发”。依文－肖山（Even-Shoshan 1988：813；也可参看 *MES*：1261b）发现 ספה [sapˈpa] 出现在《撒母耳记下》第 17 章第 28 节（II Samuel 17：28），原文为圣经希伯来语 משכב וספות וכלי יוצר [miʃˈkåbʰ wəsapˈpōt ukʰˈlī jōˈṣer]，这样看来，圣经希伯来语 ספות [sapˈpōt] 的意思似乎是“床”。但是，圣经希伯来语 ספות [sapˈpōt] 是 סף [sapʰ] “杯子”的复数形式（试比较：阿卡得语 *sappu*, *šappu*），סף [sapʰ] 的规则复数形式是 ספים [sipˈpīm]（参看 Jeremiah 52：19, Zechariah 12：2）和 ספות [sipˈpōt]（I Kings 7：50）。库彻尔（Kutscher 1965：70）慎重提出：圣经希伯来语 [sapˈpōt] 广义指“某些工具”。请注意，对于前文提到的《撒母耳记下》第 17 章第 28 节（II Samuel 17：28）开头部分，英王钦定本

和新修订标准版的译文是"带着被、褥、盆、碗、瓦器"。因此，ספה
可以看作是由不规则的 ספות 通过逆生法产生的。①

## 3.2.4 多源新复合词和多源新短语

多源新复合词和短语包含至少两个单词，总体发音近似于源语表
达式，是"词义简单的词汇复合体"（Cruse 1986：37）。其中，多源
新复合词比较常见。下文所分析的复合词一般是由两个名词组成的名
词组合式②（*smikhút*, construct state），其中第一个名词叫 *nismákh*
（*nomen rectum*）"名词构造型"，第二个名词叫 *somékh*（*nomen regens*），
参看向心名名结构复合词（*endocentric noun-noun compounds*）。③ 这类
词语的造词过程大致如下图所示：

第一源语 x "a" →→目标语(+多源新词) y+z "a" ←←目标语/第二源语 y "b"，z "c"

y+z 语音近似于 x
a 与 b+c 近义（音义匹配）/词义相关（语义化语音匹配）/词义无关（语音匹配）

**图 34**

---

① 参看下列语内形态重新分析过程：כלי *kli* "仪器；（军队俚语）才华横溢的男性"＞
כלים *kelím*［复数］＞ כלה *kelá* "有才华的女性" ＞ כלות *kelót*［复数］（参看 Zuckermann
2000：229—230，328—332）。
② 希伯来语的名词组合式（construct state）一般由两个名词组成，其实这种组合式在
闪族语中十分常见。希伯来语用 *nismákh* 指第一个名词，意思是"受支撑的"，用
*somékh* 指第二个名词，意思是"支撑的"。在拉丁文中，名词组合式中的第一个名
词叫 nomen regens，意思是"主导名词"（governing noun），第二个名词叫 nomen
rectum，意思是"从属名词"（governed noun），指的是第二个名词从属于第一个名
词。名词组合式在希伯来语与拉丁语中的含义显然是矛盾的，这种矛盾的起因在于
名词组合式的双头（bi-cephalic）性质，即这种组合里有两个"头"（head，亦即中
心词）。希伯来语语法学家把第二个名词当作中心词，而拉丁语法学家却把第一
个名词当作中心词。不过，那些语法学家都没有错，因为在名词组合式中，无论是
第一个名词还是第二个名词都具备充当中心词的形态特征、句法特征等，换句话
说，名词组合式本身就是由两个中心词组成的，有时是第一个名词作中心词，有时
是第二个名词作中心词。希伯来语语法学家没有把第一个名词理解为中心词，但是
拉丁语语法学家却把第一个名词当作中心词。鉴于上述原因，我认为，希伯来语
*nismákh* 对应于拉丁语 nomen regens。
③ Bloomfield（1933），Bloch and Trager（1942），Jespersen（1949），Dowty（1979），
Lieber（1981），Williams（1981），Selkirk（1982），Katre（1987），Spencer（1991），
Anderson（1992）等都对这种"复合构词"提出过一些传统观点，并分析其一般规则，
但是 Singh and Dasgupta 1999 和 Starosta et al. 1997 等对这些观点和规则提出了质疑。

前文曾经提到，一些表示"眼镜"的词都被哈赞创制的音义匹配词 משקפים *mishkafáim* 所取代（参看本书导言部分）。复合词受到那些马斯基尔（maskilim，字面意义"有知识的，睿智的，思想解放的"，指启蒙思想家）的钟爱，他们是德国哈斯卡拉运动（Haskalah，即犹太启蒙运动）（1770—1880 年代；试比较：*Aufklärung*）的拥护者，领袖人物为哲学家摩西·门德尔松（Moses Mendelssohn，1729—1786）和诗人、语言学家、评注家拿弗他利·赫兹·卫斯理（Naphtali Herz Wessely，1725—1805，也称为 Váyzḷ）。他们之所以喜欢复合词，极有可能是因为他们仿效的是欧洲语言（德语）的构词模式。需要注意的是，他们让希伯来语词"复活"，但这并不是他们的目的（参看 Spiegel 1931）；实际上，这种"复活"似乎是一种有点自相矛盾的手段，是为了融入欧洲的非犹太文化。

另一方面，以色列语复兴主义者通常会尝试用只有一个单词的词项去替代复合词，这或许是因为思想上的原因（不支持犹太启蒙运动），或许是为了方便。正如派恩斯（Pines 1897：IX）所言，要简洁地修饰希伯来语复合词是很困难的。我们可以比较一下简洁的新词 שעון זהב *sheón zaháv*（发音为 *shaón zaháv*）与冗长的旧词 מורה שעות זהב *moré shaót zaháv*，两者都指"金表"。以色列语 שעון *shaón* "表，钟"由 שעה "小时"和 ון- -*ón*（见下文）构成，由派恩斯在 1885 年创制，用于 מורה שעות（以色列语 *moré shaót*）一词中，字面意义为"小时指示器"。① 这种为了方便或效率的情形也见于爱沙尼亚语，比如爱沙尼亚语言学家约翰内斯·阿维克（Johannes Aavik，1880—1973）就支持这种做法。于是，*relv* "武器"（参看§5.1.1）代替了 *sõjariist*（字面意义"战争+工具"），*laup* "前额"（参看§5.1.1）代替了 *otsaesine*（字面意义"末端+前面"），*veenma* "说服"代替了 *uskuma panema*（字面意义"使相信"）等。

艾利泽·本-耶胡达所创的第一个新词（发生在 1879 年，参看 Mandel 1984：8）是以色列语 מלון *milón* "词典"（见于 *MBY*：vi：

---

① 克雷恩（Klein 1987：671c）错以为造词者是本-耶胡达。

3029a），它替代了现代希伯来语合成词 ספר מלים （以色列语 *séfer milím*）（字面意义 "词的书"），后者是德语 *Wörterbuch*（试比较：意第绪语 ווערטערבוך *vértərbukh*）的仿造词。比亚利克的著作《语言之痛》（חבלי לשון *khevléy lashón*）（1907）中，有一句话用到 מלון *milón* "词典" 和 ספרי מלים *sifréy milím* "词的书" 两个词（参看 Bialik 1959：204b）。本-耶胡达曾对这个新词做过说明，从中我们可以大致了解他对复合词的一般态度（*MBY*：Introductory Volume：38）：

> 从我一开始想要收集词语以满足语言复兴实际需要的时候，我就给这本书想好了一个新名称，那就是 *milón*。当时，我很清楚希伯来语作家们习惯于把这样的书称之为 *séfer milím*，也就是德语 *Wörterbuch* 的译文，可是即使在当时，我也是发自内心地憎恶那种用连字符连接两个完整的单词而形成的名称。

同样，以色列语 תזמרת *tizmóret* "管弦乐团"（见于 *MBY*：xvi：7713a）由本-耶胡达在 1893 年创制，用于替代现代希伯来语 מקהלת נוגנים（以色列语 *mak-helát nogním*）（字面意义 "一群乐器演奏者"）或者现代希伯来语 להקת נוגנים（以色列语 *lehakát nogním*）（字面意义 "一群乐器演奏者"）（参看比亚利克的著作 החצוצרה נתביישה *hakhatsotsrá nitbayshá* "蒙羞的小号"，ii：מחצצר בלהקת מהנוגנים של הצבא *mekhatsetsér belehakát hanogním shel hatsavá* "部队管弦乐团的号手"，试比较：1959：150b）。以色列语 גפרור *gafrúr* "火柴" 大约在 1898 年由蒙德尔创造，用于替代现代希伯来语 עץ גפרית （以色列语 *ets gofrít*）（字面意义 "含硫磺的木制品"）。以色列语 עפרון *iparón* "铅笔" 由约瑟夫·克劳斯纳于 1896 年创造（参看 Klausner 1940：281；1949：80，Sivan 1981b：18），用于替代现代希伯来语 עט עופרת （以色列语 *et oféret*）（字面意义 "铅的笔"），试比较：德语 *Bleistift* "铅笔"（字面意义 "铅的笔"）。以色列语 קטר *katár* "机车" 由戴维·耶林（David Yellin）仿照阿拉伯语 قطار [qiˈtaːr] "火车" 于 1893 年创造，用于替代 מכונת

קטור（以色列语*mekhonát kitór*）（字面意义"蒸汽机"）。

　　复兴主义者们似乎一看到复合词就会想到德语，而且创制新复合词的操作手法很容易辨识，所以他们决定利用闪族语的名词词型体系（参看§2.1.3）并采用派生法创制新词。只要选定了后缀或名词词型，就可以省略复合词中的第一个成分。于是，以色列语מילון *milón* "词典"，即מלה *milá* "单词" +（希伯来语>）以色列语ון- -*ón*，替代了ספר מלים *séfer milím* "词的书"，原来的第一个成分ספר *séfer* "书"被省略了。需要注意的是，后缀ון- -*ón* 具有多重功能，比如，本-耶胡达在1891年创造了עתון *itón* "日报，报纸"去替代犹太启蒙运动时期的希伯来语מכתב עתי（以色列语 *mikhtáv ití*）（字面意义"定期信"），后者是仿造德语 *Zeitschrift* 并加以修改而成（参看 Ben-Avi 1951，Sivan 1981a：91；1981b：18，28）。还有一些新词也包含后缀ון- -*ón*，比如דרכון *darkón* "护照"，פעוטון *pautón* "托儿所"，מועדון *moadón* "俱乐部"，试比较：（密西拿希伯来语>>）以色列语תאטרון *teatrón* "剧院"，其词源是古希腊语 *théatron* "剧院"。这种没有具体含义的后缀在土耳其语里也很普遍，比如后缀 -*ge*（参看 Lewis 1999：97）。世界语里的后缀 -*um* 也没有具体含义（参看 O'Connor 1907：165a，Zamenhoff 1931：177）。

　　让我们再回到多源新词的话题。多源新复合词或新短语主要有三大特征：结构妥协、词义妥协、诙谐。结构妥协是指无法改变相关词项的顺序（structural cohesion "结构粘合"）。有时，名词组合式中的第一个名词不得不与第二个名词交换位置，才可以保留源语词项的语音，因而彰显源语词的结构对新词结构的影响。例如，启蒙运动时期的希伯来语פאר עמוד *péeyr ámud*（波兰阿什肯纳兹希伯来语 *péayr ámid*）（字面意义"墩的荣耀"）是由国际通用词 *pyramid* "金字塔"改造而来，试比较：意第绪语פיראמיד *piramíd*；英语 *pyramid*；俄语 пирамида *piramída*；波兰语 *piramida*（参看 Avinery 1946：135；试比较：后来出现的以色列语פירמידה *piramída*）。启蒙运动时期希伯来语עמוד פאר *\*ámud péeyr*（字面意义"荣耀之墩"）在语义上要合适得多，但是在语音上相差甚远。① 此外，פאר עמוד（以色列语 *peér amúd*）的复数形式不是符合语法常规的 *פארי עמוד* *peréy amúd*，而是 פאר עמודים（以色列语 *peér amudím*）或者克劳斯纳（Klausner 1949：97）所提到的 פארי עמודים（以色列语 *peeréy amudím*），后者的发音近似于（国际通用词 >）以色列语 פירמידים *piramídim* "金字塔［复数］"，试比较：现在比较常见的形式 פירמידות *piramídot* "金字塔［复数］"。

类似的"诗的破格"（poetic licence）② 也见于下面的名词组合式音义匹配复合词，这些词见于早期未经审查的《巴比伦塔木德》（Babylonian Talmud, Sabbath Tractate, 116a）：

- און גליון ［'ʔåwɛn gil'jōn］"邪恶启示录"
- עוון גליון ［ʕåˈwōn gil'jōn］"罪启示录"
- אבן גליון ［'ʔɛbʰɛn gil'jōn］"石头启示录"

上述例词均指福音，是对古希腊语 εὐαγγέλιον *euangélion*（> 拉丁语 *euangelium*）"福音"进行排斥性改造而形成的（参看 Zuckermann 2004 有关"词汇工程"的论述）。显然，造词者心里很清楚自己的操作手法十分巧妙，甚至明白 *euangelion* 的本义是"好消息；付给传好消息的信使的报酬"，构词成分包括 *eû* "好" + *ángelos* "信使，使节"（后来才开始指"天使"）。把源语词改造为这种带排斥意味的词，目的是为了支持当时的反基督教立场。这样做的目的不

---

① 不过，要注意：意第绪语内部创制的一些希伯来语词语可能受到非闪族语词序的影响，比如 ישיבה בחור *yeshívə bókhər* "犹太神学院学生"，试比较：以色列语 בחור ישיבה *bakhúr yeshivá*。再如，改造过的仿造词 מדע בדיוני *madá bidyoní*（字面意义"虚构的科学"）词序不同于英语 *science fiction* "科学幻想"，试比较：以色列语 יום טיול *yom tiyúl*（字面意义"旅游一日"）与英语 *day trip* "一日游"。可以比较英语 *mission impossible* "不可能完成的任务"，*body beautiful* "健美选拔赛"，*court martial* "军事法庭"，*secretary general* "秘书长"，*consulate general* "总领事馆"，并参看 Lewis（1999：6 脚注）。这些英语词语的构造可能是受法语词序的影响。

② "诗的破格"指诗歌不按一般语言规则行文的自由，是诗人为了取得更好的效果而采用的不遵守韵律、语法、逻辑等的特殊写法。

仅仅是翻译，而且还要起到纠正作用，这种做法让人不禁想起豪尔赫·路易斯·博尔赫斯（Jorge Luis Borges）在 1943 年说过的话：*El original es infiel a la traducción*[①]（原作对译作不忠实）。

（圣经）希伯来语 גליון［gil'jōn］/［gillå'jōn］（我译为"启示录"）一般指"空白的羊皮纸，卷轴边沿，写字板"（试比较：古叙利亚语 גליונא "册"）。但是，גליון 的词源是 גלי √glj（试比较：גלה √glh）"揭示，启示"，用 גליון 去同化 *euangélion* 正好合适，因为 *euangélion* 与《启示录》有关，试比较：拉丁语 *apocalypsis*；古希腊语 ἀποκάλυψις *apokálupsis*，后者是 ἀποκαλύπτειν *apokalúptein* 的动作名词，意思也是"揭示，公开"（<ἀπόαρó "离开" + καλύπτειν *kalúptein* "遮盖"）。由于 און גליון［'ʔåwen gil'jōn］字面意义是"书之恶"而不是"恶之书"，因此结构妥协十分明显；גליון און *［gil'jōn 'ʔåwen］"恶之书"虽然语义上合适得多，但是语音上却不匹配。

下面举例说明词义妥协。以色列语多源新复合词 פלפל עתון *pilpél itón*（字面意义"日报的胡椒"）是赖希曼（Reichmann 1965：362）模仿法语国际通用词 *feuilleton* 杜撰的戏言，试比较：以色列语 פליטון *felyetón*；法语 *feuilleton*；俄语 фельетон *fel'etón*；波兰语 *felieton*；意第绪语 פעליעטאן *felyetón*（参看 Rozenshteyn 1914；215b）。其中，עתון *itón* "日报，报纸"是本-耶胡达在 1891 年创制的（见上文）。

现在分析一下多源复合词的诙谐意味。以色列语 אלתר נתיב *altér natív*（字面意义"临时提供［阳性，单数］道路/车道！"）虽然后来遭到淘汰，但它带有诙谐意味，用于同化国际通用词 *alternative* "（其他的）选择，备用方案"，试比较：法语 *alternative*；英语 *alternative*；以色列语 אלטרנטיבה *alternatíva*；俄语 альтернатива *al'ternatíva*；波兰语 *alternatywa*。我曾经听到戏谑词 אילו זה היה *ílu ze hayá*（字面意义"当初如果是"，"果真如此的话"），它用于同化国际通用词 *illusion* "错觉，幻想"，试比较：以色列语 אילוזיה *ilúzya*；波兰语 *iluzja*；俄语 иллюзия *illyúziya*。另一个戏谑词是转义型本族化俗

---

① 参看 Borges（1974：732）。

词源 הברקה! *havraká!*，字面意义为"念头的闪光，光辉"（<中古希伯来语"闪光"），用于翻译国际通用词 *Eureka*，试比较：俄语 *évrika*，它源自古希腊语 *héurēka*，而后者是 *heurískō* "我发现，我找到"的完成时（或完成体/结果体）形式（参看 Liddell and Scott 1996：729b）。据说，出生于西西里岛的希腊哲学家阿基米德（Archimedes，约公元前 287 年—公元前 212 年）发现确定比重的方法时，无比兴奋地喊出了这个词。

　　以上分析表明，在这一类本族化俗词源中，操纵的痕迹通常比较明显，因此，母语使用者会认为这些俗词源是为了修辞目的，或者为了逗乐，有时候甚至觉得很荒谬（参看 §5.3.4）。正因为这些原因，这种俗词源同化手段并未被纯语派当作创制新词的理想手段。

## 3.2.5　犹太启蒙运动时期的俗词源复合词和短语

　　哈斯卡拉运动（犹太启蒙运动）时期的思想家们偏爱复合词，上文已经列举了一些例词对此加以说明；的确，俗词源复合词在那段时期非常普遍（参看 §3.2.4）。比如，希伯来语 פרטי כל *prótey kol*（以色列语中的发音为 *pratéy kol* 或者 *pràtey kól*，字面意义 "一切事情的细节"）用于指 "规约"，其并列词源显然是国际通用词 *protocol*，试比较：意第绪语 פּראָטאָקאָל *protokól*；俄语 протокол *protokól*；波兰语 *protokół*；פּרוטוקול（以色列语 *protokól*）（参看 §6.3）。① 阿维内里（Avinery 1964：476b）抨击了这个杜撰词，并且建议改用以色列语 פרטון *pratón*，后者来自（希伯来语>）以色列语 פרט *prat* "细节" 和（希伯来语>）以色列语后缀 ון- *-ón*。他正确地指出，后缀 ון- *-ón* 并不仅仅是指小词（见上文）。以色列语 פרטי כל *pratéy kol* 被希伯来语委员会采用，比如用于 *Lešonénu* 1：79—80（1928）中一个短篇报道的标题：מתוך הפרטיכלים של הועדה לשפור הלשון *mitókh haprateykolim shel havaadá leshipúr halashón* "语言改进委员会

---

① 所有这些词都源自古希腊语 *prōtókollon* "附件第一页"，来自 *prōtos* "第一" 和 *kollaō* "我粘"。以色列语 *pratéy kol* 收录在 Gur（1949：231b）和 *OEHD*（：575b，见 minutes 词条）。

规约节选"。

同样，希伯来语 פתק אויל *psak évil*（试比较：以色列语 *ptak evíl*）（字面意义"愚蠢的记录"）用于匹配国际通用词 *pasquil*（"讽刺，奚落"），试比较：意第绪语 פאַשקוויל *pashkvíl*，פאַשקעוויל *pashkəvíl*（Weinreich 1977：498b）和 פּאַסקוויל *paskvíl*（Harkavy 1988：361a）；俄语 пасквиль *páskvil'*；波兰语 *paszkwil*。①

犹太启蒙运动时期，有三个希伯来语复合词或短语表示"电报"。第一个：希伯来语 דילוג רב *dílug rav*，意第绪语和希伯来语 *díləg rav*，波兰希伯来语 *díləg raf*，以色列语 *dilúg rav*（字面意义"大跳跃"）；第二个：希伯来语 דילוג רב *dílug rav* 的异体 דלג רב *déleg rav*，波兰希伯来语 *déleg raf*"大跳跃"；第三个：טילי קרב *tíley krav*，波兰希伯来语 *tíley kraf*（字面意义"战斗火箭"）。这三个词都是国际通用词 *telegraph* 的本族化俗词源，试比较：俄语 телеграф *telegráf*；波兰语 *telegraf*；法语 *télégraphe*（参看 Avinery 1946：135，Klausner 1949：97；试比较：以色列语 טלגרף *télegraf*）。国际通用词里的［t］变成了希伯来语的 ד［d］，可能是因为意第绪语内部［d］-［t］之间的变化，比如，意第绪语 דאָלמעטשער *dolmécher*"译者，译员"与 טאָלמאַטש *tolmách*"译者，译员"，意第绪语 דײטש *daych*"德语"与 טײטש *taych*"犹太德语，古意第绪语，德语，翻译，意义"。另一个因素是：现代德语的［d］与意第绪语的［t］相照应，比如现代德语 *Dom*"圆屋顶"与意第绪语 טום *tum*"教堂"（试比较：中古高地德语 *tuom*）。法语 *télégraphe* 还被改造为土耳其语 *telgraf*（*OTED*：460，Heyd 1954：91），就好像它的词义与土耳其语 *tel*"电线，细丝"（*OTED*：459）相关一样，而这个词并不是由语言权威人士所创制。不过，我调查发现，许多土耳其语母语者并不认为 *tel*"电线"对这个词的形成有任

① 所有这些词都源自意大利语人名词 *pasquillo*，它是 *pasquino* 的指小词，来自 *Pasquino*"帕斯奎诺"。帕斯奎诺是红衣主教加拉法（Cardinal Caraffa）在 1501 年所立的一座雕像的名字，得名于一位居住在附近的老师。这个词之所以获得现代含义"讽刺诗，讽刺文字"，是因为人们习惯于把讽刺性告示贴在那座雕像上（Klein 1987：517c）。

何影响。即便如此，如果我们把土耳其语 *telgraf* 与土耳其语 *telefon* "电话"和 *telepati* "心灵感应"比较一下，就会发现后两个词都保留了 *-e*，这会让我们对 *tel* 的影响认识得更清楚。

希伯来语 און קנה *kene on*（标准的阿什肯纳兹发音 *kney oyn* 可能不那么受人喜爱）（字面意义"力量〔枪〕桶"）用于同化国际通用词 *cannon*，试比较：意第绪语 קאַנאָן *kanón*（Harkavy 1910：295a）和 קאַנאָנע *kanónə*（同上：61b）；德语 *Kanone*；法语 *canon*；俄语 канонада *kanonáda* "炮击"和 *kanonérka* "炮舰"。国际通用词 *cannon* 的词源是意大利语 *cannone*，后者来自 *canna* "管，管子"，可追溯至拉丁语 *canna*[1]（其词义由"〔空〕芦苇，藤条"引申为"管，管子"，*OED*），再追溯至古希腊语 *kánna*（或 *kánnē*）"芦苇"，最后追溯至亚述语 *kanū*（Ayto 1990：94a）。亚述语 *kanū* 的同源词包括：阿卡得语 *qanû*，阿拉姆语 קניא，阿拉伯语 قناة [qaꞌna:h]，圣经希伯来语 קנה [qåꞌnɛ]，所有这些词的词义都是"枝条"。[2] 因此，希伯来语 און קנה 是原始语为闪族语的近亲音义匹配词。据罗森（Rosen 1994：99）研究，这个词是由一群希伯来语作家（*HaMeasfím*，1784—1829，参看 Klausner 1954：i：59—73）创制，他们主办的日报《收集者》（*HaMeaséf*）用希伯来语撰写，刊行于 1783—1811 年间（参看 Pelli 1999：61）。

希伯来语 פתע דע *da pésa*（字面意义"突然得知"〔单数，阳性，第二人称，祈使语气〕）是国际通用词 *depésha* "电报，急件"的语义化语音匹配词，试比较：波兰语 *depesza*；俄语 депеша *depésha*；德语 *Depesche*；意第绪语 *depésh*（参看 Avinery 1946：135，试比较：以色列语 דפשה *depésha*）。请注意，פתע דע 中的 ת(*t*) 并没有字中点（*dagesh*），亦即不是叠音，因此发音为 [s]。有些说话人可能受意第绪语影响而将（第一个）ע 念为元音 [e]，结果发音变成 *də pésa* 或者 *də pésə*。此外，在立陶宛（东北部）意第绪语里，音位 *s* 与 *š* 没有区别（参看 Weinreich 1952，Katz 1983：1031a），这也可能是 פתע דע

---

[1] 拉丁语 *canna* > 古法语 *cane*（后作 *canne*）> 英语 *cane*。
[2] 迪罗伊（Deroy 1956：150）错误地提到了一个希伯来语中并不存在的词 *kānah*。

*da pésa* 与国际通用词 *depésha* "电报" 语音相同的原因。

在犹太启蒙运动时期，有一些推导型俗词源被用作俗词源复合词或短语。例如，拉尼亚多（Laniado 1997）认为 בו דעה（以色列语 *bo deá*）（字面意义"他有知识"）是 *Buddha*（参看§1.2.2.2）的终极词源。施罗莫·鲁宾（Shlomo Rubin）在《创造之工》（*Maasé Bereshít*）（初版于 *HaShachar* 创刊后的第三年）里用 בו דעה（以色列语 *bo deá*）来指佛陀。因此，בו דעה *bo(y) déyo* 可视为语义化语音匹配复合词。克劳斯纳（Klausner 1949：97）的著作同时记载了这个词和 דילוג רב *dílug rav* "电报"（见上文）。克劳斯纳（同上：97）还列举了 אור הכל *o(y)r hák(o)l*，试比较：希伯来语 אור הכל [ʔōr hakˈkol]，其字面意义是"万物之光"，实际意义是"神谕"。这个语义化语音匹配复合词被犹太拉比莱文森（Yitzhak Lewinson）采用，他认为德语 *Orakel* "神谕" 源自希伯来语 אור הכל（参看§1.2.2.2）。

犹太启蒙运动时期的希伯来语短语 לע כמו תף *lóa kemo(y) tof*（字面意义"口鼻像鼓"）是国际通用词 *locomotive* 的本族化俗词源（试比较：לוקומוטיף *lokomotíf*，见于 1893 年的周刊 *HaOr* "《光明》"，לוקומוטיב *lokomotív*，见于 Avinery 1946：135）。这个词还有一些异体，比如 לו כמו תף *ló(y) kemo(y) tof*（字面意义"像鼓一样〔自顾自地〕〔发出噪声〕"）。另一个语义化语音匹配词 מעשן לו כמו תף *meashéyn lo kemo tof* 非常诙谐，字面意义是"像鼓一样冒烟〔阳性，单数〕"，用于同化国际通用词 *machine locomotive*，试比较：德语 *Maschin lokomotiv*（Toury 1990：194）；意第绪语 מאַשין *mashín* "机器"（Rozenshteyn 1914：145a）；意第绪语 לאַקאָמאַטיוו *lokomotív* "机车，发动机"（同上：124a）；法语 *machine locomotive* "火车头"。如果严格遵守阿什肯纳兹希伯来语的音系规则（参看 Katz 1993a），那么，מעשן לו כמו תף 的发音应该是 *meashéyn loy kmoy tof*，不过这种发音也许不受欢迎。

以上分析表明：我们可以区分两类不同的俗词源复合词或短语，其中比较常见的一类是其源语词项并不是复合词或短语，而另一个次类是其源语词项是复合词或短语，以下例词都属于后者：

（1）希伯来语 טור עפל *tur óyfel*（字面意义"高的一排"）是法语 *Tour Eiffel* "埃菲尔铁塔"的语义化语音匹配词。圣经希伯来语 עפל [ˈʕopʰɛl] 意思是"高堡垒"（参看 Isaiah 32：14）。希朗斯基（Shlonsky 1954：65）曾经使用过 טור עפל 一词。以色列语 מגדל עפל *migdál ófel*（字面意义"高的塔"）也指 *Tour Eiffel*（参看 Avinery 1946：138）。

（2）希伯来语 אד קלון *ed kólon*（其标准发音 *eyd kóloyn* 可能不受欢迎；试比较：以色列语 *ed kalón*）① （字面意义"耻辱的水汽"、"耻辱之气"）用于同化芬兰语国际通用词 *eau de Cologne* "古龙水"，试比较：法语 *eau de Cologne*；意第绪语 אָדעקאָלאָן *odekolón*；俄语 одеколон *odekolón*；德语 *Eau de Cologne*。（需要注意的是，它所匹配的国际通用词常被看作是一个整体，即作为一个词看待，比如在俄语和法语里都如此。）

上述这一类词的创制过程如下图所示：

| 第一源语 x+w "a" →目标语(+多源新词) y+z "a" ←目标语/第二源语 y "b"，z "c" |
| --- |

y+z 的语音近似于 x+w
a 与 b+c 近义（音义匹配）/词义相关（语义化语音匹配）/词义无关（语音匹配）

**图 35**

还有另外两个俗词源复合词，其源语词本身也是复合词：以色列语 אשף כשף *éshef késhef*，字面意义是"魔法，巫术"，实际意义是"戏法，哄骗"（§5.3.6）；以色列语 סחר מכר *sákhar mékher* "交易，非法交易"，用于同化意第绪语 שאַכער מאַכער *shákhər mákhər* "非法交易，骗

---

① 我们可以为犹太启蒙运动时期希伯来语 אד קלון *ed kólon* 找到一个看似合理的借口，即造词者意在鼓励或嘲弄使用古龙香水掩盖不愉快体味的行为。希伯来语 קלון "耻辱，丢脸"也用于排斥意味强得多的音义匹配词：阿拉伯语 قرآن [qurˈʔaːn]《古兰经》"的希伯来语同化形式 קלון [qåˈlōn]。十分偶然的是，密西拿希伯来语 איד [ʔed] "灾难"（参看 Psalms 6：15）与希伯来语 אד [ʔed] "蒸汽，气体"（Klausner 1949：97 把 *ed kólon* 拼写为 איד-קלון）同音，经过词汇加工以后用于指"非犹太节日"，置换了阿拉伯语 عيد [ʕiːd] "节日"和密西拿希伯来语 עיד [ʕīd] "非犹太节日"（参看 *Mishnah*：Avoda Zara 1：1）。

子"（§6.2.7）。有关犹太启蒙运动时期希伯来语地名中的本族化俗词源，参看§4.6。

　　总而言之，在多源新词中，引入新词义的一般比引入新单词的更加难以辨识，而最容易观察到的是引入新复合词或短语的多源新词。

# 第四章 术语领域的多源造词

在本族语词汇库存中，词汇空缺最为严重的术语领域无疑也是本族化俗词源现象最为普遍的领域。在以色列语的早期发展阶段，词汇最为匮乏的术语领域包括动物学、医学、音乐、美食学和计算机。在特定术语领域里，本族化俗词源渗透的程度有时候取决于该领域杰出的造词者是否喜欢通过本族化俗词源手段去创造新词。就以色列语而言，阿布拉莫维奇（也叫蒙德尔）创造动物学术语时，就极为依赖本族化俗词源这一造词手段，不过他创造的新词大多被淘汰了，下文将进行详细分析。

## 4.1 动 物 学

阿布拉莫维奇的母语是意第绪语，他 1835 年出生于白俄罗斯，曾经在许多地方生活过，包括卡普里（立陶宛）、沃里尼亚、波多里亚、别尔基切夫、日托米尔（乌克兰）、日内瓦、敖德萨等地，1917 年在敖德萨去世。在 1862 年出版的《自然史（1）》（*toldót hatéva*）中，他引入新词 המסתיר *hamastír*（字面意义"躲藏者"）去指德语 *Hamster*"仓鼠"（同上：31）。在该书第 304 页，他在正文提到 *hamster*，在脚注里采用了 המסתיר，并解释说：用"躲藏者"去指仓鼠，是因为仓鼠"冬天躲藏起来，以便睡觉不受打扰"。[1] 在《自然史（1）》出版之后，阿布拉莫维奇对俗词源造词法更有信心了，在

---

[1] mastír et atsmóbimót hakhóref lemáan yanúm shnatóbeén mafría（同前：304 脚注）。也可参看 Saddan（1955：35）。

以鸟名为重点的《自然史（2）》（1866）中，他创造了更多音义匹配词、语义化语音匹配词和语音匹配词。他提出用 רגלי ragl*í*（同上：343）（字面意义"长腿的"）去指"普通秧鸡"。虽然他以这种鸟的德语名 *Ralle* 为源语词，但他没有顾及 *Ralle* 的词源，只是想模仿它的发音；他采用的希伯来语既有语素不仅语音与 *Ralle* 相似，而且词义与这种鸟的特点相关。事实上，形容词 רגלי ragl*í* 源自（圣经）希伯来语 רגל ['rɛgɛl]"腿，脚"，可以表示"长腿的"。这个形容词选得十分恰当，因为秧鸡的腿的确比较长。不过，希伯来语科学院却更倾向于借用 *Ralle*，对它进行语素改造之后变为 רלית ral*ít*（参看 ZA 10—11，1963—1964：36b，Alon 1983：vi：187），试比较：希伯来语科学院引入的鸟名 רמית ram*ít*，用于指 **Remi**z *pendulinus*"攀雀"（参看 ZA 10—11，1963—1964：23b）。

国际通用词/英语 *canary*"金丝雀"的词源可以经由法语和西班牙语追溯至拉丁语 *canis*"狗"。这种会唱歌的小鸟得名于 *Canaria insula*（字面意义"狗岛"），因为岛上也聚居着一些大型犬。阿布拉莫维奇认为这个词的词源与一种弦乐器有关，给这个词的历史平添了几分趣味；他建议用 צפור כנורי *tsipór kinorí*（同上：168）去匹配德语 **Kanarie**nvogel"金丝雀"。形容词 כנורי *kinorí* 源自圣经希伯来语 כנור [kin'nōr]，指一种类似于竖琴的弦乐器（试比较：以色列语 כנור *kinór*"小提琴"，参看 ZV 6，1928：47a），让人不禁想起金丝雀的美妙声音。萨丹（Saddan 1955：35）提到 כנורי *kinorí* 的变异形式，比如 כנרי *kanarí*（字面意义"小提琴家的［阳性］"）和 כנרית *kanarít*（字面意义"小提琴家［阴性］"），马森（Masson 1986：48）也曾提及后者。事实证明，כנרית *kanarít* 堪称是最成功的一个新造词，例如《晚祷报》（*Maariv*，1998 年 9 月 14 日，第 12 页）就采用过这个词。[①] 巧合的是，*canary* 在纽约的一些美式英语表达式里用作意第绪语 *kinǝhórǝ* 的语音匹配词，而后者是意第绪语 קיין עין-הרע *keyn eyn* (*h*)*órǝ*（或 *keyn*

---

① 不过，欧菲克（Ofek 1989：33）更喜欢 קנרית（用 p *q* 而不是 כ *k*），这个词是语素改造词，而不是语义化语音匹配词。

*ayen hórə*）的叠音脱落形式，字面意义是"没有恶意的目光"，实际意思是"祝好运！"试比较：德语 kein "没有"；密西拿希伯来语 עין הרע（Mishnah：Aboth 2：11）；请注意：以色列语 בלי עין הרע *bli áin hará* 源自意第绪语 קיין עין-הרע *keyn eyn hórə*。①

阿布拉莫维奇复活了圣经词汇中的许多废弃词。例如，他（Abramowitsch 1866：413）提出用 מגרון *migrón* 作为希伯来语语音匹配词去替代 Mergus "潜鸟（一种水鸟）"，从而让《以赛亚书》第 10 章第 28 节（Isaiah 10：28）里的圣经希伯来语地名 מגרון [mig'rōn] 复活。他创造了新词 אלקום *alkúm* 作为德语 Alk "海雀"（同上：363）的语音匹配词。圣经希伯来语 אלקום [ʔalˈqūm] 是一次频词，见于《箴言》第 30 章第 31 节（Proverbs 30：31），它的词义很模糊，也许是"无人起义"（< אל "无" + קום "起义"）的意思。圣经希伯来语 מלך אלקום עמו [ˈmɛlɛkʰ ʔalˈqūm ʕimˈmō]（Proverbs 30：31）被译为"无人能敌的君王"（英王钦定本）或者"检阅人民的君王"（新修订标准版）。האכר *haikár*（字面意义"农民，农夫"）是一个音义匹配新造词，匹配对象为德语 **Acker**männschen "鹡鸰属，鹡鸰"（参看 Grimm 1854：i：174）（试比较：Abramowitsch 1866：132）。请注意，德语 Acker 意思是"农夫的田地"。他（同上：408）根据语音，用 אוז הדר *aváz héder*（字面意义"荣耀鹅；显赫雄鹅"）去匹配德语 **Eider**gans 和 **Eider**ente "欧绒鸭"。（圣经）希伯来语 הדר [ˈhɛdɛr] 是（圣经）希伯来语 הדר [håˈdår] "荣耀，显赫"的名词构造型（参看 Daniel 11：20 中的圣经希伯来语 הדר מלכות [ˈhɛdɛr malˈkʰūt]）。我们不妨比较分析一下（圣经）希伯来语 ארץ [ˈʔɛrɛṣ] "国家，土地"，它可以当作

---

① 尤里乌斯·G.·罗森博格（Julius G. Rothenberg，参看 Mencken 1945：435：试比较：1977：262）提到这样的美式英语：Have a canary! "祝你好运！" Don't have a canary! "安静！别发脾气！" He's giving me a canary.（参看源语为意第绪语词项的德语本族化俗词源习语，见于 Zuckermann 2000：290—292）等。又如，德语 Hals und Beinbruch! "祝你好运！"（字面意义"脖子和腿断"，即"祝你断脖子断腿"；试比较：英语 Break a leg! "祝你好运！"）可能是意第绪语 הצלחה וברכה *hatslókhə ubrókhə*（波兰意第绪语 *hatslúkhə ubrúkhə*）"成功和祝福"的语义化语音匹配词，后者来自中古希伯来语 הצלחה וברכה [haṣlåˈħå ubʰråˈkʰå]。

（圣经）希伯来语 ארץ［ˈʔåreṣ］的名词构造型，后者的当代发音为 árets，专指"以色列"。他（同上：411）用 אווז אדר aváz éder 指 Königseider(gans)"王绒鸭"，其字面意义是"荣耀鹅"（与上文的 אווז הדר aváz héder 一样）或者"斗篷鹅"，试比较：（希伯来语>）以色列语 אדרת adéret"地幔，斗篷"。

　　阿布拉莫维奇创造出语义化语音匹配词 פיפיון pifyón 去匹配德语 Pfeifer"滨鹬"（同上：133，也指"啸鹨"，参看 Grimm 1889：vii：1653），试比较：拉丁语 Anthus。他也许还考虑过用拟声词 fi fi 去模仿这种小鸟开始飞的时候所发出的声音（参看 MES：1424c，Klein 1987：506c）。不过，他创造的拟声词受到德语 Pfeifer 的影响，不应该看作是单纯的拟声词（MES 和克雷恩都当作拟声词）。但是，考虑到一致性原理，拟声的因素不应忽视（参看§6.2.4）。

　　阿布拉莫维奇还创造出音义匹配新造词 קשש kashásh（字面意义"稻草采集者"）（来自希伯来语 קש"稻草"），用于匹配阿拉伯语 قشّاش［qašˈšaš］"（稻草）采集者"，试比较：阿拉伯语 قشّ［ˈqašša］"收集，采集［阳性，单数］"，قشّ［qašš］"稻草"。可以比较一下以色列语常用的语音匹配词 חגלה khoglá"鹧鸪，松鸡"（MES：502a），"山鹑"（OED）（试比较：另一词义"石鸡"，Alon 1983：vi：175），用于匹配阿拉伯语 حجل［ˈħadʒal］"鹧鸪，松鸡"。以色列语 khoglá 复活了圣经希伯来语 חגלה［ħogˈlâ］，后者本是一个女性名，见于《民数记》（Numbers 26：33，27：1）（参看 ZA 10—11，1963—1964：37a，Sarfatti 1981：188），详情请参看§2.3。

　　打个比方说，阿布拉莫维奇做到了一石双鸟，在新造词里既保留了外语原词的语音，又采用了希伯来语本族词。从他所创造的语音匹配词中，往往比较容易发现他选词的合理性，因为这些成分与所指（这里指鸟）之间也存在词义上的联系，哪怕这种联系有时候比较牵强，总能或多或少提示词义。有关以色列语鸟名的发展史，参看 Fischler（1990）。

　　《自然史（3）》（1872）聚焦于爬行动物。阿布拉莫维奇（同上：14）引入 צב השלטי tsav hashiltí（字面意义"盾牌一样的龟"），用于匹

配德语 *Schildkröte* "乌龟"，试比较：词义相同的意第绪语 שׁילדקרעט
*shíldkrət*（拉丁语 *Chelonites*）。对于德语 *Alm* "洞螈"（参看拉丁语
*Proteus anguineus*，试比较：*salamandra*），他所选择的语音匹配词是
עלמון（同上：259），而希伯来语［ʕalʼmōn］（以色列语 *almón*）是圣
经里的一个地名（Joshua 21：18），很有可能与 עלמת［ʕåʼlɛmɛt］（I
Chronicles 6：45）指的是同一个地方。

# 4.2　医　药

　　1950 年，依文-欧登（Even-Odem，原名 Rubinstein）医生出版了
《滔滔不绝》①（*al sfat lashón*）一书，引起许多争议。依文-欧登具有
相当强的语言意识，对一些机构进行了猛烈抨击，包括希伯来语委员
会、《我们的语言》（*Lešonénu*）编委会、《药学：巴勒斯坦犹太医学
会会刊》（*HaRefuah*，该医学会 1948 年改名为以色列医学会）编委
会等。他指责这三个机构语言腐败、藐视希伯来语。他提到，有一位
医学教授（可能是 Alexander ʔ. Freed）擅长"分析语音学"（同前：
16），"会让许多外语词的语音适合希伯来语词语"，对这位教授创造
的一些新词，他（Even-Odem 1950：16—17）② 进行了批评，例如：

- גנו ראיה *ganú reiyá*（字面意义"谴责［祈使语气，第二人称复数］流
  动！"），用于匹配国际通用词 *gonorrhoea* "淋病"，后者来自中古拉丁
  语 *gonorrhœa*，可追溯至古希腊语 γονόρροια *gonórrhoia*，而这个希腊
  语词源的构词成分是 *gónos* "精液" + *rhoía* "流出"。造词者自以为
  גנו ראיה *ganú reiyá* 这个复合词的词义十分合理，因为古希腊语 *rhoía*
  "流出"（试比较：*rhoá/ rhoē̄/ rhóos* "流动，溪流"）与密西拿希伯来语

---

① 这是本书著者根据《以西结书》第 36 章第 3 节（Ezekiel 36：3）翻译的，参看本书
　参考文献。
② 这些新词大多数在 1930 年代和 1940 年代出现于期刊 *HaRofé Halvrí*，其中两个（语
　义化）语音匹配复合词受到依文-欧登的批评，详情请参看 §5.3.4。

ראיה［rəʔijˈjå］"流动，排放，月经"（*Mishnah*：Niddah 1：6；Zabim 1：1）存在词义联系。①

- תמר *tómer*（字面意义"棕榈树"），用于匹配国际通用词 *tumour* "肿瘤"，试比较：英语 *tumour*；德语 *Tumor*；意大利语 *tumore*；意第绪语 טומאָר *túmor*（见于 Weinreich 1977：599b）。这样的匹配是由于误解了圣经希伯来语 והיא יושבת תחת תמר ［wəˈhī jōˈšɛbʰɛt ˈtaḥat ˈtomer］（Judges 4：5）。这句话的正解是"她住在棕树下"（英王钦定本）或者"她（女先知底波拉）常常坐在棕榈树下"（新修订标准版）。但是，如果把 תמר ［ˈtomer］理解为"肿瘤"，那么，这句话的意思就变成"她坐下来，因为她得了肿瘤"。关于纯语论者声称见于《旧约》的那些音义匹配词，参看 §3.2.3。

- צורת *tsavéret*（同上：17，Freed 1944：132b），来自（希伯来语>）以色列语 צואר *tsavár* "颈部"，用于匹配国际通用词 *cervicitis* "宫颈炎"，试比较：以色列语 צרוויציטיס *tservitsítis*。弗里德（Freed）建议用这个词表示"宫颈炎"而不是表示 צורת 的常用意义"斜颈，斜颈症"（*HaRefuah* 1944：xxvi：178a；xxvii：182a，试比较：Kna'ani 1998：4951b），他认为"宫颈炎"比"斜颈，斜颈症"更合适，因为名词词型 □a□é□et 就是指炎症。本-阿米（M. Ben-Ami）在给《药学：巴勒斯坦犹太医学会会刊》（*HaRefuah* 1944：xxvi：16—17）的信中可能表达了对这种观点的支持，因为他认为名词词型 □a□é□et 是指疾病的病因而不是指生病的器官（参看 Even-Odem and Rotem 1967：Introduction：ii）。但是，依文-欧登（Even-Odem 1950：17—18；1959：187—188）对这种观点进行了严厉批评。

- קברון *kibarón*，来自（希伯来语>）以色列语 קבר *kéver* "坟墓"，用于匹配国际通用词 *cavern* "（体内组织上形成的）空洞"，试比较：以色列语 קברנה *kavérna*；拉丁语 *caverna*。

- אי טרפה *i trafá* "食物短缺"，用于匹配国际通用词 *atrophy* "萎缩症"，试比较：以色列语 אטרופיה *atrófya*；俄语 атрофия *atrofiya*；波兰语

---

① 有一种可能是——尽管克劳斯（Krauss 1898）和依文-肖山（Even-Shoshan 1997）都没有做这种分析——密西拿希伯来语委婉语 ראיה［rəʔijˈjå］"流动，排放，月经"是一个借词，借自古希腊语 *rhoía* "流出"，或者是利用密西拿希伯来语既有词 ראיה［rəʔijˈjå］"看见，看，瞥见"去匹配后者而形成的语义化语音匹配词。

*atrofia*。

- *nikhrétet*（< כרת √*krt* "砍倒"），用于匹配国际通用词 *necrosis* "坏疽"。

- אקטמה *aktamá*（< קטמ √*qṭm* "切断，砍掉"），用于匹配国际通用词 *ectomy* "切除"。

- פנתא *pantá*（见于 *Talmud*：B'rakhoth 43b，意思是 "鞋面革"），用于匹配中古拉丁语 *pons*（试比较：*pons cerebri/cerebelli* "小脑"）（后来被穆塔纳用于一篇文章，刊登在《药学：巴勒斯坦犹太医学会会刊》；参看 Even-Odem 1950：29）。

- מרא *mére*，语音匹配新造词，构词材料为（圣经）希伯来语 מריא ［məˈrī］"水牛"（参看 II Samuel 6：13），用于匹配英语 *marrow* "骨髓"。

1959 年，依文-欧登创制出两个音义匹配词，并且由于某种原因，没有提出任何批评，其中一个词是 תרפואה *tarpuá* "治疗"（1959：32，85），用于同化国际通用词 *therapy*，试比较：以色列语 תרפיה *terápya*；俄语 терапия *terapíya*；波兰语 *terapia*。从形态上看，这个词是将（圣经希伯来语>>）以色列语 רפא √*rpʔ* "治疗，治愈" 套进名词词型 *ta□□u□á*，试比较：以色列语 תברואה *tavruá* "卫生系统或设备"。同样，תאלוהה *taaluhá* 是国际通用词 *theology* 的音义匹配词，试比较：以色列语 תאולוגיה *teológya*；俄语 теология *teológiya*；波兰语 *teologia*（1959：32，127，214）。请注意，ה（*h*）的俄语发音是［g］；俄罗斯移民把以色列城市 הרצליה *hertselía* "赫兹利亚" 念为 *gértseliya*。弗兰克尔（Meir Frankel）曾于 1952 年 2 月 15 日致信依文-欧登，称赞该词的语音与国际通用词 *theology* 很匹配（同上：237）。

下列音义匹配新造词都指 "佝偻病"：רככת *rakékhet*（参看 Even-Odem 1967：English-Hebrew Section：571，Robashov 1971：82）；רכית *rakhít* 或 *rakít*，见于 Rosenbaum（1944：23—24），*rakít* 见于《药学：巴勒斯坦犹太医学会会刊》（*HaRefuah* xxvi：183 ［第 10 期第 1 页］，1944 年 5 月 15 日）。这些词都是多源新词，词源包括：第一，国际通用词 *rachitis* "佝偻病"，试比较：俄语 рахит *rakhít*；以色列语 רכיטיס *rakhítis*；德语 *Rachitis*；现代拉丁语 *rachitis*；第二，（圣经希伯来语>

密西拿希伯来语>>）以色列语 רך *rakh* "软"，因为这种病会导致骨质软化，造词过程如下图所示：

| 国际通用词 | | 以色列语 | | 希伯来语 |
|---|---|---|---|---|
| **rachitis** "佝偻病" 俄语 рахит *rakhít*；德语 *Rachitis*；现代拉丁语 *rachitis*；古希腊语 ῥαχῖτις *rakhítis* | → | רכית **rakít/rakhít** 或 רככת **rakékhet** | ← | רך ［**rak**<sup>h</sup>］ "软" 试比较：רככ √*rkk* |

**图 36**

希伯来语科学院在 *LL* 108（1979）推出新词 כיסתה *kistá* "囊肿"。这是一个多源新词，构词材料为以色列语 כיס *kis* "囊"（<<密西拿希伯来语 "囊" <圣经希伯来语 "口袋"，在以色列语里也指 "口袋"），用于匹配国际通用词 *cyst*，试比较：俄语 киста *kistá*；法语 *kyste*；拉丁语 *cystis*（试比较：古希腊语 *kústis* "膀胱；囊状物"）；以色列语 ציסטה *tsísta*；波兰语 *cysta*；德语 *Zyste*。כיסתה *kistá* 与俄语里的同义词是同音词，那么，我为什么不把它当作单纯的借词？首先，该词的拼写含 כ（*k*）而不是 ק（*q*），如果是借词，则应该拼写为 ק（*q*）。其次，希伯来语科学院给 כיסתה *kistá* 的定义是：*kis, shenotsár bekhalál hagúf umekhíl nozél* "液囊"。不过，以色列语现在通常用（国际通用词>）以色列语 ציסטה *tsísta* 指 "囊肿"。

本-阿米（日期不详，约为 1957 年）在《医用 X 光词典：英语-拉丁语-希伯来语》（*milón refuí lerentgenaút*）中提出用以色列语 עטי *áti* 匹配国际通用词 *aetiology* "病因学"，试比较：以色列语 אטיולוגיה *etyológya*；俄语 этиология *etiológiya*；波兰语 *etiologia*。*aetiology* 的词源是拉丁语 *ætiologia*，可追溯至古希腊语 *aitiología* "给出理由"，后者来自 *aitía* "理由，原因" 和 *logía* "谈话"。本-阿米选用的构词材料似乎是以色列语 בעטיו של *beetyóshel* "由于，因为"，来自密西拿希伯来语 בעטיו של "由于某种不好的事情"，后者来自密西拿希伯来语 עטי ［ˈʕǎṭī］ "（一般很糟糕的）建议，坏建议"，试比较：阿拉姆语 עטא

［ʕeṭå］"建议"。

以色列语 גרעינומת garinómet "肉芽肿"（参看 MES：268a）来自（密西拿希伯来语>>）以色列语 גרעין "核" 加后缀 ומת- -ómet，用于匹配国际通用词 granuloma，试比较：以色列语 גרנולומה granulóma（גרעין "谷粒"也见于音义匹配词 גרעינית "花岗岩"，参看 § 5.3.5）。

# 4.3　音　乐

在 § 3.1.1 节，我曾经提到，以色列语 אבוב abúv "双簧管"是词义具体化音义匹配词，匹配对象为国际通用词 oboe（试比较：意大利语 oboe），构词材料为密西拿希伯来语 אבוב ［ʔabˈbūbʰ］"寺庙里表演所用的一种笛子"。同类词还包括 גתית gitít "吉他"，即国际通用词 guitar 的音义匹配词，详细分析参看 § 5.3.2。音义匹配词 קרן kéren 指乐器"号角"，这种乐器形状像角，早期用兽角制成，现在用黄铜或其他材料制成，试比较：以色列语 קרן צרפתית kéren tsarfatít "法国号"（法语 cor d'harmonie），以色列语 קרן אנגלית kéren anglít "英国管"（法语 cor anglais）。以色列语 kéren "号角"是国际通用词 corno "号角"的音义匹配词（试比较：意大利语 corno；法语 corne 和 cor），匹配所用的语言材料是圣经希伯来语 קרן ［ˈqɛʀɛn］"（兽）角"（参看 Genesis 22：13，Daniel 8：3，6），"羊角号"（参看 Joshua 6：5）。圣经希伯来语 קרן ［ˈqɛʀɛp］可能与拉丁语 cornu "号角"相关，而后者正是国际通用词 corno "号角"的词源，试比较：以色列语 קרן kéren "（足球或手球）角球"，它是英语 corner 的音义匹配词，构词材料为圣经希伯来语 קרן ［ˈqɛʀɛn］"角落"，详见 § 3.1.4.3。还可以比较中古希伯来语 קרנית ［qarˈnīt］"角膜"，它是拉丁语 cornea 的音义匹配词，构词材料为圣经希伯来语 קרן ［ˈqɛʀɛn］"光线"（Habakkuk 3：4）或者"角"（Genesis 22：13）。

音义匹配新造词 תנפן tunpán "半球型铜鼓"见于 LL 21（1967），匹配对象为意大利语 timpano，后者源自古希腊语 túmpanon。造词者考虑到了（圣经希伯来语>>）以色列语 תף *tof* "鼓" 或者阿拉姆语 תפא [tuppa]（试比较：阿拉伯语 دف [daff] "鼓"）。阿拉姆语词中的字中点、希伯来语复数形式 תפים [tup'pīm] "鼓" 中的字中点以及 תפי *tupí* "像鼓一样，弹鼓装满的"（试比较：אקדח תפי *ekdákh túpi* "弹鼓装满子弹的手枪"，参看§5.4.3）中的字中点，都可以看作是/n/和[p]发生同化的结果。① 换言之，这个词过去的形式可能是 [tunpa]，试比较：以色列语 אף *af* "鼻子"，אפי *apí* "鼻的，鼻音的"，אנפוף *inpúf* "鼻音化，讲话带鼻音"；阿拉伯语同源词 أنف ة [ʔanf] "鼻子"（试比较：阿拉伯语推导型俗词源 أنف العنز ة [ʔanf əlˈʕanza]，其字面意义是"山羊的鼻子"，用于解释国际通用词 *influenza*，参看§1.2.2.1）。因此，תנפן *tunpán* "半球型铜鼓" 与 תף（希伯来语 [topʰ] "鼓"，以色列语 *tof*）存在词义联系。

就音乐术语的音义匹配而言，意大利语扮演了重要角色，这是因为匹配对象是意大利语词语或者是源自意大利语的国际通用词。还有一些词不是指乐器，比如 גליש *glish* "滑奏法" 和 סלפית *salfít* "假音"。以色列语 *glish* 的词源包括希伯来语 גלש √*glš*② "溢出，滑行，滑下" 套进名词词型 □□i□，以及意大利语国际通用词 *glissando*。从形态上看，以色列语 סלפית *salfít* "假音" 的构词成分是（圣经希伯来语>>）以色列语 סלף √*slp* "歪曲，假装" 套进名词词型 □a□□ít，其中包含（希伯来语>）以色列语常用后缀 ית- -*ít*，用于同化意大利语国际通用

---

① 试比较：拉丁语中表示否定意义的前缀 *in-*，它在首字母为 l 的词语之前变为 -*il*，试比较：英语 *illegal*, *illegitimate*, *illiterate*。就发音而言，字中点过去在希伯来语和阿拉姆语里发叠音，但是在以色列语中，除了在 ב (*b*)[v→b]，כ (*k*)[χ→k]，פ (*p*)[f→p] 等字母中之外，字中点现在是不发音的。许多英语使用者和语言学家都不知道英语也有类似的辅音叠音现象，比如 *till late* [-ll-] 与 *till eight* [-l-]，*Royal Horse Society* [-ss-] 与 \**Royal Whore Society* [-s-]；另外，*phone-number* [-nn-]，*house-sit* [ss-]，*bookkeeper* [-kk-]，*subbookkeep**er* [-bb-, -kk-]，*bus stop* [-ss-]，（日常口语中）*last stop* [lɑːsˈstɒp] 也都包含叠音。另一方面，以色列语 *hu shalál la et harishayón* "他没收了她的执照" 的发音也是……*shalála*……。

② 这个词根也见于音义匹配新造词 מגלשה *magleshá* "滑动[名词]"，以色列儿童也念为 *maglechá* 或者 *miglachá*；意第绪语 אויסגליטשן *óysglichen* "滑动[动词]" 或德语 *glitschen* "滑动" 显然对这个词的产生有影响。再如，以色列语 התגלש *hitgalésh* "滑，滑落[阳性，单数]" 的发音也是 *hitgaléch*，参看 Avinery（1964：179）。

词 *falsetto*，试比较：波兰语 *falset*；俄语 фальцет *fal'tsét*；英语 *falsetto*；法语 *fausset*。① 尽管 ספליפת *salfít* 与 *falsetto* 的音位发生了回文一样的转换，从 [s][l][f] 变为 [f][l][s]，但是语音上的关联是显而易见的。这种音位变换不同于逆序造词（reverse-creation），比如把英语 *Gilbreth* 变为 *therblig*，或者把 *ohm* 变为 *mho*；也不同于倒读俚语词（back-slangism），比如把 *boy* 变成 *yob* 或者把 *VIPs* 变成 *spiv*（参看 Zuckermann 2000：137—141 对 צרפת "法国" 的分析、本书 §4.4 对以色列语 שמנת *shaménet* "奶油" 的分析以及 §8.10）。请注意，将以色列语 סלף √*slp* 套进动词词型 □*i*□é□ 表示 "歪曲，假装" 的做法，也许得益于国际通用词 *false*，试比较：意第绪语 פֿאַלש *falsh*；俄语 фальшивый *fal'shívyĭ* "假的"；波兰语 *fałszywy* "假的"；德语 *falsch*；英语 *false*。其实，סלף √*slp* 套进 □*i*□é□ 词型见于《旧约》，词义也相同，例如在《箴言》第 19 章第 3 节（Proverbs 19：3）就有这种用法。因此，它不是音义匹配词，至多属于因语音偶然相似而导致的用法增强现象（参看 Zuckermann 2000：313—317）。

以色列语后缀 ית- *-ít* 常常用于对意大利语后缀 *-etto* 进行语素改造。以色列语里有一些语素改造词（而不是上述音义匹配词）都来自国际通用的意大利语音乐术语，例如，לברית *livrít* "（歌剧等的）剧本" <意大利语国际通用词 *libretto*；קלרנית *klarnít* "单簧管" <意大利语国际通用词 *clarinet*（试比较：意大利语 *clarinetto*；以色列语 קלרינט *klarinét*），试比较：语义化语音匹配复合词 כלי רנות（以色列语 *kli rinót*），其匹配对象为国际通用词 *clarinet*，试比较：圣经希伯来语 כלי שיר [kə'lē šīr] "乐器"（参看 I Chronicles 15：16）；קורנית *kornít* "短号" <意大利语国际通用词 *cornetto*（<<拉丁语 *cornu* "号角"）。（希伯来语>）以色列语 ית- *-ít* 也用于吸收其他欧洲语言后缀，比如用于一些并非音乐术语的语素改造词，包括 קסקית *kaskít* "帽子" <法语 *casquette* "帽子"（<法语 *casque* "头盔"），פיפית *pifít*（也念作 *pipít*）"吸液管" <国际通用词 *pipette*（试比较：法语 *pipette*；以色列

---

① 以色列语 סלפית 见于 Toury（1990：196）。

语 פיפטה *pipéta*；意大利语 *pipetta*；俄语 пипетка *pipétka*）（参看 *Lešonénu* 10.4，1940：377a）。LL 47（1979）引入新词 דואית *duít* "二重奏"，而这个词可以看作是多源新造词，词源包括意大利语国际通用词 *duetto*（试比较：以色列语 דואט *duét*）和后缀 ית- *-ít*，这个后缀加在（古希腊语>）希伯来语 דו [dū] "两个，双"之后，而后者作为前缀见于 דו פרצופי *du partsufí*（字面意义 "两面三刀的，伪善的"）和 דו קיום *du kiyúm* "共存"。除了音乐术语之外，其他领域的许多音义匹配词也用到后缀 ית- *-ít*，比如 כתלית *kotlít* "排骨，肉片"。

# 4.4　食　　物

　　根据犹太教传统，犹太人在许多宗教节日都要吃特定的食物，因此，有关食物的俗词源非常普遍。例如，在犹太新年前夕，犹太人要吃胡萝卜——参看（中古）希伯来语 גזר ['gɛzɛr] "胡萝卜"，这个传统与（密西拿）希伯来语 גזר [gə'zår] "判决，裁定，法令"有关，后者见于一段新年祷告里，试比较：שתקרע רע גזר דיננו "愿你撕毁糟糕的法令"。东意第绪语给这个传统提供了一个看似合理的理由，因为意第绪语 מערן *mérņ* "胡萝卜 [复数]"（试比较：מער *mer* "胡萝卜 [单数]"）与意第绪语 מערן *mérņ* "增加 [及物动词]"（试比较：意第绪语 מערן זיך *mérņ zikh* "增加 [不及物动词]"）相似，暗指同一段新年祷告里的 ירבו זכויותינו "愿我们优点倍增"（参看 Weinreich 1973：i：6，191），试比较："愿我们的善行如石榴般果实累累"，这句话常常被犹太人用来解释石榴为什么会成为犹太新年的传统食物。和传统食物有关的词还包括意第绪语 לעקעך *lékəkh*，它指一种蛋糕（试比较：德语 *Lebkuchen*，指一种小甜点，以及西意第绪语 *lékukhən*，见于 Kerler 1999：84）。新年吃蛋糕的习俗据说是因为（圣经）希伯来语 לקח ['lɛqah] "道德课，说教"（参看 Proverbs 1：5），这个词在阿什肯纳兹希伯来语里的发音是 *lékəkh*。依文-肖山（*MES*：825a）指出，意第绪语 לעקעך *lékəkh* "一种蛋糕" 在以色列语里常常写作 לקח，拼写和元音标记与（圣经）希伯来语 לקח［ˈlɛqaħ］"道德课，说教"完全相同。逾越节的传统食物芹菜在（密西拿）希伯来语里叫 כרפס［karˈpas］，而 כרפס 如果按照回文解释，则为 ס פרך，指 "600 000 万人经历了苦役"。希伯来语 ס（s）的字母数值是 60，（圣经）希伯来语 פרך［ˈpɛrɛkʰ］意思是"压迫"，暗示犹太人在埃及被迫遭受的 עבודת פרך "苦役"。כרפס 只不过是推导型俗词源，而 גזר，מערן 和 לעקאך 因引发了新传统而成为生成型俗词源（试比较：希伯来语 קול מבשר，意第绪语 קאל מ' וואסער 等，详见§8.2）。

　　以色列语里有许多有关食物的本族化俗词源，大多数是纯语论者引入的。比亚利克（参看 *Lešonénu* 5，1933：198a；试比较：Avinery 1935：52）创造的以色列语新词 כתלית *kotlít*（*MES*：779c）是国际通用词 *côtelette* 的音义匹配词，构词材料都是本族语材料，包括中古希伯来语 כתל［ˈkotɛl］"旁边"和 ית- *-ít*。我认为，它是一个音义匹配新造词，词义与 כתלית *kotlít* "墙草属植物"（参看 Auerbach and Ezrahi 1930：22b，词条编号：383）毫无关联。不过，新词 כתלית *kotlít* "排骨，肉片"最终并不太通用。国际通用词 *côtelette* 还被同化为另一个音义匹配词 כתלי חזיר *kotléy khazír* "排骨，火腿，猪排"，详情请参看§5.4.4。

　　以色列语 גלידה *glidá* "冰淇淋"一般发音为 *glída*，尽管卡丹（Katan 1991：24）认为它与法语 *gelée* "冻结的"相关，但是它其实是意大利语 *gelato* 的音义匹配词。也可以参看波兰语 *lody* "冰淇淋［复数］"（泛指所有冰淇淋），波兰语 *loda* "冰淇淋"，后者是 *lód* "（球形）冰淇淋，冰棒"的宾格形式（不同于 *lód* "冰"，即 *lód* "冰"的宾格形式），试比较：俄语：лёд *lëd* "冰"。以色列语 גלידה *glidá* 由本-耶胡达在 1906 年创制，他在自己的词典里只提到了同源词 גלד √*gld*（*MBY*：ii：779a）。本-耶胡达一般会在定义中提到几种外语中的对应词，比如英语、法语、德语里的对应词，但是在 גלידה 的定义中却未曾提到；他所给的定义是 *mamták asúy misukár uveitsím venikpá vekár kiglíd* "一种由糖和蛋制成的冷冻甜食，冷得像冰（גליד）一样"。密西拿希伯来语 גליד 和阿拉姆语 גלידא 意思都是"冰，霜"

（参看 Jastrow 1903：248b），试比较：圣经希伯来语 גלדי "我的皮肤"，见于 Job 16：15。希伯来语委员会敦促以色列语母语者使用 גלידה，该词见于 *MMM*（1938：75）和 *Lešonénu* 5（1933：199b）。可以比较一下 גלידה 与音义匹配词 גלדין *gladín* "明胶"，后者采用 גלד √*gld* "凝块" 作为同化材料（§5.1.2）。

以色列语 שמנת *shaménet* "奶油"（见于 *MBY*：xv：7262b，*Lešonénu* 5，1933：199a，*MMM* 1938：22）与好几个词在音素和语义两方面都相匹配，包括意第绪语 סמעטאנע *smétənə*（试比较：立陶宛意第绪语 *shmétənə*）"奶油"；俄语 сметана *smetána* "奶油"；波兰语 *śmietana* "（酸）奶油"；德语 *Schmetten*（参看 Grimm 1899：ix：1046），德语方言词 *Schmant*（Drosdowski 1989：640a）等。从形态上看，שמנת *shaménet* 的构词语素是（希伯来语>）以色列语 שמן *shumán* "脂肪" 或者（希伯来语>）以色列语 שמן *shémen* "油" 套进名词词型 □a□é□et。

以色列语 קרטיב *kártiv* "冰棒，棒冰" 是 ארטיק *ártik* "冰棒，棒冰" 的换称，后者源自国际通用词 *arctic*（以色列语 ארקטי *árkti*），试比较：意大利语 *Artico* "北极"（［r］与［t］之间没有［k］）；法语 *l'Arctique* "北极"；德语 *Arktis* "北极"（请注意，"冰棒，棒冰" 这一词义在这些语言中并不为人所熟悉）。有些以色列人区别对待 קרטיב *kártiv* 和 ארטיק *ártik*，他们用前者指 "棒冰"（比如，柠檬味棒冰），用后者指 "奶味冰棒"（比如，巧克力或香草味冰棒）。尽管并非每个人都将 ארטיק 限定于指 "奶油冰棒"，但是 קרטיב 一般情况下似乎仅仅指 "棒冰"。

以色列语 פתי בר *pitéy bar*（字面意义 "乡村面包"）指 "甜味长方形饼干"（不同于酥饼），它是芬兰语国际通用词 *petit beurre* 的语义化语音匹配词。这个词的拼写含有 ת（*t*）而不是 ט（*t*），后者更适用于语素音位改造（参看文字层面的本族化俗词源，§5.4.2）。以色列的一些食品公司（包括 Osem，Frumin，Superclass 等公司）在自己的热卖饼干名称中都采用了 ת（*t*）。不过，פתי בר *pitéy bar* 通常念为 *péti ber* 或者 *péti bar*，后者不太常用，但是因为耶路撒冷有一种饼干

叫 *Peti Bar* 而得到认可，显然 *Peti Bar* 的命名者知道 *bar* 有"饼干"之意。

以色列语 פת מרדכי *pat mordekháy*（字面意义"末底改的面包"）是国际通用词 *marzipan* "杏仁霜"的语义化语音匹配词，试比较：以色列语 מרציפן *martsipán*；法语 *massepain*；德语 *Marzipan*；俄语 *martsipán*；波兰语 *marcepan*。这个词由希伯来语委员会在 *MMM*（1938：79）中提出，构词材料极有可能来自既有词 לחם מרדכי（以色列语 *lékhem mordekháy*）（字面意义"末底改的面包"）。用希伯来语 פת（以色列语 *pat*）去匹配国际通用的 *-pan*，比用 לחם（以色列语 *lékhem*）更好一些。根据传统词源分析，国际通用词 *marzipan* 的词源是拉丁语 *Marci panis* "圣马可的面包"，这个名称源自 1407 年发生在吕贝克（Lübeck）的大饥荒。***pat mordekháy*** 的创制灵感也有可能来自法语 ***pâte** d'**amandes***，其字面意义是"杏仁糊"，实际指"杏仁霜"。这个语义化语音匹配词后来没有得到希伯来语科学院的重视，因为他们偏向于采用外来词 מרציפן *martsipán*。不过，许多双语词典在 *marzipan* 的定义中都提到了 פת מרדכי *pat mordekháy*（比如 Levenston and Sivan 1982：668b）。希伯来语名字 *Mordecai* 及其公认的非希伯来语对应词 *Marcus* 在希伯来语和意第绪语文献中都有着漫长的历史（参看 Szmeruk 1959，Mageddet 1993）。还有其他音义匹配词也含有 פת *pat* "面包"成分，比如 פת פאר *pat peér* "小蛋糕"（参看 §3.2.4），פתה *píta* "皮塔饼"（参看 §5.4.3）和 פתית *patít*。פתית *patít* 指一种纤体面包，构词材料混合了法语 *petit* "小"和（圣经希伯来语>>）以色列语 פת *pat* "少量，一片面包，面包"，再加上指小后缀 ית- *-ít*。

本族化俗词源 פת מרדכי *pat mordekháy* "杏仁霜"颠倒了源语词中语素的顺序。与此类似的是 טל העמק *tal haémek* "爱芒特奶酪"，它的词源混合了以下多种成分：一是国际通用词 *Emmental/Emmenthal*（<德语 *Emmentaler*，以前写为 *Emmenthaler*），源自瑞士一个地区的名称 *Emmental*），指一种有孔的瑞士奶酪；二是 טל העמק "山谷的露珠"，来自 טל *tal* "露珠"和 העמק *haémek* "山谷"（试比较：德语 *Tal* "山谷"；以色列语 עמק *émek*，其字面意义是"山谷"，其实指一种

奶酪）。

俗词源奶酪名称还包括 פרומעז *froméz*，它指一种山羊奶酪，词源包括法语 *fromage*［fʁɔˈmaʒ］"奶酪"，英语 *from* +（圣经希伯来语>>）以色列语 עז *ez* "山羊"。因此，这个词的源语包括三种语言，但是以色列语母语者一般意识不到这种（为了获取广告效应而采用的）操作手法。①

希伯来语科学院的安农·沙丕拉（私人通信）曾经建议将芬兰语国际通用词 *baguette* 与以色列语 בגית *bagít*（也见于 Yanay 1990：

---

① 词源为三种语言的词还包括意第绪语 נישקשה *nishkóshə*（Weinreich 1977：527a，303a）及其后来产生的文字层面的同音异体词 נישקאשע（参看 Harkavy 1988：328a），意思都是"可忍受的，马马虎虎，经得住的"。意第绪语 *nishkóshə* 的词源包括：德语 *nicht* "不" +（圣经）希伯来语 קשה［qåˈšɛ］"难"，以及波兰语 *niezgorszy*［njezˈgoršə］［形容词］（字面意义"不会更差"），表示"还不错，还行"（这是 19 世纪的用法，现已不再使用，更为常用的是 *nie najgorszy* "不是最糟的［形容词］"），来自 *nie* "不" + *najgorszy* "最糟糕的"（< *naj* 最高级 +*gorszy* "更糟糕的［形容词］"）。在波兰语中，最高级来自比较级，而不是来自原形。至于表示"糟糕"的词，其词形变化是不规则的：*zły* "糟糕的"，*gorszy* "更糟糕的"，*najgorszy* "最糟糕的"，试比较：英语 *bad* - *worse* - *worst*。规则的变化如：*biały* "白的"，*bielszy* "更白的"，*najbielszy* "最白的"。也可比较：当代波兰语 *nie najgorzej* "还不错"（字面意义"不是最糟糕［副词］"），来自 *nie* "不" + *najgorzej* "最糟糕［副词］"（< *naj* 最高级 + *gorzej* "更糟［副词］"）。

再如，意第绪语 שלימזל *shlimázl̥* "不幸的人"，"没用的人"（Weinreich 1977：386a），"笨手笨脚的人"（Harkavy 1988：506a）是一个行囊词，构词材料包括德语 *schlimm* "坏的，糟糕的" +（密西拿）希伯来语 מזל［mazˈzål］"运气"。有一种推导型俗词源，把 שלימ־ *shlim* 当作阿拉姆语 שלים "完成，终结"（参看 Avinery 1946：133）。阿尔特鲍尔（Altbauer 1945：86：脚注 2）提出：意第绪语 שלימזל *shlimázl̥* 来自德语 *Schlimm* 和希伯来语 מזל，但是 *Lešonénu* 14 的编辑（即托西纳）自作主张添加了这样的注释：*en shlimázl ela mivtá merushál shel shelómazál* "*Shlimázl* 只不过是在念 שלא מזל（希伯来语，表示'没运气'）时漫不经心而形成的一个词"。托西纳（一般情况下都很严谨）的这个解释带着"耶路撒冷为世界之都"的腔调，不足以令人信服。不过，意第绪语 שלימזל *shlimázl̥* 或许还有一个意第绪语并列词源：שלומיאל *shlemíəl* "笨手笨脚的人，轻率粗心的人"，"无能的人，傻瓜，倒霉的人"，来自圣经希伯来语 שלומיאל［šəlūmīˈʔel］，即西缅支派（Simon Tribe，参看 Numbers 1：6 等处）祖先的名字，据《塔木德》的说法，这位祖先的结局并不好（有关分析，参看 Sivan 1985b：160）；此外，שלימזל *shlimázl̥* 的产生或许还受到 *Peter Schlemihls wundersame Geschichte*（1814，作者为 A. von Chamisso）里的同名男主人公名字的影响（相关分析，参看 Saddan 1950），这样一来，它本身就是一个音义匹配词。关于 *shlemíel* 与 *shlimázl̥* 的关系，还有一种玩笑似的解释：*shlemiel* 指把牛奶溅到 *shlimazl̥* 上的人。其他来自三种源语的词还包括以色列语 פרפר *parpár* "蝴蝶"（参看 §2.3）和 §1.2.2.5 所分析的几个俚语词。

258）联系起来。以色列语 בגית bagít 是一个音义匹配新造词，构词材料为圣经希伯来语 פת בג［patˈbåg］"熟食，佳肴，美食，王的食物"（参看 Daniel 1：13），后者是一个古老的语义化部分语音匹配词，尽管常被写作 פת בג（试比较：פת "片，面包"），但是它的终极词源是古波斯语 patibaga "熟食"，试比较：古叙利亚语 פתבגא פטבגא（参看 Klein 1987：536a）；梵语 prati-bhâga（BDB：834a）。沙丕拉还建议用以色列语 מופין mufín 去匹配美式英语 muffin "松饼"（这个建议 2000年 5 月 22 日在希伯来语科学院的第 254 次会议上获得通过）。以色列语 מופין muffin 是模仿圣经希伯来语一次频词 תופין［tūˈpʰīn］"糕点"创制的，后者见于《利未记》第 6 章第 14 节（Leviticus 6：14），词源是（圣经）希伯来语 אפי √ʔpj（试比较：希伯来语 אפה √ʔph）"烘焙，煮"。有些以色列人用 תופין tufín 指饼干。מופין muffin 的造词过程如下图所示：

| （美式）英语\n\n**muffin** | → | 以色列语\nמופין\n***mufín***\n"松饼"\n（希伯来语科学院在 2000 年 5 月 22 日的第 254 次会议上正式引入） | ← | （圣经）希伯来语\nאפי √***ʔpj***\n"烘焙，煮"\n试比较：圣经希伯来语 一 次 频 词 תופין［tūˈpʰīn］"糕点"，见于 Leviticus 6：14 |

**图 37**

希伯来语科学院没有明确说明 מופין muffin 是指甜味的美式松饼而不是指普通的英式小圆面包，不过，其附属机构在推广该词的广告中采用了美式巧克力松饼的图片。此外，希伯来语科学院的造词动因也许是以色列人越来越美国化的饮食习惯。迄今为止，מופין mufín "松饼" 和 בגית bagít "法式长棍面包" 都没有通行开来，以色列人常用于指法式长棍面包的词是 באגט bagét。

密西拿希伯来语 גריסים［grīˈsīm］在《密西拿》（参看 Mishnah：ʿOrlah 2：7）中指 "粗磨粉，碾去壳的燕麦，小麦籽粒"，比亚利克（Bialik 1901，参看 1935：i：91 或 1959：30b）在 shiratí "我的歌" 第

3 节第 10 行也用了这一含义。这个词在以色列语中尚未牢牢扎根，但是有些以色列人用它的复数形式（当代发音为 *grisím*）去指"长棍面包，棍形面包"，其同化对象为意大利语 *grissini*（<皮埃蒙特区方言词 *grissin*，即 *ghersa* "一套〔物品〕"的指小词 *ghersin* "面包条"的异体，参看 Devoto and Oli 1995：891a，Zingarelli 1986）。以色列人一般不吃长棍面包，这正是该词通用度有限的原因之一。

以色列语中还有其他表示食物的本族化俗词源，包括 בולבוס *bulbús* "土豆"（§3.1.4.1），גלדין *gladín* "凝胶"（§5.1.2），שירוב *shiróv* "糖浆"（§5.3.2），תירס *tíras* "玉米"（§6.2.1），רבה *ribá* "果酱"（§6.3）等。更多的食品名称，参看 Zuckermann（2000：310—313）。

## 4.5　计算机

在全球范围内，计算机技术领域都是盛产多源新词的沃土。请看以色列语中的相关词汇：

例一：סיבית *sibít* "二进制数字"（*LL* 178，1990）<
1. 英语 *bit*（比特，该词为 **binary digit** "二进制数字"的首字母缩略词，或者是由 *bit* "片"引申而来，但是经过重新分析后被视为缩略词）。
2. ספרה בינרית *sifrá binárit* "二进制数字"的首字母缩略词（以色列语 ספרה *sifrá* "数字"本身是音义匹配词，参看 §3.1.2）。
סיבית 早在希伯来语科学院的喉舌 *LL* 推出它之前就已经有人使用过，以色列期刊 *Anashím uMakhshevím* 14：55（"人与计算机"，《个人电脑杂志》）（1984 年 7 月）甚至提到其复数形式 סיביות *sibiót* "二进制数字〔复数〕"，比如 "36 סיביות〔...〕סיביות 32"。

例二：בית *báit* "字节"<
1. 英语 *byte*。

2. （圣经希伯来语>>）以色列语 בית *báit* "房子"，试比较：密西拿希伯来语 בית ['bajit] "戴在额头的塔夫林（犹太经文护符匣）里的四段经文之一"。

例三：שפת שיא *sfat si* "C（语言）" <语义化语音匹配<

1. 英语 C（语言）。

2. （圣经希伯来语 שיא "高度" >>）以色列语 שיא *si* "顶部，高潮"。请注意，计算机 C 语言被视为很强大很先进的语言。在 *Anashím uMakhshevím* 14：53（1984 年 7 月）中，C 语言一般拼写为 סי *si* "C"，但被描述为 שפת שיא *sfat si* "顶级语言"，即 שפת שיא היא הסי שפת *(sfat hasí hi sfat si)*。

在上面的最后一例中，"顶部，高潮"与"C 语言"之间的语义联系显然不明显，בית "字节"与原义之间的联系也很松散，因此，我认为例二和例三都属于语义化语音匹配词，而不是单纯的借词。纯语论者曾经建议用拼写形式 בית 表示"字节"（注意：用的是 ת *t* 而不是 ט *t*，后者是借词的预期形式），建议把复数形式拼写为 בתים *batím*，与 בתים *batím* "房子［复数］"的拼写完全相同。这个复数形式见于 *Anashím uMakhshevím* 18：31c（1985）：בתים 460 [...] בתים 55 "55 字节…… 460 字节"，名词构造型的复数形式也见于上文（：30b），即 ק. בתי ראם 64 "64 千字节的随机存储器"。以色列语 בתים *batím* "字节［复数］"不同于 בייטים *báytim*，后者是英语 *bytes* 的语素改造词。实际上，*báytim* 成为常见发音，这恰恰说明语音匹配词 בתים *batím* "字节"失败了。①

需要指出的是，上述三个多源新词都未能进入口语。计算机领域的主导语言是英语，以色列语只要对源语词进行简单的语音改造就可以吸收计算机术语，因此，希伯来语科学院之类的纯语主义机构即使推出本族化俗词源，也无法对以色列语母语者产生影响。

---

① 再如，以色列语口语词 לגלגל בגוגל *legalgél begúgel*（字面意义 "在谷歌里滚动"）意思是 "上谷歌（google）搜索"，现在已经很少使用了，参看含有叠音的多源新动词（§6.2.3）；试比较：西班牙语 *Emilio* "电子邮件"（§2.3）。

（美式）英语是计算机软件、硬件、互联网和电子邮件所使用的语言，因此，以色列人接触到大量的计算机术语，这使得他们既不容易也没有义务去接受利用本族语词汇材料创造出来的计算机领域新词。

　　除以色列语之外，现代汉语中也有相当数量的计算机词汇属于本族化俗词源。比如，一些计算机公司的名称、商标名称及商品名称进入汉语时，都采用了含有褒义的汉字去进行音义匹配，结果创造出一些寓意深长的品牌名称，比如"佳能"（日本的一家生产影像与信息产品的综合集团），用于匹配 *Canon*；"希捷"（全球知名的硬盘、磁盘和读写磁头制造商），用于匹配 *Seagate*；"赛扬"（英特尔公司的一个处理器品牌），用于匹配 *Celeron*；"奔腾"（英特尔出品的微处理器），用于匹配（美式英语）国际通用词 *Pentium*，其英语原词 *Pentium* 包含 penta-"五"，暗示这款处理器是英特尔的第五代处理器，而"奔腾"给人一马当先的联想，寓意速度之快，其造词过程如下图所示：

**图 38**

　　英语 *hacker* 早在莎士比亚时代就存在了，由 *hack*"劈砍" + *-er* "人"构成，原指用斧头砍柴的人，现在用于计算机领域，指"利用自己在计算机方面的技术，设法在未经授权的情况下访问计算机文件或网络的人"（*OED*），泛指擅长计算机技术的人、计算机科学家。汉语将 *hacker* 同化为"黑客"，基本含义是指拥有熟练电脑技术的人，但大部分媒体习惯用"黑客"指电脑侵入者，其造词过程如下图所示：

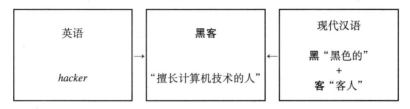

**图 39**

同样是以英语 *hacker* 为外语原词，台湾地区的习惯用法却是"骇客"，字面意义为"惊人的客人"。

其他多源新词还包括："拷贝"，用于匹配英语 *copy*，意思是"复制"，广泛应用于计算机各个领域；"比特"，用于匹配英语 *BIT*（*binary digit*），指信息量单位，也指信息量的度量单位。有一些多源新词为口语词或网络用语，比如"猫"用于匹配英语 *modem*"调制解调器"，"荡"用于匹配英语 *download*"下载"，"烘焙鸡"用于匹配英语 *homepage*"首页，主页"。"万维网"用于匹配英语 *World Wide Web*，后者曾被译为"环球网"、"环球信息网"、"超媒体环球信息网"等，但是这些译名都无法像"万维网"一样在语音和语义上接近英语原词。

## 4.6　地　　名

专名一般与辞书学意义上的词项分开处理，一般情况下词典是不收录专名的。我倒是想挑战一下这种传统做法，因为在以色列语中，地名和姓氏与传统意义上的词项一样会有音义匹配和语音匹配现象，因此同样值得我们深入探讨。1950 年，即以色列建国两年之后，总理戴维·本-古里安（David Ben-Gurion）紧急成立了地名委员会（Geographical Names Committee，简称 GNC），专门负责使内盖夫（Negev，位于以色列南部）的阿拉伯语地名希伯来语化（*Shnaton HeMemshala* 1951：279 更喜欢称之为"犹太化"，即把阿拉伯语地名改为犹太圣经上的地名)。① 据粗略估计，地名委员会工作了六个月，开会 60 次，提出了 500 余个以色列语地名。地名委员会由布拉韦尔（Avraham Yaakov Brawer）博士牵头，成员包括多名教授。我分析了《以色列政府年鉴：1950—1951》（*Shnaton HaMemshala h.t.š.j.ʔ.*）（1951：259—311，尤其第 279—288 页），发现地名委员会主要采用以下三种方法拟定地名：

第一，为阿拉伯语地名创制语音匹配词；

第二，直译阿拉伯语地名；

第三，将特定地方与希伯来语历史文献中的地点相联系，尤其是与《旧约》中的地名相联系，然后建议采用旧时地名。

地名委员会创造的 537 个新地名中，175 个是语音匹配词，167 个是阿拉伯语直译过来，124 个是以古代希伯来语地名命名。剩下的 71 个地名是用其他方法创制的，其中一种方法是委婉翻译，比如用含有褒义的地名 *en yáhav*（字面意义"希望之春"）替代含有贬义的阿拉伯语地名 عين الوباء［ʕajn alwaˈbaʔ］（字面意义"瘟疫之春"），因为阿拉伯语 وباء［waˈbaʔ］的意思是"瘟疫，害虫，流行病"。阿拉伯语 بير حندس［biːr ˈhindis］"黑暗之井"被译为（希伯来语>）以色列语 באר אורה *beér orá* "光明之井"，不过，最初给这个地方命名的是 1949—1950 年间驻扎此地负责建设通往埃拉特（Eilat）的公路的以色列工程兵部队士兵，他们所起的名字叫 באר הנדסה *beér handasá*，字面意义是"工程（兵团）之井"，与阿拉伯语 بير حندس 的语音相匹配。下列地名也是经语音匹配而来：

- 阿拉伯语 جبل الخروف ［ˈʤabal（əl）χaˈruːf］（字面意义"羊之山"）> הר חריף *har kharíf*（字面意义"热/陡/湍急的山"）（第 282b 页）。②

---

① 这个委员会的以色列语名称为 *haveadá hageográfit likviát shemót banégev – mitáam misrád rosh hamemshalá*。

② 试比较：中古希伯来语 נחל חריף "湍急的河"，地名委员会可能考虑到了这个词。该委员会还把阿拉伯语 وادي خروف ［ˈwadi χaˈruːf］（字面意义"羊之河"）与 נחל חריף *nákhal kharíf*（字面意义"热/陡/湍急的河"）相匹配。

- 阿拉伯语 العنصرية [ʔalʕunṣuˈrijja]，当代词义为 "种族主义"（试比较：[ˈʕunṣur] "成分，元素，种族"）> נצר הר *har nétser*（第 284a 页）。
- 阿拉伯语 جبل المحوية [ˈdʒabal almaḥ(a)ˈwijja]（试比较：أحوا [ˈʔaḥwaː] "山谷边，深绿色"，حوي √ḥwj "收集；深绿"）> מחיה הר *har mikhyá*（第 284a 页）。

不仅仅在内盖夫，实际上在以色列各地，用同音词去匹配阿拉伯语地名的现象都非常普遍。请看以下例词：

- הר טוב *har tov*（字面意义 "一座好山"）：它是犹地亚（Judea）一座山上的定居点的名称，那里空气新鲜。这个词是阿拉伯语 عرطوف [ʕarˈṭuːf] 的语音匹配词，后者是附近一个阿拉伯村庄的名称。维尔奈（Vilnay 1940：323）断言该阿拉伯语名称毫无意义；也许它是拉丁语 *Aretusa* 的同化形式。请注意，这个词还有几个错误的名称，即 عرتوف [ʕarˈtuːf]（*KMV*：136）和 أرطوف [ʔarˈṭuːf]（Avinery 1946：139）。
- עין ורד *en véred*（字面意义 "玫瑰之泉"）：它是以色列中部沙仑（Sharon）区一个定居点的名称，匹配对象是阿拉伯语 عيون الوردات [ʕaˈjːun alwarˈdaːt]（字面意义 "供女人们下来取水的泉水"）（参看 Vilnay 1940：325）。
- בית גן *bet gan*（字面意义 "花园屋"）：它是加利利地区一个定居点的名称（试比较：圣经希伯来语 הגן בית，它指萨马利亚〔Samaria〕的一个地方，参看 II Kings 9：27），与阿拉伯土语 بيت جن [beːtdʒan] 的部分语音相匹配，后者的字面意义为 "鬼屋"（*KMV*：58，Vilnay 1940：329）（试比较：阿拉伯语 جن [dʒinn] "恶魔，神灵"，也可比较：阿拉伯语 جن [ˈdʒanna] "花园"）。
- רמת שפט *ramát shafát*：它是耶路撒冷一个居民区的名称，来自阿拉伯语 شوعفات [ʃuʕaˈfaːt]，试比较：شعف √ʃʕf "爱，深情"，شعاف [ʃuˈʕaːf] "疯（相思病）"。

有关地名的更多分析，参看 Maisler（1932），*Tazkír HaVáad HaLeumí*（1932）和 Vilnay（1940）。需要重视的是，他们所探讨的

地名大多是由语言规划者引入的。从社会学角度而不是从结构上来看，那些地名应该与非专业人士所创造的语音匹配地名区别开来，后者显然非常普遍。比如，גבעת הנוער *givát hanóar* "青年之山" 是吉夫阿塔伊姆（Givataim）的孩子们给 גבעת אנואר *givát ánwar* "安瓦尔之山"（源自一个阿拉伯人的名字，试比较：阿拉伯语 أنوار [ˈʔanwar]，其字面意义为 "带来更多光明"）所起的名字。① 可以比较一下泰米尔语 அம்பட்டன் [ambaṭˈṭan] /ampaṭˈṭan/，其字面意义为 "理发师"（也指印度的一个种姓，其传统职业为理发师），是印度马德拉斯市（Madras，现名 Chennai "钦奈"）麦拉坡区一座桥的名字，它的语音与造桥工程师的名字 *Hamilton* 相匹配，中间也许有过 *Ambuton* 这一过渡形式（参看 Yule and Burnell 1886，试比较：1903：67a）。这个泰米尔语名字后来又被英语吸收，变成 *Barber's Bridge*。② 在英国委任统治地时期，耶路撒冷的 *George V Avenue* 被称为（希伯来语 >）אבינו מלכנו *avínu malkénu*，其字面意义为 "我们的父我们的王"（即 "我们的主"）。③

俗词源地名还包括非阿拉伯语地名 גבעת הרדאר *givát haradár*（字面意义 "雷达山"），它是耶路撒冷附近二战至 1967 年间英国和约旦空军雷达部队驻地的名字。这个地名被冠以语音上更像希伯来语的名称 הר-אדר *har adár*，字面意义为 "亚达山"（Mount Addar，亚达是犹太历法中一个月份的名称；试比较：阿卡得语 *addaru*）。

我收集到的相关地名数以百计，比如拉丁语地名 *unguentum Neapolitanum*（字面意义 "那不勒斯油膏"）被德语同化为 *umgewendter Napoleon*（字面意义 "围着拿破仑转"）（参看 Anttila 1989：93）；法语地名 *Château-Thierry* "蒂耶里堡"，1918 年美国士兵

---

① Haim Beḗr（私人通信）。
② 试比较：耶路撒冷社区名 הגבעה הצרפתית *hagivá hatsarfatít* "法兰西山"，它由英语 *French Hill* 改造而来，实际上这座山是以一位英国军官的姓氏弗兰奇（French）命名的，他在英国委任统治地时期就住在那里。这种容易让人误解的词还包括 החדר הסגול *hakhéder hasagól*（字面意义 "紫色房间"），有些以色列人用这个词指白宫的椭圆形办公室（Oval Office），因为 "椭圆形"（oval）的以色列语译文 סגלגל *sgalgál* 属于高雅语域，一般以色列人都理解为 "有几分紫的，淡紫的"，而不是理解为 "椭圆形"，后者虽然是该词的基本意义，但是并不为以色列人所熟知。
③ Geoffrey Lewis（个人通信）。

用英语 *Shadow Theory* 来指称它（同上）；希腊语地名 *Geras*（字面意义为"老人"，试比较：古希腊语 *gêras* "老年"）是约旦的罗马式城镇杰拉什的名字，被阿拉伯语同化为 جرش [ˈdʒaraš] "庄稼，研磨"；纳瓦特尔语（阿兹台克语）*cuauhnahuac*（字面意义"树旁，森林边"）（位于墨西哥境内）被西班牙语同化为 *Cuernavaca*（*cuerna* "号角，牛角杯" + *vaca* "奶牛"）。

　　澳大利亚也有一些地名属于本族化俗词源。比如，南澳州有一个地方叫 *Noarlunga* "诺朗加"，离澳洲第一个合法的裸体海滩马斯林海滩（Maslin Beach）不远。杰弗瑞·曼宁（Manning 1986：152）和罗德尼·考克伯恩（Cockburn 1990：160，初版于 1984）认为，*Noarlunga* 的本义是"钓鱼或捕鱼的地方"，普瑞特和托里（Praite and Tolley 1970：129）却认为它的本义是"有山的地方"，来自澳洲土著语言拉敏杰利语（Ramindjeri）*ngurle* "山"和土著语言卡尔纳语（Kaurna）表示处所的后缀 *-ngka*。但是，它真正的词源可能是卡尔纳语 *nurlu* "角落"，加上后缀 *-ngka*，结果就形成 *Nurlungka*，字面意义为"在河的拐弯处"，实际上指安卡帕林嘎河（Onkaparinga River）的马蹄形弯，小镇诺朗加就是在那里兴建的。

　　澳洲有些地名看起来完全是英语地名，实际上却可能源自澳洲土著语言。阿德莱德山上有一个小镇名叫 *Piccadilly*，它的原名是卡尔纳语 *pikurdla*，字面意义为"两条眉毛"，构词成分为 *piku* "眉毛"和表示双数的后缀 *-rdla*，这个后缀也见于阿德莱德的另一个山区地名 *Uraidla*，该词在卡尔纳语里的意思是"两只耳朵"，构词成分为 *yuri* "耳朵"和后缀 *-rdla*。与此相反的是，有些地名看起来像土著语言名称，其实是英语地名的土著语言发音。在昆士兰州，离布里斯班一百多公里的一个地方叫 *Toowoomba*，这个名称看起来是土著语词语，其实是当地原住民念英语 *swamp* "沼泽地"时的发音；由于他们的语言中没有 [s] 音，也不区分浊音 [b][g][d] 与清音 [p][k][t]，于是就把 *swamp* 念成了 *Toowoomba*。

　　有的多源新地名并不是本族化俗词源，例如，עלי זהב *aléy zaháv*（字面意义"金叶"）是以色列南部一个集体农庄的名字，该名称创制于 1980 年代，其词源包括多种成分：一是希伯来语 עלי זהב "金叶"，来自创建该农庄的集团名称 גרעין סתיו garín stav（字面意义 "秋季核心集团"）；二是 עליזה בגין Alizah Begin 的首字母缩略词。Alizah Begin "阿丽查·贝京" 是时任总理梅纳赫姆·贝京（Menachem Begin）的夫人的名字。当地居民曾经得到贝京所属的贝塔党（右翼犹太复国主义者）的支持，因此希望纪念阿丽查·贝京，但是由于当时阿丽查·贝京刚去世不久，而且她自己并非很有影响力，居民们无法非常正式地纪念她，于是就利用了她的名字来命名农庄。

在 20 世纪之前，饱受离散之苦的犹太人非常善于创造本族化俗词源地名，详情请参看 Zuckermann（2000：137—141）；在犹太启蒙运动期间，这种现象极其普遍（参看 §3.2.4—§3.2.5）。例如，启蒙运动时期的希伯来语 הררי אלף harérey élef（或 harérey ólef）① 用于匹配国际通用词（The）Alps "阿尔卑斯山"，试比较：俄语 Альпы Ál'py；波兰语 Alpy。圣经希伯来语 הררי אלף ［harəˈre ˈʔålɛpʰ］（Psalms 50：10）意思是 "一千座山"（英王钦定本，新修订标准版）（试比较：以色列语 האלפים haálpim），在以色列语里可以理解为 "一千米高的山"。请注意，harérey élef 只有一部分属于本族化俗词源，试比较：以色列语 kotléy khazír "排骨，肉片"（§5.4.4）。

同样，启蒙运动时期的希伯来语 אי שפנים i shfánim（字面意义 "兔子之岛"）（שפנים 在口语里也指 "野兔"）指伊比利亚半岛，戈登（Gordon 1956：107a）在他的诗 "海洋深处"（bimtsulót yam）里就是用 חצי אי השפנים "兔子之岛" 来指该岛的。אי שפנים i shfánim 是一个语音匹配词，匹配对象为拉丁语 Ispania 或 Hispania，试比较：古希腊语 Σπανία Spanía；俄语 Испания Ispániya；波兰语 Hiszpania；古英语 Ispania。拉丁语 Hispania 是罗马行省的名称，源于地中海西部地区的腓尼基语名称，腓尼基人把该地称为 "兔子海岸"（参看 Rosen 1994：90）。如果这种说法正确，那么，אי שפנים 可能就是原始语为闪族语、因近亲匹配而产生的本族化俗词源（以下简称 "近亲本族化俗词源"）。

────────────

① 见于 Saddan（1955：40）。

下面的语义化语音匹配地名产生于犹太启蒙运动时期，属于"政治上正确"的地名。比如，希伯来语 פועלא טבא *poyálo tóvo*（字面意义"优秀劳动者"）（《塔木德》中词义相同的阿拉姆语词为 [pōʕaˈla ṭâbʰå]，参看 Jastrow 1903：281b，1145a）被许多犹太启蒙运动人士用于指乌克兰城市 *Poltava* "波尔塔瓦"，该市位于哈尔科夫西南、基辅以东，试比较：意第绪语 פּאָלטאַװע *poltávə*；俄语 Полтава *Poltáva*；波兰语 *Połtawa*（参看 Avinery 1946：135；Klausner 1949：97）。希伯来语 פה נוי זה *po novi ze*（字面意义"这是我〔美丽的〕居所"）是一个语义化语音匹配词，匹配对象为意第绪语 פּאָניוועזש *pónivezh*（试比较：立陶宛意第绪语 *pónivez*）（见于 Gordon 1883：151，试比较：Klausner 1949：97）。希伯来语 שׂר טוב *sar to(y)v*（字面意义"贤明的统治者"）是一个语义化语音匹配词，匹配对象为俄语 Саратов *Sarátov* "萨拉托夫"（俄罗斯城市名）（参看 Weinreich 1955：610 脚注）。犹太启蒙运动期间，还产生了一些带有褒义的姓氏，它们都是本族化俗词源（参看下文以及 §5.4.2）。

实际上，נוה "居所"不仅仅出现在启蒙运动时期的希伯来语 פה נוי זה *po novi ze* 中，而且常常作为名词构造型用于以色列语名词组合式地名，比如以色列北部赫尔蒙山（Mount Hermon）的地名 נוה-אטי"ב *nevé atív*。在圣经希伯来语中，有两个不同的 נוה [nåˈwɛ]，来自词义不同但是都拼写为 נוה √*nwh*（试比较：נוי √*nwj*）的词根。圣经希伯来语 √₁*nwh* 意思是"沙漠中的放牧地"（参看 II Samuel 7：8），"居所，住所"（参看 II Samuel 15：25），试比较：阿拉伯语 نوى [ˈnawa:] "移居，流浪〔阳性，单数〕"；圣经希伯来语 נאות-（Joel 2：22，Amos 1：2 等处）。圣经希伯来语 √₂*nwh* 意思是"美丽的，秀美的"（参看 Jeremiah 6：2），是圣经希伯来语 נאה 的异体，试比较：阿拉伯语 نوّه [ˈnawwaha] "颂扬，赞美，提高，高尚〔阳性，单数〕"（Wehr 1961：1013）"擅长〔阳性，单数〕"；密西拿希伯来语 נאה "美丽的"，נוי "美丽"；圣经希伯来语 יאה √*jʔh*（试比较：יאי √*jʔj*）"美丽的"（Jeremiah 10：7）；阿拉姆语 יאי "美丽"。圣经希伯来语 √₁*nwh* 是圣经里好几个名词组合式地名中的名词构造型，比如 נוה איתן [nəˈwe

ʔeˈtån〕（Jeremiah 49：19，50：44）和 נוה תנים〔nəˈwe tanˈnīm〕（Isaiah 34：13，35：7）。因此，-נוה 的现代用法可视为直接来自那些名词组合式地名，试比较：以色列语 נוה שאנן nevé shaanán（用于特拉维夫、海发、耶路撒冷等地的一些社区名称），来自圣经希伯来语 נוה שאנן 〔nåˈwe šaʔăˈnån〕（Isaiah 33：20）。然而，我认为，语言现实可能要复杂得多，有一些地名的产生可能受到了包括 -נוה nevé- 在内的三种成分的影响：

第一，阿拉伯语 نبي〔ˈnabi:〕"先知"；例词包括：

- 以色列语 נוה-דניאל nevé danyél（字面意义"但以理的住所"）：它是犹地亚山（Mount Judaea）一个共同屯垦区的名称，语音上匹配阿拉伯语 النبي دانيال〔ʔanˈnabi: dɑ: njɑ: 1〕"先知但以理"。这个地方得名于一个以色列护卫队的名字〔ʔanˈnabi: dɑ: njɑ: 1〕，该护卫队 1948 年 3 月 27 日从这里回去时，遭到伯利恒附近的阿拉伯人的袭击（KMV：347）。
- 以色列语 נוה-ימין nevé yamín（字面意义"右边住所"或"雅明〔Yamin，圣经中的一个名字〕的住所"）：它是以色列中部卡法萨巴（Kfar Sava）附近的一个合作屯垦区的名称，是阿拉伯语 النبي يمين〔ʔanˈnabi: jaˈmi:n〕"先知雅明"的语音匹配词。这个地名是按阿拉伯传统起的，因为那里是雅各之子本雅明的埋葬地，而本雅明在阿拉伯语里叫 بنيمين〔binjaˈmi:n〕，有时也叫 يمين〔jaˈmi:n〕，试比较：阿拉伯语罕用词 يمن〔ˈjamana〕/〔ˈjamina〕/〔ˈjamuna〕"幸运的〔阳性〕"，阿拉伯语 يمن〔ˈjumn〕"运气"，阿拉伯语 ميمون〔majˈmu:n〕"幸运的"和阿拉伯语 يمين〔jaˈmi:n〕"右手，右手边"；也可参看 Entsiklopédya Mikraít（iii：701）。

第二，国际通用词 new"新的"，试比较：俄语 новый nóvyǐ。例如，阿布哈兹（Abkhaz）的 Новый Афон nóvyǐ afón"新雅典"；莫斯科街道 Новый Арбат nóvyǐ arbát，该街道建于 1960 年代；莫斯科社区 Новые Черёмушки nóvye cherémushki，这个社区比前文所提的街道新得多，也漂亮得多。同类地名还包括斯洛文尼亚城

市名 *Nova Gorica* "新戈里察"；英语地名 *New Hampshire* "新罕布什尔州" 和 *New York* "纽约（字面意义'新约克'）"；德语 *neu(e)* 也用于地名。

第三，圣经希伯来语 √₂*nwh* "美丽的，秀美的"。

从以上例词中，我们可以发现，以色列语 -נוה *nevé-* 一般用在比较新、比较迷人的社区的名称中。名称含 *nevé-* 的地方一般在绿色郊区，环境与周围不同。例如，以色列中央社区萨维安的 *Nevé Savyoním*，特拉维夫的 *Nevé Avivím* 和 *Nevé Dan*，耶路撒冷的 *Nevé Granót*（1963）和 *Nevé Yaakóv*（1924），哈代拉的 *Nevé Khaím*（1950）。

## 4.7 姓 氏

艾利泽·本-耶胡达于 1881 年到达以色列地，之后他做的头等大事之一就是让自己的姓氏 *Perelman* 希伯来语化，变为 *Ben-Yehuda*（字面意义"耶胡达之子"），这样既随了父名耶胡达，又暗指自己的犹太复国主义思想（"犹太之子"）。① 1931 年，伊扎克·本·兹维（Itzhak Ben-Zvi，原名 Shimshelevich）当上全国委员会（*HaVa'ad HaLeumi*）主席，他敦促以色列定居者把自己的姓改为希伯来语。全国委员会和犹太复国主义管委会（*HaHanhala HaTsionit*）宣布 1943—1944 年为"归化与希伯来语名字年"。尼姆查比（Mordecai Nimtzabi）撰写了一本小册子，说明犹太人必须根除外文名字的原因和方法，并附有希伯来语名字清单。1948 年，以色列首任总理和国防部长戴维·本-古里安（David Ben-Gurion，原名 Gruen）宣布：军队里所有的指挥官都负有道义上的责任，必须将自己的姓氏改为希伯来语。另外，还成立了希伯来语名字专门委员会（*Veadát Shemót Ivriím*），由尼

---

① 艾利泽第一次使用这个名字是在 1879 年，当时他第一次在希伯来语报纸 *hashákhar* 上公开发表文章（参看 Mandel 1984：3）。

姆查比担任主席，负责给士兵们推荐希伯来语名字（参看 Arikha 1954）。或许是因为这些压力，或许是出于隐藏家庭背景的愿望，以色列的许多犹太移民都把原名改成了希伯来语名字。① 名字希伯来语化普遍盛行开来，但是，姓氏为希伯来语的以色列人常被人问及原名叫什么。有个故事讲到：有个塞法迪犹太人名叫 Abarjil，他做了一件惊人的事情：将自己的名字改为阿什肯纳兹犹太人名字 Berkowitz，半年以后又改为希伯来语名字 Barak。朋友问他为什么这样做，他答道："因为以色列这里的人老是问我：'你原来姓什么?'"（请注意，有些以色列人觉得，社会上对阿什肯纳兹犹太人有很强的偏见）。名字希伯来语化最常用的方法是语音匹配，我收集的这类名字数以百计，例如：

- בר אילן *bar ilán*（字面意义"树之子"） < *Berlin*，试比较：Meir Bar-Ilan（1880—1949），他是犹太宗教复国主义领袖，巴伊兰大学（Bar-Ilan University）就是以他的名字命名的。

- בוגר *bogér*（字面意义"成熟的"） < *Bograshov*，试比较：Hayyim Boger（1876—1963），以色列地的教育家和伊舒夫（*yishuv*）领导人。

- בר לב *bar lév*（字面意义"心之子"） < *Brotzlewsky*，试比较：Haim Bar-lev（1924—1994），以色列国防军第八任参谋长。

- גרנות *granót*（字面意义"打谷场，谷仓"） < *Granovsky*，试比较：Abraham Granott（1890—1962），经济学家，犹太国家基金会主席。

- אשכול *eshkól*（字面意义"一串〔葡萄等〕"，也作"学者"解②） < *Shkolnik*，试比较：Levi Eshkol（1895—1969），劳动党领袖，以色列第三任总理。

---

① 有的人在把名字改为希伯来语名字之后，经历了个人身份认同危机。实际上，我在对姓氏做社会语言学调查时发现，改名是一个非常敏感的话题，涉及失去原名对人意味着什么等问题。曾有一部电影 *Sonnenschein*（1999，英语为 *Sunshine*"太阳"），其中最动人的情节（至少我认为如此）是改回原来的姓氏 *Sonnenschein*，换掉那个非犹太化的匈牙利姓氏 *Sors*〔šorš〕，试比较：匈牙利语 *sors*〔šorš〕"命运，运气，财富"。我还有一个有关改名的有趣故事，但是改名者本人在把姓氏希伯来语化之后觉得非常不舒服，因此这里不做详细说明。

② 试比较：（密西拿希伯来语>>）以色列语 איש אשכולות *ish eshkolót*（纯正的表达式为 *ish ashkolót*）"（知识渊博的）学者，百科全书编纂人"。

经过对数百个以色列语姓氏仔细分析，我可以得出这样的结论：在许多希伯来语化的姓名中，被同化的成分不是原来的外语姓氏本身，而是姓氏的希伯来语拼写形式；如果原名是意第绪语，则无所谓同化，因为意第绪语采用的是希伯来语文字。我曾听说有人姓 פרי שמן *pri shamén*（字面意义"肥胖的水果"），这个姓氏其实是 *Frischmann* 或 *Frishman* 的语音匹配词，在以色列语里写作 פרישמן，用的是同样的希伯来语字母。阿利卡（Arikha 1954）列出了名字希伯来语化的几种方法，例如：

第一种：改变发音

- גורין *Górin* > גוריין *gur-yán*（一位坦拿〔Tannai，指德高望重的拉比〕的名字，也是一位阿莫拉〔Amora，犹太教律法学者〕的名字）
- גנז *Ganz* > גנז *génez* "宝藏，金库"
- לבנטל *Lévental* > לבנטל *lóven-tal* "露珠之洁白"（Arikha 1954：11—12）

第二种：替换一个字母

- דורמן *Dórman* > דורון *dorón* "礼物"
- לפין *Lápin* > לפיד *lapíd* "火把"
- רביע *Rabí'a* > רביב *ravív* "（小）雨，小滴，毛毛雨"（同上：12—13）

第三种：省略末尾部分

- אבולעפיה *Abul'áfya* > אבול *abúl* "拱廊，门"
- גורביץ *Gurévits* > גור *gur* "幼兽"
- שוגרמן *Shúgerman*（意第绪语 צוקערמאן *tsúkerman* 或德语 *Zuckermann* 的英语化表达式）> שוגר *shogér* "发货人，委托者"（同上：13—15）

除了阿利卡提到的上述方法之外，音位转换法也很常用，或者更确切地说是易位构词（anagram）。例如，把 *Tischler* 改为 טלשיר *talshír* "诗之露珠，歌之露珠"，以色列语写作 טישלר；把 *Mandel* 改为 למדן

*lamdán* "学习者，学者"，以色列语写作 מנדל；把 *Wechsler/Wexler* 改为 כסלו kislév "基斯流月"[1]，以色列语写作 וכסלר（或 וקסלר）。

在上述姓名里，所谓希伯来语化只是同化了原有外文姓氏的以色列语拼写形式，这种情形也见于并非人名的多源新词中。从语音角度来看，比较正确的说法应该是：被同化的成分不是外语原词本身，而是借入目标语的外语原词（即外来词或借词）形式。由于以色列语多源新词往往是国际通用词的同化形式，从源语中所借入的表达式实际上是经过了音系重编的国际通用词。

有时候，外语姓氏的同化是通过重新确立名与姓之间的界限来实现的，比如用 איזי דורות *ízi dorót*（以色列语 דורות *dorót* "世代"）替代 *Isidor(e) Rot(h)*。我们可以比较一下这种语言内部的重新分解过程，例如 *napron > a napron > an apron > apron* 这样的历史演变过程。还有一种重新分析比较滑稽，比如 *psychotherapist > Psycho the rapist*，*together in trouble > to get her in trouble*。[2] 这种重新分割词语之间的界限的现象也见于日语。例如，日语音义匹配词**背広** *sebiro* "西装外套，小西装"是 19 世纪引入日语的。从形态上看，这个词包括两个训读语素：日语 *se* "（身体的）后背" 和 *biro* "宽的"，按日语的连浊规则是/hiro/。连浊是指日语复合词中后方词素的最初的清音变成浊音的现象，更确切地说是指复合词的第二个成分的第一个辅音变成浊音（详见 Vance 1987：133—148）。事实上，许多西装外套都有垫肩，这会使背部显得比较宽阔。另一种说法是：穿上西装后，如果挺直腰板，背部就会显宽。然而，事实并非完全如此。日语**背広** *sebiro* "西装外套，小西装"还有一个外语并列词源：*Savile Row* "萨维尔街"，这是伦敦一条街的名字，以专门定制西装而闻名，因此，这个日语词

---

[1] 即犹太教历的九月、犹太国历三月，相当于公历 11、12 月间。

[2] 在 20 世纪末，以色列曾经非常流行这种重新划分姓氏的音节来制造幽默效果的做法。例如，售卖沙拉三明治的人有一个通称叫 *Simkha Rif*，因为这个名称可以重新划分音节，变成 *sim kharíf*（字面意义 "放辣的"，即 "加些辣椒"），三明治店里常听到这种说法。类似的例子还有许多，有兴趣的读者可以参看 Zuckermann（2003：146 脚注 22）。

实际上是换称（试比较：*Armani suit*），如下图所示：①

**图 40**

让我们再回到以色列语姓氏问题。在人名希伯来语化的过程中，音义匹配十分罕见。例如，פרי *péri* "水果" <英语 *Perry* "（野生）梨树"，"梨酒"；העליון *haelyón*（字面意义 "上面的"）<意大利语 *Elione* "太阳的"；לבנה *levána*（试比较：圣经希伯来语 ［ləbʰåˈnå］）"月亮；洁白的 ［阴性，单数］" <西班牙语 *Luna*，这是一个女性名（也是姓），字面意义为 "月亮"。

其他语言之间也存在姓氏语音匹配现象，例如，英语 *Robbins* <意第绪语 ראָבינאָוויטש *rabinóvich*（Weinreich 1963：53；试比较：姓氏 *FitzRobbin*）；意第绪语 שנאור *shnéyər*（在希伯来语里意思是 "两处亮光"）<拉丁语 *senior*（Wexler 1991：39）；以色列语 לונדון *lóndon* "伦敦"（试比较：Yaron London，这是以色列电视台一位主持人的名字）<意第绪语 למדן *lámdņ* "学者，有学问的"；英语 *O'Hana*，即塞法迪犹太人姓氏 אוחנה 的同化形式（试比较：以色列语 *okhána*）。

---

① 米勒（Miller 1967：253）断言：*sebiro* 的并列词源是英语 *civil* "公民的，文职的"，因为在明治时代（1868—1912，参看 Nelson 1997：1256b）早期，日本的公务员和政府官员都必须穿西服。不过，米勒所说的西服更像是有领子的军装，而日语**背広** *sebiro* 是指一种时尚的定制小西装或夹克。金田一等人（Kindaichi et al. 1975：xxii：66）提出，地名 *Cheviot* 也是并列词源。一般情况下，英语 *civil* 在日语中的语音改造形式应该是 * *shibiru*，这里/s/因受其后的 ［i］ 的影响而颚音化。但是，这也不能排除 *civil* 作为并列词源的可能性，因为音义匹配可能会违背语音规律。此外，根据一致性原理，这些词语中可能有不止一个对这个词的形成产生了影响。

# 第五章　多源造词的社会语言学分析

## 5.1　造词者的态度

多源新词创造者很容易受到各方面的批评。一方面，一些持极端规定主义观点的纯语论者批评他们污染了语言（例如，§4.2 提到的 Even-Odem 1950）；另一方面，许多母语者喜欢使用流行的借词，因此，多源新词不得不与那些借词竞争。

### 5.1.1　复兴主义者的观点

如前所述（§2.3），在多源造词过程中，造词者可以重新利用废弃词项，对它们进行改造，以适应当代母语使用者的用词需要。在本族语词汇缺乏的背景下，这种做法对于语言规划者显然具有吸引力，但是我认为，在以色列，多源造词并没有得到一些有影响力的人物的支持，至少没有得到公开支持，这些人物包括派恩斯，克劳斯纳和马奇亚。① 究其原因，这是因为多源造词就其本质而言是一种"不纯洁的"造词过程：在此过程中，古旧词因受现代词语的影响而被"污染"，因为那些现代词语大多来源于其他语言。换言之，多源造词不仅回首过往盯住古旧词，而且广泛撒网，打捞外语词项，将它们一起拽进目标语。如果说多源造词有保守的一面，那么这种保守性远

---

① 还可参看斯摩棱斯金（Smolenskin 1883：278）的观点，他断言："我们应该重视《圣经》，从《圣经》的海洋中捞出珍珠……《圣经》里的许多词都没有人重视过。"（参看 Persky 1962：154—158）。耶林（Yellin 1933：82）的观点与此相呼应，他写道："只有共同创造（combined creation），才能发掘出我们的语言中的宝藏。"我认为，他这里提到的"共同创造"并不是指多源造词。

不如它的创新倾向重要。

然而，圣经希伯来语、密西拿希伯来语、中古希伯来语的许多词语虽然受到上述学者的热烈追捧，但是它们本身就是借词，尤其常见的是借自希腊语的借词。例如，密西拿希伯来语 נימוס（以色列语 *nimús*）"礼貌"源自古希腊语 *νόμος nómos* "用法，风俗，法律"（参看§1.3）。这里应该问一个非常合理的问题：为什么古代的借词就比当代的借词更受人追捧呢？巴哈特（Bahat 1987：517）提出了两条理由：第一，古代的借词已经被吸收进了"贤人的语言"（*leshón khakhamím*），因而已经"适当犹太化"（*nitgayrú kahalakhá*，同前）；第二，那些词已经存在了几十个世代，因而不再是外来词了。然而，从逻辑上讲，将来的人们可以用同样的辩解来提倡当今的借词，这些借词是当今的"贤人"按照自己的意愿吸收进自己的语言的，哪怕巴哈特和希伯来语科学院的其他纯语论者对此抗议也无用。换言之，正如今天的语法是昨天的"错误"一样，今天的"错误"会变成明天的语法（参看 Zuckermann 1999b：327，338）。

希伯来语复兴主义者们的意见也不一致。由于词根严重匮乏，本-耶胡达在 1914 年提出可以"无中生有"地创制一些词根。这种 *Urschöpfung*（参看 Ben-Yehuda，ZV 4，1914：10—11）亦即"无中生有"的主张遭到希伯来语委员会成员坚决一致的拒绝，成员之一埃坦（Israel Eitan）甚至预言：这种词甚至无法赢得生存之战（ZV 4，1914：35，参看 Sivan 1966：180 = 1995：6）。不过，比亚利克（Bialik 1929：53）与本-耶胡达的观点相似：我们应该创造术语，既要利用现有语言材料，又要无中生有。

爱沙尼亚的语言规划者也曾采用无中生有的办法。例如，阿多·格伦斯泰因（Ado Grenzstein，1870 年代至 1890 年代活跃于爱沙尼亚的记者）曾经创造了新词 *kabe* "国际跳棋，跳棋"和 *male* "国际象棋"（有关格伦斯泰因的研究，参看 Raag 1999a）。爱沙尼亚语最著名的改革家约翰内斯·阿维克（Johannes Aavik，1880—1973）也使用了一些无中生有的新造词（creations *ex nihilo*，试比较：free constructions "自由结构"，Tauli 1977）以及其他词汇扩充资源如派生词、复合词和借词（往往借自芬兰语；参看 Saareste and Raun 1965：76）。阿维克参加了所谓的"年轻的爱沙尼亚"（Noor-Eesti）运动，那场运动 1905 年左右发生在爱沙尼亚东南部的大学城塔尔图（详见 Raun 1991）。阿维克的词典（Aavik 1921）收词约 4 000 个，其中许多词（据称）都属于无中生有这一类，例如，*ese* "物体"，*kolp* "头盖骨"，*liibuma* "墨守"，*naasma* "回归"，*nõme* "愚蠢的，乏味的"，*range* "严格的"，*reetma* "背叛"，*solge* "苗条的，灵活的，优雅的"（这个词未能流行开来，试比较：当代爱沙尼亚语 *graatsiline* "优雅的"），*veenma* "说服"等。此外，还有一些词虽然没有录入这部词典，但同样是他无中生有创造的，例如，*nentima* "承认，陈述"，*nördima* "发怒"，*süüme* "良心"，*tõik* "事实"。

　　需要注意的是，有一些新造词，连阿维克本人也认为是无中生有创造的，其实造词可能受到了外语词项的影响，而且多数情况下造词者意识到了外语词汇的影响，包括俄语、德语、法语、芬兰语、英语、瑞典语等语言的词汇。阿维克接受过广博的古典教育，通晓古希腊语、拉丁语和法语。他的词典（Aavik 1921）收录了一些所谓的无中生有的新词，其实只要对比一下，就会发现他受到了外语词汇的影响，例如，*relv* "武器"与英语 *revolver*；*roim* "犯罪"与英语 *crime*；*siiras* "诚挚的"与英语 *sincere/serious*；*embama* "拥抱"与英语 *embrace*；*taunima* "谴责，不赞成"与芬兰语 *tuomita* "判断"。还有一些词虽然不见于阿维克的词典，同样可以说明造词时受到外语词汇的影响，例如，*evima* "拥有，占有"（试比较：爱沙尼亚语 *omama* "拥有"，*mul on* "我有"）与英语 *have*；*laup* "前额"与俄语 лоб *lob* "前额"；*mõrv* "谋杀"、*mõrvama* "谋杀"与英语 *murder*。此外，还有 *laip* "尸体"与德语 *Leib* "身体"、德语 *Leiche* "身体，尸体"。如何看待这些词语呢？比较中肯的看法是将它们视为对外语词项进行语素音位改造过程中出现的一种特殊现象，而词语中那些不规则、任意的语音变化不是因为下意识受到外语影响，而是造词者刻意而为。阿维克似乎很少关注其新造词的源头，偶尔还会用具有外语血统的新词去替代现存的本族语词项。因此，他不能算作是传统意义上的纯语论者，因为他并不反对采用外来词和借词。①

让我们回到以色列语的问题。以色列也有人支持无中生有地造词，但其实以色列语很少有这种词。有一些人支持利用外语词汇材料，赞成吸收外来词和借词。② 罗森巴姆（S. Rosenbaum）教授是《药学：巴勒斯坦犹太医学会会刊》（1942）的编委会成员，他写道："我们应该保留术语的原形，不用进行翻译……倘若只改变后缀就把拉丁语词语译成希伯来语，那还有点意义，但是仅此而已！"该刊的编辑弗里德曼（David Arye Friedman）博士指出："有些人要求科学术语必须用纯粹的希伯来语词语，要么赋予旧词以新义，要么沿袭祖先的用法，我非常憎恶这种要求"（1947 年 12 月 3 日致依文-欧登的书信，参看 Even-Odem 1950：131）。奈道比提（Nedobity 1989：171）曾经断言（但不是针对以色列语）："国际词汇的形成必定给技术转移带来若干好处"（参看 Wüster 1959）。对于医学术语的翻译，精通医学的语言学家、希伯来语研究员芒特纳（Muntner 1946：88—89）大致描述了医学术语翻译的基本方法，他的主张比较温和，主要包括以下两点：

第一，专家与非专业人士之间讨论所用的一切术语（例如，"腱"、"肌肉"、"眼部炎症"、"贫血"、"骨折"等）均需翻译。
第二，一切外语术语，如果仅仅用作专业人士之间相互理解的手段，则无须翻译。

李维亚斯（Levias 1928）的主张比较有趣，他认为"语言复兴

---

① 阿维克认为，词项或语法成分（关于他所引入的新语法成分，参看 V. Raag 1998）的关键问题是审美特征、功效和独创性。审美特征是一个很主观的概念，阿维克的品位相当高雅和特别。比如，他显然很不喜欢 [s] 和 [t] 这两个音。对他而言，独创性意味着所创新词的曲折变化必须符合不能产或者至少不常用且不规则的范式（Raimo Raag，个人通信；Anna Verschik，个人通信）。关于功效，参看 §3.2.4。相关分析可参看 Tauli（1965），V. Raag（1998），R. Raag（1999b），Hennoste（1999）等。
② 他们遵循巴-阿什尔提出的 עקרון השאיבה מבחוץ *ekrón hasheivá mibakhúts* "利用外语词汇材料的原则"（1995：8）。

者"应该创制纯粹的希伯来语词语去替代外来词,但是有些圣经希伯来语或密西拿希伯来语词语的古代词义无法确知,那么就应该避免使用(同上:156)。另外,他坚称不能让"语言复兴者"改变古代词汇的词义,以免当下的词义与过去的词义之间出现差异(同上:156—157)。他还指出,新词的质量比数量更重要,因此,"如果找不到合适的名称,不妨保留外语名称,没有必要利用闲置的希伯来语名称"(同上:159)。他还补充道:"外语名称最终会让位于希伯来语名称,但是随随便便用一个希伯来语名称会污染我们的语言,一旦用上之后就难以摆脱"(同上),看来他对最终找到合适的希伯来语名称是相当乐观的。如此看来,李维亚斯虽未专门提到本族化俗词源现象,但是他似乎强烈反对用俗词源手段去同化外语词。

　　阿维内里(Avinery 1964:301—302)同样反对多源造词。经过仔细分析他的观点,我发现他似乎反对转义型本族化俗词源,但是比较愿意接受本族化俗词源新造词。此外,他特别关注同音同形异义词。或许是因为看重语音与所指之间的一一对应关系,他向读者发出这样的呼吁:不要使用 בר *bar*"酒吧"这个词(试比较:*pub*),因为已经有了同音异义词 בר *bar*"乡村,开阔的田野,野……"(同上:301a);不要使用 פוך *pukh*"羽毛"(试比较:שמיכת פוך *smikhát pukh*"羽绒"),只能用 פוך *pukh*"眼影粉"(参看 Avinery 1946:136);不要使用 קורבה *kúrva*"娼妓"(试比较:意第绪语 קורווא *kúrvə*;波兰语 *kurwa*"娼妓"),只能用(希伯来语>)以色列语 ק(ו)רבה *kurvá*"关系"(参看§1.2.2.4)。他担心,一旦用上外来词,本族语里的同音词就不复存在(参看§3.1.3"能指与所指之间的一一对应关系")。这种担心并非总是有理,比如同音词 פס *pas*"通过"与 פס *pas*"带子,条纹"就共存着(§6.2.2)。

### 5.1.2　希伯来语科学院的态度

　　以色列语中大量的本族化俗词源都是希伯来语科学院创制的。比如,该院在1994年(参看 *LLN* 8,1994年12月;*Akadém* 4,1994年9月)引入以色列语 קליט *klit*"(视频)剪辑",该词由 קלט √qlṭ 套进名

词词型 □□i□ 与英语 *clip* 归并而成（参看§3.2.1）。希伯来语科学院的纯语论者对待本族化俗词源的态度颇为令人费解，但是下文的分析会让我们看得更清楚一些。

在希伯来语科学院 1967 年 12 月 4 日举行的第 76 次会议上（参看 ZA 14，1967：19—20），与会者曾经讨论科学院推出的新词 גלדין *gladín*，它的匹配对象是国际通用词 *gelatin*，试比较：以色列语 ג'לטין *dzhelatín*；法语 *gélatine*；意大利语 *gelatina*；意第绪语 זשעלאַטין *zhelatín*；俄语 желатин *zhelatín*；波兰语 *żelatyna*；德语 *Gelatine*。讨论一开始，埃坦就说道："这种物质的外语名称大家都很熟悉，委员会提出的希伯来语名称是 גלדין *gladín*。具体而言，我们建议用希伯来语辅音 ג [g] 代替外语的 ג' [ʤ]，用 ד (d) 代替 ט (t)，这样一来，这个词就与希伯来语词根 גלד √gld '凝块，形成涂层，紧绷' 建立起语义联系，由此可知动词 *to gel/jell/jelly* 会被翻译为 הגליד *higlíd*。"（同上：19）他的同事西拉加·伊尔迈（Shraga Irmay）持反对意见，认为"这种方法就像犹太启蒙运动晚期处理 דילוג רב *dilúg rav* 所用的方法"（同上）。他所指的希伯来语 דילוג רב *dílug rav*（同时期的波兰希伯来语为 *díləg raf*）（字面意义"大跳跃"）是国际通用词 *telegraph* 的音义匹配词，试比较：俄语 телеграф *telegráf*；波兰语 *telegraf*（参看§3.2.5）。伊尔迈建议仍旧采用 ג'לטין *dzhelatín* "明胶"。委员会成员丹尼尔·利贝尔（Daniel Leibel）也持反对意见，他指出"委员会的这种提议是一种操控行为，希伯来语委员会时期就是这种做法。现在我们不再这样操控词语"（同上：20）。

委员会成员戴维·兹维·巴尼特（David Zvi Banet）声明："我们不应该继续采用对待 *dilúg rav* 的那种方法，否则，<u>这些词语的水平会下降</u>"（同上，下划线为本书著者所加）。גלדין *gladín* 显然是音义匹配词，类似于早期的 גלידה *glída* "冰淇淋"，后者是意大利语 *gelato* 的音义匹配词，也使用词根 גלד √gld "凝块"（参看§4.4）。从希伯来语科学院的这些讨论来看，他们认为音义匹配词属于"二等"新词，最好避开这种词的诱惑。不过，委员会成员西姆雄·罗森塔尔（Shimshon Rosenthal）后来却为本族化俗词源辩护说："词根 גלד √gld

有什么不好？只因为它的发音碰巧近似于罗曼语的某个音？这个词根本身没有任何瑕疵。"他的同事哈伊姆·拉宾补充道："如果有可能造出一个近似于外语名词的希伯来语仿译词，我觉得应该没有什么问题，而且<u>这个词会很美</u>。难道因为希伯来语词根<u>碰巧</u>与外语词根相似，我们就该禁用吗？"（同上，下划线为本书著者所加）讨论结束前，委员会按照惯例进行了投票，结果如下：

12 票赞成 גלדין

7 票反对 גלדין

7 票赞成 גלטין（*gelatin* 的一种希伯来语书写形式）

11 票反对 גלטין

最后通过：גלדין                                                                （同上）

由此看来，希伯来语科学院的纯语论者们尽管理想远大，但也受到了 *gladín* 之类的音义匹配词的诱惑，抵御不了这类词的迷人魅力。然而，גלדין *gladín* "明胶"在以色列语母语者中并不是很通用，他们更喜欢外来词 ג'לטין *dzhelatín*（或 זְ'לטין *zhelatín*，它对应于意第绪语 זשעלאַטין *zhelatín* 和法语 *gélatine*）。后者的异体 גלטין *g(e)latín* 在 1959—1960 年间获得了希伯来语科学院的认可（参看 *ZA* 6，1959—1960：7a）。不过，科学院仍然使用 גלדין *gladín*，比如在 *LLN* 33（2000），科学院把新词 כמוסה *kmusá*（用于匹配国际通用词 *capsule*，试比较：以色列语 קפּסולה *kápsula*）定义为 *trufá asuyá avká o nozél unetuná betókh batéy **gladín*** （*dzhelatín*） "一种用粉末和液体制成的药，装在凝胶制品里"。请注意，希伯来语科学院提到 גלדין *gladín* 的同时也列出了对应的外来词，这说明 גלדין *gladín* 不太通用。若想了解希伯来语科学院和希伯来语委员会引进吸收的多源新词词表，请参看 §2.5。

## 5.1.3 "耶路撒冷为世界之都"观点持有者的态度

阿塔伊（Atay 1965）曾经写过一篇文章："*hüküm* '判断'一词是如何得救的？"（"Hüküm" Nasıl Kurtuldu?），描述了 *hüküm* "判断"

（用于当代土耳其语）一词在 1930 年代的土耳其语言改革期间获得认可的过程：

> 阿卜杜勒卡迪尔（Abdülkadir）……说："你看起来心事重重。给我说说是什么词让你这么烦恼，我来找找这些词的土耳其语源头。""好的，"我答道："有个词叫 hüküm。""别担心，"他说："明天我们就会让 hüküm 变成土耳其语。"第二天，他把一张纸条悄悄塞到我手里。他在纸条上写道：好几种方言里都有 ök 一词，意思是"智力"，这个词在其中几种方言里的形式是 ük。我本人此前已经发现雅库特语（Yakut）有一个构词后缀 -üm。接下去要做的事就容易了：随着时间的流逝，ük 加上 üm 就变成了 hüküm。讨论会开始时，我说："hüküm 这个词是土耳其语，"然后完整讲述了我所了解的内容，结果参会的那两名教授无话可说了。就这样，我们为胡说八道（我可不想用"伪造"这个词）这门学问打下了基础。就在当晚，我在委员会的会议上向阿塔图尔克（Atatürk）做了汇报，他非常高兴我们靠杜撰保住了这么重要的一个词。他希望我们尽可能多地保留土耳其语中现有的词汇，只要我们能够证明这些词是土耳其语就行。①

阿塔伊对自己操控词汇的行为心知肚明，他本来就知道 hüküm 其实是一个借词，借自阿拉伯语 حكم［ḥukm］"判断，裁决，评估，意见"。纳胡姆·斯卢希奇教授（Nahum Slouschz）（1930）似乎一直在以善意行事，他提出国际通用词 Technion "以色列理工学院"（以色列语 טכניון tékhnion / tekhniyón）的词源是（圣经）希伯来语 תכנ √tkn "调节，测量，估计，校正"（参看 BDB：1067a），即（圣经）希伯来语 כונ √kwn "稳固，确立，准备"的二级词根（BDB：465b）。不过，土耳其语和以色列语的造词原理和动机是相似的，详情请参看 §5.2.3。基于这种词源解释，斯卢希奇（Slouschz 1930：343）认为比亚利克主张的拼写形式 תכניון "以色列理工学院"是合理的，这与单纯的借词 טכניון 截然不同，但是后者最终占了上风。请注意，对于

---

① 所参考的译文见 Lewis（1999：54）。

*Technion* 一词，斯卢希奇最初建议用以色列语 תכנון 去表示，试比较：
（希伯来语>）以色列语 תכנון *tikhnún* "规划"，这样一来，就形成了一个原始语被臆断为闪族语的伪近亲匹配本族化俗词源。在同一篇文章中，斯卢希奇还提出，国际通用词 *machine* 的词源是希伯来语 מכונה，国际通用词 *technical* 与希伯来语 תכנית "计划"和 תכונה "特性"（试比较：阿拉伯语音义匹配词 تقْنيّ ［ˈtaqni］／［ˈtiqani］"技术的，科技的"，参看§2.1.3）有关系。斯卢希奇的这些观点是站不住脚的，因为 *machine* 的词源实际上是原始印欧语 *māgh "能够"（Pokorny 1959：i：695；试比较：德语 *Macht* "力量"，参看§5.4.1），*technical* 的词源实际上是原始印欧语 *tek͡p "发辫"（参看 Pokorny 1959：i：1058）。无论如何，在斯卢希奇的推导型俗词源的影响下（这种说法来自从1935年开始担任希伯来语委员会成员的西拉加·伊尔迈，个人通信），《术语词典》（*Milón leMunekhéy haTékhnika*）（1929）标题里采用了 ת（*t*）这一拼写形式，这样就暗示了与（圣经）希伯来语 תכן √tkn 之间的关系。可以比较一下这个词在后期版本的《术语词典》（1946）中的拼写形式，后者用的是 ט（*t*），也就是说用的是借词，而这两部词典都是由希伯来语委员会出版的。①

## 5.1.4  非"语言权威"引入的本族化俗词源

最成功的音义匹配新造词之一是1960年代创造的 להיט *lahít* "流行歌曲"②，创造者不是希伯来语科学院，而是广受欢迎的广播节目主持人莫瑟·霍瓦夫（Moshe Khovav）（参看 Sivan 1966：208 =

---

① 也可参看§5.4.2中有关"文字层面的本族化俗词源"的分析。

② 在《戴维尔词库》（*leksikón dvír leshipúr halashón*）中，希文（Sivan 1985a：79）强调：להיט 中的 ל（*l*）有中性元音标记，即这个词的发音是 *lehít*。但是，在 LL 169（1988）中，להיט 被界定为名词词型 □□i□（有时作 □e□i□）中的例外，暗指其发音应该是 *lahít* 而不是 *lehít*。请注意，ה（*h*）在以色列语里几乎是不发音的，只有在不常用的词里才发音；此外，当它位于短语的开头时，有些以色列人会发音（参看§II.1）。大多数以色列人把 להיט 念为 *laít*，但是也有一些人仍然坚持念 *leít*。这个词还有一个同音词，即以色列语口语词 'להת להיט *lehít*（发音为 *leít*），它是 להתראות *lehitraót* "再见"的剪切词；虽然有些以色列人以为这个词是现代才出现的，但其实佩尔斯基（Persky 1933：95）早就提到过。

1995：34)，不过罗森(Rosen 1994：85) 提出，造词者可能是瑞芙
卡·米夏埃利(Rivka Michaeli)。从词源上看，להיט *lahít* 是一个混合
词，混合了希伯来语 להט √*lhṭ* "烈火，酷热"①(暗示激情和热望) 和
英语国际通用词 *hit* (试比较：当代波兰语 *hit*)。以色列语 להיט *lahít* 打
败了诸多竞争对手，填补了希伯来语本族语音乐词汇的一个空缺，成
功取代了 (国际通用词>) 以色列语 שלאגר (或 שלגר) *shláger* "流行
歌曲"，试比较：意第绪语 שלאגער *shlágər*；德语 *Schlager*：俄语 шлягер
*shlyáger*；波兰语 *szlagier* (这个词现在稍显古旧，已经被当代波兰语
*hit* 所取代，试比较：波兰语 *przebój* "流行歌曲")。下面就列举几个
被打败的词语：

第一个：意借词 יהלום *yahalóm*，这个词是多夫·萨丹(Dov
Saddan) 提出的，它混合了以下成分：

1. (圣经希伯来语>>) 以色列语 יהלום *yahalóm* (很少拼写为 יהלם) "钻
   石"，有时转指 "任何宝贵的东西"，这里指歌曲的成功。

2. (圣经希伯来语>>) 以色列语 הלם √*hlm* "打，击"，词义仿造英语 *hit*
   或德语 *schlagen* (*Schlager* "打，击" 的词源)。

第二个：音义匹配新造词 אשגר *ashgár*②，由纳夫塔利·赫兹·图
尔-西奈(即托西纳) 提出，他在 1953—1973 年期间担任希伯来
语科学院首任院长。这个词混合了下列成分：

1. 密西拿希伯来语 אשגרה [ʔašgå'rå] "连续不断的话语，常规表达式，通
   用的短语或词组"，试比较：密西拿希伯来语 אשגרת לשון [ʔašgå'rat
   lå'šōn]，见于 *Talmud Yerushalmi*：Megillah 73：2。可以比较一下 (中
   古希伯来语>>) 以色列语 נשתגר *nishtagér* "变得常见，变为常规"，这
   个词的词源可追溯到同一词根 שגר √*šgr*。因此，אשגר *ashgár* 意思是
   "常常听到的歌曲"。

2. (国际通用词>) 以色列语 שלאגר *shláger* "流行歌曲"。

---

① 英语 *heat* "热" 与 *hit* "打击" 发音相似，对此可能稍有影响。
② 参看 Nir (1993：163)，不过，他没有理会这个音义匹配词。

第三个：新词 כפתור *kaftór*（字面意义"纽扣"），由乌里·滋维·格伦贝格（Uri Zvi Grünberg）提出（参看 ZA 7—8，1960—1961：172）并由希伯来语科学院官方公布，它暗指（圣经希伯来语>密西拿希伯来语>>）以色列语 כפתור ופרח *kaftór vaférakh*。后者是一个固定不变的习惯用语，意思是"太美了！太棒了！一流！"已经被以色列语整体吸收，因此常常念为 *kaftór vaférakh* 而不是 *kaftór vepérakh*，其中后者的语法不符合纯语论者所推崇的语法规则。

第四个：זמרון *zimrón*，由纯语论者阿维内里（参看 Avinery 1964：168b）提出，构词材料为（希伯来语>）以色列语 זמר *zémer* "歌唱"。

与 להיט *lahít* 大获成功形成对比的是音义匹配新造词 בלתין *biltín* "嵌入的"，它由一位年轻的作曲家提出，却未能进入以色列语。它混合了英语 *built-in* 和以色列语首字母缩略词 בלתי-נ׳ *bilti-n.*，用于代替 בלתי-נפרד *bilti-nifrád*（字面意义"无法分离的，完整的"）。① 以色列语 קבוצת פרזות *kvutsát prazót*（字面意义"开集"）（פרזות 见于 Ezekiel 38：11，Zechariah 2：8，Esther 9：19）在海发（Haifa）大学和巴伊兰（Bar-Ilan）大学有时用来指英语 *fuzzy set* "模糊集"。以色列语 קבוצת פרזות *kvutsát prazót* 是由迈克尔·卡兹（Michael Katz）教授引入的（私人通信），其中 *prazót* 与 *fuzzy* 语音相似，而语义上的相同之处在于模糊集没有确定的界限，就像希伯来语 עיר פרזות "没有围墙的城市"一样。以色列语常用 קבוצה עמומה *kvutsá amumá*（字面意义"无趣的或模糊的团体"）去指"模糊集"。不过，模糊集的元素一定属于该集合。

以色列语 מוביל *movíl* "输送机，载体"来自 הוביל *hovíl* "运载［阳性，单数］"，后者来自希伯来语（>以色列语）יבל √*jbl* "领导"（即 *yovél* "周年纪念日"的终极并列词源，参看§3.1.4.2）。1923—1924

───────────

① 希伯来语科学院比较偏爱 מובנה *muvné*（参看 Bahat 1987：527）。

年间，教师和作家们用 מוביל *movíl* 指往来于耶路撒冷与伯哈基琳（Bet-HaKerem）之间的车辆（参看 Sivan 1966：206 = 1995：32；1981b：58）。这两个词在音素和语义上与国际通用词 *automobile* 相匹配，试比较：以色列语 אוטומוביל *otomobíl*；俄语 автомобиль *avtomobíl'*；波兰语 *automobil*（这个词已经成为古旧词；当前的常用词是 *samochód*，*auto* 和 *wóz*）。还可以比较：*Égged*（以色列最大的公共汽车公司）的绰号 המוביל הלאומי *hamovíl haleumí* "全民运送者"。此外，阿维内里（Avinery 1946：139）还提到 אותומוביל *otòmovíl*（字面意义 "正在运送他"），它是国际通用词 *automobile* 的音义匹配词，可能还有变格（declination），包括 אותי-מוביל *otì-movíl* "正在运送我（的车辆）"，אותך-מוביל *otkhà-movíl* "正在运送你（的车辆）" 等。

音义匹配词在以色列语俚语里也十分常见（参看 §1.2.2.5）。例如，以色列语口语词 מטריף *matríf* "令人惊异的，漂亮的，极好的" 可能是转义型音义匹配词，匹配对象为英语 *terrific*，构词材料是 הטריף（以色列语 *hitríf*）"糊涂的，迷惑的［阳性，单数］"，后者来自希伯来语 טרף √ *trp*，试比较：(עליו) נטרפה דעתו "他疯掉了"（*Talmud*：Mo'ed Qaṭan 26b）。以色列语俚语 ככה ככי *kakhí kakhá* "马马虎虎，还可以"（参看 *MAM*：177a）是音义匹配复合词，匹配对象为法语 *comme ci comme ça* "马马虎虎，还可以"，构词材料为以色列语 ככה ככה *kákha kákha* "马马虎虎，还可以"，后者是由希伯来语 ככה [kåkʰå] "所以，这样" 构成的仿造词（试比较：英语/德语 *so-so*）。

在得知考试过关、赢了足球赛或者彩票中奖的时候，有些以色列人会用到口语 !שׁ *yesh* "太好了!"，试比较：（圣经希伯来语>>）以色列语 שׁ *yesh* "有"，我认为这可能是受英语感叹词 *Yes!* 的影响，因为以色列人几乎都知道这个词。然而，在 20 世纪中期，שׁ *yesh* 的意思是 "是，听你的!" 是战士或水手回答长官命令时常用的辞令。*MES*（：696c）里就有以下例子：

- להגביר את המהירות *lehagbír et hamehirút!* "加速!"
- !שׁ *yesh* "是，长官!"

在以上对话里，ʊ *yesh* 可能因受俄语 есть *est'* [jestʲ] "有"的影响，在部队用语里表示"是，长官！"试比较：波兰语 *tak jest*（字面意义"是如此"），意思也是"是，长官！"（试比较：波兰语 *jest* "是"，"有"）分析过以色列语里的本族化俗词源现象之后，我将在下文探讨另一种重塑的语言：土耳其共和国成立后的土耳其语。

## 5.2　改革后的土耳其语中的本族化俗词源

我熟悉亚洲土耳其人的大多数方言。我也熟悉你们和亚库普·卡德里（Yakup Kadri）等人所讲的方言。如果说有一种方言我不懂的话，那就是土耳其语言协会的方言。

（阿卜杜勒卡迪尔 1930 年代致阿塔伊的信，参看 Atay 1965，1969：478；英文译本参看 Lewis 1999：54，试比较：1997：26）

### 5.2.1　土耳其语言改革（1928—1936）

1928 年以前，土耳其语书写系统来自阿拉伯语，大量土耳其语词汇都是阿拉伯语或波斯语词汇。然而，在 1928—1936 年间，土耳其国父穆斯塔法·凯末尔·阿塔图尔克（Mustafa Kemal Atatürk，通常称为 Gazi Paşa）实施"语言改革"（土耳其语 *dil devrimi*，奥斯曼土耳其语 *lisan inkılâbı*）。[1] 早在改革开始之前，语言改革的情绪就已经存在了，表现之一是：在《青年作家》（*Genç Kalemler*）杂志的作者圈里有一种提倡土耳其语、抵制阿拉伯语的意识形态，该杂志初版于 1911 年。阿塔图尔克发起的改革在西方通常被称为"语言改革"，但是正如刘易斯（Lewis 1999：2）所言，"语言改革"这种措辞虽然简便，但是不够准确。为了纯化土耳其语，第一步是在 1928 年用罗

---

① 土耳其语 *gazi* 的字面意义是"圣战勇士，抗击异教徒的勇士，（杰出的）战争老兵"，试比较：阿拉伯语 غاز ['ɣaːz(in)] "袭击者，入侵者，勇士"，来自 غزو √ɣzw "突袭，入侵，侵犯，反对，争取"。

马字母代替阿拉伯文字，用土耳其语本族语词汇（öztürkçe "纯正土耳其语"）代替所谓的 "外来词"（即阿拉伯语词汇和波斯语词汇），而本族语词汇多为方言词或古旧词。在《为了土耳其语》（*Türk Dili İçin*）（Maksudî 1930）前言中，阿塔图尔克写道：①

> 土耳其民族知道如何捍卫自己的家园，如何捍卫自己所尊崇的独立，也应该把自己的语言从外语的束缚下解放出来。

土耳其语创造新词的方法有好几种。据语言协会（参看 *Türk Dili*, series I, No. 16, 1936：22—23）公布的统计结果（应该谨慎对待这些数据），在 1932—1936 年间，该协会从大约 125 000 个新造词中精选出了 8 752 个词，去替代奥斯曼土耳其语中的外来词和借词，而这 8 752 个词中，74% 是土耳其语方言词、古旧词及其派生词，10% 是土耳其本土之外的突厥语系语言中的词汇及其派生词。与此同时，有 16% 的词是外来词及其派生词（大多为阿拉伯语和波斯语），只不过这些词都被看作是土耳其语。实际上，那 74% 的土耳其语方言词、古旧词及其派生词中，许多词属于音义匹配词，只不过它们在西方语言中的并列词源被隐藏起来了。从语言改革之初直到 1935 年，阿塔图尔克特别关注的似乎是让土耳其语摆脱那些阿拉伯语和波斯语成分，却不太介意法语的影响，而他本人是熟谙法语的。换言之，他反对的是土耳其语中的阿拉伯语和波斯语成分，因此，他不是传统意义上的 "纯语论者"。

## 5.2.2　土耳其语中的本族化俗词源

（当代）土耳其语 terim "（科技）术语" 战胜奥斯曼土耳其语 ıstılah 而流行开来，它是一个音义匹配词，但是往往被看作是借词（参看 *OTED* 和 *RTED*），这说明造词者未能成功隐藏其外语词源。具体而言，它的词源包括法语 terme "术语" 和土耳其语 ter+im。土耳

---

① 译自 Heyd（1954：19）。

其语 *ter*（试比较：当代土耳其语 *der-*）意思是"收集"（Heyd 1954：91），不应与词义无关的（当代）土耳其语 *ter* "汗水"相混淆。土耳其语 *-im* 是附加于动词的后缀，*terim* 的意思是"收集物"。① 术语其实是科学词语的集合。奥纳特（Onat 1952：49—50）被刘易斯（Lewis 1999：122）描绘为"一个相当值得尊敬的学者，只不过太痴迷于给阿拉伯语寻找土耳其语词源"。奥纳特认为，柯尔克孜语里早就有 *terim* 这个词，它与土耳其语（现已过时的）*derim* "集合，集会"是同源词，而它之所以没有被选中，是因为它可能让人产生错误联想而把它与（当代）土耳其语 *demek* "说"（参看同上）相联系。

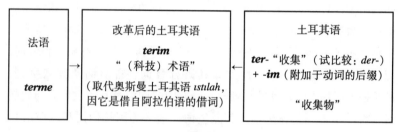

**图 41**

土耳其语 *belleten* "公告"（也作 *belletem*，见于 Heyd 1954：91）源自法语/国际通用词 *bulletin* 和土耳其语 *belle-* "记住"（试比较：土耳其语 *bellek* "记忆"，*bellemek* "记住"）。土耳其语 *belleten* 迄今尚未广泛流行，用法局限于土耳其历史学会（*Türk Tarih Kurumu*）的公告名称（参看 *Belleten* 1996）。*OTED*（：65）把 *Belleten* 界定为"学术性杂志"。现在，用于指"公告"的通用词是纯粹的语音改造词 *bülten*（参看 Lewis 1999：61—62）。*belleten* "公告"的造词过程如下图所示：

---

① 试比较：土耳其语 *yapım* "产品，成果，作品"，来自 *yapmak* "制造"；土耳其语 *yazım* "拼写，书写形式"（字面意义"写下来的东西"），来自 *yazmak* "写"；土耳其语 *kurum* "制度"（字面意义"已经建立的"），来自 *kurmak* "建立，确立"；土耳其语 *kesim* "截面，部分，（服装的）式样"（字面意义"已经剪切的东西"），来自 *kesmek* "切割"。

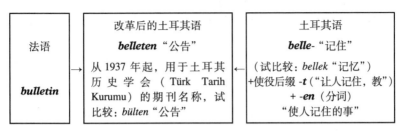

**图 42**

　　土耳其语里最出名的音义匹配词或许是现代形式为 *okul* ［oˈkulˤ］ "学校"（参看 *OTED*：364，Deroy 1956：287）的这个词，当初创造出来是用于替代奥斯曼土耳其语 *mektep*，后者是一个很古老的借词，借自阿拉伯语。显然，土耳其语 *okul* 的同化对象是法语 *école* "学校"，也许还受到了拉丁语 *schola* "学校"的影响（试比较：土耳其语里最初的新造词形式 *okula(ğ)*，详见下文）。此外，*okul* 的本族语并列词源是土耳其语 *oku-* "读"，试比较：*okumak* "阅读，学习"，*okuma* "读物"，*okur* "读者"（*OTED*：364）。请注意，这些词与阿拉伯语 كتب ［ˈkataba］"写［阳性，单数］"存在词义联系，而后者是奥斯曼土耳其语 *mektep* 的终极词源。但是，从共时角度看，词尾的 *-l* 并非土耳其语后缀，而是临时从法语引进的，因此，不能将 *okul* 视为纯粹的土耳其语。有人可能会认为，词尾的 *-l* 可能是仿照其他以 *l* 结尾的词而形成的类比形式，比如土耳其语 *kızıl* "红色的，红润的"，后者来自土耳其语 *kızmak* "生气，发怒"。还有人提出，这个词里的后缀实际上是土耳其语 *-ul*。但是，如果把后缀 *-ul* 添加到 *oku* 上，所得到的词形应该是 *＊okuyul*（参看 Lewis 1999：118）。从历时角度看，*okul* 最初的形式可以臆断为 *okulağ* 或者 *okula*，其中 *-la(ğ)* 可以看作是仿照（奥斯曼）土耳其语 *kışla* "营房，冬营地"（试比较：*kış* "冬天"）和（奥斯曼）土耳其语 *yayla* "夏日牧场"（试比较：*yaz* "夏"）而形成的类比形式，不过这两个词并不是基于动词而形成的（同上：117）。乌尔法市（Urfa）的顾问雷费特（Refet）曾经提出：乌尔法方言里早先就有 *okula* 一词（同上：118，参看 Heyd 1954：91），不过他这种提法是错误的。纯语论者采用的方法的确有可能是复兴方言词并使之标准化。不过，*okul* 似乎只不过是一种推导型俗词源，它的音义匹配过程如下图所示：

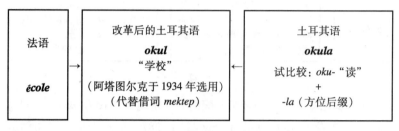

**图 43**

土耳其语 *okul* 是一个成功的音义匹配新造词，正如刘易斯（Lewis 1982：vi，1953 版的重印本）所述：

> 有人持一种鸵鸟式态度，声称"*Okul*'学校'是一个很荒唐的混合词，出自土耳其语 *oku-*-'读'和法语 *école*。我们不会理会这个词，会继续使用美好的奥斯曼土耳其语词 *mektep*。"这样说其实没有任何益处。当今的土耳其孩子不是去 *mektep*，而是去 *okul*。

另一个成功的音义匹配词是 *genel* "一般的，公众的"（也表示"集体的，全球的，宇宙的"，参看 *OTED*：190）。这个词与 *okul* 一样，形态上也可视为有瑕疵，用于同化国际通用词 *general*（试比较：法语 *général*），代替奥斯曼土耳其语 *umumî* "一般的，公众的"（试比较：当代土耳其语 *umumî tuvalet* "公共厕所"）。不过，这个词看起来完全是土耳其语，似乎来自土耳其语 *gen* "广阔的，巨大的，丰富的"（*OTED*：190，已过时，试比较：当代土耳其语 *geniş* "宽的，广阔的，宽敞的"，古突厥语 *keñ* "宽的"）。尽管如此，我们还是可以找到一丝迹象，证明它有外语并列词源，那就是：形容词后缀 *-el*（试比较：土耳其语 *ulusal* "全国的，全民的"，来自 *ulus* "国家，民族"）是额外添加的，因为 *gen* 本来就是形容词，再添加形容词后缀之后，这个词就包含了冗余成分，就像英语 *generalic 和英语 *vasty 包含冗余成分一样。①

土耳其语 *soysal* "社会的"混合了法语 *social* 和土耳其语 *soy* "种族，家族，血统"以及 -*sal*，后者来自法语 -*el/*-*al*（参看 Lewis 1999：101），试比较：土耳其语 *yapısal* "结构的"（< *yapı* "建筑物，建设，结构"），*kurumsal* "制度的"（< *kurum* "制度"），*duygusal* "情感的"（<土耳其语 *duygu* "情感"）和 *kişisel* "个人的"（< *kişi* "人"）。*RTED*（：1029）把 *soysal* 定义为"民间的，文明的"，《红房子当代土耳其语－英语词典》（*Redhouse Contemporary Turkish-English Dictionary*）（1983：349b）则定义为"来自良好家庭的，高尚的，出身名门的"。

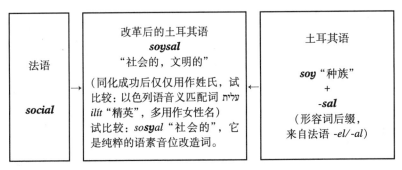

**图 44**

现在，土耳其语母语者使用借词 *sosyal*，但是不用音义匹配词 *soysal*，后者已经被吸收为姓氏。在阿塔图尔克发起改革之前，土耳其人没有西方意义上的姓氏，语言改革之后才不得加上姓氏。他们一般从公开出版的姓名表里去挑选，而且往往从表的开头开始挑选，因此，许许多多土耳其语姓氏都以 a 和 b 开头。用淘汰掉的音义匹配词作为人名，这种现象在全球范围内都存在，详情请参看§5.3.2 有关 עלית *ilít* "精英"的分析。同样是用俗词源去同化外语词汇，但是土耳其语与以色列语的做法不同，因为以色列语是靠复兴废弃的希伯

---

① 不过，有的以色列语语词被臆断为"跨语言混合词"（cross-lingual hybrids）（参看§1.4.1.2），比如经过音系重编的词 אינפורמטיבי *informatívi* "提供资料的，增进知识的"。

来圣经人名和地名来充当本族语词汇库存，详情请参看§2.3 中有关 *khavíla*"别墅"和 *parpár*"蝴蝶"的分析。

土耳其语 *kamu*"公众的（公民的，国家的）"（*OTED*：266—267）用于 *kamu yararı*"共同利益，公众利益"，*kamuoyu*"公共舆论"，（现已罕用的）*kamu fikri*"共同意见"等词语。它改变了奥斯曼土耳其语 *kamu*"全部，所有"的词义，去匹配法语 *commune*"公共的，共同的"，因而是一个音义匹配词。黑德（Heyd 1954：91）提到土耳其语 *kamun*"共同的"，但是 *OTED* 和 *RTED* 都没有收录这个词。我曾经做过调查，结果发现我所调查的土耳其语母语者都不知道这个词。除此以外，土耳其语新词 *kamutay*"集会"（Lewis 1999：105）也流布不广。

土耳其语 *diyelek*"方言"（*OTED*：139b）的词源是法语 *dialecte* 和（立陶宛）土耳其语 *diye*"说到"（参看 *OTED*：139，试比较：当代土耳其语 *diye diye*"反复说到"），后者是（当代）土耳其语 *demek* "说"的动名词（试比较：*diyen*"说话者"）。不过，*diyelek* 已经过时，现在用来指"方言"的词是 *lehçe*, *ağiz* 以及语音改造词 *diyalekt*。

土耳其语 *örgen*"器官，肢"（*OTED*：375，已不再通用，现在通用的词是借自法语的外来词 *organ*）和 *örgüt*"机构，协会"（*OTED*：375），"联盟"都用于同化法语 *organe*，构词材料是（当代）土耳其语 *örgü*"编织的/编成辫子形的/梳成辫的物品，辫子"（也表示"丛，〔砖头的〕粘合剂"，参看 *OTED*：375）。为了区别于土耳其语 *teşkilât*"组织"和 *organizasyon*"组织"（试比较：土耳其语 *öğrenci derneği*"学生会"），*örgüt* 一般限于指政治组织，尤其指恐怖组织（参看 Lewis 1999：99）。以色列语里也有类似情形，详情请参看§3.1.1。

从形态上看，土耳其语 *ödev*"职责"（现在通常指"任务，家庭作业"）的构词成分包括（当代）土耳其语 *ödemek*"支付"和土耳其语后缀 *ev/v*（参看哈萨克语），试比较：英语 *\*paykeit*（<英语 *pay*+德语 *-keit*, Lewis 1999：95）。但是，这个词也有可能是法语 *devoir*"职责，义务，家庭作业，（课堂）练习"的音义匹配词。

土耳其语 *nomal* "正常的"（现已过时，见于 Heyd 1954；*OTED* 和 *RTED* 均未收录这个词，但都提到借词 *normal*）混合了法语 *normal* 和古突厥语 *nom* "法律"（已过时，试比较：古希腊语 *nómos* "用法，习俗，法律"，试比较：以色列语 *nimús* "礼貌"，参看 § 1.3）+ 后缀 *-al*。

土耳其语 *somtöz* "综合"（已过时，见于 Heyd 1954：91）的同化对象为法语 *synthèse*，构词成分包括土耳其语 *som* "具体的"（已过时）和土耳其语 *töz*（已过时），试比较：据称词义与之相关的（当代）土耳其语 *ör* "编织！"，*örmek* "编织"。但是，现在比较受欢迎的是借词 *sentez*，试比较：当代土耳其语 *sentetik* "综合的"。

黑德的词典也收录一些后缀，那些后缀与其他语言中相应的后缀同音，例如，形容词后缀 *-(s)al/el*，见于（当代）土耳其语 *ulusal* "国家的，民族的"（见上文）和（当代）土耳其语 *dinsel* "有关宗教的"（来自 *din* "宗教"）等词语，与法语后缀 *-al* 和 *-el* 语音相似。又如，施事名词后缀 *-men/man*，见于（当代）土耳其语 *seçmen* "选举人"（德语 *Wahlmann* "选举人"）等词语，语音近似于英语 *-man* 和德语 *-mann*。

## 5.2.3　土耳其语与以色列语的本族化俗词源

刘易斯（Lewis 1999）把土耳其语言改革定性为"灾难性成功"，这是因为他考虑到了奥斯曼土耳其语的损失，也考虑到了语言本身的自然发展过程。在他看来，当代土耳其语不仅不自然，而且存在词汇空缺。当然，描写主义者会把语言规划视为语言与社会相互作用的一部分，会认为刘易斯对土耳其纯语论者所实施的规范性语言工程的抨击本身就是一种规定性行为。以色列语的形成与土耳其语的重塑有许多相似之处，一部分人无疑不会反对把以色列语的成功刻画为"灾难性成功"，当然也可以模仿刘易斯的著作《土耳其语言改革：灾难性成功》（*The Turkish Language Reform: A Catastrophic Success*）（1999）去写一本《以色列语的形成：灾难性成功》（*The Emergence of the Israeli Language: A Catastrophic Success*）。

    土耳其语和以色列语的音义匹配词有一个相似之处，即多数新词都是语言规划者有组织地、经过深思熟虑之后创造的，而不是由无名的非专业人士自发地创造出的俗词源新词。两国的纯语论者们所用的方法在技术上和结构上都属于俗词源范围，但是他们的造词动机和所起的作用却是不同的（参看§8.2）。刘易斯著作中的诸多例子已经说明：用"本族化俗词源"去解释土耳其语新词的造词过程是合理的。当然，土耳其语里也有新词不是由语言权威们所创制的，比如部分音义匹配词 telgraf "电报"是对法语 télégraphe 重新分析后形成的，就好像这个词与土耳其语 tel "电线"存在语义联系一样（参看§3.2.5）。

    实际上，阿塔图尔克本人是词源学爱好者，经常用俗词源方法去同化西方语言中的词汇，以下例词均为阿塔图尔克所创：Ne yaygara "尼亚加拉"：从形态上看，它的构词材料是土耳其语 ne "多么［感叹词］"和 yaygara "咆哮，呼喊，喧嚣，大惊小怪"，因而意思是"多乱啊！"（Lewis 1999：43），"多闹啊！"，而这也正是一些观光者目睹尼亚加拉瀑布时的本能反应。Ama uzun "亚马逊"：来自土耳其语 ama "但是，仍然；真正地"和 uzun "长的"，因而意思是"可真长啊！"（同上）"好长啊！"（表示惊讶）（试比较：当代土耳其语 amma "多么〔表示惊讶〕"，"但是，仍然"）。我们还可以比较一下土耳其语 Ne yaygara, Ama uzun 与以色列语 אילו זה היה ílu ze hayá （字面意义"当初如果是"，即"果真如此的话"），后者是国际通用词 illusion （试比较：以色列语 אילוזיה ilúzya）的音义匹配复合词，带有诙谐意味，但是并未流行开来（参看§3.2.4）。

    不过，土耳其语音义匹配词与以色列语音义匹配词相比，有一个关键性的差别：前者往往将外语原词重新分析为土耳其语成分，而不是当作外来词吸收进土耳其语。这种"伊斯坦布尔为世界之都"（Istanbul caput mundi）的态度与"太阳语言论"（Güneş-Dil Teorisi）① 相一致。在此，我并不是要证明以色列地的语言学家没有

----

① 这种观点认为：土耳其语是世界上所有语言的祖宗。

"耶路撒冷为世界之都"这种论调（比如斯卢希奇就持这种论调，参看§5.1.3），但不容置疑的是，那种论调从未获得过土耳其"太阳语言论"那样的成功。

## 5.2.4 太阳语言论

粗略说来，阿塔图尔克对语言改革的态度可分为三个阶段：反阿拉伯语反波斯语阶段（1928—1935）、太阳语言论阶段（1935—1937）、"迷惑阶段"（1937—1938）。"太阳语言论"是阿塔图尔克在1935—1936年间最为得意的工程，其灵感来自赫尔曼·F.·克维尔奇（Hermann F. Kvergić）博士的一篇论文。赫尔曼出生于博拉迪斯拉瓦（Bratislava，斯洛伐克首都），曾在奥地利的格拉茨（Graz）生活过。他曾任职于维也纳大学，当时该校正在讲授前苏联语言学家尼古拉·马尔（Nikolai Marr）的理论。克维尔奇的论文"一些土耳其语成分的心理分析"被理解为暗示土耳其语是全世界所有语言的祖宗。"太阳语言论"之名与玛雅人的太阳崇拜有关，它来自一种观点，即：原始人当初抬头看太阳时发出"啊！"的一声，于是语言就开始了。之所以有人据此认为土耳其语是全世界所有语言的祖宗，是因为土耳其语 *ağ* 是"土耳其语的一级词根"（参看 Lewis 1997：28），它的本义是"太阳"（后来增加了"阳光，温暖，火，高"等词义），现代含义则为"渔网，蜘蛛网"。

于是，有人就提出：土耳其语 *poligon* "多边形"（试比较：当代土耳其语 *çokgen* "多边形"）来自土耳其语 *bol* "丰富的，大量的"（> *pol*）和 *geniş* "宽的"（> *gen*），因而意思是"宽阔的"（参看 Lewis 1997：34；1999：63），试比较：推导型俗词源解释：英语 *raspberry* 与印地语 रस भरी *ras bʰarii* "多汁的"（*ras* "汁" + *bʰarii* "满的"）相关。[①] 同样，有人臆断土耳其语 *filozof(i(k))* "哲学家，哲学，哲学的"的词源是 *ip/ep* "推理能力"（试比较：词源上相关的当代土耳其语 *öp-* "亲吻"，*öpmek* "亲吻"），*il*（试比较：*bil* "知道"，

---

① Rajendra Singh（个人通信）。

当代土耳其语 *bilmek* "知道") 和（古希腊语）*sophía* "正确的判断，智慧"（试比较：当代土耳其语 *sağ* "活着的，健康的"，"正确的"，土耳其语 *sav* "词，谚语"）（参看 Lewis 1997：29—30，试比较：该书第 33 页的 *parallel*，*geometry*，*atom* 和第 34 页的 *likid/liquid*）。

　　无论如何，就本族化俗词源而言，"太阳语言论"是一把双刃剑，原因在于：本族化俗词源通常是为了掩饰外来语言成分，但是如果能够证明世界上所有语言都源自土耳其语，那么每一个所谓的"外来词"就不再是外来词，因而也不再对土耳其语构成任何威胁。阿塔伊（Atay 1965）指出，阿塔图尔克并不介意土耳其语言协会把外语词留在土耳其语里，只要他们能够证明那些词真是土耳其语就行（参看 §5.1.3）。再者，阿塔图尔克之所以接受"太阳语言论"，就是想借此使那些语言权威无法彻底根除的阿拉伯语和波斯语词汇合法化，这个策略正好弥补了无法给每一个外来词或借词创造一个新词的缺憾。

# 5.3　多源新词遭淘汰的原因

　　一个新词为什么未能通用？学界一般认为这个问题几乎无法解答。托西纳（Torczyner 1941：166）的观点多少有点宿命论意味，他指出：*hamazál，shebótalúy hakól，hu hamakhría gam begoralám shel milím uvituím balashón* "一切都靠运气，运气是词语命运的决定性因素"。奥尔兰（Ornan）在《未被接受的词：被遗忘的词词典》（*The Words Not Taken: A Dictionary of Forgotten Words*，1996）（Introduction：7）中提出了相似的观点。我认为，现在之所以无法解释新词为什么遭到淘汰，不是因为不可能先验地去理解，而是因为语言学家的分析方法还没有先进到足以解释"语法与生活之间的决斗"① 的地步。

_____

① 这种说法由本书著者译自阿拉哈姆·希朗斯基的措辞 *dukrav shebén hadikdúk vehakhaím*，见于他 1969 年 3 月 26 日写给阿伦·悌曼的信（参看 Kna'ani 1989：5）。

以色列语的多源新词具备一些优势，比如学习起来相对比较容易，但是，约有一半的新词并未流行开来，原因可能如下：

第一，本族化俗词源与源语词的语音过于相似。

第二，本族化俗词源产生于源语对应词（通常为国际通用词）被借入本族语且已流传开来之后。

第三，本族化俗词源是经语义转化产生的，而词义被转化的希伯来语词项的本义此前就已经非常普及。

第四，本族化俗词源被看作是荒诞不经或词义模糊的词。

第五，本族化俗词源不为广大母语者所了解。

第六，本族化俗词源的所指本质上带有异域色彩（即不是指以色列本土事物）。

上述第一条和第三条原因适用于解释音义匹配词为什么遭淘汰，第二条、第四条、第五条和第六条原因适用范围则比较广一些，下文将对这六条原因做出详细解释。根据一致性原理，就特定的本族化俗词源而言，可能有好几个因素同时起作用。

## 5.3.1　语音相似问题

就本族化俗词源新造词、本族化俗词源复合词和短语而言，如果这些词与源语词的语音高度相似，那么，人为的操纵就特别明显，以色列语母语者自然而然就会想到源语词，而母语者只要熟悉源语词，就会采用从源语引入的外来词或借词。如 §6.1 所述，源语词往往是大多数以色列语母语者都熟悉的国际通用词，因为以色列语里已经有了这些词，或者他们所熟悉的外语里有这些词。结果，母语者常常摒弃音义匹配词而吸收国际通用词。这种现象在双语者当中更为普遍，比如会讲以色列语和意第绪语/俄语/波兰语的双语者在以色列语"复兴"期间就是如此，不过，现在的以色列人以英语为第二语言。这种结论符合托马森和考夫曼（Thomason and Kaufman 1988：32—33）的研究结论，这两位学者曾经举例分析亚洲爱斯基摩语在两个不同阶段从俄语吸收的借词，其中第一个阶段是前苏维埃时期（1917年以前），这一阶段双语现象十分稀少；第二个阶段是苏维埃末期，俄语成为当时的第二语言和主要教学语言。他们的数据显示：在第一阶段，俄语词项（例如，*chay*"茶"，*tabák*"烟草"）经过了较大的语音改造（*saya*，*tavaka*）；在第二阶段，爱斯基摩人熟悉俄语原词之后，俄语词几乎总是保持不变（*chay*，*tabák*）（同上：33）。不过，这种情形也可以解释为是强制使用俄语的结果。

有些本族化俗词源恰恰因为语音与源语词不太相近而通用起来，相关分析请参看§5.4.1。有时候，本族化俗词源只是从文字层面而言，亦即拼写形式看起来像俗词源，而语音与借词相同，详情请参看§5.4.2。

### 5.3.2　源语词的通用度问题

常有这样一种情况：本族化俗词源的形成是在源语对应词已经借入本族语且广为流传之后，源语词若为国际通用词，这种情况则十分常见（参看§6.1）。比如，以色列语音义匹配新造词 שירוב *shiróv*（见于 *MES*：1820b）"糖浆"几乎没有可能被以色列语母语者内化，因为他们之前已经采用了（国际通用词>）以色列语 סירופ *sírop*"糖浆"。① 以色列语 שירוב *shiróv* 的来源包括阿拉伯语 شراب [šaʹraːb]"饮料"和国际通用词 *syrup*，试比较：俄语 сироп *siróp*；波兰语 *syrop*；德语 *Sirup*；意第绪语 סיראפ *sírep*（Weinreich 1977：323b，518b）或 סיראפ *sírop*（同上：518b，Harkavy 1988：339b），法语 *sirop*；英语 *syrup*。② 所有这些词的词源均可追溯至阿拉伯语 شرب [šaʹraːb]"饮料"（试比较：阿拉伯语 شرب [ʹšariba]"喝[阳性，单数]"），而这个词正是 שירוב *shiróv* 的并列词源，因此，שירוב *shiróv* 是原始语为闪族语的近亲音义匹配词。

词义具体化的音义匹配词 גתית *gitít*"吉他"（见于 Avinery 1946：

---

① *MES*（：1241a）指出，这个国际通用词的希伯来语发音是 *sírup*，并错误地断定其词源是法语 *syrup*。实际上，*syrup* 是英语词语，法语词语是 *sirop*。

② 试比较：意大利语 *sciroppo*，*siroppo*（中古拉丁语 *siropus*，*sirupus*，*surupus*）；荷兰语 *siroop*（当代荷兰语 *stroop*）；瑞典语/丹麦语 *sirup*；加泰兰语 *aixarop*；西班牙语（现已罕用的）*jarope*"药剂"，西班牙 *jarabe*（废弃词为 *ajarabe*）"糖浆"；葡萄牙语 *xarope* [šaʹrɔpi]（废弃词为 *enxarope*）"药剂；糖浆"。

140—141）混合了国际通用词 *guitar*（试比较：以色列语 גיטרה *gitára*；俄语 гитара *gitára*；波兰语 *gitara*）和圣经希伯来语 גתית［git'ūt］"迦特乐器"（参看 Psalms 8：1）。גתית *gitít* "吉他"未能获得认可，因为（国际通用词>）以色列语 גיטרה *gitára* 在它诞生之时已经广为使用了。

以色列语 ערצון *eratsón* "侵蚀"是一个语义化语音匹配新造词，构词所用的本族语材料是圣经希伯来语 ערוץ（以色列语 *arúts*）"沟壑"，用以匹配（国际通用词>）以色列语 ארוזיה *erózya* "侵蚀"，试比较：英语/法语 *erosion*；俄语 эрозия *eróziya*；波兰语 *erozja*，所有这些词的词源都可以追溯至拉丁语 *erosio*，后者来自 *erodere* "侵蚀"。然而，由于当时 ארוזיה *erózya* "侵蚀"已经广为流传，ערצון *eratsón* "侵蚀"最终未能成功取代前者。

音义匹配新造词 משש *mashásh* "按摩"也未能通行，它的词源包括两种成分：一是国际通用词 *massage*（试比较：以色列语 מסז' 或 מסאז' *masázh*；法语/英语 *massage*；俄语 массаж *massázh*；波兰语 *masaż*；德语 *Massage*）；二是（圣经希伯来语>>）以色列语 משש √*mšš* "触摸，摸索"套进名词词型 □a□á□（强点〔*dagesh forte*〕在第二个辅音字母里①）。音义匹配新造词 עלית *ilít* "精英"（参看 §3.2.3）的情形也一样，它未能成功取代国际通用词 *élite*（试比较：以色列语 אליטה *elíta*）。此外，以色列最著名的巧克力工厂在海外的名称是 *Elite*，在以色列语里拼写为 עלית，就像 *ilít* 一样，不过发音是 *elít* 而不是 *ilít*。有趣的是，עלית *ilít* 已经被以色列语同化，变成了女性名字（参看 §5.2.2）。

### 5.3.3 本义的普及性问题

因这种原因遭淘汰的显然只有那些转义型本族化俗词源。例如，以色列语 מידה *midá*（字面意义"措施"）在布兰德施泰德特（Brandstaedter）的作品"冰河之村"（*kfar mezagegím*）里指"时尚"，用于同化国际通用词 *móda* "时尚"，试比较：以色列语 מודה

---

① 从理论上讲，以色列语 משש *mashásh* 的意思应该是"按摩师"。

*móda*；意第绪语 מאָדע *módə*；俄语 мода *móda*；德语 *Mode*；波兰语 *moda*。① 布兰德施泰德特的原文是：*lovéshet bigdéy almanót shkhorím al ha***midá** *hakhadashá shebakhadashót* "（她正）穿着最新时尚的黑色寡妇服"（1920）。但是，当时已经流行用（希伯来语>）以色列语 מידה *midá* 表示"措施"，因而"时尚"之意未能获得认可。此外，用于表示"时尚"的词是恩妲·本-耶胡达（Hemda Ben-Yehuda）在 1904 年创造的 אופנה *ofná*，它是一个仿造词，来自 אופן "样式"，用于仿造国际通用词 *móda* "时尚"，后者的词源可追溯至拉丁语 *modus* "样式"（参看§1.3.2）。

### 5.3.4　使用者的负面评价

有些本族化俗词源因母语者觉得荒诞不经或词义模糊而遭到淘汰，尤其是本族化俗词源复合词和短语（参看§3.2.4）。下面两个语义化语音匹配医学用语曾经受到依文-欧登（Even-Odem 1950）的抨击（更多类似例词，参看§4.2）：

- חידק גנו כעכות *khaydák ganú kaakút*（同上：18）（字面意义 "'谴责［祈使语气，第二人称复数］环形' 细菌"），匹配对象为国际通用词 *gonococcus* "淋病球菌"，试比较：以色列语 כער *kaákh* "环形卷"，以及本族化俗词源 גנו ראיה *ganú reiyá*（字面意义 "谴责［祈使语气，第二人称复数］流动！"），后者的匹配对象为国际通用词 *gonorrhoea* "淋病"（参看§4.2）。
- לגנאי ולמום *lignáy ulemúm*（同上：89）（字面意义 "因为谴责和无能"），匹配对象为（中古拉丁语）*lyngiasmus* "打嗝"，试比较：古希腊语 *lúnks* "打嗝" 和 *lúzō* "打嗝"；威尔士语 *llyncu* "吞咽，狼吞虎咽"。

曾经有人建议，用 קרני בעל *karnéy báal* "巴尔神（Baal）之角" 和词义模糊的 קורני יובל *kornéy yuvál* 和 קורן בא לעם *korén ba laám*（参看

---

① 见于 Saddan（1955：36—37）。

Almagor 1993：54）去指"普珥节（Purim）嘉年华"，通过这种俗词源形式去同化国际通用词 carnival，试比较：以色列语 קרנבל karnavál；意第绪语 קארנאוואל karnavál（试比较：קארניוואל karnivál，Stutchkoff 1950：902c，קארנעוואל karnəvál，同上：621b）；俄语 карнавал karnavál；波兰语 karnawał。还可以比较一下汉语中的同化形式"嘉年华"。以色列语 נير תועלת nyar toélet（字面意义"实用/有用/益处纸"）含有本族化俗词源成分，其中的 תועלת toélet 语音上匹配国际通用词 toilet，试比较：以色列语 טואלט tualét/toalét；法语 toilette "盥洗室"，toilettes "盥洗室"；波兰语 toaleta "盥洗室"；表示"厕纸"之意的英语 toilet paper；德语 Toilettenpapier；俄语 туалетная бумага tualétnaya bumága；波兰语 papier toaletowy（试比较：意第绪语 אשר יצר פאפיר asher yótser papír "厕纸"）。

阿维内里（Avinery 1946：139）曾经建议用以色列语 כלוב kluv（字面意义"笼子"）（<<圣经希伯来语 כלוב ［kəˈlūbʰ］"木质鸟笼"）去匹配国际通用词 club（试比较：德语 Klub；俄语 клуб klub；波兰语 klub；英语 club）。这个词未能流行开来，阿维内里认为原因在于［v］，这个音与［b］截然不同（参看 §5.1.4 有关以色列语 otòmovíl "汽车"的分析）。至此，有人会认为阿维内里只是从文字层面在分析本族化俗词源（参看 §5.4.2），但是萨丹（Saddan 1955：37）显然认为 כלוב 就是（希伯来语>）以色列语既有词项 כלוב "笼子"。这种拼写形式见于戈登（1881，参看 Gordon 1960：87a）的散文"枯骨"（haatsamót hayeveshót）以及古尔编纂的词典（Gur 1947：406b；1949：142a）。不过，在这些文献里，כלוב 里的 ב 带有强点，因此发音为［klub］。萨丹（Saddan 1955：37）提到，布伦内（Brener）曾经使用过 כלוב，不过他并未提供详细出处。国际通用词 club 在以色列语里的预期拼写形式是 קלוב（参看 Kna'ani 1960—1989：5227，2130；1998：2115b），因此，קלוב 要么是语义化语音匹配词（倘若萨丹的分析正确），要么是文字层面的本族化俗词源（参看 §5.4.2）。不管怎样，以色列语 כלוב kluv 之所以被淘汰，似乎是因为这个词看起来荒诞不经，这与阿维内里（Avinery 1946：37）推测的原因不一样。国际通用词 club 在日语里也有音义匹配词，详情请参看 §1.3.5。

### 5.3.5    词语的熟悉度问题

有些本族化俗词源一直未能为普通母语者所熟悉，因此流通不广。例如，以色列语 גרעינית *garinít* "花岗岩"（参看 *MES*：269b，Avinery 1946：143）是国际通用词 *granite* 的同化形式，试比较：以色列语 גרניט *granít*；意第绪语 גראניט *granít*；俄语 *granít*；波兰语 *granit*；德语 *Granit*。所有这些词的词源都是意大利语 *granito*（字面意义 "粒状的"），可追溯到意大利语 *grano* "谷粒"，再到拉丁语 *granum* "谷粒，种子，小核"，从拉丁语再追溯到原始印欧语 \**gr̄-nóm* "玉米，磨损的颗粒"，来自原始印欧语 \**ger* "腐烂，成熟，变老，磨损"（参看 Pokorny（1959：i：391）。从形态来看，גרעינית *garinít* 的构词材料包括（密西拿希伯来语>>）以色列语 גרעין *garín* "种子，谷粒，核心"，词源可追溯到古希腊语 *káruon* "（各种）坚果"，再追溯到原始印欧语 \**kar* "硬的"（参看 Pokorny 1959：i：531）；另一构词成分是（希伯来语>）以色列语后缀 ית- *-ít*。这个俗词源与源语词之间之所以能够建立起语义联系，是因为花岗岩多由石英、正长石和云母构成，呈透明颗粒状。正因为 *granite* 的词源与 גרעין *garín* "种子，谷粒" 之间存在语义联系，我认为 גרעינית *garinít* 是音义匹配词，而不是语义化语音匹配词。

音义匹配新造词 סביבול *svivól* "旋转" 也未能流行，其匹配对象是英语 *swivel*，构词成分包括以色列语后缀 ול- *-ól* 和（圣经希伯来语>>）以色列语 סבב √*sbb* "旋转，环绕"，试比较：（希伯来语>）以色列语 סביב *savív* "围绕" 和（希伯来语>）以色列语 סביבון *s(e)vivón* "（旋转的）陀螺，光明节陀螺"。以色列语 *svivól* 是由希伯来语科学院提出的，参看 *Lešonénu* 18（3—4），1953：242a，*ZA* 9，1962：43a。后缀 ול- *-ól* 见于以色列语 פטישול *patishól* "踝"，它是 1953 年创制的新词，后来未能通用开来（参看 Even-Odem 1959：109，173），所采用的语言材料包括 פטיש "锤子"，其模仿对象或许是拉丁语 *malleolus*，即 *malleus* "锤子" 的指小词。希伯来语后缀 ול- [-ōl] 见于（圣经）希伯来语 חרגול [ħarˈgōl] "蚱蜢"，而后者或许来自希伯来

语 חרג √ḥrg（MES：581b），试比较：（圣经）希伯来语 קרסל［qar'sol］或 קרסול［kar'so:1］"踝"。

比亚利克创制了以色列语新词 טללון tilelón 去指"菩提（树），酸橙（树）"（参看 Avinery 1935：20），试比较：法语 tilleul；英语 teil；拉丁语 Tilia（试比较：德语 Linde）。这个词是语义化语音匹配新造词，构词材料为阿拉姆语 טללא［təlå'lå］"阴影"。以色列语母语者并不熟悉 tilelón。与之相关的是借词 טליה tilyá "酸橙树"，见于希伯来语委员会编纂的《木制品术语词典》（Milón leAvodát Ets）（1933：10，词条编号：66—68），试比较：טיליה tilyá，见于 MES（：621c）。

上一个例词中起同化作用的阿拉姆语 טללא［təlå'lå］"阴影"与（圣经）希伯来语 צל［ṣel］（以色列语 tsel）"阴影"（见于 Judges 9：15 等处）是同源词，而后者被用作同化材料，再加上后缀 ‑ית ‑ít，从而创制出多源新词 צלאית tsilaít "轮廓"，用于匹配国际通用词 silhouette，而该词原本是称呼词（人名词），来自法国作家和政治家艾蒂安·德·西卢埃特（Étienne de Silhouette，1709—1767）的名字,[①] 试比较：以色列语 סילואט siluét；意第绪语 סילועט siluét；俄语 силуэт siluét；德语 Silhouette（试比较：德语 Schattenriß）；英语 silhouette（试比较：波兰语 sylwetka "图形"）。צלאית tsilaít "轮廓"见于希伯来语委员会编纂的《陶瓷术语词典》（Milón leMunekhéy Kadarút）（1950：58）与埃坦和美丹编纂的词典（Eitan and Medan 1952：32），但是，这个词并未流行开来。

上一段提到的两部词典也分析了 סכסך sikhsákh "之字形的"，它是德语 Zickzack 的音义匹配词，构词材料为希伯来语 סכסכ √sksk "迷惑，使复杂化"。在寻找构词材料的过程中，造词者几经努力，想找到语义合适的本族语词汇材料去匹配德语原词，但是依然不得不在语音上有所妥协。此外，一致性原理也是一个因素。但是，从这个词的清辅

---

① 这个名称当时用于嘲弄西卢埃特 1759 年担任财务大臣时所实施的吝啬的经济政策，或者嘲笑他的任期之短。另一种说法是西卢埃特在装修自己城堡的墙壁时，亲自画好了轮廓图（参看 OED）。罗森（Rosen 1994：89）只提到了后者，而惠卡特（Whitcut 1996：89—90）声称这个含义得之于西卢埃特的吝啬。

音来判断，我认为它源自德语，而不是源自国际通用词 *zigzag*，试比较：以色列语 זיגזג *zígzag*；德语 *Zickzack*；意第绪语 זיגזאַג *zigzag* 或波兰意第绪语 *zigzák*；俄语 зигзаг *zigzág* [ zigˈzak]。①

阿维内里（Avinery 1946：143）提到，以色列放射科医师协会曾于 1945 年提出用以色列语 משלט *mashlét* 去替代德语 *Schalter*。*mashlét* 是一个音义匹配新造词，构词材料为希伯来语 שלט √*šlṭ* "控制，管辖"，不过这个词最终并未流行开来（参看 §3.1.5 有关以色列语 שלט *shélet* 的分析）。

1938 年，托西纳（用其笔名 Ben-Yitzhak，参看 Ben-Yitzhak 1938：122—123）建议用以色列语 חונן *khonén* 代替德语 *gönnen* "不嫉妒"。当时，以色列语里已经有了 *jemandem etwas gönnen* 的对应词，比如 לדרוש בטובתו של מישהו *lidrósh betovató shel mishehú*，试比较：后起并成功流行开来的新词 פרגן *firgén*（参看 §2.1.3）与被淘汰掉的 תצלח *titsléakh* 和 ריתה *ritá*，三者意思都是 "不嫉妒 [阳性，单数]"。再者，*Er gönnt ihm nicht* 可以译为 עינו צרה בו *eynótsará bo*，但以色列语却没有具体的对应词去表示 *Ich gönne dir das* "我很高兴你拥有这一切"。如果按托西纳的建议，那么与该句相对应的以色列语译文应为 אני מחונן לך דבר זה *aní mekhonén lekhá davár ze*。托西纳虽然未做任何暗示，但是 חונן *khonén* 事实上是一个转义型音义匹配词，因为（圣经）希伯来语 חונן 的意思是 "怜悯，喜爱，慷慨给予 [阳性，单数]"。不过，חונן *khonén* 同样未能流行开来。

## 5.3.6　异域色彩问题

有时候，多源新词本质上指的是异域事物，而母语者为了追求 "真实性"，更喜欢用外语词去表达。本书前面几章已经谈到过这种情形，在此我们再看一例。希朗斯基曾经创造了音义匹配复合词

---

① 这种观点得到 *MES*（：1244b）的支持。德语 *Zickzack* "之字形" 及其后代如英语 *zigzag* 和俄语 зигзаг *zigzág* 等都不是拟声词。德语 *Zickzack* 原指城堡附近有角的坑，来自德语 *Zacke* "顶点，尖端"（参看 Pisani 1967：129）。可以对比一下德语拟声词 *klipp, klapp!* "咔哒咔哒"（Drosdowski 1989：829a）的结构。

אשף כשף *éshef késhef*（字面意义"魔术，巫术"）去指"戏法"（不过，这个词未能成功取代已经广为流传的国际通用词 *hocus-pocus*），而这也许是受到圣经希伯来语 שצף קצף [ˈʃɛṣɛpʰ ˈqɛṣɛpʰ]（以色列语 *shétsef kétsef*）"怒气，微怒"（Isaiah 54：8）的影响。中古希伯来语 אשף [ˈʔɛʃɛpʰ] 来自希伯来语 אשף [ʔaʃˈʃåpʰ]"魔术师，术士"（参看 Daniel 1：20，试比较：阿拉姆语 אשף [ʔåʃapʰ]"魔术师，术士"，见于 Daniel 2：10），后者碰巧也出现在国际通用词 *chef* 的音义匹配词里（参看§3.1.3）。不过，以色列语 כשף [ˈkeʃepʰ] 以圣经希伯来语复数形式 כשפים [kəʃåˈpʰīm] 出现在《旧约》里（参看 Micah 5：11，Nahum 3：4）。国际通用词 *hocus-pocus* 来自咒语 **hax pax** max Deux adimax（Drosdowski 1989：288a，Ayto 1990：284a），不过，有人曾经提出：后者是拉丁语 *hoc est corpus*（字面意义"这就是那个身体"，意为"这面包是基督的身体"，用于圣餐期间，*OED*）的拙劣模仿（parody）或错误解释。据克纳阿尼（Kna'ani 1989：36a）分析，אשף כשף *éshef késhef* 是由希朗斯基创造的，希朗斯基（参看 Shlonsky 1947：48）所造的 *éshef késhef, gets ben réshef* 类似于 *Hocus pocus, tontus talontus, vade celeriter iubeo* "霍克斯波克斯（咒语），笨蛋塔隆特斯（Talontus），快点！我命令你！"（参看 *OED*）[①] 由于以色列的魔术并不是特别发达，大多数以色列人所接触到的都是有关国际知名魔术师的故事（比如 David Copperfield，即 David Seth Kotkin，生于 1956 年；或者脱逃术大师 Harry Houdini，即 Erich Weiss，1874—1926），又由于已经有了国际通用词 *hocus-pocus*，*éshef késhef* 也就没有多少机会流传开来。

---

① 试比较：*abracadabra* 的推导型俗词源解释：公元 2 世纪出现的拉丁语 *abracadabra* 来自阿拉姆语 עבירה כד עבירה（字面意义"罪孽［名词］那时罪孽［名词］"，参看 *MES*：12a，Alcalay 1967：4）。巴尔弗（T. A. G. Balfour）在 1860 年提出的解释是：*abracadabra* 来自两个 אברה，即希伯来语 אב，בן，רוח הקודש（以色列语 *av ben rúakh hakódesh*）"圣父，圣子和圣灵"的首字母（参看 *OED*；试比较：Zuckermann 2000：317—319 关于对其他缩略词进行再分析的论述）。

# 5.4　多源新词的广泛传播

上面的§5.3讨论分析了被淘汰的多源新词，但是§7的统计分析会表明：有一半的多源新词得以广泛传播，这个比例大大高于新词的总成功率。§7将具体说明各种相关数据。多源新词主要在三种人群中广泛传播：不熟悉源语表达式的母语者，尤其是那些出生于新词诞生之后的人；熟悉源语表达式但是并不了解源语词与目标语词之间的关系的母语者；熟悉源语词却故意避免使用源语词的以色列纯语论者。下文将详细分析一些大获成功或者获得了部分成功的多源新词。

## 5.4.1　与源语词项语音不相近的本族化俗词源

有的本族化俗词源之所以成功流行开来，正是因为它们与源语词项语音不相似，因而不会让母语者想起源语词（§5.3.1），比如以色列语 גאון gaón "天才，智商高的人"。圣经希伯来语 גאון [gå'ʔōn]意思是"优秀"（见于 Psalms 47：5，Isaiah 4：2 等处）和"荣耀"（见于 Isaiah 16：6 等处，试比较：圣经希伯来语 גאוה [gaʔǎ'wå] "荣耀"）。6 至 11 世纪期间，中古西希伯来语 גאון [gå'ʔōn] 开始指"智者"（*OED*），这是对巴比伦、巴勒斯坦、叙利亚和埃及等地犹太学院首领的尊称。后来，在整个西班牙、意大利和 18 世纪的维尔纳，גאון 用于指"特别了解妥拉（即律法书）的人"。在 19 世纪，似乎是为了匹配国际通用词 genius（试比较：意第绪语 זשעניִ zhení；俄语 гений génii；波兰语 geniusz；法语 génie），גאון 开始指"天才，奇才"，而且只有那个时期 גאון gaón 才以"天才"之意回归"希伯来语"。最后的这个词义不仅成功流传开来，而且许多世俗以色列人把 הגאון מוילנה hagaón mivílna 理解为智商特别高的人，而不是理解为精通妥拉的人。这种词义转变可能已发生在意第绪语里，试比较：意第绪语 גאון góyən "智者，天才"（复数形式：גאונים geóynim）。从共时角度看，גאון gaón 的语音与英语 genius 并不是很相似，因此不会因为 genius 的存在而遭到以色列语母语者排斥。

以色列语 מכונה mekhoná "机器" 的情况与此相似。韦克斯勒（Wexler 1990：32 脚注）指出：母语者忘记其源语词可能是有意而为之。圣经希伯来语 מכונה ［məkʰōˈnå］（参看 I Kings 7：27，30，35，Ezra 3：3 等处）意思是 "底座"（来自圣经希伯来语 כון √kwn "坚实，建立"）。在以色列语里，它的发音为 mekhoná，意思是 "机器"，用于同化国际通用词 machine，试比较：俄语 машина mashína（或许还包括俄语 mekhanízm，mekhánika；俄语 makhína "庞大而笨重的物体"，参看 Wheeler et al. 1997：232b）；波兰语 maszyna（试比较：波兰语 machina，用于特定语境：要么用比喻意义，比如 machina wojenna "战争机器，战争行动"，要么指废弃的大型机器，比如 machina oblężnicza "攻城机"）；德语 Maschine（或许还包括德语 machen "做，制造"）；拉丁语 machina（也可参看 Sivan 1966：200 = 1995：26）。也可以比较（多利安）古希腊语 mākhaná（参看 Glare 1988：1057），它是 mēkhanḗ 的异体，其中的 ch［x］与以色列语 ［χ］相似；试比较：具有国际通用词特点的以色列语语素音位改造词 מכאני mekháni "机械的"。

蒙德尔和其他现代作家曾经使用密西拿希伯来语 מוכני ［mūkʰˈnī］或 מיכני ［mīkʰˈnī］"机器，零件"（参看 Mishnah：Yoma 3：10），这可能对于在以色列语里给 מכונה 引入新词义 "机器" 起到了促进作用。密西拿希伯来语 מוכני 是古希腊语 mēkhanḗ "机器" 的语素音位改造词。不过，斯卢希奇（Slouschz 1930：348）提出，מוכני 的词源是希伯来语 כון √kwn（希伯来语 מכונה 的词根）。另外，他还断言（Slouschz 1930：352，355）：希伯来语 מכונה 是古希腊语 mēkhanḗ 的源头，这意味着用以色列语 מכונה（该词出现在 19 世纪，参看 MBY：vi：2989a，1929 年版 Milón leMunekhéy 多处可见）去匹配国际通用词 machine 实际上是 החזרת עטרה ליושנה hakhzarát atará leyoshná "恢复（皇冠——这里指这个词）从前的荣耀"（参看 Slouschz 1930：355）。但是，古希腊语 mēkhanḗ 真正的词源似乎是原始印欧语 *māgh "能够"，

后者也是德语 *Macht* "力量" 的词源（参看 Pokorny 1959：i：695，
Menge 1913：455a，见于古希腊语 *mēkhos* "手段" 词条），它也许是
原始印欧语 *meg（h）* "大的" 的同源词，而后者正是国际通用词
*mega* 的词源。

## 5.4.2　文字层面的本族化俗词源

　　医学术语里有一个非常有名的语义化语音匹配复合词① חולירע
khòlirá，它由 חולי "疾病" 和 רע "严重的" 构成，用于同化国际通用
词 cholera "霍乱"，试比较：以色列语 כולרה kholéra（纯正的以色列语
形式为 koléra）；意第绪语 כאָלערע kholérə；俄语 холера kholéra；波兰
语 cholera；拉丁语 cholera；德语 Cholera；古希腊语 χολέρα kholéra。
造词者可能会否认 חולירע 是一个新词，因为《传道书》第6章第2节
（Ecclesiastes 6：2）就有这个词。② 于是，由于纯语论者声称《旧约》
里有 חולירע 一词，חולירע 就可以看作是音义匹配词（参看 §3.2.3 有关
以色列语 *ilít* "精英" 和 *sapá* "沙发" 的分析）。חולירע 并不像阿维内
里所预测的那样 "绝不会改变形式"（Avinery 1946：139），它的发音
并未受到同化，而现在用于表示 cholera 的词是（国际通用词>）以
色列语 כולרה kholéra，纯语论者们更喜欢的发音是 koléra（参看 MES：
722c）。但是，许多以色列语母语者会混淆 חולירע 和 כולרה 的拼写，会

---

① 这个词有两种不同形式。חולירע（整体作为一个词，不同于 חולי רע）见于依文-欧登
等人编纂的《新编医药学词典》（*milón refuí khadásh*）（1967：148），罗巴雪夫
（Robashov）编纂的《希伯来语-俄语医药学词典》（*milón refuí ivrí rusí*）（1971：
35），Gur（1949：118a，141b），*MES*（：512a）等词典。另一种形式 חוליירע（不含
ו）见于 Klausner（1949：72），Choueka（1997：641），*MES*（：543c）等词典。但
是，חולירע 和 חליירע 都未录入 Feingold and Freier（1991），这本词典仅仅提到 כולירה，
它是（国际通用词>）以色列语 כולרה choléra 的另一种拼写形式。

② 圣经希伯来语原文是：איש אשר יתן לו האלהים עשר ונכסים וכבוד ואיננו חסר לנפשו מכל אשר
יתאוה ולא ישליטנו האלהים לאכל ממנו כי איש נכרי יאכלנו זה הבל וחלי רע הוא [ ʔīš ʔǎ'ʔ‌ser jit'ten lō
håʔǎ'lo'hīm 'ʕošer unǝk'ǎ'sīm wǝkhå'bhōd wǝʔe'nennū hå'ser lǝnaph 'šō mik'kol ʔǎ'ʔ‌ser
jitʔaw'we wǝ'lo jašli'ṭennū håʔe'ʔ‌l'khol mi'mennū, kī ʔīš nokh'rī jokhǎ'lennū
ze 'ḥebhel wå'**ḥālī råʕ** hū ] "就是人蒙神赐他资财、丰富、尊荣，以致他心里所愿
的一样都不缺，只是神使他不能吃用，反有外人来吃用。这是虚空，也是祸患。"
（英王钦定本圣经）（Ecclesiastes 6：2），试比较："*grievous ill*"（新修订标
准版）。

写成 כולירע 和 חולירה 这两种混合拼写形式（参看期刊 *Kupat Kholim Maccabi*，1994）。古尔在其编纂的《外来词词典》（*Lexicon of Foreign Words*，1949：118a）中，既把 חולירע 当作被定义项（使读者想起 כולרה），又把它当作定义（用于解释 כולרה）。这也许说明 חולירע 是一个具有双重特征的本族化俗词源，也就是说它既具备外语词汇特点（它只不过是 כולרה 的希伯来语化书写形式），又具备本族语特点（它是纯粹的希伯来语词语）。这个词的另一种拼写形式 כולירה 含有 י（*y*），这或许是受到 חולירע 的影响。以色列语俚语 *kholéra* 指 "邪恶的人，坏人"，它吸收了意第绪语 כאָלעֶרע *kholérə* 的附加词义 "恶毒的人"，后者通常指女人，或许是因为这个词是阴性，试比较：波兰语 *cholera*（不过，波兰语 *cholera* 更常见的用法是作咒骂语，就像英语 *shit!* 或者德语 *Scheiße!* 一样）。不管怎样，我调查发现，一些以色列语母语者会把 *kholéra* "邪恶的人，坏人" 与（希伯来语>）以色列语 רע *ra* "坏的" 相联系。

曾任法国法务部长的克雷米厄（Yitzhak Adolf *Cremieux*，1796—1880）亲善犹太人，因此，犹太启蒙运动时期的作家们出于尊敬和爱戴把他称为 כרם יה ['kɛrɛm jå] "上帝的葡萄园"。这个本族化俗词源是一种大气的称呼，使人想起希伯来语 רבת פאר *rabes per*，它用于称呼罗伯斯庇尔（*Robespierre*）[1]，字面意义是 "充满 [阴性] 赞颂"。汉语中也有一些含有褒义的姓氏本族化俗词源（参看 §1.4.3.3）。戈登（参看 Gordon 1956：304—305，373）等人曾经采用浊化的 ['kɛrɛm jå] 形式，这是一种以希伯来语词汇同化外语名称的方法。可以比较一下 §4.7 提到的情形，即把一些外语姓氏根据希伯来语拼写习惯变为希伯来语，从而摆脱其外语语音特征。不过，我之所以分析 כרם יה ['kɛrɛm jå] 一词，是出于共时的原因：כרם יה 这种拼写形式（一般不是指其元音标记）仍然用于以克雷米厄命名的特拉维夫街道的街名标识里，发音通常不是 *kérem ya* 而是 *kremyé*，这样就成为一个

---

① 马克西米连·佛朗索瓦·马里·伊西多·德·罗伯斯庇尔（Maximilien François Marie Isidore de Robespierre，1758—1794），法国革命家，法国大革命时期重要的领袖人物。

文字层面的本族化俗词源。这与 חולירע "霍乱" 的情形相同，也就是说，从文字层面来看，该词是本族化俗词源，但是其发音却是外语发音。

　　从文字层面来看，以色列语 מסתורי *mistorí* "神秘的" 可视为国际通用词 *mysterious* 的本族化俗词源，起同化作用的成分是先前就已经存在的密西拿希伯来语多源新词 מסתורין［mistōˈrīn］"神秘，秘密"（*Midrash Rabba to Exodus* 19；Jastrow 1903：812a 提出其词义为 "迷惑"），后者来自圣经希伯来语 מסתור［misˈtōr］"躲藏地"（来自 סתר √*str* "躲藏，秘密"）和古希腊语 *mustérion* "神秘，秘密"。מסתורין 的拼写形式采用了 ת（*t*）而不是 ט（*t*），这更说明它是音义匹配词。希伯来语 ט（*t*）是古希腊语 τ（*t*）的常用转写形式，而希伯来语 ת（*t*）常用于转写古希腊语 θ（*th*）（参看§2.1.3对阿拉伯语 تقني［ˈtaqni］"技术的" 的分析）。可以比较一下 מסתורי *mistorí* 与现代希伯来语 מסתרי פאריז *misteréy paríz*（字面意义 "巴黎的躲藏地"），后者是欧仁·苏（Eugène Sue）的作品《巴黎的奥秘》（*Les Mystères de Paris*）（1842—1843，参看1989）的希伯来语译名，由舒曼（Schulmann 1857—1860）翻译。舒曼之所以选用（圣经）希伯来语 מסתרים［miståˈrīm］"躲藏地" 的名词构造型而不是（圣经）希伯来语 תעלומות［taʕălūˈmōt］"神秘，奥秘"，是因为该词的语音碰巧与法语 *mystères* "神秘，秘密" 相似。

　　还有一些多源新词也属于文字层面的多源新词，例如，כלוב *kluv-klub* "俱乐部"（§5.3.4），כבל *kével-kábel* "电缆"（§5.4.4），בית *báit* "字节"（§4.5），פתי בר *pitéy bar-pét ber* "黄油饼干"（§4.4），תכניון *tekhniyón* "以色列理工学院"（不同于 טכניון）（参看§5.1.3）。

　　文字层面的多源新词中，有的只有一部分拼写形式来自多种语言。例如，以色列语 עתיקה *antíka* "古董［名词］" 来自国际通用词 *antique*（试比较：意第绪语 אנטיק *antík*；德语 *Antike*），极有可能经过了阿拉伯语 أنتيكة［ʔanˈtiːka］"古董，古代艺术品" 的中转，其以色列语拼写形式 עתיקה（参看 *OEHD*：1030a，试比较：以色列语 ענטיקה，同上：593b）模仿（希伯来语＞）以色列语 עתיק *atík* "旧的，古代的"，后者的使用频率可能因国际通用词 *antique* 而得到提高（有关用法增强现象的分析，参看 Zuckermann 2000：313—317）。

若要确定一个新造词究竟是典型的本族化俗词源还是仅仅属于文字层面的本族化俗词源，一种检验方法是检查外来词和借词词典是否收录了这个词。如需了解希伯来语（而不是以色列语）里文字层面的多源新词，请参看托西纳（Torczyner 1938：20—21）的相关论述。

文字层面的本族化俗词源之所以会产生，是因为以色列语采用只有辅音字母的希伯来语书写体系（参看 §2.1.3 有关元音交替的分析），而这种书写体系在符号与语音之间没有一一对应关系。例如，כ（*k*）和 ק（*q*）的发音均为 [k]，ת（*t*）和 ט（*t*）的发音均为 [t]。此外，通用的以色列语文字没有元音标记（vowel marking, *nikúd*），这就让读者可以有几种不同的发音（请注意，许多以色列语词语拼写相同，但是发音不同），有时还会导致发音错误，例如：

- *mitabním* 而不是 *metaavním*，原词为 מתאבנים "开胃菜"，来自 תאבון *teavón* "食欲"。请注意，发音不同的 מתאבנים *mitabním* 意思是 "变老化，僵化 [阳性，复数]"。
- *maalé edomím* 而不是 *maalé adumím*，原词是圣经希伯来语地名 מעלה אדמים，见于 Joshua 15：7，18：17（参看 Ziv 1996：77；*KMV*：313）。
- 矫枉过正的发音 *yotvetá* 而不是 *yotváta*，原词为圣经希伯来语地名 יטבתה，见于 Deuteronomy 10：7（参看 *KMV*：231）。
- *fára fost* 而不是 *fára fóset*，原词是人名 פארה פוסט *Farrah Fawcett*（法拉·佛西，美国女演员）。

有时候，这种发音显然是因为类比而产生。例如，地名 שדרות（一般情况下，在 ש 上不写变音符号，不同于 שׂדרות）（字面意义 "林荫大道，林荫道，行"）的发音一般是 *shdéro* 而不是 *sdérot*，这是由于（希伯来语>）以色列语 שדרה *shidrá* "脊柱" 的影响（参看 Sarfatti 1972：186）。缺乏元音标记甚至有可能导致新名字的产生。举例来说，有个以色列人名字叫 Reviel，得名之由是他的母亲听到一个小孩子读错了 רויאל 这个词，将它念为 REVIEL 而不是 ROYAL（一种香烟品牌）。如果想要弄清作者究竟是什么意思，唯一的办法往往是看语境。比如，有一些词是同形异义词，拼写形式都是 בלבן：balében "在酸奶里"，belaván "穿着白色衣服"，balabán "巴拉班（姓氏）"，belibán "在他们心里"（试比较：בליבן）。我曾经寻找一个名叫 "莫拉沙射击场"（Morasha Shooting Range）的地方，心想它可能就在离特拉维夫不远的莫拉沙交叉路口附近，因为我按照要求必须到 מטווח מורשה 去更新持枪证。实际上，以色列语 מורשה 表示 murshé (√ršj) "授权，允许，许可"（还有 "代表" 之意）。以色列语 morashá (√jrš) 的字面意义是 "遗赠，遗产"。מורשה 也可以表示 mivársha "来自华沙"。与此相类似的是，以色列语 הילדה 可以表示 hayaldá "那个女孩" 和 hílda "希尔达（名字）" 两种意思，以色列语 השפלה 可以表示 hashfelá "低地" 和 hashpalá "蒙羞"。

特拉维夫有一条街道名叫 אבן גבירול Ibn Gabirol，它是以所罗门·本-耶胡达·伊本·盖比鲁勒（Solomon Ben-Yehuda ibn Gabirol，拉丁语名为 Avicebron，1022—1070）的名字命名的，发音通常是 éven gviról。这种发音很可能是（下意识或半刻意半无意）想摆脱阿拉伯语特征，同时受到其他已经希伯来语化的名称的影响，包括姓氏 אבן-שושן Even-Shoshan（依文-肖山，词典学家；他所编纂的词典在以色列几乎尽人皆知），还包括地名如 אבן יהודה éven yehúda（沙仑区的一座城镇），אבן ספיר éven sapír（耶路撒冷附近的一个村合作社），אבן מנחם éven menakhém（加利利的一个村合作社），אבן יצחק éven yitskhák（拉玛特梅内瑟〔Ramat Menashe〕的一个集体社区）。①

相当荒谬的是，几乎所有的以色列人都会阅读罗马字母，所以他们有时候会求助于以色列语地名标识里的英语标音，目的是弄清

---

① 在耶路撒冷，éven gviról 这种 "错误发音" 不太普遍，原因之一是耶路撒冷居民比较习惯用中世纪西班牙犹太思想家的名字。

他们先前所不了解的以色列语地名该如何发音。① 这种情形促使一些语言学家和非语言学家提倡罗马化。其实，罗马化的一种特殊形式在一些诙谐的以色列语广告中已经十分明显，例如，פיקינגṢ（"在说话"，请注意 S 下方的中性元音标记），这是一所英语学校的名字，位于特拉维夫的美国犹太复国主义之家。又如，**AEG**（注意元音标记）和 תפוזינה Ẓ（*ze tapuzína* "这是 *Tapuzína*〔一种橙汁饮料的名称〕"）。如有兴趣，可以对这种罗马化与日文罗马化进行比较研究。

### 5.4.3　失去希伯来语特征的多源新词

　　§5.3.6 曾经提到，母语使用者为了追求"真实性"，更喜欢使用外语词去表达。有时候，追求"真实性"的愿望太过于强烈，结果有的多源新词虽然可以有效隐藏词语的外语词源，却无法逃脱被淘汰的命运。不过，这并不意味着多源新词无法流行开来。以以色列语 פתה *pita* "披塔，皮塔饼"（见于 *MMM* 1938：77）为例，其重音落在倒数第二个音节上（这个音义匹配词在犹太西班牙语里的并列词源也具备这个特点，参看下文），这会让以色列人想到阿拉伯语。实际上，许多以色列人都认为，与阿什肯纳兹犹太人的食物哈拉面包（challah）相比，披塔饼并非典型的犹太食物。格里内特（Glinert 1992：186）断言："皮塔饼这个词并不像它的发音那样具有阿拉伯语特色，它是……阿拉姆语词语。"不过，他这种说法需要修改，因为 פתה *píta* 不仅是阿拉姆语，而且是犹太西班牙语，它其实混合了以下成分：

---

① 即便如此，以色列语书写形式有时候还是比"英语"书写形式更管用。我们不妨比较一下以色列语 אוצ'אלאן 与英语 *Ocalan*，后者有时念为［ˈokɒlan］或者［oˈkɒlan］，听起来像苏格兰人姓氏，而不像库尔德人的土耳其语姓氏（这个姓氏的意思是"复仇者，复仇"，试比较：土耳其语 *öc* "复仇" + 土耳其语 *alan* "接受者"，试比较：土耳其语 *almak* "拿，得到，买"；这个人的全名叫 *Abdullah（Apo）Öcalan*，试比较：塞法迪犹太人姓氏 אוחנה（以色列语 *okhána*，参看§4.7）的英语形式 *O'Hana*。也可对比以色列语 מילושביץ' *milóshevich* 与英语 *Milosevic*，以色列语里的发音一般是［miˈlɒsəviɮ］，发［s］而不是［ʃ］，这种发音更忠实于塞尔维亚语的发音。英语一般会保留姓氏原来的拼写形式，而波兰语更喜欢改造拼写形式以便保留原来的发音，试比较：*Szekspir* "莎士比亚" 和 *Waszyngton* "华盛顿"。

1. 犹太西班牙语 *píta* "披塔，皮塔饼，稍加发酵的扁形面包"，其词源是现代希腊语 πίτα *píta*（>>西班牙语 *pita* "披塔，皮塔饼"），后者也是土耳其语 *pide* "披塔，皮塔饼" 的词源（参看 *RTED*：933a）（当代土耳其语 *pide* 一般指一种长的比萨，也指馕饼）。πίτα *píta* 的词源可追溯至中古希腊语 πίττα *pítta*（试比较：πήττα *pḗtta*）"面包，蛋糕，派"，后者可能来自古希腊语 πεπτός *peptós* "煮熟的"（来自古希腊语 πέσσω *péssō* 或 πέττω *péttō* "煮，烘焙"）。不过，安德廖蒂斯（Andriotis 1967：283a）认为现代希腊语 πίτα *píta* 是借自意大利语 *pitta* 的借词，后者来自拉丁语 *picta*，可追溯至古希腊语 πηκτή *pēktḗ*［阴性］"增稠的，凝结的"（来自古希腊语 πηγ- *pēg-* "使固定"）。请注意，总体而言，突厥语血统的土耳其语词语是不以 *p* 开头的。

2. 阿拉姆语 פתא［pita］"块，面包"（*Talmud*：B'rakhoth 40a），试比较：圣经希伯来语 פת［pat］①"一小份，面包"（见于 II Samuel 12：3，Proverbs 28：21）；试比较：圣经希伯来语 פתת √ptt "面包屑，碎屑"（Leviticus 2：6）和阿拉伯语 فتّ［ˈfatta］"破碎［阳性，单数］"，试比较：阿拉伯土语 فتّ الخبز［ˈfatt əlˈχubəz］"把面包弄碎，切开面包［阳性，单数］"。

以色列语词典完全忽略了 פתה *pita* 的（希腊语）犹太西班牙语并列词源。克纳阿尼（Knaʿani 1960—1989：4891；1998：4873b）没有提到任何词源，而依文-肖山（*MES*：1496a）只提到了阿拉姆语词源。请注意，在有些地方的阿拉伯土语里，*pitta* 的对应词是［ˈbita］。斯塔尔（Stahl 1995：84a）曾经断言：阿拉姆语 פתא 是以色列语 פתה *píta* 和阿拉伯土语（现已罕用的）［ˈbita］的词源，这种说法十分轻率，因为阿拉姆语的 פ（*p*）在阿拉伯语里会变成 *f* 而不是 *b*。我认为，阿拉伯土语［ˈbita］的终极词源是现代希腊语 πίτα *píta*。由于阿拉伯语没有［p］（因此，格里内特的上述言论不准确），现代希腊语 πίτα *píta* 在阿拉伯语里的发音只能是［ˈbita］；试比较：阿拉伯土语 كماج［ˈkmaʒi］"披塔，皮塔饼"（流行于以色列北部），阿拉伯土语

---

① 希伯来语 פת 还用于其他音义匹配词，例如，以色列语 פת פאר *pat peér* "小蛋糕"（参看 Zuckermann 2000：114—115），以色列语 פתי בר *pitéy bar* "小黄油饼干"（参看同上：130），圣经希伯来语 פת בג［pat'båg］"佳肴，王的食物"（参看同上：131）等。

خبز الكماج‎ [χubz əlˈkmaʤ] "披塔，皮塔饼"，阿拉伯语 خبز رقیق‎ [χubz raˈqi:q]（字面意义 "薄面包"）"伊拉克披塔，实心披塔，拉法卷饼"（试比较：naan, pastilla），试比较：黎巴嫩阿拉伯土语 خبز مرقوق‎ [χubz marˈqu:q] "伊拉克披塔，实心披塔，拉法卷饼"。

同样，以色列语 לבה lába "火山岩浆" 在以色列语母语者听来是个外语词，它用于同化国际通用词 lava，试比较：俄语 лава láva；波兰语 lawa；德语 Lava；意第绪语 לאַװע lávə；英语 lava。这种同化形式的诱因是圣经希伯来语 לבה [labˈbå] "火焰"（参看 Exodus 3：2：圣经希伯来语 לבת אש [labˈbat ʔeš] "火焰"），后者来自圣经希伯来语 להבה [lɛháˈbʰå] "火焰"。以色列语词典既不解释首选发音为什么是 laba 而不是 láva，也不解释为什么首选拼写形式是 לבה 而不是看似外语的 לאבה（这种形式受到 Choueka 1997：871 的偏爱）或者 לאװה。很可能因为意大利语的重音落在倒数第二个音节上，以色列语词典故意忽略圣经希伯来语 לבה [labˈbå] "火焰" 对这个词可能产生的影响，[1] 并且仅将以色列语 לבה lába "火山岩浆" 当作借自意大利语的借词。לבה "火山岩浆" 直接源于意大利语这种说法是有争议的，因为这个词很可能来自欧洲其他语言中与 lava 相应的词，而那些词的词源是意大利语（所以在此我用 "国际通用词 lava" 而不是 "意大利语 lava" 这种表述）。[2]

---

[1] 不过，以色列语 לבה 的重音与意大利语一样在倒数第二个音节上。

[2] 词存在瑕疵是很普遍的现象。词典编纂者不应该落入陷阱，比如不能把英语 ressentiment 当作来自法语的外来词，因为它其实来自德语（参看 Nietzsche 1887，试比较：1966：ii：782）。同样，我们不应受误导而相信以色列语 איגלו íglu "雪屋" 是直接从爱斯基摩语/因纽特语/伊努皮克语表示 "屋子" 的词进入以色列语的，因为它其实来自这个词语的后代，即国际通用词 igloo（试比较：英语 igloo；德语 Iglu；俄语 иглу íglu）。读者在使用 MES 时如果不加小心，就会相信以色列语 אלכוהול alkohól/álkohol "酒精" 来自阿拉伯语 الكحول [ʔalkuˈhu:l]（试比较：الكحل [ʔalˈkuhl]，见于 MES：71b，参看 §6.3 关于以色列语音义匹配词 כהל kóhel/kóhal "酒精" 的分析），其实，它是国际通用词 alcohol（试比较：俄语 алкоголь alkogól'；波兰语 alkohol；意第绪语 אלקאָהאָל alkohól；英语 alcohol）改造而来，而后者源自阿拉伯语 الكحل [ʔalkuˈhu:l] "酒精"。同样，粗心的读者可能以为以色列语 כימיה khímya/kímya（后者罕用，使用者多为纯语主义者，请注意拼写形式 חימיה，见于 ZV 6，1928：53 等处）"化学" 来自阿拉伯语 كيمياء [ˈki:mija:ʔ]（试比较：阿拉伯土语 [ˈki:m(i)ja]，试比较：阿拉伯语 فيزياء [ˈfi:zija:ʔ] "物理" 与阿拉伯土语 [ˈfi:z(i)ja] "物理"）（参看 MES：733b），但实际上，这个词是国际通用词 chemistry（试比较：俄语 химия xímiya；波兰语 chemia，意第绪语 כעמיע khémyə）的同化形式，而后者来自阿拉伯语。

至于国际通用词 *lava* 的词源，词源学家认为意大利语 *lava* 与意大利语 *lavare* "洗" 或拉丁语 *labes* "掉进，沉入" 相关，试比较：拉丁语 *labe* "滑 [副词]"（参看 *OED*, Cortelazzo and Zolli 1999：855a）。不过，需要注意早期的阿拉伯语词 لابة ['la:ba] "黑石地带"（参看 Hava 1915：699b），"（火山）黑石覆盖的土地"，这个词在公元 6 世纪的文献中有如下记录：阿拉伯语 لوب [lu:b] "（波斯湾北部火山岩地区的）火山岩浆"（阿拉伯语 لابة ['la:ba] 的复数形式）见于阿尔尤迈哈（Al-Jumaiḥ, 即 Munqidh Ibn Aṭ-ṭammāh）的一首诗，这位诗人在 570 年左右的一场战争中阵亡（参看 Lyall 1918：ii：7—9）；阿拉伯语 لابة ['la:ba] 见于埃米尔·伊本·阿图发伊尔（'Āmir Ibn Aṭ-ṭufail）的一首诗（前伊斯兰时代），参看莱尔（Lyall）对阿拉伯语 لابة ضرغد ['la:bat 'ḍarʁad] 的翻译："达尔哈德（Darghad）的火山岩浆"（Lyall 1918：ii：301, Section 3）。因此，我认为，阿拉伯语对意大利语 *lava* 有过影响，后者可能是阿拉伯语 لابة ['la:ba] 的音义匹配词，起同化作用的语言材料为意大利语 *lavare* "洗"。拉丁语 *labes* 似乎是推导型俗词源。请注意，阿拉伯语母语者曾经占领过西西里和意大利南部（参看 Lyall 1918：ii：9，注释 10），意大利语 *lava* 最初似乎指意大利南部的火山，在那不勒斯方言里可能指 "维苏威火山流出的岩浆"（参看 *OED*）。

阿拉伯语 لابة ['la:ba] 来自 لوب √*lwb*，后者与希伯来语 לאב √*lʔb* "渴的" 相关，试比较：圣经希伯来语 במדבר בארץ תלאב(ו)ת [bammid'bår bə'ʔɛreṣ talʔu'bʰot] "在旷野干旱之地"（英王钦定本），试比较：它的另一词义 "灼热"（Hosea 13：5）。依文-肖山（*MES*：1939a）把希伯来语 לאב √*lʔb* 与希伯来语 להב √*lhb* 相联系，后者正是 להבה 的词根，而 להבה 是圣经希伯来语 לבה [lab'bå] "火焰" 的词源，用于同化（阿拉伯语 > 意大利语 >）国际通用词 *lava*。因此，以色列语 לבה "火山岩浆" 这一例词十分有趣，应该看作是原始语为闪族语的近亲音义匹配词（参看 § 3.1.4.2），整个过程如下图所示：

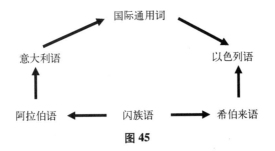

**图 45**

其他词语也会因重音变化而失去希伯来语特征。比如，以色列语 תפי *tupi* "左轮手枪" 不是多源新词，它原本是希伯来语，一般情况下发音为 *tupí*，但是它的重音后来发生了变化。具体来说，它来自圣经希伯来语 תֹּף [topʰ] "鼓"，广义指 "鼓状的"，或者专指武器 "弹鼓装满的"，因为子弹是装在弹鼓里。本-阿耶（Ben-Arye 1988：33）提出，以色列语 תפי（אקדח）（*ekdákh*）*tupi* "左轮手枪" 是受俄语 барабан *barabán* "鼓，左轮手枪" 的影响而产生的，但是它的发音为 *túpi*，许多以色列人以为它是外来词，有时会把它拼写为 טופי，用的是 ט（*t*）而不是 ת（*t*），主要是因为它指的是外国事物（左轮手枪总让人联想到美国西部片）。此外，类比也是一个助推因素，其一可能是模仿 רובה טוטו *rové tútu*（字面意义 "tutu 来复枪"），它指直径 0.22（*two-two* "22" > 以色列语 *tútu*）英寸（5.56 毫米）的来复枪；其二可能是仿照以色列语 תכי "鹦鹉" 的发音，该词的重音几乎总是落在倒数第二个音节上，发音为 *túki*。

一个词的重音如果落在倒数第二个音节上，往往就意味着这个词指异域事物或者具有外来语言特征。例如，以色列语 *yeríkho* "杰里科" 是（希伯来语 > ）以色列语 יריחו 的贬称，发音一般是 *yerikhó*，指以色列地最古老的城镇。曾经发生过这样的事情：那个地方将会割让给巴勒斯坦的消息刚一确定，以色列已故前总理伊扎克·拉宾（Yitzhak Rabin）就把 יריחו 念成 *yeríkho*，仿佛是想暗示 "这个名字不是圣经希伯来语里的 [jərɪˈhō]，而是外来的 *yeríkho*"，从而激起以色列人对那个地方的厌恶之情。这样的重音也有可能是受阿拉伯语

الريحا [ʔarˈriːħaː] "杰里科" 的影响。不过，也有与此相反的做法，同样支持我对重音意味的解释。举例来说，以色列前总理西蒙·佩雷斯（Shimon Peres）对巴勒斯坦解放组织的首字母缩略语名称 אש"ף ʔ.š.p. 是这样处理的：当时，以色列民众普遍认为该组织是一个恐怖组织，而佩雷斯为了让该组织显得更为人性化，就把 אש"ף 念为 asháf，没有采用它通常的发音 áshaf。[1]

一些以色列语词语的重音最初在最后一个音节上，后来却转移到倒数第二个音节上，这并不是一个简单的问题。与上述例词不同的是，重音转移有时可以起到暗示感情的作用。例如，khatúla "母猫" 是 חתולה khatulá "母猫" 的爱称，这种重音转移可能是受意第绪语的影响，比如姓氏就有这种情形（参看 Zuckermann 2001a）。以色列语本来就有一些词的重音在倒数第二个音节上，但是这一事实并不能弱化意第绪语对以色列语的影响。对于重音变化问题做过必要的修正之后，让我来分析一下意第绪语贬义复数形式的成因。例如，意第绪语 שרײַבערס shráybərs "作家 [复数]" 有一个贬义复数形式 שרײַבאַרעס shraybárəs "糟糕的作家 [复数]"。在这种词语里，希伯来语复数后缀有时会被添加在非希伯来语词项上，比如意第绪语 שנײַדערס shnáydərs "裁缝 [复数]" 有一个相对应的贬义词 שנײַדאָרים shnaydórim "糟糕的裁缝 [复数]"，意第绪语 װוּנדערס vúndərs "奇迹 [复数]" 与 װוּנדײַרים vundéyrim "'神迹'，'奇迹'" 并存。以色列语中那些不在最后一个音节上的重音起什么作用，又有什么意味，都值得我们深入研究。比如，我们可以比较 מזבלה mizbalá "垃圾堆，堆肥" 与 mízbala，סכין קפיצית sakín kfitsít "匕首，弹簧小折刀" 与 sakín kfitsit。有关以色列语重音落在倒数第二个音节上的讨论，参看 §1.2.1，§2.3 和 Zuckermann（2001a）。

要使以色列语词语听起来像外语，除了把重音落在倒数第二个音

---

[1] 可以比较一下委婉语在政治活动中的用法。例如，以色列前总理内坦尼亚胡采用中性词 פעימות peimót（字面意义 "[心的] 跳动"）去指以色列从被占领土撤军的各个阶段，因为 peimót 可能会减轻以色列右翼对这种 "撤军"（נסיגה nesigá）的敌对情绪。

节上之外，还有其他方法。例如，对于 פגיעה חבלני עוין *pigúa khablaní oyén* "敌意恐怖事件" 的首字母缩略词 פח"ע (*p.ḥ.ʕ.*) *pákha*，以色列语发音一般是 *fákha*。希伯来语本族词与阿拉伯语词完全不同，可以用 [p] 开头，但是不能以 [f] 开头，因此 *fákha* 听起来像是阿拉伯语。可以比较一下以色列语里一些有阿拉伯语血统的词，比如 פלסטין *falestín* "巴勒斯坦"，פלח *falákh* "农民"，פדיחה *fadíkha* "尴尬，让人说错话的事"。פח"ע 的发音像阿拉伯语，这是因为以色列人常把恐怖事件与阿拉伯人相联系。

以上例词说明，在多源造词过程中，以色列语新词会变得像外语词语。这里有一个古怪的例词，即以色列语 קניון "购物商场"。该词是 1980 年代后期创造的，当时造词者所想到的可能是希伯来语 קני √qnj（试比较：其后起形式 קנה √qnh）"买" 和以色列语 חניון *khanyón* 或 *khenyón* "停车场"。[①] 他们原本希望这个词的发音是 *kanyón*（参看 *LLN* 11，1995 年 7 月，Gadish 1998：59）或者 *kniyón*，但是以色列人大多把它念作 *kényon*，就像他们在念英语 *canyon* "峡谷" 一样。[②] 这可能是因为以色列最早的购物中心的建筑结构就像峡谷，但是这个词似乎是一个独特的、失去了希伯来语特征的语音匹配词，匹配对象是一个基于希伯来语但难解的新词。结果，以色列人就把它的发音与更为熟悉的英语 *canyon* [ˈkænjən] 相匹配了。我在此明确指出它的发音依据是英语 *canyon* 而不是国际通用词 *canyon*（试比较：西班牙语 *cañón*；俄语 каньон *kan'ón*；德语 *Cañon*），因为 קניון "购物商场" 一般按美式发音念为 *kényon*，而不是念为 *kanyón*。[③] 标准的以色列语文字没有元音标记，这可能是导

---

① 试比较：以色列语 חניה *khaniyá/khanayá* "停车，停车场"。*MES*（：560b）标注的发音只有 *khenyón*。但是，*LLN* 11（1995 年 7 月）明确指出 קניון 的发音应该是 *kanyón*，就像 חניון *khanyón* 和 סביון *savyón* "千里光属植物" 一样。

② 在艾格德巴士公司（Egged Bus Company）的标示牌上，קניון 的英语拼写形式是 *canion* 而不是 *kanyon*，在耶路撒冷的吉瓦特拉姆（Giv'at Ram）等地可以见到。

③ 从俄罗斯移民到以色列的人是否会因为俄语 каньон *kan'ón* "峡谷" 的影响而念为 *kanyón*，这一点还不得而知。

致这种发音混乱的原因之一。①

　　与纯语论者的本族化俗词源相比，像 *kényon* 这样的去希伯来语化做法是出于完全不同的目的：前者是要隐藏外来影响，而 *kényon* 却要彰显外来特征。造词者精心设计词语的外来特征，就是要给人一种错误印象，比如美式英语 *Häagen Dazs* "哈根达斯" 就是要让人误以为它是来自斯堪的纳维亚语。② 以色列语还有别的流行新词，也像 *kényon* "购物商场" 一样对外来特征不加掩饰，比如 פלאפון *pélefon* "移动电话"，它是一个换称，从局部看是（国际通用词>）以色列语 טלפון *télefon* "电话" 的语义化语音匹配词，构词成分包括（希伯来语>）以色列语 פלא *péle* "奇迹" 和（国际通用词>）以色列语 פון- *-fon* "电话"。剪切词 פלא *péle* 也用于指 "移动（电话）"。

　　伊扎克·多夫·伯克维兹（Yitzhak Dov Berkowitzz）于 1932 年创造了多源新词 עדלידע *adlayáda* "普珥节嘉年华"③，其发音为 *adloyáda*，发音和语法性别都模仿（国际通用词>）以色列语 אולימפיאדה *olimpyáda* "奥运会，奥林匹亚"。从形态来看，עדלידע 的构词成分包括密西拿希伯来语 עד דלא ידע [ʕad dəˈlå jåˈbaʕ] "（在普珥节上，醉得）一塌糊涂（分不清 '诅咒哈曼' 与 '祝福末底改' 这两句话）"（参看 *Talmud*：Megillah 7b）。以 *olimpyáda* 或者 *adloyáda* 作为模型，就创造出了 עפיפוניאדה *afifonyáda* "风筝节" 和 טרמפיאדה *trempiyáda* "搭乘点" 这两个词语（有关经形态重新分析进行同化的论述，参看 Zuckermann 2000：328—333）。

　　还有一种与众不同的语音匹配是将语音匹配词引入一种并非说话人母语的语言，其中有些词是矫枉过正（hypercorrection）导致的。例如，中古拉丁语/意大利语 *Via Dolorosa*（字面意义 "苦路"）（耶

---

① 英语 *canyon* 源自西班牙语 *cañón*，可追溯至圣经希伯来语 קנה [qåˈne] "手杖，藤条" 的某一个闪族语同源词。

② 反例包括以色列语多源新词 *glída* "冰淇淋"；*kártiv* "冰棒"（§4.4），*kíf kef* "奇巧巧克力条"（§3.1.3），גליק *glik* "一种巧克力糖果" 等。以色列语 *glik* 混合了以色列语常见姓氏 גליק *Glik*（试比较：意第绪语 גליק *glik*；德语 *Glück* "好运，运气"）和这个产品的常用名称 *Click*。

③ 见于 Almagor（1993：54）；试比较：Almagor（1995）。

稣从耶路撒冷到骷髅地所走过的路）往往被以色列人变为 *Via della Rosa*，众所周知的能指 *rosa*（或 *Rosa*）被孤立起来，而不常见的成分 \**dolo* 被重新确定为意大利语介词 *della*。许多意大利语姓氏都含有 *della*，如 *Della Crusca*、*Della Robbia*、*Della Chiesa*；也可参看埃柯（Eco 1980）的《玫瑰之名》（*Il Nome della Rosa*）。同样，许多以色列人将英语 *Westminster* 念为 *Westminister*，依据来自大家熟悉却毫无关联的词 *minister* 或 *Prime Minister*。还有一些词也属于语音上矫枉过正，详情请参看§1.2.1。

　　有些时候，说话者改变外语词语的某一语音特征，结果矫枉过正，使得该词更具外来特征了，或者更确切地说，使得该词从词形上看更像外语。例如，许多以色列语母语者（也包括其他人）把意大利语 *paparazzi*［papaˈrattsi］① "校正" 为 פפרצ'י *paparáchi*（好像该词是意大利语 \**paparacci* 一样）。② 在非意大利语母语者听来，以色列语 *paparáchi* 更像意大利语，因为他们觉得，国际通用的许多意大利语词语和姓名都包含［tʃ］这种发音，比如 *cappuccino*、*ciao*、*arrivederci*、*ciabatta*、*fettuccine*、*concerto*、*Cicciolina*、*Lancia*、*La Dolce Vita*、*Luciano*（*Pavarotti*）、（*Andrea*）*Bocelli*、（*Leonardo*）*da Vinci*、*Marcello*（*Mastroianni*）、（*Salvatore Totó*）*Schillaci*、*Puccini*、*Pagliacci*、*Boccaccio*、*Fiumicino* 等。③ 与此类似的是，英语 *mess tin* "军用饭盒" 被同化为以色列语口语 מסטינג *mésting*，这是在模仿英语常用的后缀 *-ing*。英语 *special*［ˈspɛʃəl］一般被以色列人念为 ספיישל *spéyshel*，因为他们觉得双元音 *ey* 是典型的英语发音。同样，与意第绪语 *oy* 有关的发音也存在矫枉过正的情形：有些以色列人想模仿意

---

① 意大利语 *paparazzo* "拍拍垃圾，狗仔队"，源自费里尼（Fellini）1960 年执导的电影《甜蜜的生活》（*La Dolce Vita*）主人公的名字 *Paparazzo* "帕帕拉佐"（参看 Devoto and Oli 1995：1373a，Zingarelli 1986 等）。

② 参看 *Maariv*（Today 增刊，1997 年 9 月 14 日第 4 页），*La'Isha* 杂志（1997 年 9 月 8 日第 127 页）。

③ 以色列人把 *Chicco*（一家意大利公司的名称）念成 *chíko* 而不是 *kíkko*，除了上述原因之外，还因为以色列人对英语或西班牙语比对意大利语更熟悉，而这个词的书写形式像英语或西班牙语，因而念成［t͡ʃ］。

第绪语的发音，结果把 *shólem*（שלום "和平"）念成 *shóyləm*，把 *khólem*（חלום "梦想"）念成 *khóyləm*，试比较：美式意第绪语爱好者俱乐部名称 מבינים *mevínəm* "专家，内行"（试比较：美式英语 *maven* "专家"，这个词有时含有挖苦意味，表示 "自诩为，固执己见的"），该俱乐部起初宣称自己是 *mevóynim*，不过这个词作为 מבינים 的复数形式其实是纠正过头了，这也许是受意第绪语 דאָקטױרים *doktóyrəm* "内科医生［复数］" 的影响，因为后者是 דאָקטער *dóktər* 标准的复数形式。矫枉过正的词语还包括意第绪语 *klezmóyrim*，它好像是 כלי-זמר *klézmər* 的复数形式，其实正确的复数形式是 כלי-זמרים *klezmórəm*。①

### 5.4.4　本族化俗词源复合词的整体理解

圣经希伯来语 כבל［ˈkɛbʰɛl］意思是 "枷锁"，试比较：圣经希伯来语 בכבלי ברזל［bəkʰabʰˈle bʰarˈzɛl］"用铁镣"（见于 Psalms 149：8）。比亚利克曾经尝试复活该词，他在 "冬之歌"（*mishiréy hakhóref*）（1902）第 27 节第 2 行（参看 Bialik 1935：i：114；1990：117）用 כבל 指 "枷锁"。在以色列语里，כבל 的发音是 *kével*，后来指 "缆绳"，而这个新词义是由希伯来语委员会引

---

① 试比较：以色列语语内的一些矫枉过正的 "势利眼用语"（snobbatives），比如用 *tsorfát* 而不是用 *tsarfát* 去指 צרפת "法国"（参看 Zuckermann 2000：137—141），用 *khupím* 而不是用 *khofím* 去指 חופים "海滩"，用 *amán* 而不是用 *omán* 去指 אמן "艺术家"。还有一些矫枉过正的词语涉及不同的语言，例如，有些以色列人把（国际通用词>）以色列语 פורנוגרפי "色情的，淫秽的" 念作 *fornográfi* 而不是 *pornográfi*（试比较：古希腊语 πόρνη *pórnē* "妓女"），把（国际通用词>）以色列语 פילוסופיה "哲学" 念作 *pilosófya* 而不是 *filosófya*。请注意，希伯来语词首的 /p/（פ）是不可以念作［f］，但是这条规则在以色列语里似乎不起作用。试比较：英语 *klezmer* "东欧犹太音乐" 纠正过头的发音：有时念成［ˈkleʃmər］而不是［ˈklezmər］，把 z 的发音变成德语发音（事实上，该词源自希伯来语 כלי זמר "乐器"）。德语的词进入英语后，同样会被矫枉过正，比如英语 *Alzheimer's* 中的 z 有时被念成［z］而不是［ʦ］。有些英语使用者把英语 *masorti* "传统（而不是正统）犹太人" 念成［maˈzɔːrtə］而不是［maˈsɔːrtə］，好像元音间的 s 是在德语里一样（事实上该词源自希伯来语 מסורתי，字面义为 "传统的"）（不过，也有可能是仿照英语 *laser* 等词而造成的类比形式）。同样，有些德国人把 *liver* 念成［ˈliwər］，好像要与他们常常把英语 w 念成［v］相抗衡一样，试比较："What question invites the answer '9W!'?" – "Do you spell your name with *v*, Herr Wagner?"（– "Nein, *w*!"）

入的，参看 *Milón leMunekhéy haTékhnika*（1929：10b），*Milón leAvodót Khashmál*（1935 – i：76b；937 – ii：21—36），*ZA 9*（1962：42b）。这种词义变化是由国际通用词 *cable* 引起的，试比较：德语 *Kabel*；① 俄语 кабель *kábel'*；波兰语 *kabel*；英语 *cable*；法语 *câble*；西班牙语 *cable*。② 以色列语 כבל 见于常用词 טלוויזיה בכבלים *televízya bekvalím*（纯正的以色列语发音为 *bikhvalím*）"有线电视"，但这也许是 כבל 唯一为人所熟知的用法。实际上，טלוויזיה בכבלים 是作为一个整体去理解的，因而不足以说明 כבל 的通用度。希伯来语科学院曾几经努力，想从正音法上除根这个词的通俗发音 *kábel*（即国际通用词 *cable* 经过音系重编之后的发音，参看§6.1.1），由此可见，要传播 כבל 是很困难的。*LL 55*（1970），*LL 82*（1972），*LL 165*（1988）和 *Tsàhalashón 58*（1992）都曾经做过类似的努力。有的时候，כבל 这种拼写形式用作文字层面的本族化俗词源，而 קאבל 作为国际通用词 *kábel* 的拼写形式，却起不到同样的作用。*OEHD*（：485a）和 Gur（1949：141a）用 כבל 这种拼写形式时都用了元音标记 [a, e]，于是就有了 *kábel*。*kével* "缆绳" 一词虽然未能流行开来，但是纯语论者们是做过多次努力的；具体来说，拼缀词 רכבל "缆车" 的发音 *rakhbál* 广为流传，但是纯语论者们讲究希伯来语正音法，认为该词既然包含 רכבת *rakévet* "火车"（由本-耶胡达于 1893 年创制，参看 Sivan 1981b：20）和 כבל *kével* "缆绳"③，那么它的发音 "应该" 是 *rakével*，所以通俗

---

① 萨丹（Saddan 1955：41）认为，德语 *Kabel* 的词源包括拉丁语 *capillum* "毛发" 和希伯来语 חבל "线，绳"（因而是一个多源新词）。请注意，希伯来语 חבל 被罗特维尔语（参看§1.2.3.1）改造为 *Chewel*（参看 Wolf 1956：73a，词条编号：869），萨丹还提到罗特维尔语 *Kebel* 和 *Kabl*；参看 Kutscher（1965：70）。

② 试比较：意第绪语 קאבעל *kábal*（Rozenshteyn 1914：221a）或者 קאבל *kábl*（Weinreich 1977：437b，44a）。不过，这个词似乎对词义 "缆绳" 的产生没有起作用；也可参看§6.1 的相关分析。

③ 我们还应该考虑到 *rakével* 及其复数形式 *rakavlím*（试比较：其通俗发音 *rakhbálim*），它们给人的感觉是很拗口。此外，这也许是为了模仿构词能产性很强、由四个 "根" 组成的名词词型 □a□□á□，试比较：以色列语军事用语 נגמ"ש *nagmásh*（נושא גיסות משוריין *nosé gyasót meshuryán* 的首字母缩略词）"装甲运兵车" 及其复数形式 *nagmashim*；军事用语 זחל"ם *zakhlám*（זחלי למחצה *zakhalí lemekhetsá* 的首字母缩略词）"装甲运兵车" 及其复数形式 *zakhlamim*；עכבר *akhbár* "老鼠" 及其复数形式 *akhbarím*。

发音 *rakhbál* 必须根除，不过他们的努力都失败了。

上述分析表明，转义型音义匹配词中，有的词之所以幸存下来，唯一的理由是因为它是另一个词语不可缺少的一部分，它必须与其他成分一起作为一个整体去看待。下面再举一例：以色列语 כֵּף *kef* "海角，岬" 是国际通用词 cape 的音义匹配词，构词材料是圣经希伯来语 כֵּף [kepʰ] "岩石，悬崖"（§3.1.3）。以色列语 כֵּף *kef* "海角，岬" 几乎仅用于地名 כֵּף הַתִּקְוָה הַטּוֹבָה *kef hatikvá hatová* "好望角"。

同样，以色列语 כֹּתֶל *kótel* "排骨，肉片" 混合了中古希伯来语 כֹּתֶל ['kotel] "旁边"（试比较：圣经希伯来语 כֹּתֶל ['kotel] "墙"，这是一个一次频词，仅见于 Song of Solomon 2：9）和芬兰语国际通用词 *côtelette* "小片肉"，试比较：以色列语 קוטלט *kotlét*；意第绪语 קאָטלעט *kotlét*；俄语 котлета *kotléta*；英语 cutlet。这个词的终极词源是法语 *côtelette*，早期形式为 *costelette*，*côtelette* 是 *costele* 的指小词，而 *costele* 又是 *coste* 和 *côte* "肋骨" 的指小词。英语 cutlet 则是法语 *côtelette* 的音义匹配新造词。

以色列语 כֹּתֶל *kótel* "排骨，肉片" 仅见于 כֹּתְלֵי חֲזִיר *kotléy khazír* "猪排，猪肉片"。即便如此，就 כֶּבֶל *kevel* 而言，复合词 טלוויזיה בכבלים *televízya bekvalím* 是在音义匹配词 כֶּבֶל 取代国际通用词 cable 之后创制的。相比之下，就 כֹּתֶל "排骨，肉片" 而言，复合词 כֹּתְלֵי חֲזִיר *kotléy khazír* 本身就是音义匹配词。如果 *kótel* 本身意思是 "排骨，肉片"，那么它就是由 *kotléy khazír* "猪排" 逆生而成，正如 burger 是由 hamburger 逆生而成一样。我之所以认为 *kótel* 是逆生词，主要原因在于阿拉姆语既有词 כֻּתְלֵי דַחֲזִירֵי "培根，火腿"（参看 Talmud：Ḥullin 17a）与以色列语 כֹּתְלֵי חֲזִיר 的阿拉姆语形式相似或者说几乎相同，试比较：כֹּתְלֵי חֲזִיר 的另一种阿拉姆语拼写形式 קוּתְלֵי דַחֲזִירֵי，构词材料为阿拉姆语 קוּתְלָא "旁边"（参看 Jastrow 1903：1345a，MES：779c）。因为有这种阿拉姆语形式，又因为国际通用的 [k] 在以色列语里一般变为 ק（q）而不是 כ k，所以 כֹּתְלֵי חֲזִיר 就有另一种拼写形式 קוטלי חזיר（参看 MES：779c）。最后需要说明的是，尽管有阿拉姆语 כֻּתְלֵי דַחֲזִירֵי 存在，但是，我认为 כֹּתְלֵי

חזיר 属于转义型音义匹配,而不是用法增强现象（关于用法增强现象，参看 Zuckermann 2000：313—317）。请注意，国际通用词 *côtelette* 还有一个以色列语音义匹配词 כתלית *kotlít*（§4.4），法语 *côtelette* 被英语改造为 *cutlet*。

# 第六章　以色列语多源新词的源语分析

以色列语多源新词的重要源语包括两种：一种是印欧语，多为日耳曼语和斯拉夫语，包括意第绪语、波兰语、俄语、英语和德语；另一种是西闪米特语，包括希伯来语、阿拉伯语和阿拉姆语（有关阿拉姆语的文献，参看 Eliezer Meir Lipschütz，见于 *ZV* 4，1914：20）。在 20 世纪上半叶之前，印欧语系语言中对以色列语影响最大的要数意第绪语，其影响超过了俄语和波兰语。不过，随着英语在全世界的传播，英语在英国委任统治地时期成为以色列地的主导语言，因此，英语现在是以色列语多源新词的主要源语。至于按照源语划分的类别及占比，参看 § 7. 2. 1 的表 1。

## 6.1　国际通用词

以色列语音义匹配的主要对象是国际通用词。**国际通用词**指出现于多种语言、发音经过不同语言的改造而略有差别、在国际上通用的词语。不过，对国际通用词的认知是相对的，可能因人而异。试想一下：一个未经训练的母语者有可能分得清国际通用词与其他类型的外来词或借词吗？这还有待于深入研究，但是我认为一般情况下是可以的。这有两方面的原因。首先，从形态角度看，有些后缀在国际通用词里的出现频率要高于在其他外来词或借词中出现的频率，比如以色列语 צִיָּה- *σ-tsya*（试比较：波兰语 *σ-cja*；俄语 *σ-ция σ-tsiya*；意第绪语 ציע- *σ-tsyə*；法语 *-tion*；意大利语 *-zione* [ -fsˈjone ]；英语 *σ-tion*）。其次，从语义角度看，在某些技术领域，国际通用词出现的频率高于其他外来词或借词，比如新发明的技术装置、新造的科技术语和专科词语等方面就是如此。从来源看，许多国际通用词都来自拉丁语，有些来自法语、意大利语和英语，但是有一点非常重要：从共时角度看，这些词是国际通用的。就本书的研究领域而言，一个**合格的国际通用词**必须出现在意第绪语、波兰语、俄语、法语、德语和英语等最为重要的语言里。英语虽然是当前的国际通用语，但是其他几种语言都是早期的以色列语母语者口头使用最广的语言，尤其是意第绪语。假如本书关注的仅仅是 19 世纪末 20 世纪初"希伯来语复兴"期间的多源新词，那么就会用"欧洲通用词"（Europeanism）这一术语。① 实际上，本书也涉及新近产生的多源新词，其中许多词是同化美式英语而形成的，因此，我采用"国际通用词"这一术语。

要对"国际通用词"进行确切定义是有许多困难的（参看 Wexler 1969）。但是，在前文中，我已经指出一些词的源语词是国际通用词，这种做法是比较合理的，因为没有必要去争论某个音义匹配词的匹配对象究竟是哪一种源语的词项。除非有确凿无疑的证据证明某个音义匹配词的创制者仅仅受到某一特定语言的影响，比如受其母语的影响，否则，对某个词的匹配对象所做的判断将既武断又肤浅。比如，我们不能断定以色列语音义匹配词 כבל kével "缆绳"的源语就是法语 câble（参看 Sarfatti 1976：126）或者德语 Kabel 和英语 cable（参看 Saddan 1955：41）。来自俄罗斯的以色列语母语者可能因为俄语有 кабель kábel' 而使用 כבל kével，而讲波兰语的以色列人可能因为波兰语有 kabel 而使用 כבל kével，如此等等，不一而足。另外，需要注意的是，造词者一般都受过良好教育，通晓好几种语言，这符合前文提到的一致性原理。

以色列语的音义匹配词中，为什么国际通用词那么常见呢？关于这个问题，有两点需要说明。第一，国际通用词究竟多到什么程度，目前尚无研究，但是我认为，不仅仅在多源新词中，而且就以色列语

---

① 试比较：*europeanism* "欧洲通用词"，*pan-European* "泛欧语"，*common European* "欧洲通用语"（Wexler 1990：31，54）。这些术语不应该与沃尔夫提出的 *standard average European* "标准欧语"（简称 *SAE*）相混淆（参看 Whorf 1956：25），后者指一组有一套共同的时空等范畴的欧洲语言（包括英语、法语和德语，试比较：*Sprachbund*）。

新词的总体情况而言，国际通用词的比例都是非常高的，原因在于许多新词的所指都是新生事物，比如动物学、植物学或医学术语就是如此。不过，以色列语显然不是唯一一种存在词汇空缺的语言，指称这些新生事物的词语一般早就填补了其他欧洲语言里的词汇空缺，结果就形成了国际通用词。由此看来，从多源新词入手，有助于我们了解新词的总体情况。

第二，为了全面勾画以色列语中国际通用词的概貌，我们还应该针对多源新词做出解释：在以色列语词语与国际通用词的匹配过程中，纯语论者似乎更喜欢兼顾音素和语义两个方面。正因为国际通用词具备国际性，基于这些词语所创造的以色列语音义匹配对应词更容易合法化（不过，这种国际性有时也会导致一些新词遭淘汰，参看§5.3.1）。托马斯（Thomas 1988：104；1991：69）曾经指出："国际通用词不会对语言的自主性或完整性构成强大的或直接的威胁"。戈德纳（Gerdener 1986：42）曾经研究耐诺思可语①，结果发现纯语论者虽然排斥借自丹麦语的借词，却接纳国际通用词。斯洛伐克语和斯洛文尼亚语中也有类似证据（参看 Auty 1973）。即便如此，在音义匹配词与相应的国际通用词两者中，以色列纯语论者依然偏爱前者。与此类似的是，对于英语中源自拉丁语的词语的发音，曾经有过这样的历史时期：如果哪个词的发音比较接近于拉丁语原词的发音，人们就认为那种发音不正确。

### 6.1.1　音系重编

以色列语中的借词一般会经过特殊的音系重编，会对借词的发音按以色列语的习惯进行处理，因此，我提出一些借词来自国际通用的词汇而不是来自某一特定语言，并且支持采用"国际通用词"这一术语。对音系重编影响最大的是意第绪语、波兰语和俄语。以前文提到的以色列语后缀 היצ- - *σ-tsya* 为例，最大的影响似乎来自波兰语；我

---

① 耐诺思可语（Nynorsk）是挪威语的两种主要变体之一，也叫新挪威语；另一种变体叫巴克摩语（Bokmål）。

们可以比较波兰语σ-*cja*与其他相关后缀，包括俄语σ-ция σ-*tsiya*，意第绪语 ציַ- σ-*tsyə*，法语 -*tion*，意大利语 -*zione*〔-t͡sˈjone〕，英语σ-*tion*。以色列语的许多词语都含有这个后缀，例如，אינטגרציה *integrátsya* "整合"，אינטואיציה *intuítsya* "直觉"，אינפלציה *inflátsya* "通货膨胀"，אמביציה *ambítsya* "抱负"，גרביטציה *gravitátsya* "重力"，פרוטקציה *protéktsya* "关系，裙带关系"，קואליציה *koalítsya* "联合"。

但是，音系重编常会导致以色列语词语的发音（包括重音）不同于其他语言中相应词语的发音，包括斯拉夫语相应词语的发音。例如，פקולטה *fakúlta* "科，系"：不同于意第绪语פ͡אַקולטעט *fakultét*，俄语факультет *fakul'tét*，德语 *Fakultät*，波兰语 *fakultet*（现指天主教大学，试比较：波兰语 *wydział* "〔大学的〕系；全体教员"），法语 *faculté*，意大利语 *facoltà*（古意大利语 *facultà*），捷克语 *fakulta*〔ˈfakulta〕，拉丁语 *facultas*，英语 *faculty*。再如，以色列语 אוניברסיטה *univérsita*（曾念作 *universíta*，重音与波兰语中的一个异体的重音相同；某些纯语论者念为 *universitá*）：不同于意第绪语 אוניווערסיטעט *univərsitét*，俄语 университет *universitét*，波兰语 *uniwersytet*〔uniˈversitet〕（试比较：〔univerˈsitet〕，这种发音比较不常用，也没有那么学究气），德语 *Universität*，法语 *université*，意大利语 *università*，英语 *university*，捷克语 *univerzita*〔ˈuniverzita〕；以色列语 כימותרפיה *khìmoterápya* "化学疗法"：不同于英语 *chemotherapy*（1907，*OED*），俄语 химиотерапия *khimioterapíya*，波兰语 *chemoterapia*，德语 *Chemotherapie*；试比较：היסטוריון *historyón* "历史学家"，מטפיזיקון *metafizikón* "形而上学家"，לוגיקון *logikón*/לוגיקאי *logikáy*/לוגיקן *logikán* "逻辑学家"。沙丕拉（Shapira 2001：43）指出，以色列语 אודיציה *odítsya* "试听" 是对英语 *audition* 进行音系重编而形成的，显然不是对波兰语 *audycja* "播放" 进行音系重编得来的。①

有时候，在对语素做过处理之后，以色列语里的国际通用词会有后缀，而这个后缀与这个词在其他任何语言里对应的形式都完全不同。例如，אסטיגמציה *astigmátsya* "散光"，它不同于俄语 астигматизм

---

① 表示 "试听" 的波兰语词是 *przesłuchanie*。

*astigmatízm*，波兰语 *astygmatyzm*，德语 *Astigmatismus*，法语 *astigmatisme*，意大利语 *astigmatismo*。这种现象可以解释为是仿照含有 ‏ציה‎- *σ-tsya* 的词语而造成的类比形式，同样也可以作为证据，一则说明"国际通用词"的概念，二则说明以色列语的音位系统是一种特殊的混合系统，同时受到好几种斯拉夫语和日耳曼语的影响，比如意第绪语、波兰语和俄语（参看一致性原理。也可参看以色列语‏ראנליזציה‎ *reanalizátsya* "重新分析"）。更多论述，请参看马森的《语言与意识形态：现代希伯来语中的外来词》（*Langue et idéologie: les mots étrangers en hébreu moderne*）（1986）。[①] 下面的词表收录了源语词为国际通用词的以色列语音义匹配词及其在多种语言中的对应形式。

## 6.1.2　对照表（源语为国际词汇）

　　下表按英语词项的字母顺序编排；词项若没有语义相近的英语同源词，则排在表末。意第绪语词语若未被录入温里奇（Weinreich 1977，原版为 1968 年版本）或哈卡维（Harkavy 1988，原版为 1928 年版本，1925 年第 1 版）的词典，则列出其他出处。如果没有任何书证，我只能以意第绪语母语者的语感为依据，但在词项之前以星号标示。对于波兰语中某些国际通用的专业术语，我有时以柯帕林斯基（Kopaliński 1988）的词典为依据。为了节省表格空间，我采用了一些符号，其中 I 表示"以色列语"，**MasH** 表示"犹太启蒙运动时期希伯来语"，cf. 表示"试比较"，单引号（ ' ）之内是释义（词义）；词项的语法性别标注按照惯例以 f 代表阴性，m 代表阳性，neut. 代表中性；另外，有些词语为复数形式，也按惯例标示为 pl。更多的符号注释，请参看 §7.1 表 3 之前和之后的详细说明。我希望，这样比较完备的标示能为未来的研究提供一定参考（参看 §8.4）。

---

[①] 马森这部专著的资料并非最新，书中未能如实记录一些以色列语外来词和借词的发音，这是因为他是根据 *MES* 或者移民的发音去标示的，而不是根据在以色列成长起来的青壮年母语者的发音去标示。一些词的发音都不是对真实发音的客观描述，比如 *kokos* "椰子"（同上：34，*MES*：1587b）的实际发音是 *kókus*（‏קוקוס‎）；*punsh* "潘趣酒"（同上：32，*MES*：1406b）的实际发音是 *punch*（‏פונץ'‎）等。

表 2

| | 以色列语多源新词 | | 以色列语国际通用词 | 英语 | 意第绪语 | | 俄语 | | 波兰语 | 德语 | 法语 |
|---|---|---|---|---|---|---|---|---|---|---|---|
| 1. | עטי | áti | *etyológya* | *aetiology* | עטיאלאגיע | *etyológye* (f) | этиология | *etiologiya* (f) | *etiologia* (f) | *Ätiologie* (f) | *étiologie* (f) |
| 2. | כּוֹהל | *kóhel, kóhal* | **alkohól,** ARABIC الكحل [ʔalˈkuhl] | *alcohol* | אלקאהאָל | *alkohól* (m) | алкоголь | *alkogól'* (m) | *alkohol* (m) | *Alkohol* (m) | *alcool* (m) |
| 3. | הרי אלף | **MasH** *harérey élef* (cf. *harérey ólef*) | *hálpim* | *The Alps* | אלפּן *אלפּן | *álpn* (pl), *álpən* (pl) | Альпы | *Ál'py* (pl) | *Alpy* (pl) | *Alpen* (pl) | *Alpes* (pl) |
| 4. | אלֵר נתיב | *altér nativ* | **alternatíva** | *alternative* | אלטערנאַטיוו | *alternatív* (f) | альтернатива | *alternatíva* (f) | *alternatywa* (f) | *Alternative* (f) | *alternative* (f) |
| 5. | אמא רקע | *amá reká* | **amérika** | *America* | אַמעריקע | *amérika* (f) | Америка | *amérika* (f) | *Ameryka* (f) | *Amerika* (f) | *América* (f) |
| 6. | עם ריקני | *am reykani* | **amerikáni** | *American* | אמעריקאַנער | *amerikáner* | Американец | *amerikánets* | *Amerykanin* | *Amerikaner* | *Américain* |
| 7. | אקווה | *akvá* | *akvifér* | *aquifer* | אַקוויפֿער | *akvifér* | аквефер | [*akvefér* (m)] | cf. *akwedukt* (m) 'aqueduct' | [*Wasser führende Schicht* (f), cf. *Aquädukt* (m) 'aqueduct'] | *aquifère* (m) |
| 8. | קרתיב | *kár\tiv* | **ártik** | *Arctic* ('ice-lolly, popsicle, ice-cream bar') | אַרקטיק | *árktik* (m) [cf. *áyzlikht* (neut.), *strémp[* (neut.), *ayztsepl* (neut.)]] | Арктика | *Árktika* (f) [cf. *sosúl'ka* (f)] | *Arktyka* (f) [cf. *lód* (m) 'ice-cream', *loda* 'ice-cream', whose accusative form is *loda* 'ice-cream', distinguishable from *lód* 'ice', whose accusative form is *lód* 'ice'] | *Arktis* (f) [cf. *Eis (am Stiel)* (neut.)] | *l'Arctique* (m) [cf. *esquimau* (m), *glace* (f)] |
| 9. | אי טרפה | *i trafá* | **atrófya** | *atrophy* | אטראפיע | *atrófye* (f) | атрофия | *atrofíya* (f) | *atrofia* (f) | *Atrophie* (f) | *atrophie* (f) |

续　表

| | 以色列多源新词 | 以色列多源新词 | 以色列国际通用词 | 英语 | 意第绪语 | 意第绪语 | 俄语 | 俄语 | 波兰语 | 德语 | 法语 |
|---|---|---|---|---|---|---|---|---|---|---|---|
| 10. | מוביל | *movil* | **otomobil** | *automobile* | אויטאמאביל | *oytomobil* (m) | автомобиль | *avtomobil'* (m) | *automobil* (m) [cf. *samochód* (m), *auto* (n) and *wóz* (m)] | *Automobil* (neut.) | *automobile* (f) |
| 11. | אוטומוביל | *otòmovil* | **otomobil** | *automobile* | אויטאמאביל | *oytomobil* (m) | автомобиль | *avtomobil'* (m) | *automobil* (m) | *Automobil* (neut.) | *automobile* (f) |
| 12. | בגט | *bagít* | **bagét** | *baguette* | — | – | багет | *bagét* (m) | [*bułka* (f) *paryska*] | *Baguette* (neut., rarely f) | *baguette* (f) |
| 13. | בורגני | *burgani* | burzhwá | *bourgeois* | בורזשוא בורזשוי | *burzhuá* (m), *burzhúy* (m) | буржуй | *burzhúj* (m) | *burżuj* (m) | *Bürger* (m), *bürgerlich*, *Bourgeois* (m), *bourgeois* | *bourgeois* (adj. or n: m, f) |
| 14. | בן דעйо | MasH *bo déyo* cf. 1 *bo deá* | **búda** | *Buddha* | בודא | *búda* (m) | Будда | *bidda* (m) | *Budda* (m) | *Buddha* (m) | *Bouddha* (m) |
| 15. | כבל | *kével* | **kábel** | *cable* | קאבל | *kábl* (m), *kábel* (m) (the latter appears in Rozenshteyn 1914: 221a) | кабель | *kábel'* (m) | *kabel* (m) | *Kabel* (neut.) | *câble* (m) |
| 16. | כנרי | *kanári* | **kanári** | *canary* | קאנאריק | *kanárik* (m) | канарейка | *kanaréĭka* (m) | *kanarek* (m) | *Kanarien-vogel* (m) | *canari* (m) |
| 17. | כנרית | *kanárit* | **kanári** | *canary* | קאנאריק | *kanárik* (m) | канарейка | *kanaréĭka* (m) | *kanarek* (m) | *Kanarien-vogel* (m) | *canari* (m) |

续　表

| | 以色列语多源新词 | | 以色列语国际通用词 | 英语 | 意第绪语 | 俄语 | | 波兰语 | 德语 | 法语 |
|---|---|---|---|---|---|---|---|---|---|---|
| 18. | קנה און | MasH kene on (kney oyn was probably not preferred), cf. I kne on | | cannon | קאנאן קאנאנע [קאנאן] | kanón (cf. Harkavy 1910: 295a), kanóne (cf. ibid.: 61b), [harmát (m)] | [пушка] | [púshka (f)] | [armata (f), dzialo (neut.)], cf. kanonier (m) 'cannonist' | Kanone (f) | canon (m) |
| 19. | כף | kef | | cape (geology) | קאפ | kap (m) | [мыс] | [mys (m)] | [przyląqek (m)] | Kap (neut.) | cap (m) |
| 20. | קרני בעל | karnéy báal | karnavál | carnival | קארנאוואל קארניוואל קארניוואל | karnavál (m), karnivál (m) (cf. Stutchkoff 1950: 902c), karnavál (m) (cf. ibid.: 62b) | карнавал | karnavál (m) | karnawał (m) | Karneval (m) | carnaval (m) |
| 21. | קרני יובל | kornéy yuvál | karnavál | carnival | קארנאוואל קארניוואל קארניוואל | karnavál (m), karnivál (m) | карнавал | karnavál (m) | karnawał (m) | Karneval (m) | carnaval (m) |
| 22. | קורן בא לחם | korén ba laám | karnavál | carnival | קארנאוואל קארניוואל קארניוואל | karnavál (m), karnivál (m) | карнавал | karnavál (m) | karnawał (m) | Karneval (m) | carnaval (m) |
| 23. | קלטת | kalétet | kaséta | cassette | קאסעטע [קאסעטא] | kaséta (f) (cf. Tsanin 1994a: 408b), cf. táshma (f) | кассета | kasséta (f) | kaseta (f) | Kassette (f) | cassette (f) |
| 24. | כברון | kibarón | kavérna | cavern (medicine) (cf. cavity) | — | — | каверна | kavérna (f) | kawerna (f) | Kaverne (f) [cf. Höhle (f)] | caverne (f) |
| 25. | צרורת | tsavéret | tservitsitis | cervicitis | — | — | цервицит | tservitsit (m) | cervicitis (m) | Zervizitis (f) (Drosdowski 1994: 1453b) | cervicite (f) |

续 表

| | 以色列语多源新词 | 以色列语国际通用词 | 英语 | 意第绪语 | 俄语 | 波兰语 | 德语 | 法语 |
|---|---|---|---|---|---|---|---|---|
| 26. | אשף (מטבח) asháf mitbákh | **shef** (FRENCH) | chef | שעף shef (m) | шеф-повар shef (m) póvar | szef kuchni (m) | Chef (m), Küchenchef (m) | chef (m) de cuisine |
| 27. | כולירה kholirá | **kholéra** | cholera | כאלירע kholéra (f) | холера kholéra (f) | cholera (f) | Cholera (f) | choléra (m) |
| 28. | חרצית khartsít | **khrizantéma** | chrysanthemum | כריזאנטעמע khrizantéma (cf. Tsamin 1994a: 242b) | хризантема khrizantéma (f) | chryzantema (f) | Chrysantheme (f) | chrysanthème (m) |
| 29. | כלי רינות kli rinót | **klarinét** (ITALIAN clarinetto) | clarinet | קלארנעט klarnét (m) | кларнет klarnét (m) | klarnet (m) | Klarinette (f) | clarinette (f) |
| 30. | כלוב kluv | **klub** | club | קלוב klub | клуб klub (f) | klub (m) | Klub (m) | club (m) |
| 31. | קטלית חזיר kotléy khazir | **kotlét** (FRENCH) | côtelette (cf. cutlet 'pork chop') | קאטלעט kotlét (m) | котлета kotléta (f) | kotlet (m) | Kotlett (neut.) | côtelette (f) |
| 32. | קטלית kotlít | **kotlét** (FRENCH) | côtelette | קאטלעט kotlét (m) | котлета kotléta (f) | kotlet (m) | Kotlett (neut.) | côtelette (f) |
| 33. | עגורן agurán | | crane | קראן kran (m) | кран kran | [cf. dźwignia (f)] | Kran (m) | grue (f) |
| 34. | כיסתה kistá | **tsísta** | cyst | *ציסטע *tsístə (f) | киста цистит kistá (f), cf. tsistít (m) | cysta (f) | Zyste (f) | kyste (m) |
| 35. | יצא בדימוס yatsá bedímus | | demission | דעמיסיע demísya (f) | демиссия demíssiya (f) | dymisja (f) | [Ausscheiden (neut.)] | démission (f) |

续　表

| | 以色列语多源新词 | 以色列语国际通用词 | 英语 | 意第绪语 | 俄语 | 波兰语 | 德语 | 法语 |
|---|---|---|---|---|---|---|---|---|
| 36. | אד קולון MasH ed kólon (eyd kóloyn was probably not preferred), cf. I ed kalón | o de kolón (FRENCH) | eau de Cologne | אײדעקאָלאָן odekolón (m) | одеколон odekolón (m) | woda (f) kolońska | Eau de Cologne (neut., rarely f) [cf. kölnisch Wasser (neut.)] | eau (f) de Cologne |
| 37. | אקטומה aktamá | | ectomy | — | эктомия ektomíya | ektomia (f) | Ektomie (f) | ectomie (f) |
| 38. | עלית ilit | elita | élite | עליט elit (m), עליטע elíta (f) (the latter is mentioned by Stutchkoff 1950: 611a, Rozeshteyn 1914: 189b) | элита elíta (f) | elita (f) | Elite (f) | élite (f) |
| 39. | ערצון eratsón | erózya | erosion | עראָזיע erózya (f) (cf. Tsanin 1994a: 314a) | эрозия eróziya (f) | erozja (f) | Erosion (f) | érosion (f) |
| 40. | הברקה! havraká | évreka | Eureka | — | эврика évrika | eureka, heureka (f) | heureka | eurêka |
| 41. | סלפית salfít | fálset, falséto (ITALIAN falsetto) | falsetto | פֿאַלסעט *פֿאַלצעט falsét (m) (cf. Rozenshteyn 1914: 208b), falsét (m), cf. báykalkh] | фальцет fal'tsét (m) | falset (m) | Falsett (neut.) | fausett (m) |
| 42. | פלפל איתון pilpél itón | felyetón (FRENCH) | feuilleton | פֿעליעטאָן felyetón (m) | фельетон fel'etón (m) | felieton (m) | Feuilleton (neut.) | feuilleton (m) |
| 43. | גלדין gladín | dzhelatín | gelatin, gelatine | זשעלאַטין zhelatín (m) | желатин zhelatín (m) | żelatyna (f) | Gelatine (f) | gélatine (f) |

续　表

| | 以色列语多源新词 | 以色列语国际通用词 | 英语 | | 意第绪语 | | 俄语 | 波兰语 | 德语 | 法语 |
|---|---|---|---|---|---|---|---|---|---|---|
| 44. גאון | gaón | dzhínyus | genius | דזשעניוס, גאון | zhení (m), cf. góyən (m) | гений | génii (m) | geniusz (m) | Genie (neut.), Genius (m) | génie (m) |
| 45. גליש | glish | **glisándo** (ITALIAN glissando) | glissando | *גליסאַנדאָ | *glisándo | глиссандо | glissándo (neut.) | glissando (neut.) | Glissando (neut.) | glissando (m) |
| 46. גמי קאקוט | khaydák gamí kaakút | **gonokókus** | gonococcus | — | — | гонококк | gonokókk (m) | gonokok (m) | Gonokokkus (m) | gonocoque (m) |
| 47. גמי ראיה | gamí reiyá | **gonoréa** | gonorrhoea | גאַנאָרע, *גאַנאָרע(יע) | gonoré (f) (cf. Rozenshteyn 1914: 55b), *gonoréya (f) | гонорея | gonoréya (f) | [rzeżączka (f)] cf. gonorea (f) | Gonorrhö(e) (f) | gonorrhée (f) [cf. blennorragie (f), gonococcie (f)] |
| 48. גרניט | garinít | **granít** | granite | גראַניט | granít (m) | гранит | granít (m) | granit (m) | Granit (m) | granit (m) |
| 49. גרנולומת | garinómet | **granulóma** | granuloma | *גראַנולאָמע | *granulómə (f) | гранулома | granulóma (f) | granuloma (f) | Granulom (neut.) | granulome (f) |
| 50. גיטרה | gitít | **gitára** | guitar | גיטאַר | gitár (f) | гитара | gitára (f) | gitara (f) | Gitarre (f) | guitare (f) |
| 51. הילה | hilá | | halo | [אָרעאָל] | [oreól (m)] (cf. Tsanin 1994a: 114a) | гало | galó (neut.) | [aureola (f)] | Halo (m) | halo (m), cf. auréole (f) |
| 52. אשף כשף | éshef késhef | **hókus pókus** | hocus-pocus | האָקוס-פּאָקוס | hókus pókus (m) | фокус покус | fókus pókus (m) | hokus pokus (m) | Hokuspokus (m) (referring to the magic itself) | — |
| 53. קרן | kéren | **kórno** (ITALIAN corno) | horn | האָרן | horn (m/neut.) | [рог, валторна] | [rog (m), valtórna (f) ('French horn')] | [róg (m), waltornia (f) ('French horn')] | Horn (neut.) | corne (f), cor (m) |
| 54. אילו זה היה | ilú ze hayá | **ilúzya** | illusion | אילוזיע | ilúzye (f) | иллюзия | illyúziya (f) | iluzja (f) | Illusion (f) | illusion (f) |

续　表

| | 以色列语多源新词 | 以色列语国际通用词 | 英语 | 意第绪语 | 俄语 | | 波兰语 | 德语 | 法语 |
|---|---|---|---|---|---|---|---|---|---|
| 55. | יובל *yovél* | | *jubilee* | יוביל *yubiléy* (m), cf. *yóyvl* (m) | юбилей | *yubiléĭ* (m) | *jubileusz* (m) | *Jubiläum* (neut.) | *jubilé* (m) |
| 56. | לבה *lába* | | *lava* | לאווע *láva* (f) | лава | *láva* (f) | *lawa* (f) | *Lava* ['lava] (f) | *lave* (f) |
| 57. | לא כמו טף MasH *lóa kemo tóf* (*lóa kmoy tof* was probably not preferred) | *lokomotiv* | *locomotive* | לאקאמאטיוו *lokomotív* (m) | локомотив | *lokomotív* (m) | *lokomotywa* (f) | *Lokomotive* (f) | *locomotive* (f) |
| 58. | לו כמו טף MasH *lo kemo tóf* | *lokomotiv* | *locomotive* | לאקאמאטיוו *lokomotív* (m) | локомотив | *lokomotív* (m) | *lokomotywa* (f) | *Lokomotive* (f) | *locomotive* (f) |
| 59. | מכונה *mekhoná* | *mashina* | *machine* | מאשין *mashín* (f) | машина | *mashína* (f) | *maszyna* (f); *machina* (f) (figurative or referring to obsolete, big machines) | *Maschine* (f) | *machine* (f) |
| 60. | מכונה לו כמו טף MasH *meashéyn lo kemo tóf* (*meashéyn loy kmoy tof* was probably not preferred), cf. I *meashén lo kemo tóf* | *mashin lokomotiv* | *machine-locomotive* | מאשין לאקאמאטיוו *mashín* (f), *lokomotív* (m) | машина, локомотив | *mashína* (f), *lokomotív* (m) | *maszyna* (f), *lokomotywa* (f) | *Maschine* (f), *Lokomotive* (f) | *machine* (f), *locomotive* (f) |
| 61. | מחסן *makhsán* | *magazin* | *magazine* | מאגאזין *magazín* (m) | магазин | *magazín* (m) | *magazyn* (m) | *Magazin* (neut.) | *magasin* (m), (cf. OF *magazin*) |

续　表

| | 以色列语多源新词 | 以色列语国际通用词 | 英语 | 意第绪语 | | 俄语 | 波兰语 | 德语 | 法语 |
|---|---|---|---|---|---|---|---|---|---|
| 62. | מאגילה maagilá | | mangle | מאנגל mángl (m) | [каток] | [cf. katók (m)] | magiel (m) | Mangel (m), Wäschemangel | mangle (f) |
| 63. | פת מרדכי pat mordekháy | **martsipán** | marzipan | מאַרצעפּאַן martsepán (m) | марципан | martsipán (m) | marcepan (m) | Marzipan (neut.) | massepain (m) **[pâte d'amandes]** |
| 64. | מסכה masekhá | | mask | מאַסקע maske (f) | маска | máska (f) | maska (f) | Maske (f) | masque (m) |
| 65. | משש mashásh | **masázh** (FRENCH) | massage | מאַסאַזש masázh (m) | массаж | massázh (m) | masaż (m) | Massage (f) | massage (m) |
| 66. | מיסה méisa | **médyum** | media, medium (chemistry) | מעדיום médyum (m) | медиум | médium (m) | medium (neut.) | Medium (neut.) | médium (spiritual) [cf. milieu, véhicule] |
| 67. | סלע מוטמר sela mutmár | **metamorfóza** | metamorphosis (metamorphic rock) | מעטאַמאָרפאָזע metamorfóza (f) (cf. Tsanin 1994a: 276a), cf. gilgl | метаморфоза | metamorfóza (f) | metamorfoza (f) | Meta-morphose (f) | méta-morphose (f) |
| 68. | ניטור nitúr | **mónitoring** | monitor (monitoring) | מאָניטאָר monitór (m) (cf. Tsanin 1994a: 261b) | монитор | monitór (m) | monitor (m) | Monitor (m) | moniteur (m) |
| 69. | מיסתורי mistorí | | mysterious | מיסטעריעז misteryéz | мистерия | cf. mistériya (f) 'mystery' | cf. misterium (neut.) 'mystery' [cf. tajemniczy 'mysterious'] | mysteriös | mystérieux |

续 表

| | 以色列语多源新词 | 以色列语国际通用词 | 英语 | 意第绪语 | | 俄语 | | 波兰语 | 德语 | 法语 |
|---|---|---|---|---|---|---|---|---|---|---|
| 70. | נתרן<br>natrán | natrium | natrium (gas), natron (compound, sodium bicarbonate) | נאטריום | nátrium | натрий | nátrii (m) | natron (m) [cf. soda (f) 'sodium bicarbonate', azot (m) 'natrium'] | Natron (neut.) 'sodium bicarbonate, cf. Sodium | [sodium (m)] |
| 71. | נכרזת<br>nikhrétet | nekrózis | necrosis | נעקראזים | nekrózis (m) (cf. Rozenshteyn 1914: 163b) | некроз | nekróz (m) | nekroza (f) | Nekrose (f) | nécrose (f) |
| 72. | אבוב<br>abúv | (ITALIAN oboe) | oboe | אבוב | obóe (f) | гобой | gobói (m) | obój (m) | Oboe (f) | hautbois (m) |
| 73. | אורקל<br>MasH orák(o)l<br>cf. 1 or hakol | orákel | oracle | אָראקל | orákl (m) | оракул | orákul (m) | [cf. wyrocznia (f)] | Orakel (n) | oracle (m) |
| 74. | פסק אויל<br>MasH psak evil<br>(psak évil)<br>cf. 1 psak evil | paskvíl, pashkvíl | pasquil | פּאַסקוויל,<br>פּאַשקוויל,<br>פּאַסקװיל | pashkvil, pashkvil, paskvil (m) | пасквиль | páskvil' (m) | paszkwil (m) | Pasquill (neut.) | pasquin (m), pasquille (f) |
| 75. | פטי בר<br>pitéy bar | peti ber | petit beurre | – | – | [малый] | [mályi (m)] | petit-beurre (m) [cf. herbatnik (m)] | – | petit beurre (m) |
| 76. | פט פאר<br>pat peér | petifúr<br>(FRENCH) | petit four | – | – | петифур | petifúr (m) | | Petit four (neut.) | petit four (m) |
| 77. | פיסה<br>pisá | | piece | פיעסע | pyésa (f) 'play, musical theatre piece' | пьеса | p'ésa (f) | [utwór (m) 'piece of music/literature'] | [Stück (neut.)] | pièce (f), [cf. morceau (m)] |
| 78. | פולמיס<br>pulmís | | polemic | פּאלעמיק | polémik (f) | полемика | polémika (f) | polemika (f) | Polemik (f) | polémique (f) |

续　表

| | 以色列语多源新词 | 以色列语国际通用词 | 英语 | 意第绪语 | 俄语 | | 波兰语 | 德语 | 法语 |
|---|---|---|---|---|---|---|---|---|---|
| 79. | בולשת boléshet | | police (>Ar. بوليس V Ar. [buːˈliːs] [boːˈliːs] 'police') | פאליציי politséy (f) | полиция | politsiya (f) | policja (f) | Polizei (f) | police (f) |
| 80. | פרס pras | | prize | פריז priz (m), cf. פריז prayz (PY prīs) 'price' (and recently 'prize') | приз премия | priz (m), prémiya (f) | [nagroda (f), wygrana (f)] | Preis (m) | prix (m) |
| 81. | פרטי כל MasH prótey kol, cf. 1 pratéy kol, prátey kól | protokól | protocol | פראטאקאל protocol (m) | протокол | protokól (m) | protokół (m) | Protokoll (neut.) | protocole (m) |
| 82. | בובה bubá | ARABIC بؤبؤ [buʔbuʔ] | puppet (doll) | [לאלקע] [lálke (f)] | [кукла лялька цацка] | [kúkla (f), lyál'ka (f), tsátska (f)] | [lalka (f)] | Puppe (f) | poupée (f) |
| 83. | פאר עמוד MasH péeyr ámud, cf PMasH péayr ámid | piramida | pyramid | פּיראַמיד פיראַמידע pirámid, pirámide (f) | пирамида | piramida (f) | piramida (f) | Pyramide (f) | pyramide (f) |
| 84. | רחת rákhat | raketa | racket | ראַקעט rakét (m) | ракета | rakéta (f) | rakieta (f) | Racket (neut.) [Schläger (m)] | raquette (f) |
| 85. | רככת rakékhet, | rakhitis | rickets | ראַכיטיס rakhitis (m) cf. Rozensheyn 1914: 2406, and Tsanin 1994b: 759a) | рахит | rakhit (m) | rachityzm (m) [cf the more common krzywica (f)] | Rachitis (f) | rachitisme (m) |
| 86. | רכת rakhit/rakit | rakhitis | rickets | ראַכיטיס rakhitis (m) | рахит | rakhit (m) | rachityzm (m) | Rachitis (f) | rachitisme (m) |
| 87. | סילוד silúd | salút | salute | סאַלוט salút (m) | салют | salyút (m) | salut (m), cf. salutowanie (neut.) | Salut (m) | salut (m) |

续　表

| | 以色列语多源新词 | 以色列语国际通用词 | 英语 | 意第绪语 | 俄语 | 波兰语 | 德语 | 法语 |
|---|---|---|---|---|---|---|---|---|
| 88. | סלד séled | salut | salute | סאַלוט salút (m) | салют salyút (m) | salut (m) | Salut (m) | salut (m) |
| 89. | צילואית tsiláit | siluét (FRENCH) | silhouette | סילועט siluét (m) | силуэт siluét (m) | sylwetka (f) | Silhouette (f) | silhouette (f) |
| 90. | ספה sapá | sofa | sofa | סאָפֿע sófə (f) | софа sofá (f) | sofa (f) | Sofa (neut.) | sofa (m) |
| 91. | סופית sofít | sufiks | suffix | סופֿיקס sufiks (m) | суффикс suffiks (m) | sufiks (m) [cf. przyrostek m] | Suffix (neut.) | suffixe (m) |
| 92. | שירוב shiróv | sírop ARABIC شراب [šara:b] 'beverage' | syrup | סיראָפ sírap (m), sírop (m) | сироп siróp (m) | syrop (m) | Sirup (m) | sirop (m) |
| 93. | דלג רב MasH dlug rav, YMasH dilug rav, PMasH dilag raf | telegraf | telegraph | טעלעגראַף telegráf (m) | телеграф telegráf (m) | telegraf (m) | Telegraf (m) | télégraphe (m) |
| 94. | דלג רב MasH déleg rav, PMasH déleg raf | telegraf | telegraph | טעלעגראַף telegráf (m) | телеграф telegráf (m) | telegraf (m) | Telegraf (m) | télégraphe (m) |
| 95. | דלג תילי רב MasH tiley krav, PMasH tiley kraf | telegraf | telegraph | טעלעגראַף telegráf (m) | телеграф telegráf (m) | telegraf (m) | Telegraf (m) | télégraphe (m) |
| 96. | תאלוהה taaluhá | teológya | theology | טעאָלאָגיע teológya (f) | теология teológiya (f) | teologia (f) | Theologie (f) | théologie (f) |
| 97. | תורה torá | teórya | theory | טעאָריע teórya (f) | теория teóriya (f) | teoria (f) | Theorie (f) | théorie (f) |
| 98. | תרפאה tarpuá | terápya | therapy | טעראַפיע terápya (f) | терапия terapíya (f) | terapia (f) | Therapie (f) | thérapie (f) |

续　表

| | 以色列多源新词 | 以色列语国际通用词 | 英语 | 意第绪语 | 俄语 | 波兰语 | 德语 | 法语 |
|---|---|---|---|---|---|---|---|---|
| 99. | נייר טואלט *nyar toélét* | *nyar toalét* | *toilet* (toilet paper) | טואלעט *tualét* (m) | туалет *tualét* (m) | *toaleta* (f) | *Toilette* (f) | *toilette* (f) |
| 100. | תייר *tayár* | *turíst* | *tourist* | טוריסט *turíst* (m) | турист *turíst* (m) | *turysta* (m) | *Tourist* (m) | *touriste* (m, f) |
| 101. | תומר *tómer* | | *tumour* | טומאָר *túmor* (m) | [опухоль] [*ópukhol'*] (f) | *tumor* (m) [cf. the more common *guz* (m)] | *Tumor* (m) | *tumeur* (f) |
| 102. | חווילה *khavíla* | *vila* | *villa* | ווילאַ *vila* (f) | вилла *villa* (f) | *willa* (f) | *Villa* ['vila] (f) | *villa* (f) |
| 103. | פרפר *parpár* | ARABIC فرفور [far'fuːr], cf. It. *farfalla* F *papillon* | ('butterfly') | [פלאַטער] *[flater]* / בייאַבאַטשקאַ *bábachka* | бабочка *bábochka* (f) | [*motyl* (m)] | [*Schmetterling* (m)] | *papillon* (m) |
| 104. | שמנת *shaménet* | | ('cream') | שמאַנט *shmant* (m), סמעטענאַ *smétena* (f) | сметана *smetána* (f) | *śmietana* (f) | (dialectal) *Schmant* (neut./m) | [*crème* (f)] |
| 105. | ספרה *sifrá* | *tsifra* | ('digit') | ציפֿער *tsifer* (m/f) | цифра *tsifra* (f) | *cyfra* (f) | *Ziffer* (f) | *chiffre* (m) |
| 106. | מידה *midá* | *móda* | ('fashion') cf. *mode* | מאָדע *móde* (f) | мода *móda* (f) | *moda* (f) | *Mode* (f) | *mode* (f) |
| 107. | צועני *tsoani* | | ('Gypsy') | ציגײַנער *tsigáyner* (m) | цыган *tsygán* (m) | *Cygan* (m) | *Zigeuner* (m) | *Tsigane* (m, f), [cf. *bohémien*] |
| 108. | אשגר *ashgár* | *shláger* | ('hit, popular song') | שלאַגער *shláger* (m) | шлягер *shlyáger* (m) | *szlagier* (m) | *Schlager* (m) | [*à succès* (adj.)] |

续 表

| | 以色列语多源新词 | 以色列语国际通用词 | 英语 | 意第绪语 | 俄语 | 波兰语 | 德语 | 法语 |
|---|---|---|---|---|---|---|---|---|
| 109. | בולבוס<br>bulbús | | ('potato') | (ס)בולבע<br>bulbə(s) (f/pl)<br>(of Slavonic descent)<br>[cf. PY<br>קאַרטאָפֿל] | [картошка (colloq.), картофель (formal)] cf. Belarussian бульба<br>[kartóshka (f), kartófel' (m)]<br>búl'ba (f) | bulwa (f) 'tuber (e.g. potato)' [cf. ziemniak (m), kartofel (m)]; cf. Lith. bulvies 'potatoes' | [Kartoffel (f)] | [pomme (f) de terre] |
| 110. | אקרן<br>ekrán, akrán | | ('projection screen') | עקראַן<br>ekrán | экран<br>ekrán (m) | ekran (m) | [Leinwand (f)] | écran (m) |
| 111. | דה פסה<br>MasH<br>da pésa,<br>dapésa,<br>de pésa,<br>cf. l da péta | depésha | ('telegram') | דעפעש<br>דעפעשע<br>depésh (f);<br>depésha (f)<br>(Rozenshteyn 1914: 76b)<br>cf. LithY depésə | депеша (obsolete)<br>depésha (f) | depesza (f) | Depesche (f) | dépêche (f) |

# 6.2　意 第 绪 语

　　在以色列语多源新词中，国际通用词十分常见，但是从许多词语中，我们还是可以发现某一特定语言的影响。如前所述，意第绪语是以色列语最主要的贡献者，尤其是在 19 世纪末 20 世纪初以色列地经历最大迁徙潮的时候，当时有许多人从东欧迁移到以色列地。这些移民大体上都是意第绪语母语者，因为从大约 10 世纪起，中欧和东欧犹太人的主要语言就是意第绪语。①

## 6.2.1　转义型音义匹配词

　　我的假设是：以色列语 צעצוע *tsaatsúa* "玩具" 是一个词义型语义化语音匹配词（参看 §1.2.5），由几个词语归并而成，其词源包括：

1. 圣经希伯来语一次频词 צעצעים [ṣaʕăṣu'ʕīm]，与圣经希伯来语 כרובים [kərū'bʰīm] "天使" 一起出现在《历代志下》第 3 章第 10 节（Ⅱ Chronicles 3：10）。萨丹（Saddan 1989：135）提到，有人曾想将 צעצעים [ṣaʕăṣu'ʕīm] 与圣经希伯来语 צאצאים [ṣɛʔɛ̌ṣå'ʔīm] "孩子们"（参看 Isaiah 34：1）和圣经希伯来语 שעשועים [šaʕăšū'ʕīm] "高兴的事，珍贵的东西"（参看 Psalms 119：92，Jeremiah 31：19）相联系。还有人把圣经希伯来语 צעצעים [ṣaʕăṣu'ʕīm] 理解为 "雕刻品，雕塑"（例如 *Tanákh*：1311），认为该词或许与圣经希伯来语 קעקע [ʔaʕă'ʔaʕ] "刺青"（参看 Leviticus 19：28）有关联，试比较：以色列语 קעקועים *kaakuím* "刺青" 和阿拉伯语 صاغ ['ṣa:ʁa] "雕刻，塑造，成形 [阳

---

① 按照传统观点，意第绪语起初属于中古高地德语，继承了一些闪族语成分（希伯来语和阿拉姆语），还融合了一些古意大利语和古法语成分。因十字军东征和 1348—1349 年间的黑死病，一些犹太人从德国迁移到了东欧，意第绪语经历了斯拉夫语化过程。另一种观点完全相反，认为意第绪语是一种斯拉夫语，但是词汇被德语单词所替换（参看 Wexler 1991）。简言之，大多数语言学家认为意第绪语是一种斯拉夫语化的日耳曼语言，韦克斯勒却认为它是一种日耳曼语化的斯拉夫语言。

性，单数]"（来自 صوْع √ṣwʁ）。由于语音相似，有些作者用 צעצעים 去指意第绪语 טשאַכטשעס chákhchəs "国际象棋"（参看 Saddan 1989：135；试比较：意第绪语 שאַך shakh "国际象棋"）。在比亚利克的《强壮者阿耶》（aryé báal guf）（1898/1899）意第绪语译本中（参看 Bialik 1959：113—127），以色列语 מעשׂי צעצועים maaséy tsaatsuím 被译为意第绪语 צאַצקעס tsátskəs "玩具"（参看下文）。

2. 意第绪语 צאַצקע tsátskə "玩具"（也指"小装饰品，装饰品"），词源是波兰语 cacko ['ʦaʦko] "玩具"。斯坦尼斯拉夫斯基（Stanisławski 1969：i：105a）将"玩具"列为基本意义。不过，我调查发现，当代波兰语母语者觉得这一义项相当古旧或者不标准，因为这个词现在指"做工精巧、小而易碎的东西；宝物"，比如昂贵的珠宝；试比较：俄语 цаца tsátsa "儿童玩具，玩物"（Vasmer 1958：iii：284），俄语口语词 цаца tsátsa "被宠坏的美女"，俄语口语词 цацка tsátska "玩具，洋娃娃"。这个词的终极源头有可能是儿童用语（同上）。

上述音义匹配过程如下图所示：

| 意第绪语 צאַצקע tsátskə "玩具"（也指"装饰品，被宠坏的美人"）试比较：波兰语 cacko ['ʦaʦko] "玩具，玩物"（古旧词，见于 Stanislawski 1969：105a）"做工精巧，小而易碎的东西，宝物" | 以色列语 צעצוע tsaatsúa "玩具"（也指"被宠坏的美人，宝物"） | （圣经）希伯来语 צעצעים [ṣaʕaṣuʕīm] "雕刻品，雕塑"（试比较：קעקועים）或"宝物"（试比较：שעשועים）或"孩子们"（试比较：צאצאים）（语义模糊的一次频词，参看 II Chronicles 3：10，与 כרובים "天使"出现在一起） |

**图 46**

在 20 世纪初期，由于意第绪语的作用，以色列语 צעצוע 变成了口语词，意思是"淘气"，试比较：意第绪语 תּכשיט tákhshət "淘气的"，来自（〔密西拿〕希伯来语>）以色列语 תכשיט "珠宝"。作家沙米尔（Shamir 1959：95）用以色列语 צעצועית tsaatsuít 指"爱挑剔的女人，苛刻的女人"，就是受意第绪语 צאַצקע *tsátskə* "爱挑剔（的人），苛刻（的人）"的影响。

再以希伯来语 תרח 为例。圣经希伯来语 תרח ['tɛraħ] "他拉"（Genesis 11：24）指拿鹤（Nahor）之子、亚伯拉罕（Abraham）的父亲，他活了 205 岁。以色列语口语词 תרח *térakh* 意思是"愚蠢的［阳性，单数］"，通常与以色列语 זקן *zakén* "老的"一起连用，比如 תרח זקן *térakh zakén* "老傻瓜"。以色列语口语词 תרח זקן *térakh zakén* 是意第绪语 תרח אַלטער *áltər térakh* 的希伯来语形式，它利用了古老的圣经名字 תרח "他拉"与意第绪语 טעריכטער *térikhtər* "愚蠢的"（最早的记载见于 1687 年，参看 Saddan 1957：318）或意第绪语 טורעס *túrəs* "愚行"（见于 1820 年、1863 年文献；参看同上）之间的相似性。这些意第绪语词语的词源都是中古高地德语 *tôre* "傻瓜，愚蠢的"。萨丹（Saddan 1957：316—317，试比较：1954）提出，对意第绪语 תרח אַלטער *áltər térakh* 的形成产生影响的还包括意第绪语贬义词 אַן אַלטער טערק *an áltər terk*（字面意义"土耳其老家伙"），萨潘（Sappan 1971：84b）也赞同这种解释。此外，还有一种说法是：这个词的形成受到了（圣经）希伯来语 תרח ['torah] "麻烦，负担，烦恼"的影响，但是，这种说法似乎有些牵强。以色列语口语词 תרח *térakh* 为什么会有附加含义"老的"和"愚蠢的"？这可以在《约书亚》第 24 章第 2 节（Joshua 24：2）找到合理解释：他拉是列祖之一（所以老），也是侍奉别神的人（所以愚蠢）。由于逾越节庆典手册哈加达中有这一段经文，因此，这些附加含义为以色列人所熟知。

以色列语音义匹配词 תירס *tíras* "玉米"（参看 *MMM* 1938：35）也采用了意第绪语 טערק *terk* "土耳其人"去匹配另一个意第绪语表达式。前者是 תירס חטי（以色列语 *khitéy tíras*）"土耳其小麦"的省略形式，它的音义匹配对象是意第绪语 טערקישע ווייץ *térkishə veyts*，字面意义为"土耳其小麦"，其实指"玉米，玉蜀黍"。玉米之所以在意第绪语里叫"土耳其小麦"，可能是因为玉米从西班牙先传到土耳其，然后又从土耳其传到欧洲其他地方（试比较：重音落在最后一个音节上的土耳其语 *mısır* "玉米"与重音落在倒数第二个音节上的土耳其

语 *Mısır*"埃及"，土耳其语 *hindi*"火鸡"与土耳其语 *Hindistan*"印度"，Hint/Hintli"印度的"）。请注意，中古希伯来语 תירס[tī'rås] 意思是"土耳其"（参看 *MES*：1935a），它本身是一个音义匹配词，匹配对象包括：圣经希伯来语 תירס[tī'rås]，即雅弗的一个儿子的名字（参看 Genesis 10：2）；国际通用词 *Turkey*，试比较：波兰语 *Turcja*。据《约纳堂译释本》（Jonathan Targum）的说法，תירס 就是 תרייקי בית，中世纪时 תרייקי 可能与 *Turkey* 存在语义联系。

## 6.2.2　意第绪语和波兰语

以色列语 פס *pas*"带子，条纹"看起来像是转义型音义匹配词，匹配对象为意第绪语 פאַס *pas*"带子，条纹，腰带"和波兰语 *pas*"（宽）腰带，带子，条纹"（试比较：波兰语 *pasek*"腰带，条纹"），同化所用的材料为词义模糊的希伯来语 פס[pas]。贾斯特罗（Jastrow 1903：1191a）把密西拿希伯来语 פס[pas]定义为"带子，条纹"，但是本-耶胡达（*MBY*：x：5013b）似乎并不认为它在希伯来语文献里有过"带子"之意。现代以色列人把圣经希伯来语 כתנת פסים[kə'tonɛt pas'sīm]（见于 Genesis 37：3 等）理解为"条纹（睡）袍"或"条纹衬衫"（后者见于 Sarfatti 1990：123），但是这种理解可能是错误的，因为它的本义极有可能完全不同，试比较：这个词的其他含义，包括"彩衣"（英王钦定本）或者"有袖子的长袍"（新修订标准版）。实际上，本-耶胡达（同上）承认：以色列语 פס *pas*"带子，条纹"的创制受到了圣经希伯来语 כתנת פסים[kə'tonɛt pas'sīm]和斯拉夫语 *pas* 的影响。请注意，以色列语 פסי ברזל *paséy barzél* 的现代含义为"铁轨"。

下面再看一些例词：以色列语 פס מן העולם *pas min haolám*（字面意义"终止，结束"），用于翻译芬兰语国际通用词 *passé*"已过去的"；שם פס *sam pas*（字面意义"放条纹[阳性，单数]"），表示"忽视，漠不关心"；以色列语 פס *pas*"许可证"（即以色列国防军军人的回家许可证），来自国际通用词 *pass*，但与同音同形异义词 פס *pas*"带状物"有一定关联，因为许可证是一种长方形表格。有人可能不

认可这种说法，因为 פס *pas* "许可证" 的复数形式一般是 פסים *pásim*
而不是 פסים *pasím*，而 פס *pas* "许可证" 如果被当作本族语词，那么
预期的复数形式应该是 פסים *pasím*。不过，这种像外语一样的复数形
式是为了区别于 פסים *pasím* "带子"。可以比较一下以色列语 סלים *salím*
"篮子，器皿" 与 סלים *sálim* "篮球得分数" （二者的构词成分都包括
סל *sal*），参看 §1. 2. 1 的其他例词。

## 6. 2. 3　包含叠音的多源新动词

意第绪语中的转义型多源新动词常常含有叠音。例如，以色列语
口语词 נדנד *nidnéd* "烦恼，烦扰，恼怒［阳性，单数］" 用于措辞有
些累赘的以色列语口语 תפסיק לנדנד, יא נודניק! *tafsík lenadnéd, ya núdnik*
"别烦了，讨厌鬼！" 等表达式。נדנד *nidnéd* 混合了多种语言成分，其
中之一是波兰意第绪语 נודיען *nídyən* （试比较：立陶宛意第绪语
*núdyən/ núdzhən* "使烦扰，打扰，唠叨"）（参看 Sappan 1972：38）和
以色列语 נודניק *núdnik* "使烦扰，纠缠" （来自意第绪语 נודניק *núdnik*
"使烦扰，纠缠"）；另一成分是（密西拿）希伯来语 נדנד［nid'ned］
"动［阳性，单数］"，它来自希伯来语 נדנד √*ndnd* "动" （试比较：
圣经希伯来语 נוד √*nwd* 和 נדד √*ndd*）。נדנד *nidnéd* 的形成过程如下图
所示：

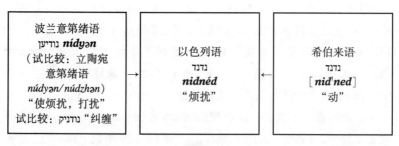

**图 47**

正因为具备上述词义，意第绪语 נודניק *núdnik* "使烦扰，纠缠" 在
以色列语和意第绪语中用于一些诙谐的表达式。例如，以色列语
（现已罕用的）口语词 נע ונודניק *na venúdnik* "流浪演讲者，巡讲者"，

它是借自意第绪语的借词。意第绪语 נע ונדניק *na venádnik* "流浪的，流动的，无家可归的"是模仿（圣经希伯来语>>）以色列语 נע ונד *na venád* "流浪的，游动的，不停地四处奔波的"创制的。圣经希伯来语 נע ונד［nåʕ wåˈnåd］（参看 Genesis 4：12）属于同义反复表达式，字面意义为"活动着活动着"。莫迪凯·霍尔特（Mordekhay Halter）的 *hamemrá bakfár* 第 38 页（参看 Fraenkel 1949：67）用到以色列语口语词 נע ונודניק *na venúdnik*。意第绪语 נודניק *núdnik* "使烦扰，纠缠"还有一个戏谑性的二次派生词 פודניק *fúdnik*（"*PHúDnik*"），指 נודניק מיט אַ פי אייטש די *a núdnik mit a pi eych di* "有 PhD（哲学博士学位）却叫人讨厌的人"。①

以色列语口语词 נדנד *nidnéd* 有一个二次派生词，即俚语词 נדנדה *nadnedá* "讨厌的人"，构词材料为 נדנדה *nadnedá* "跷跷板，秋千"，这个俚语词见于 MAM（：244a）。再如，首字母缩略俚语 נמ"ר *namér*（字面意义 "美洲豹"）表示 נודניק ממדרגה ראשונה *núdnik mimadregá rishoná* "极其讨厌的人"。至于以色列语俚语动词 ניג'ס *nidzhés* "烦恼［阳性，单数］"的词源，我认为是俚语词 ניג'ס *nídzhes* "讨厌的人"，而后者是从阿拉伯语俚语 نجس ［ˈniʒis］（见于加利利和黎巴嫩等地的阿拉伯语）"不纯洁的，不干净的，污秽的；令人厌恶的人"引进的，试比较：阿拉伯语 نجس ［ˈnadʒis］"不纯洁的，被污染的，肮脏的，污秽的"，阿拉伯语 نجاسة ［naˈdʒa:sa］"［法律用语］不纯，污秽"，阿拉伯语 نجس ［ˈnadʒusa］/［ˈnadʒisa］"不纯洁的，不干净的，肮脏的，玷污的［阳性，单数］；弄脏的，被污染的［阳性，单数］"。但是，ניג'ס *nídzhes* 之所以获得"讨厌的人"这一含义，似乎是因为波兰意第绪语 נודיען *nídyən*（立陶宛意第绪语 *núdyən/núdzhən*）"使烦扰，打扰，唠叨"（参看 Zuckermann 2001b）。如此看来，ניג'ס *nidzhés* "烦恼［阳性，单数］"可以看作是词汇归并（参看 §1.4）的结果，是在意第绪语和阿拉伯语的共同影响下形成的。在一些以色

---

① 参看 Rosten（1971：277）和 Tuleja（1990：158）。本书著者拥有牛津大学颁发的 DPhil（而非 PhD）学位，所以觉得比较幸运。其实，PhD 和 DPhil 都是 Doctor of Philosophy "哲学博士"的缩写形式。

列语名字中，这种共同影响表现在重音落在倒数第二个音节上。

　　与以色列语口语词נדנד *nidnéd* 情形一样，意第绪语פּישן *píshṇ* "小便"的语音匹配词是（密西拿）希伯来语פשפש [piš'peš] "搜（遍），彻查［阳性，单数］"（在以色列语里表示"翻遍，胡乱搜索"），试比较：（密西拿）希伯来语 פשפש במעשׂיו [piš'peš bəmaʕăʾśâw] "彻底检查他自己的行为"。如果认为小便与胡乱搜索（裤子前裆开口）之间有一点牵强附会的联系，那么以色列语口语词פשפש *pishpésh* "小便"就可以看作是非专业人士创造的语义化语音匹配词。①

　　上述叠音现象也见于与英语原词相匹配的以色列语多源新词。萨潘（Sappan 1972：44；1971：82b）指出，以色列语口语词שקשק *shikshék* 的意思是"惊骇，震惊［阳性，单数］"，来自英语 *shock* "冲击，袭击"。即使שקשק *shikshék* 过去的确表示"震惊"，即使萨潘的词源解释可能有道理，这一词义现在也过时了，因为它现在的词义是"害怕［阳性］"，似乎是英语 *shake* 的音义匹配词。事实上，שקשק *shikshék* 通常用于 מפחד שקשק *shikshék mipákhad* "害怕得发抖［阳性］"，参看萨潘（Sappan 1972：89）的补遗 He's all shaken up "他怕得发抖"。（请注意，שקשק *shikshék* 作军事用语时，表示"〔为保险起见〕再三扣扳机，以确保无子弹"。）无论匹配对象是 *shock* 还是 *shake*，起同化作用的语言材料都是以色列语שקשק *shikshék* "发出噪声，发出沙沙声，发出叮当声，发出刺耳声［阳性，单数］"，来自圣经希伯来语השתקשק [hištaq'šeq] "嘎吱嘎吱响，发出摩擦声或碰撞声"（参看 Nahum 2：5）。

## 6.2.4　多源新词与拟声

　　比亚利克受意第绪语רוישן *róyshṇ* 和意第绪语רעשן *ráshṇ* 的影响而创制了以色列语新词רשרש *rishrésh* "发出沙沙声，发出噪声［阳性，单数］"。他 1939 年在《邮报》上发表了一封信，信中写道：

---

① 试比较：以色列语俚语פשתן *fishtén/pishtén* "小便［阳性，单数］"，这个词混合了意第绪语 פּישן *píshṇ*（参看§6.2.3）和以色列语 השתין *hishtín*，两者意思都是"小便"。

　　　　这些新词…… 我并不是深思熟虑之后创造的，而是顺其自然，写作的时候想到，还有的是临时想起……比如 *rishrésh* 这个动词，我很愧疚是我造的，造的时候很简单，心里想到了，也就造出来了，愿上帝别折磨我。①

　　纯语论者阿维内里（Avinery 1935：43—44；1964：173a）称赞了这个新词（其实是一个归并词），认为它是拟声词，词源是（圣经希伯来语>>）以色列语 רעש *ráash* "噪声"（试比较：密西拿希伯来语 לגלג √*lglg* "冷笑，嘲弄，嘲笑"，源自圣经希伯来语 לעג [ˈlaʕag] "揶揄，嘲笑，嘲弄"）。但是，很有可能比亚利克潜意识里受到了意第绪语 רוישן *róyshn̩* "发出沙沙声，瑟瑟作响，发出噪声"（试比较：德语 *rauschen* 和英语 *rush*）的影响，试比较：意第绪语 רעש *rash* "噪声"和 רעשן *ráshn̩* "发出噪声"，二者都来自（圣经）希伯来语 רעש [ˈraʕaš] "噪声"。

　　不过，根据一致性原理，上述拟声说法也不能忽视。还有一些词语，其中可能有拟声因素起作用，但是没有引起重视，例如，基姆（Kihm 1989：352）断言，巴布亚皮钦语 *rokrok* "青蛙" 来源于托莱语 *rokrok* "青蛙" 和英语 *croak croak*。他写道："显然，英语与托莱语的语音相似性纯属偶然"。英语 *croak croak* 对这个词的产生也许有影响，但是两者语音上的相似绝非偶然，因为两者都是拟声词。再如，萨丹（Saddan 1955：41）断言，以色列语 גרגר √*grgr* "漱口" 是受德语 *gurgeln* "漱口" 的影响而产生的，不过，他忽视了拟声因素的影响。

　　基姆和萨丹并没有说错，英语 *croak croak* 对巴布亚皮钦语 *rokrok* "青蛙" 的产生的确有影响；德语 *gurgeln* 对 גרגר √*grgr* "漱口" 的产生也有影响。不过，这样的解释似乎并不完整，相关情况可参看有关 *pifyón* "滨鹬"（§4.1）和 *parpár* "蝴蝶"（§2.3）的分析。

――――――――――――

① 关于心理明示表达式的用法，参看 Matisoff（2000）。

### 6.2.5　多源新造词

以色列语 שרבט *shirbét* "潦草地写［阳性，单数］" 见于 *MBY*（xv：7458b）。*MES*（：1891c）和克雷恩（Klein 1987：680c）指出，它可能来自（圣经）希伯来语 שרביט［šarˈbʰīṭ］（试比较：以色列语 *sharvít*）"棍，权杖，棒"（试比较：它在密西拿希伯来语里的意思 "嫩枝"）。事实上，这两者之间的联系十分牵强；以色列语 שרבט *shirbét* "潦草书写［阳性，单数］" 或 שרבט √*šrbṭ* "潦草书写" 的创制更有可能是受波兰意第绪语 שרײַבן *shrábṇ*（立陶宛意第绪语 *shraybṇ*）"写"（试比较：געבן אַ שרײַב אָן *gebṇ a shrayb on* "潦草地写"，Weinreich 1977：284a；שרײַבערל *shráybərl* "潦草书写的人"）的影响。既有的密西拿希伯来语 שרבט √*šrbṭ* "延伸，伸展，变硬"（或许还包括以色列语 שרבט √*šrbṭ* "鞭打，抽打"）（尽管含有 ט *t*）也可以用于创制这样一个音义匹配词；试比较：以色列语 שרבב √*šrbb* "插入错误位置（尤指书写时）"，比如 השם שלה שורבב לרשימה בטעות *hashém shelà* **shurbáv** *lareshimá betaút* "因为差错，她的名字被插在名单表里"。

以色列语 קונדס "顽皮的人，恶作剧的人" 现在的发音是 *kundás* 而不是 *kundés*，与之相关的词包括 מעשה קונדס *maasé kundás* "淘气，恶作剧" 和 קונדסון *kundasón*，后者指美国系列卡通片《蓝精灵》（*The Smurfs*，以色列语名称为 (ה)דרדסים（*ha*）*dardasím*）中的淘气蓝精灵。不过，以色列语 קונדס "顽皮的人" 的构词材料是密西拿希伯来语 קונדס［kūnˈdås］"杆，棒"（*Mishnah*：'Erubin 3：3）（来自古希腊语 κοντός *kontós* "杆"），或许也利用了其比喻意义 "粗心大意的"（*MES*：1582a）。这个词新增现代含义 "顽皮的人"，是因为受到意第绪语 קונדס *kúndəs* "恶作剧，噱头，技艺表演［阳性］" 的影响，而温里奇（Weinreich 1973：i：308；iii：321）认为后者具备斯拉夫语血统，试比较：波兰语 *kundys*（见于 Stanistawski 1969：i：439b，Brückner 1974：282a，但是现在并不通用）"混血儿，杂种，野狗"（试比较：当代波兰语 *kundel* "混血儿"，古匈牙利语 *kondor* "卷毛的，卷曲的，卷结的"，试比较：当代匈牙利语 *göndör* "卷毛的"，注意与匈牙利语

*kondorkeselyü* "兀鹰" 区别开来)，"杂种狗，笨蛋" (表示轻蔑)。还有一种解释是：以色列语 קונדס 的词义受到意第绪语 קונץ *kunts* [阴性] "恶作剧，噱头，技艺表演" 的影响，试比较：中古高地德语 *kunst* "巧妙" 和 *swarziu kunst* "戏法"，试比较：德语 *Kunststück* "戏法"。

　　韦克斯勒 (Wexler 1991：43) 指出，意第绪语 קונדס *kúndəs* 之所以被当作希伯来语 (参看 Weinreich 1955：610)，是因为其复数形式是 קונדסים *kundéysim*，其中包含复数后缀 ־ים- *σ-im*，而这个后缀的词源是希伯来语 ־ים- [-īm]。这种错误理解可能是因为 (密西拿) 希伯来语 קונדס [kūn'dås] "杆，棒"。不过，这里有一个反例：意第绪语 דאָקטוירים *doktóyrəm* "医生们"，它是意第绪语 דאָקטער *dóktər* 的复数形式，这个复数形式也包含了复数后缀 ־ים- *σ-im*，却没有被当作希伯来语。这里之所以采用后缀 ־ים- *σ-im*，可能是因为语音的关系：*doktóyrən > *doktóyrin > doktóyrim > doktóyrəm*。意第绪语里有些复数形式带有贬义，有的复数形式其实是在非希伯来语词项上添加了希伯来语复数后缀。例如，意第绪语 שנײַדערס *shnáydərs* "裁缝们" 是一个贬义词，它对应于意第绪语 שנײַדאָרים *shnaydórim* "糟糕的裁缝"，意第绪语 וווּנדיירים *vundéyrim* "'神迹'，'奇迹'" 是与意第绪语 וווּנדערס *vúndərs* "奇迹" 相对应的贬义词 (参看 §5.4.3)。

　　以色列语 פלוש *palúsh* "走廊，(犹太教会堂的) 法衣室" 是意第绪语 פּאָלעש *póləsh* "走廊" 的音义匹配词，构词材料为希伯来语 פלש √*plš* "入侵"，套进 (形容词性的) 名词词型 □a□ú□，试比较：中古希伯来语 פלוש [på'lūš] "滚动"。可以比较一下 (希伯来语>) 以色列语 מבוא מפלש *mavómefulásh* "走廊"，以色列语 מפלש *miflásh* "(有屋顶的) 通道"，国际通用词 *passage* (试比较：以色列语 'פסז 或者 'פסאז *pasázh*；法语 *passage*。萨丹 (Saddan 1955：37) 认为，意第绪语 פּאָלעש *póləsh* 源于中古高地德语 *palas/palast* "(城堡的) 主楼"，后者借自拉丁语 *palatium* "宫殿，宫廷" (试比较：古希腊语 παλάτιον *palátion* 和 παλλάντιον *pallántion*；法语 *palais* "宫殿，城堡"；德语 *Palast* "宫殿"；荷兰语 *paleis* "宫殿")。阿尼翁 (Agnon 1953：365) 和哈扎济 (Hazaz 1955：102) 等人使用过以色列语 פלוש *palúsh* "走

廊, (犹太教会堂) 法衣室" 一词。萨丹 (Saddan 1955: 37—38) 曾经预测 פּלוּשׁ *palúsh* 会流行开来, 不幸的是它惨遭淘汰。尽管如此, 希伯来语科学院曾经尝试重新起用 פּלוּשׁ *palúsh* 去表示 "通道, 连接公交车的接合装置", 参看 *LLN* 26 (1997 年 12 月—1998 年 1 月)。

### 6.2.6 意第绪语和乌克兰语/俄语

以色列语 צוּעני *tsoaní* "吉普赛人" 是一个音义匹配新造词, 其词源包括:

(1) 乌克兰语 циган [t͡syhan] 和意第绪语 ציגײַנער *tsigáynər*, 试比较: 俄语 цыган *tsýgán*; 波兰语 *Cygan*; 德语 *Zigeuner*; 法语 *Tsigane* (试比较: *bohémien*), 所有这些词都指 "吉普赛人"。

(2) 下列词语之一:

a. 圣经希伯来语 צען √*ṣʕn* "漫游, 迁徙, 四处游动",[①] 参看《以赛亚书》第 33 章第 20 节 (Isaiah 33: 20) 中的圣经希伯来语 אהל בל יצען [ˈʔohɛl bal jiṣˈʕán] "固定帐篷" (新修订标准版), "不挪移的帐幕" (英王钦定本), 试比较: 阿拉伯语 (现已罕用的) ظعن [ˈẓaʕana] "旅行, 离去, 离开 [阳性, 单数]"。

b. 圣经希伯来语 צען [ˈṣoʕan][②] "坦尼斯 = 阿瓦瑞斯 = 锁安城", 这是大约公元前 1700 年建于埃及的一座古城的名字 (参看 Numbers 13: 22, Psalms 78: 43); 这种词源解释类似于把英语 *Egypt* 当作 *Gypsy* 的词源。

我认为, 要弄清以色列语 צוּעני *tsoaní* "吉普赛人" 与其东欧语言中的并列词源之间在语音上的差异, 必须回答以下三个问题:

第一, 这个词里为什么有 ע [ʕ] 而没有 ג [g]? 换言之, 为什么是 צוּעני *tso(ʕ)aní* 而不是 \*צוּגני *tsoganí*?

第二, 为什么有 וּ [o] 而没有 י [i]? 换言之, 为什么是 צוּעני *tsoaní* 而不是 \*ציעני *tsianí*?

---

① 参看 Sapir (1888) 和 Klein (1987: 543b, 553b)。
② 参看 Sarfatti (1976: 136)。

第三，为什么词尾有 ׳ [i]？换言之，为什么是 צועני tsoaní 而不是 *צוען tsoán？

让我来回答这些问题。希文（Sivan 1981b：19，25）提出，צועני tsoaní "吉普赛人" 是在 1898 年创制的。但是，我发现，צועני tsoaní "吉普赛人" 最早的书证见于阿布拉莫维奇的著作（Abramowitsch 1866：177），原文如下：

המצליב לא יעשה דירתו קבע בכל מקום, כי כבני הצוענים יעבור גם הוא תמיד בארץ .

交喙鸟 [试比较：中古拉丁语 Loxia；德语 Kreuzenschnabel Wintervogel；拉丁语 Crucirostra pityopsittaeus] 是不会在一个地方永久定居的；它们就像吉普赛人一样会在这片土地上漫游。

与以上书证相比，还有一些书证要晚得多，可以参看 Knaʿani（1960—1989：4960；1998：4942b）。这个词的创制者可能是阿布拉莫维奇，他是乌克兰语母语者，因此最有可能用乌克兰语 циган [ʦyhan] 表示 "吉普赛人"，试比较：俄语 цыган tsygán。他很可能把乌克兰语 [ʦyhan] 或其异体 [ʦyan]，[ʦyjan]，[ʦejan] 与自己母语中的 [tsejan] 相联系，而 [ʦejan] 是阿什肯纳兹希伯来语 tsóyan 在立陶宛意第绪语中的发音，tsóyan 正是圣经希伯来语 צען [ˈʦoʕan] "坦尼斯＝阿瓦瑞斯＝锁安城" 的语音体现（参看：ey ‖ oy 同言线，比如立陶宛意第绪 skhéyrə 与意第绪语 סחורה skhóyrə 以及阿什肯纳兹希伯来语 skhóyro "商品"）。换言之，对于阿布拉莫维奇所造的词 tsoaní，以色列人的发音与阿布拉莫维奇自己的发音（极有可能是 tseyáni）是不同的，这一点非常重要。

至此，我已经回答了前两个问题。不过，第三个问题是：词的形式为什么是 צועני tsoaní 而不是与乌克兰语 циган [ʦyhan] 更相似的 *צוען tsoán（或 tsoén）呢？我认为有两种可能：因为受到意第绪语 ציגיינער tsigáynər 的影响，或者受到乌克兰语 циган [ʦyhan] 的复数形式 [ʦyhani] 的影响。此外，既然吉普赛人是一个民族，造词者也许希望在词的形态上标示这一特征，所以添加了后缀 ׳- σ-i，试比较：

（圣经希伯来语>>）以色列语 יהודי *yehudí* "犹太人"，以色列语 רוסי *rusí* "俄罗斯人" 等词语。

## 6.2.7  音义匹配复合词

意第绪语 שאַכער מאַכער *shákhər mákhər* "非法交易，不择手段的交易，经销商，骗子" 在以色列语里被同化为 סחר מכר *sákhar mékher* "贸易，交易，买卖（常含贬义），不择手段的交易，非法交易"。作家布伦纳（Brenner 1956：226）等人曾经使用过这个词。由于 "元音和谐律"（vowel harmony）的作用，以色列语 סחר מכר *sákhar mékher* 的发音也可以是 *sékher mékher*，过去有时也念为 *sákhar mákhar*（见于 *MAM*：265a），试比较：圣经希伯来语 הון עתק [hōn ʕåˈteq] "财富，巨大财富"（Psalms 8：18）>>以色列语 *hon aták*。以色列语 סחר מכר 的构词成分包括（圣经希伯来语>>）以色列语 סחר *sákhar* "贸易" 和（圣经希伯来语>>）以色列语 מכר *mékher* "出售"，而意第绪语 שאַכער מאַכער *shákhər mákhər* 的构词成分如下：

(1) 德语化的意第绪语 שאַכער *shákhər* "小规模交易，讨价还价，物物交换"（参看 Harkavy 1988：484a），试比较：意第绪语 שאַכערן *shákhərṇ* "讨价还价，物物交换"；德语 *Schacher* "讨价还价（也指政治上）"；德语 *schachern* "讨价还价"（参看 Rosén 1950：22）。意第绪语 שאַכער *shákhər* 的词源是（圣经）希伯来语 סחר [ˈsaħar] "贸易"（在以色列语中的发音是 *sákhar*），而以色列语正是利用了这个词项与意第绪语 שאַכער *shákhər* 进行音义匹配，至此就在词源上形成了一个环形。韦克斯勒（Wexler 1990：31）认为，意第绪语 שאַכער *shákhər* 的德语化形式可能来自该词在德语中的俚语形式，而这个俚语借自意第绪语 סחר *sákhər*，试比较：意第绪语 מסחר *mískhər* "贸易，商业，生意"，来自（圣经）希伯来语 מסחר [misˈħår]，这样就形成一种像回文一样对称的环形，如下图所示：

希伯来语→意第绪语→德语→意第绪语→以色列语

**图 48**

请注意，有些意第绪语母语者把意第绪语 שאַכער *shákhər* 与 שחרן
*shákhərṇ* "变暗，变黑" 或 שחורן *shókhərṇ* "变暗，变黑" 相联系
（试比较：以色列语 להשחיר *lehashkhír* "变暗，变黑"），因此该词就
有了 "非法交易" 之意，试比较：意第绪语 אויסשחורן *óysshokhərṇ*
"变黑，（向警察）告密，秘密监视"。

(2) 意第绪语 מאַכער *mákhər* " '政客'，调停者，领导人，经纪人，骗子"
（原义为 "实干家，制造者"），试比较：德语 *Macher* "实干家"，
*machen* "做，制造"。但是，这个词与圣经希伯来语 מכר ['mɛkʰer]
"商品，价格" 毫无关联，因此，以色列语 סחר מכר *sákhar mékher* 仅
有部分成分属于近亲匹配，即只有 סחר 同化了一个意第绪语词项，
而该词项最初的形式正是 סחר。

以色列语音义匹配词 סחר מכר *sákhar mékher* 的形成过程如下图
所示：

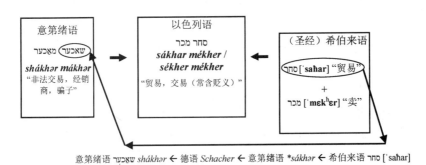

意第绪语 שאַכער *shákhər* ← 德语 *Schacher* ← 意第绪语 *\*sákhər* ← 希伯来语 סחר ['sahar]

**图 49**

以色列语复合词 *sákhar mékher* 是原始语为希伯来语的近亲音义
匹配词，因构词成分为其原始语材料而形成一个环形。阿拉伯语音义
匹配复合词 أرضيّ شوكيّ ['ʔarḍi 'šawki] "菜蓟"（阿拉伯土语 ['ʔarḍi
'šo:ki]）（试比较：〔加利利〕阿拉伯土语 ['ʔarḍi 'šo:k]）的原始
语是阿拉伯语，但却不是近亲；它的构词成分也是原始语材料，
同样形成一个环形。阿拉伯语 أرضيّ شوكيّ ['ʔarḍi 'šawki] 的使用
范围包括叙利亚、黎巴嫩、以色列等地，它所混合的语言成分包

括国际通用词 *artichoke*① 以及阿拉伯语 أرضيّ[ˈʔardˤi]"地球的，陆地的"（"菜蓟长在地里"）+ 阿拉伯语 شوكيّ[ˈšawki]"多刺的"（"菜蓟多刺"）（试比较：شوك[šawk]"刺，荆棘"，شوكة[ˈšawka]"刺，荆棘"）。国际通用词 *artichoke* "菜蓟"的词源是古西班牙语 *alcarchofa*（试比较：当代西班牙语 *alcachofa*；葡萄牙语 *alcachofra*），来自西班牙阿拉伯语 [ʔalχarˈšofa]，可以再追溯至阿拉伯语 الخرشوف[ʔalχarˈšuːf]（试比较：阿拉伯土语 [χorˈfeːš]，一种带刺植物的名称）。这样一来，到阿拉伯语 أرضيّ شوكيّ[ˈʔarḍi ˈšawki] 为止，就形成了一个环形，起点为词源毫无关联的阿拉伯语 الخرشوف[ʔalχarˈšuːf]，整个过程如下图所示：

---

الخرشوف

阿拉伯语 [ʔalχarˈšuːf] > 西班牙阿拉伯语 [ʔalχarˈšofa] > 古西班牙语 *alcarchofa*>

>意大利语 *alcarcioffo*> 北意大利语 *arcicioffo*>*arciciocco*>

>*articiocco*>> 国际通用词 *artichoke*> 阿拉伯语 [ˈʔarḍi ˈšoːk(i)]

أرضيّ شوكيّ

---

**图 50**

请注意，*Jerusalem artichoke* "菊芋"指一种菊科向日葵属宿根性草本植物，其味道与菜蓟十分相似。该词是意大利语 *Girasole Articiocco* "向日葵属菜蓟"的语音匹配词，由非专业人士创造。据

---

① 国际通用词 artichoke 在多种语言中都有音义匹配词。例如，北意大利语 articiocco，arciciocco（>英语 archychock）< arcicioffo < 古意大利语 *alcarcioffo〔现代意大利语 carciofo 和 carcioffo〕），这两个词与三个意大利语本族语言成分相关：arci-"主要的"，cioffo "马颈轭"和 ciocco "树桩"。又如，法语 artichaut/chou/chault/chaut，这些词的形成是因为被 chou "卷心菜"、chaud "温暖的"、hault 或 haut "高的"等法语本族语言成分所同化。这些意大利语和法语词汇在 16 世纪进入拉丁语，变成 articoccus/coctus/cactus。菜蓟的英语名为 arti/horti/harty-choke/chock/choak。之所以与 choke "使窒息，阻塞"相关联，是因为菜蓟植株高大，会阻塞花园；另外，成熟的菜蓟外壳坚硬稞手，要吃到菜心就必须一层一层地剥掉它盔甲般的苞片，整个过程让人有些望而却步，不过菜心相当美味。若把 artichoke 拆分一下，就得到 choke 一词，它指菜蓟的中心头状花序上一簇一丝丝待发育的管状花，据说有人食用那针状部分时曾经被噎住（choke），或许 choke 正是这样获得了"洋蓟内部不可食的丝状纤维"这一含义，参看 *OED* 和 Deroy（1956：8）。

说，菊芋 1617 年传入欧洲，不久就从罗马的法尔内塞花园（Farnese garden）传到意大利各地，所用的名字都是意大利语 *Girasole Articiocco*（参看 *OED*）。阿拉伯语 أرضيّ شوكيّ ['ʔarḍi 'šawki]"菜蓟"引出了另一个话题，即以色列语里涉及阿拉伯语的音义匹配词，我将在下一节论述。

## 6.3　阿拉伯语

在以色列语词汇扩充的过程中，阿拉伯语发挥了重要作用。包括本-耶胡达在内的一些语言规划者希望模仿阿拉伯语词语，以增强以色列语词汇的闪族语特点。本-耶胡达的原话如下：

> 我们的语言现在还不完整，所以我们没有足够的材料来造词。我们的语言曾经有许多词根，但是只有少数留了下来，其他的都消失了，所以我们缺少造词所需的语言材料。迄今为止所发掘出来的文献里，没有发现很重要的希伯来语碑文；哈西罗亚碑文（HaShiloah Inscription）里也仅有两三个新词……（但是）我找到啦！我已经找到成百上千的希伯来语词根！这些宝物是在哪里找到的？我是不会隐瞒的……就在阿拉伯语词典里！

> (*ZV* 4, 1914: 8)

这种做法与爱沙尼亚语的情形相似。由于芬兰语与爱沙尼亚语存在亲缘关系，爱沙尼亚语需要创造新词时，最喜欢采用芬兰语（而非德语或俄语）的语言材料。阿拉伯语和芬兰语都有历史连续性，而以色列语和爱沙尼亚语却没有。以色列语中以阿拉伯语为根据创造的新词和爱沙尼亚语中以芬兰语为根据创造的新词都具备一种优势：容易创造，而且会被视为母语历史上存在过、非常自然的语言材料（有关爱沙尼亚语语言规划的论述，参看 §5.1.1）。

以色列语多源新词中，阿拉伯语成分主要起三种作用：第一，作为目标语中起同化作用的语言材料（代替通常采用的希伯来语，或者代替有时会采用的阿拉姆语）；第二，作为源语；第三，作为国际通用词的阿拉伯语表达式，参与以色列语多源造词。

以色列语中数以百计的地名源自阿拉伯语（即上述第二种作用，参看§4.6）。此外，语音匹配词 חגלה *khoglá* 的词源是阿拉伯语（即阿拉伯语 حجل [ˈħadʒal] "松鸡"，参看§4.1），语义化语音匹配新造词 קשש *kashásh* 的词源是阿拉伯语قشش [qaʃˈʃaʃ] "（稻草）采集者"；参看§4.1）。同样，本-耶胡达 1888 年以阿拉伯语 مربّى [muˈrabba] "果酱"（来自ربّ √rbb）为根据创造了以色列语 רבה *ribá* "果酱"，这样后者看起来就像来源于希伯来语 רבב √rbb（参看 Torczyner 1938：30）。希伯来语委员会将 *ribá* 收录在 *MMM*（1938：80）。以色列语音义匹配词 אהד *ahád* "喜欢，同情［阳性，单数］" 是由本-耶胡达创造的，用于匹配阿拉伯语هاود [ˈha:wada] "回归，与……讲和，同情［阳性，单数］"（试比较：以色列语 אהדה *ahadá* "同情"，由本-耶胡达于 1899 年创制，对应词为阿拉伯语هوادة [haˈwa:da] "柔顺，温和，同情，纵容"），这样造词的合理性可能在于圣经希伯来语名字 אהוד [ʔeˈhūd] "以笏"（Judges 3：15）和 אהד [ˈʔohad] "阿辖"（Genesis 46：10）（参看 Torczyner 1938：30）。以色列语 פרפרה *parpará* "陀螺" 是一个失败的语义化语音匹配新造词，构词材料为以色列语口语词 פורפרה *forféra* 或者阿拉伯语方言词فرفيرة [furˈfi:ra] "陀螺"，试比较：阿拉伯语فرّ √frr "逃跑，跑开"（Hava 1915：552a），阿拉伯语 فرفر [ˈfarfara] "鼓翼，颤抖，摇动，拍打翅膀［过去式，阳性，单数］"（试比较：以色列语 פרפר *parpár* "蝴蝶"，参看§2.3）。

有时候，以色列语本族化俗词源的匹配对象是国际通用词的阿拉伯语表达式，那么，该阿拉伯语词语就成为源语词（即上述第三种作用）。例如，以色列语 בולשת *boléshet* 是转义型音义匹配词，其匹配对象为国际通用词 *police*，不过是通过与 *police* 的阿拉伯语同化形式بوليس [buːˈliːs]（阿拉伯土语 [boːˈliːs]）"警察" 相匹配而形成的（§2.2）。

在前文分析过的一些本族化俗词源中，有的采用了阿拉伯语词项作为目标语同化材料（即上述第一种作用）。例如，语音匹配词 *parpár*（匹配对象为表示"蝴蝶"的国际通用词，试比较：意大利语 *farfalla*；法语 *papillon*；〔叙利亚〕阿拉伯语方言词 فرفور［furˈfuːr］"蝴蝶，蛾"；阿拉伯语 فرفر［ˈfurfur］或 فرفور［furˈfuːr］"麻雀，幼鸟，小鸟"，参看§2.3）。再如，音义匹配新造词 שירוב *shiróv*（匹配对象为国际通用词 syrup，试比较：阿拉伯语 شراب［šaˈraːb］"饮料"；参看§5.3.2）。此外，还有的词是经过语素音位改造的词，例如以色列语 מברשה *mivrashá* 和 מברשת *mivréshet*（匹配对象为国际通用词 brush，试比较：意第绪语 באַרשט *barsht*；阿拉伯语 مبرشة［ˈmabraša/e］"摩擦器"；参看§3.1.3）。

　　除了上述例词之外，利用阿拉伯语词项做目标语同化材料的还包括以色列语 בבה *bubá* "玩偶"。该词是语义化语音匹配新造词，由本-耶胡达在1904年创造，匹配对象为国际通用词 puppet，试比较：德语 *Puppe*；法语 *poupée*；拉丁语 *pupa*；意大利语 *pupa*，*pupazzo* 和 *bambola*；英语 *puppet*。本-耶胡达似乎暗示 בבה *bubá* "玩偶"的构词材料是（圣经）希伯来语 בבה［båˈbʰå］"瞳孔"（参看 MBY：i：457a：脚注2），试比较：圣经希伯来语 בבת עין（Zechariah 2：12）"瞳孔"。但是，我们必须回答一个问题：希伯来语 בבה［båˈbʰå］"瞳孔"中的［å］怎么会变成 בבה *bubá* "玩偶"中的［u］呢？答案可能是：本-耶胡达采用了阿拉伯语作同化材料，即阿拉伯语 بوبو［ˈbubu］（MBY：i：457a：脚注A）"小宝贝"（儿童用语），"小孩子"（参看 MES：132b，Klein 1987：62b）或"玩偶"（Klein 1987：62b）。阿拉伯语 بؤبؤ［ˈbuʔbuʔ］意思是"瞳孔"（Wehr 1961：38b），试比较：阿拉伯语 بؤبؤ العين［ˈbuʔbuʔˈelˈʕajn］"瞳孔"，"极珍爱之人或物"（Hava 1915：19a）；阿拉伯土语 بعبع［ˈbuʕbuʔ］"怪物，令人恐惧的形象，幽灵，妖怪，鬼怪，魔神"；波兰意第绪语 *búbalə* "甜心"，来自意第绪语 באָבאַלע *bóbale* "小祖母，小外婆"，可追溯到意第绪语 באָבע *bóbə*，*bóbətsə* "祖母，外婆"。

　　简洁的音义匹配词 בבה *bubá* "玩偶"后来被用作另一个以色列语音义匹配词的同化材料，即口语词 בובה *búba* "宝贝，小

妞"，同化对象为英语口语词 *baby* 和 *babe*，试比较：意第绪语
בייבי *béybi* "婴孩"；口语中亲昵的称呼语 בייבי *béybi*（参看
*MOLM*：34a）；德语口语词 *Puppchen* "小甜心，'年轻貌美的摩
登女子'"，来自德语 *Puppe* "玩偶"。以色列语口语词 בובה 属
于第二代音义匹配词，也就是采用先前的音义匹配词作同化材
料而形成的音义匹配词。

　　以色列语 כהל *kóhal* "酒精"套进名词词型 □*ó*□*a*□，与（希伯来
语>）以色列语 זהר *zóhar* "明亮"和（希伯来语>）以色列语 טהר
*tóhar* "纯净"的词型一样，但它的发音一般是 *kóhel*，阿尔卡莱
（Alcalay 1964：ii：997）正是这样标示元音的。据克雷恩（Klein
1987：271b）和 *MES*（：718c）分析，כהל *kóhal* "酒精"只有一个词
源，即阿拉伯语 الكحل [ʔalˈkuħl] "眼影粉，锑，洗眼剂"，试比较：
كحليّ [ˈkuħli] "深蓝色，藏青色"，كحول [kuˈħu:l] "酒精"，
[ʔalkuˈħu:l] "酒精"。这种分析似乎有一个缺陷，即忽略了国际通
用词 *alcohol* 的影响，试比较：以色列语 אלקוהול 或 אלכוהול *alkohól*；意
第绪语 אַלקאָהאָל *alkohól*；俄语 алкоголь *alkogól'*；波兰语 *alkohol*；德
语 *Alkohol*；法语 *alcool*。国际通用词 *alcohol* 的词源正是阿拉伯语
الكحل [ʔalˈkuħl]，试比较：الكحول [ʔalkuˈħu:l] "酒精"。比尔斯
（Bierce 1911，试比较：1996：19）曾经开玩笑地把 *Alcohol* 定义为
"让男人变成乌青眼的所有液体的本质属性"。沙丕拉（Shapira
1956：62）提到，*alcool* 的创造者是内科医生兼药剂师帕拉塞尔斯
（Paracelsus，1492—1541），这一名称（试比较：中古拉丁语
*alcohol*）在 16 世纪被借入英语和法语（*alcohol* > *alcool*）。*OED* 指
出，拉丁语 *alcohol* 源自圣经希伯来语 כחל [kåˈhal] "玷污，粉饰
[阳性，单数]"（参看 *Ezekiel* 23：40）。以色列语 *kóhal* 是原始语为
闪族语的近亲音义匹配新造词。希伯来语委员会在 *MMM*（1938：
46）等处呼吁以色列语母语者使用 *kóhal* "酒精"一词。请注意，
国际通用词 *alcohol* 的以色列语常见拼写形式用的是 כ(*k*) 而不是
ק(*q*)。如此看来，阿拉伯语的影响十分明显（参看 §5.4.2 关于文
字层面的本族化俗词源的分析）。另外，该词的发音是 *alkohól* 或

*álkohol*，而后面这种发音透露出英语的影响（参看§6.4）。

# 6.4　英　　语

英语对以色列语的影响可以分为两个阶段：第一阶段为 20 世纪早期，即英国委任统治地时期，英式英语作为底层语言沉淀在以色列语里。第二阶段为 20 世纪后期，美式英语成为全球通用语，在以色列属于上层语言。

世上现存的口头语言大约 6 000 种（参看 Crystal 2000：2—11），而且数量每年都在减少。英语似乎正日益成为未来世界的主导语言，以色列语也日益受到英语的影响。前文已经提到：以色列语里许多多源新词都源自英式英语，比如 קרן *kéren* "（足球或手球）角球"（§3.1.4.3），פין *pin* "大头针，别针"（§3.1.2），תג *tag* "标签"（§3.1.2），דמה *déme* "傀儡，军用人偶"（§3.2.1），מרא *mére* "骨髓"（§4.2），סביבול *svivól* "旋转"（§5.3.5），יש! *yesh* "太好了！"（§5.1.4），שקשק *shikshék* "害怕"（§6.2.3）。以色列语里也有许多多源新词源自美式英语，例如，מבדוק *mivdók* "码头"（§2.1.3），מסר *méser* "消息"（§2.1.3），אין רגע דל *en réga dal* "从没有乏味的时候"（§3.1.2），מסוך *misúkh* "遮蔽"（§3.1.4.2），תקול *tikúl* "（足球等）拦截"（§3.2.1），קליט *klit* "（视频）剪辑"（§3.2.1），מופין *mufín* "松饼"（§4.4），בית *báit* "字节"（§4.5），סיבית *sibít* "二进制数字"（§4.5），שפת שיא *sfat si* "C 语言"（§4.5），להיט *lahít* "流行歌曲"（§5.1.4），מטריף *matríf* "极好的"（§5.1.4），בובה *búba* "宝贝，小妞"（§6.3）。下面的音义匹配词都是新造词，匹配对象为美式英语词项。

中古希伯来语 דבוב [dibˈbūbʰ] "言语"（试比较：圣经希伯来语 דובב שפתי ישנים [dōˈbʰebʰ śipʰˈtē jəšeˈnīm] "叫人讲话"，见于 Song of Solomon 7：10）在以色列语里的发音是 *dibúv*，一般念 *divúv*，意思是"让（某人）说"，后来指"配音"，用于匹配英语 *dubbing* "配音"

（参看 *Toury* 1990：195），从而成为转义型音义匹配词。① 这是一个新造词，因为它不见于依文-肖山早期的词典（Even-Shoshan 1970：387b），但是录入了较近的版本（Even-Shoshan 1997，即 *MES*：277c），其造词过程如下图所示：

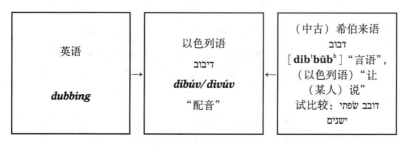

图 51

圣经希伯来语 גא［ge］意思是"骄傲的"（见于 Isaiah 16：6 等处）。在以色列语里，גא *ge* 一般写作 גאה，发音为 *geé*，后来获得"同性恋"这一词义，用于同化政治上正确的英语 *gay*，一般使用复数形式 גאים *geím*"同性恋"，其形成过程如下图所示：

图 52

以色列语 גאה *geé*"同性恋"似乎比 עליז *alíz*"同性恋"更通用，它的本义为"快乐的，欢乐的"，因而是英语 *gay* 的仿造词。请注意，该词的字面意义为"骄傲的"，与英语 *gay pride*"同性恋尊严"一词

---

① 意大利语 *doppiaggio*"配音"和英语 *dubbing* 可能也是多源新词。具体而言，*doppiaggio* 的词源混合了意大利语 *doppiare*"（在赛车运动等活动中）超越"和法语 *doublage*"配音，加倍"（参看 Devoto and Oli 1995：640b）。意大利语 *doppiare*"配音"是 *doppiaggio*"配音"的二次派生词。英语 *dubbing* 可能源自英语 *double* 或法语 *doublage*"配音"以及英语 *dub*"命名，说起，指定"。

存在语义联系，暗示同性恋群体已经获得了一定权益。对于非异性恋者群体①中的许多英语母语者而言，一些含有 *pride* 的词语都会让他们联想到同性恋尊严，参看：*pride week*（以色列语 שבוע הגאווה *shvúa hagaavá*）"同性恋尊严周"，*gay pride parade* "同性恋尊严大游行"。② 以色列语音义匹配词 גאה *geé* "同性恋" 在政治上是正确的，完全不同于政治上不正确的排斥性音义匹配词。有关排斥性与接纳性音义匹配的论述，参看 Zuckermann（2002，2004）。

以色列语新词 מגדר *migdár* "性别" 同化英语 *gender*，构词材料为（希伯来语>）以色列语 גדר √*gdr* "围栏，围住"（后来指 "界定"），其形成过程如下图所示：

**图 53**

以色列语 *migdár* 这种形式可以解释为（希伯来语>）以色列语 גדר √*gdr* 套进动词词型 *mi□□á□*，或者可以假设其形成过程是：（希伯来语>）以色列语 מין *min* "性别" + גדר *gdar*（试比较：√*gdr* "围栏"）→*n* 被其后的 *g* 同化→*miggdar*→省略一个 *g*→*migdár*。以色列语 *migdár* 并非由希伯来语科学院创制，但是被该院采纳（参看 Gadish 1998：59）。有人可能会指出：מגדר 在以色列语形成之前就已经存在，即（阿拉姆语>）密西拿希伯来语 מגדר "围上栅栏"（试比较：מגדר מילתא，见于 *Talmud*：Yebamoth 90b），但是我认为造词者并

---

① 英语称为 LGBT，是 lesbian "女同性恋者"、gay "男同性恋者"、bisexual "双性恋者"、transgender "跨性别者" 的首字母缩略词。

② 在旧金山的一座同性恋公墓附近，有一句政治上不正确的意第绪语双关语 גיי אין דרערד *gey in drérd*（字面意义 "去地下！"），意思是 "下地狱！" "见鬼去！" 但是可以重新解读为 "在地下快乐；在地下的同性恋"。

没有考虑到这个词，因而断定 מגדר *migdár* "性别" 是音义匹配新造词
而不是转义型音义匹配词。即使在音义匹配词出现之前就有形式与它
相同或相似的词存在，也并不一定意味着它就是转义型音义匹配词
（参看§4.4关于 כתלית *kotlít* 的分析）。

　　美国化倾向在当代以色列生活的诸多方面都有反映，比如饮食习
惯和人际关系。在语言领域，在对国际通用词的音系重编过程中，以
色列语早期受意第绪语、波兰语和俄语的影响最大，现在却有迹象表
明正受美式英语的影响。有的时候，一个国际通用词本来已经有了以
色列语对应词，却又根据美式英语对应词新造一个词去取代。例如，
גיגה *gíga* "千兆" 被 ג'יגה *dzhíga* 取代，צלולרי *tselulári* "移动电话" 被
סלולרי *selulári* 取代（不妨把它与当前通用的 צלולוזה *tselulóza* "纤维素"
对比一下，两者为最小对立体），סן פרנצ'יסקו *san frantsísko* "旧金山" 正
慢慢被 סן פרנסיסקו *san fransísko* 取代，רספקט *respect* 被 ריספקט *rispékt* 取
代。我们还可以参看以色列语 סי פלאס פלאס *si plas plas* "C⁺⁺"（计算机
语言），它完全不同于预期形式的 סי פלוס פלוס *\*si plus plus*，但是，这个
词语可以看作是整体借用。以色列官方用于匹配 *euro* "欧元" 的名称
是 אירו *éyro*（试比较：意大利语 *euro* [ˈewro]；德语 *Euro* [ˈɔjʁo]），但
是有些以色列人比较偏爱与英语原词相匹配的 *yúro*。OEHD 还提到
（要么夸大其词，要么只是预测）：以色列人把 *ad hoc* 念作 *ed hok*
（而非 *ad hok*），把 *aphasia* 念作 *efázya*（而非 *afázya*），把 *deus ex*
*machine* 念作 *déus eks mékina*（而非 *déus eks mákina* 或者 *deus eks*
*mákhina*），把 *tetanus* 念作 *tétenus*（而非 *tétanus*），把 *conceptual* 念
为 *konseptuáli*（而非 *kontseptuáli*）。无可置疑的是，OEHD 反映的是
部分以色列人的发音，但并不是当前大多数人的发音。

　　我认为，正是这种美国化倾向导致了一个推导型俗词源的产生：
以色列语 אמברקס *ámbreks*（参看§1.2.1）来自英语 *\*armbrakes*（而不
是英语 *handbrakes*）。事实上，在今天的以色列，美式英语是主要的
上层语言，如果以色列语吸收 *handbrakes* 的语音，那么相应的词形极
有可能是 *\*émbreks*。不过，*ámbreks* 是从英式英语进入以色列语的，
*hand* 中元音的开口度更大。

以色列语里新近产生的一些俚语词采用了 ־יישן - -éyshen 而不是 ־ציה-σ-tsya 这种形式。例如，俚语 מגניבײשן magnivéyshen "酷，好东西"的构词成分包括俚语 מגניב magnív "酷"（来自 גנב √gnb "偷窃"，试比较：英语 magnificent）和英语 -ation（试比较：以色列语俚语 מגניביזנט magnívizent "宏伟的"和 מגניף magníf "酷"），其构词材料包括英语 magnificent 和以色列语俚语 מגניב magnív "酷"。后缀 -éyshen 也可以添加在名词之后，例如 תחכומײשן tikhkuméyshen "老练"，קרצופײשן kirtsuféyshen "刮净，刷净"，קרצײײשן kartsiyéyshen "'卑鄙的家伙'，讨厌的人，烦恼"和 בלגנײשן balaganéyshen "混乱"。我们可以将这些新词与一些旧俚语词进行比较，比如 קשקושצײה kishkushátsya "废话"（试比较：קשקוצײה kishkuzátsya，见于 Sappan 1971：74b）。至于美式英语对以色列语书写形式的影响，参看 §5.4.2。

一些比以色列语更为稳固的语言同样也受到英语（最近则为美式英语）的影响。例如，荷兰语虽然受到德语、法语和英语的影响，但其关键成分很久以前就已经确立。到了 20 世纪，有的荷兰语词语的发音有了改变的趋势，比如荷兰语 efficiëntie［efɪsˈjensi］"效率"的发音变成了带有公事公办口吻的［eˈfišənsi］，由此类现象来看，美式英语的影响似乎已经超过了德语和法语的影响。

# 第七章  以色列语多源新词统计分析

　　本章的词表录入了几乎所有成功的以色列语（和犹太启蒙运动时期的希伯来语）多源新词，兼具综合性和代表性。但是，我不能保证录入了所有被淘汰的多源新词，因为许多失败的新词从未进入书面文献或口头文化。词表的来源包括一些鲜为人知的术语资料、词典和文学作品。本章将辟出小节，专门对成功的多源新词做出分析。

## 7.1  分　类　表

　　对于以色列语（和犹太启蒙运动时期的希伯来语）多源新词，我根据源语、通用度、词义类别、造词类别、术语领域等标准进行了分类，列成下表。该表也可以作为索引，读者可以从中查询相关内容。为方便起见，我把源语放在最靠左的一栏，把成功与否放在最右栏，先根据源语分类，然后根据通用度分类，包括非常成功和失败等类别。目标语词项的发音标示为当代流行发音，但是对犹太启蒙运动时期引入的本族化俗词源（总数为 13 个），则标示出我所设想的当时的发音，一般情况下比现代以色列语中的发音更接近于源语词项的发音。如需了解更多关于犹太启蒙运动时期的发音变异情况，参看表 2（§6.1.2）。

**图表要点说明**

　　（包括各个类别、缩略语和数字；括号中的第一个数字表示词频，词汇总数为 167 个；括号中的第二个数字表示百分比。）

**源语**

1. International（国际通用词，简称 INTL）（101）（60.48%）

   a. International（Yiddish, Polish, Russian …）：国际通用词（在意第绪语、波兰语、俄语等语言中都有相应表达式）（81）（48.50%）

   b. (French) Intl：源自法语的国际通用词（多为美食学术语），其中（French) Intl（with Aramic nativizaing material）表示该国际通用词来自法语，同化所用的材料为阿拉姆语（11）（6.59%）

   c. (Italian) Intl：源自意大利语的国际通用词（音乐术语）（5）（2.99%）

   d. Intl（with Arabic nativizing material）：用阿拉伯语作为"同化材料"的国际通用词（而不是源语为阿拉伯语）（4）（2.40%）

2. English 英语（22）（13.17%）

   a. British：英式英语，20 世纪早期的英式英语底层语言（7）（4.19%）

   b. American：美式英语，20 世纪后期的美式英语上层语言（15）（8.98%）

3. Yiddish：意第绪语（10）（5.99%）

4. German+Yiddish：德语+意第绪语（3）（1.80%）

5. German：德语（8）（4.79%）

6. French：法语（7）（4.19%）

7. Italian：意大利语（3）（1.80%）

8. Arabic：阿拉伯语（5）（2.99%）

9. Latin：拉丁语（包括新拉丁语）（5）（2.99%）

10. Judaeo-Spanish：犹太西班牙语（1）（0.60%）

11. Turkish：土耳其语（1）（0.60%）

12. Ancient Greek：古希腊语（1）（0.60%）

**通用度**，指当代以色列语母语者的使用情况

**S**　非常成功地进入以色列语，属于常用词汇（48）（28.74%）

s　成功（22）（13.17%）

（s）部分成功：仅在某术语领域的专业人士当中通用，或为人熟知但不常用，或仅在文字层面获得成功（14）（8.38%）

f　　　失败，已被淘汰（83）（49.70%）

**造词类别**，同时注明以色列语词项是否在多源新词诞生之前就已存在

引入新词义的多源新词（69）（41.32%）

Sh　　　转义型多源新词（既有词项）（64）（38.32%）

Sp　　　词义具体化多源新词（既有词项）（5）（2.99%）

引入新词的多源新词（66）（39.52%）

C　　　多源新造词（新词项）（62）（37.13%）

C（*h*+）　由希伯来语/以色列语限定词 *h* 和既有词项构成的多源新造词（新词项）（2）（1.20%）

C（'OT'）　纯语论者声称见于《旧约》的多源新造词（参看§3.2.3）（新词项）（2）（1.20%）

多源新复合词或短语（32）（19.16%）

Co　　　多源新复合词或短语（新复合词或短语）（24）（14.37%）

CoCo　　源语词项为复合词的多源新复合词或短语（新复合词或短语）（7）（4.19%）

Co（'OT'）纯语论者声称见于《旧约》的多源新复合词或短语（新复合词或短语）（1）（0.60%）

（com）　仅有一部分为多源新词的复合词或短语（除以色列语 *hararéy élef* 之外，其余均为新复合词）（9）（5.39%）

**词源分类**（针对近亲匹配的多源新词）（20）（11.98%）

cogSem　原始语为闪族语的近亲匹配的多源新词：目标语用于同化的语言材料与被同化的源语词项是同源词，两者的词源可追溯至同一闪族语成分（13）（7.78%）

cogIE　　原始语为印欧语的近亲匹配的多源新词：目标语用于同化的语言材料与被同化的源语词项是同源词，两者的词源可追溯至同一印欧语成分（5）（2.99%）

cogNos　原始语为诺斯特拉语的近亲匹配的多源新词：目标语用于同化的语言材料与被同化的源语词项是同源词，两者的词源可追溯至同一原始闪族语—原始印欧语（即诺斯特拉语）成分（2）（1.20%）

**语义分类**

PSM　　　音义匹配词，即依据语音和语义创制的多源新词（104）
　　　　　（62.28%）

SPM　　　语义化语音匹配词，即语义化多源新词（所指型语义化语
　　　　　音匹配词为默认值，词义型语义化语音匹配词则用粗黑体
　　　　　标示）（50）（29.94%）

PM　　　　语音匹配词，即依据语音创制的多源新词（13）（7.78%）

**术语领域**

academic　　通用学术词汇（2）（1.20%）

astron.　　　天文学（1）（0.60%）

animal　　　动物（动物学）（11）（6.59%）

chem.　　　化学（3）（1.80%）

colloq　　　口语词（8）（4.79%）

computers　计算机（3）（1.80%）

document　（泛指）书面语（3）（1.80%）

food　　　　食物（美食学，烹饪法）（17）（10.18%）

g　　　　　通用词（30）（17.96%）

geog.　　　地理学（5）（2.99%）

linguistics　语言学（1）（0.60%）

maths　　　数学（1）（0.60%）

medicine　　医药（18）（10.78%）

military　　军事（4）（2.40%）

mus.　　　　音乐（10）（5.99%）

object　　　普通物品（9）（5.39%）

person　　　（泛指）人（包括职业和民族名）（6）（3.59%）

place　　　地名（3）（1.80%）

plant　　　植物（植物学）（4）（2.40%）

sport　　　体育（3）（1.80%）

tech.　　　科技（包括电子学）（18）（10.78%）

transp.　　交通（7）（4.19%）

表 3

| | 源语 | 源语词项 | 目标语词项 | | 本书章节 | 术语领域 | 语义类别 | 造词类型 | 通用度 |
|---|---|---|---|---|---|---|---|---|---|
| 1. | Intl | *machine* | מכונה | *mekhoná* | § 5.4.1 | tech. | PSM | Sh | S |
| 2. | Intl | *tourist* | תייר | *tayár* | § 2.3 | person | PSM | Sh | S |
| 3. | Intl | *prize* | פרס | *prás* | § 2.3 | g | PSM | Sh | S |
| 4. | Intl | *sofa* | ספה | *sapá* | § 3.2.3 | object | PSM | C('OT') (cogSem) | S |
| 5. | Intl | *mask* | מסכה | *masekhá* | § 3.1.4.2 | object | PSM | Sh (~cogSem) | S |
| 6. | Intl | *genius* | גאון | *gaón* | § 5.4.1 | person | PSM | Sh | S |
| 7. | Intl | 'Gypsy' (cf. Ukr. циган [ṣyhan] & Y ציגײַנער *tsigáynər*) | צועני | *tsoaní* | § 6.2.6 | person | PSM | C | S |
| 8. | Intl | *magazine* ('storehouse') | מחסן | *makhsán* | § 3.1.4.2 | g | PSM | C (cogSem) | S |
| 9. | Intl | 'digit' (cf. P *cyfra*, G *Ziffer*) | ספרה | *sifrá* | § 3.1.2 | maths | PSM | Sh | S |
| 10. | Intl | 'cream' (cf. Y *shmétene* LithY *shmétena*) | שמנת | *shaménet* | § 4.4 | food | PSM | C | S |
| 11. | Intl | *Arctic* (cf. *ártik*) ('ice-lolly, popsicle') | קרטיב | *kártiv* | § 4.4 | food (antono-masia) | SPM | C | S |

续 表

| | 源语 | 源语词项 | 目标语词项 | | 本书章节 | 术语领域 | 语义类别 | 造词类型 | 通用度 |
|---|---|---|---|---|---|---|---|---|---|
| 12. | Intl | *jubilee* | יובל | *yovél* | §3.1.4.2 | g | PSM | Sh (cogSem) | S |
| 13. | Intl | *natrium* | נתרן | *natrán* | §3.2.2 | chemistry | PSM | C (cogSem) | S |
| 14. | Intl | *halo* | הילה | *hilá* | §2.2 | astron./g | PSM | Sh | S |
| 15. | Intl | *chrysanthemum* | חרצית | *khartsít* | §3.2.2 | plant | PSM | C (cogSem) | S |
| 16. | Intl | *cassette* | קלטת | *kalétet* | §3.2.1 | tech./mus. | PSM | C | S |
| 17. | Intl | *bourgeois* | בורגני | *burganí* | §2.3 | person | PSM | Sh (cogIE) | S |
| 18. | Intl | *polemic* | פולמוס | *pulmús* | §3.1.4.1 | g | PSM | Sh (cogIE) | S |
| 19. | *Intl | *theory* | תורה | *torá* | §3.1.2 | academic | PSM | Sh | S |
| 20. | *Intl | *mysterious* | מסתורי | *mistorí* | §5.4.2 | g | PSM | C | S |
| 21. | *Intl | *crane*, F *grue* R кран *kran* | עגורן | *agurán* | §3.1.5 | object | PSM | C | S |
| 22. | Intl | *lava* | לבה | *lába* | §5.4.3 | geog. | PSM | Sh (cogSem) | s |
| 23. | Intl | *cable* | כבל | *kével* | §5.4.4 | tech. | PSM | Sh | s |

续　表

| | 源语 | 源　语　词　项 | 目　标　语　词　项 | | 本书章节 | 术语领域 | 语义类别 | 造词类型 | 通用度 |
|---|---|---|---|---|---|---|---|---|---|
| 24. | Intl | *élite* | עילית | *ilít* | §3.2.3 | g | PSM | C('OT') | s |
| 25. | Intl | *police* (cf. VAr. بوليس [boːˈliːs]) | בולשת | *boléshet* | §2.2 | g | PSM | Sh | s |
| 26. | Intl | *villa* | חווילה | *khavíla* | §2.3 | g | SENSE SPM | Sh | s |
| 27. | Intl | *demission* | יצא בדימוס | *yatsá bedímus* | §3.1.4.1 | g (verb) | PSM | Sh (com) (cogIE) | s |
| 28. | Intl | *suffix* | סופית | *sofít* | §2.2 | linguistics | PSM | C | s |
| 29. | Intl | *cape* | כף | *kef* | §3.1.3 | geog. | PSM | Sh | s |
| 30. | Intl | *piece* | פיסה | *pisá* | §3.1.5 | mus./g | PSM | Sh | s |
| 31. | Intl | *monitor*(*ing*) | ניטור | *nitúr* | §2.2 | tech. | PSM | Sh | (s) |
| 32. | Intl | *metamorphic rock* | סלע מותמר | *séla mutmár* | §2.2 | geog. | PSM | C (com) | (s) |
| 33. | Intl | 'rickets' (cf. Y ראכיטיס *rakhítis*) | רככת | *rakékhet* | §4.2 | medicine | PSM | C | (s) |
| 34. | Intl | 'rickets' (cf. R рахит *rakhít*) | רכית | *rakhít/rakít* | §4.2 | medicine | PSM | C | (s) |
| 35. | Intl | 'potato' (cf. Y בולבע *búlbə*) | בולבוס | *bulbús* | §3.1.4.1 | food | PSM | Sp (cogIE) | (s) |

续表

| | 源语 | 源语词项 | 目标语词项 | 本书章节 | 术语领域 | 语义类别 | 造词类型 | 通用度 |
|---|---|---|---|---|---|---|---|---|
| 36. | Intl | *mangle* | מנגילה / *maagilá* | §3.1.2 | tech. | **PSM** | Sh | (s) |
| 37. | Intl | *cholera* | חוליירה / *kholirá* | §5.4.2 | medicine | **PSM** | Co('OT') | (s) |
| 38. | Intl | *protocol* | פרטי כל / *pratéy kol, pratéy kól* (**MasH** *prótey kol*) | §3.2.5 | document | **PSM** | Co | (s) |
| 39. | *Intl | *canary* | כנרי / *kanarí* | §4.1 | animal | **PSM** | C | (s) |
| 40. | *Intl | *canary* | כנרית / *kanarít* | §4.1 | animal | **PSM** | C | (s) |
| 41. | Intl | *gelatin* | גלדין / *gladín* | §5.1.2 | food | **PSM** | C | f |
| 42. | Intl | *erosion* | שערצון / *eratsón* | §5.3.2 | geog. | **SPM** | C | f |
| 43. | Intl | *salute* | שלוד / *silúd* | §2.2 | military/g | **PSM** | Sh | f |
| 44. | Intl | *salute* | שלד / *séled* | §2.2 | military/g | **PSM** | Sh | f |
| 45. | Intl | *cyst* | כיסתא / *kistá* | §4.2 | medicine | **PSM** | C | f |
| 46. | Intl | *hocus-pocus* | אכשף כשף / *éshef késhef* | §5.3.6 | g | **PSM** | CoCo | f |
| 47. | Intl | *granite* | גרעינית / *garinít* | §5.3.5 | geog. | **PSM** | C | f |
| 48. | Intl | *racket* | רחת / *rákhat* | §3.1.4.2 | sport | **PSM** | Sh (cogSem) | f |
| 49. | Intl | *marzipan* | פת מרדכי / *pat mordekháy* | §4.4 | food | **SPM** | Co | f |
| 50. | Intl | *media, medium* | מצע / *métsa* | §3.2.2 | chem./g | **PSM** | C (cogIE) | f |

续 表

| | 源语 | 源语词项 | 目标语词项 | | 本书章节 | 术语领域 | 语义类别 | 造词类型 | 通用度 |
|---|---|---|---|---|---|---|---|---|---|
| 51. | Intl | *guitar* | גיטרה | *gitít* | §5.3.2 | mus. | **PSM** | Sp | f |
| 52. | Intl | *alternative* | אתר נתיב | *altér nativ* | §3.2.4 | g | **SPM** | Co | f |
| 53. | Intl | *toilet paper* | נייר טואלט | *nyar toélet* | §5.3.4 | g | **SPM** | Sh (com) | f |
| 54. | Intl | *The Alps* | הררי אלף | *hararéy élef* | §4.6 | place | **SPM** | Sh (com) | f |
| 55. | Intl | *telegraph* | דילוג רב | *dilúg rav* (**MasH** *dílug rav*, PMasH *dílug raf*) | §5.1.2 | tech. | **SPM** | Co | f |
| 56. | Intl | *telegraph* | דלג רב | *déleg rav* (**MasH** *déleg rav*, PMasH *déleg raf*) | §5.1.2 | tech. | **SPM** | Co | f |
| 57. | Intl | *telegraph* | טלי קרב | *tiléy krav* (**MasH** *tiléy krav*, PMasH *tiléy kraf*) | §5.1.2 | tech. | **SPM** | Co | f |
| 58. | Intl | *cannon* | קנה און | *kne on* (**MasH** *kene on*, cf. *kney oyn*) | §3.2.5 | military | **PSM** | Co (cogSem) | f |
| 59. | Intl | *pyramid* | פאר עמוד | *peér amúd* (**MasH** *péeyr ámud*, PMasH *péayr ámid*) | §3.2.4 | g | **SPM** | Co | f |

续 表

| | 源语 | 源语词项 | 目标语词项 | 本书章节 | 术语领域 | 语义类别 | 造词类型 | 通用度 |
|---|---|---|---|---|---|---|---|---|
| 60. | Intl | *pasquil* | פסק איל / *ptak evil* (**MasH** *psak evil*) | §3.2.5 | document | **PSM** | Co | f |
| 61. | Intl | *automobile* | מכביל / *movil* | §5.1.4 | transp. | **PSM** | Sh | f |
| 62. | Intl | *automobile* | אוטומוביל / *otòmovìl* | §5.1.4 | transp. | **PSM** | Co | f |
| 63. | Intl | *atrophy* | אי טרפא / *i trafá* | §4.2 | medicine | **SPM** | Co | f |
| 64. | Intl | *therapy* | תרפיה / *tarpuá* | §4.2 | medicine | **PSM** | C | f |
| 65. | Intl | *theology* | תאולוגיה / *taaluhá* | §4.2 | academic | **PSM** | C | f |
| 66. | Intl | *aetiology* | עתי / *áti* | §4.2 | medicine | **PSM** | Sh | f |
| 67. | Intl | *granuloma* | גרנולומת / *garinómet* | §4.2 | medicine | **PSM** | C | f |
| 68. | Intl | 'fashion' (R мода *móda*) | מידה / *midá* | §5.3.3 | g | **SPM** | Sh | f |
| 69. | Intl | 'hit (popular song)' (Y שלאַגער *shláger*) | אשגר / *ashgár* | §5.1.4 | mus./g | **PSM** | C | f |
| 70. | Intl | 'dispatch, telegram' (P *depesza*) | דע פתע / *da péta* (**MasH** *da pésa*, cf. *depésa*) | §3.2.5 | tech./document | **SPM** | Co | f |
| 71. | Intl | machine locomotive (Y מאַשין *mashín*, לאָקאָמאָטיוו *lokomotiv*) | מאשין לו כמו טף / *meashén lo kemo tóf* (**MasH** *meashéyn lo kemo tóf*) | §3.2.5 | transp. | **SPM** | CoCo | f |

续 表

| 源语 | 源语词项 | 目标语词项 | | 本书章节 | 术语领域 | 语义类别 | 造词类型 | 通用度 |
|---|---|---|---|---|---|---|---|---|
| 72. | Intl | locomotive (Y לאָקאָמאָטיוו lokomotiv) | לא כמו זה | *lóa kemo tóf* (**MasH** *lóa kemo tóf*) | §3.2.5 | transp. | **SPM** | Co | f |
| 73. | Intl | locomotive (Y לאָקאָמאָטיוו lokomotiv) | לא כמו זה | *lo kemo tóf* (**MasH** *lo kemo tóf*) | §3.2.5 | transp. | **SPM** | Co | f |
| 74. | Intl | *cervicitis* | צוורית | *tsavéret* | §4.2 | medicine | **PSM** | Sh（C） | f |
| 75. | Intl | *tumour* | מהן | *tómer* | §4.2 | medicine | **SPM** | Sh | f |
| 76. | Intl | *necrosis* | נמקרת | *nikhrétet* | §4.2 | medicine | **SPM** | Sh | f |
| 77. | Intl | *cavern* (L *caverna*) | קברון | *kibarón* | §4.2 | medicine | **SPM** | C | f |
| 78. | Intl | *ectomy* | אקטמה | *aktamá* | §4.2 | medicine | **SPM** | C | f |
| 79. | Intl | *gonorrhoea* | גנה ראיה | *ganú reiyá* | §4.2 | medicine | **SPM** | Co | f |
| 80. | Intl | *gonococcus* | חיידק גנה כאכות | *khaydák ganú kaakút* | §5.1.2.4 | medicine | **PM** | **Co( com)** | **f** |
| 81. | **Intl** | ***Eureka*** | המצאתי! | ***havraká*** | **§3.2.4** | **g** | **PSM** | Sh | f |
| 82. | Intl | *illusion* | אילו זה היה | *ílu ze hayá* | §3.2.4 | g | **PSM** | Co | f |
| 83. | Intl | *carnival* | קרני בעל | *karnéy báal* | §5.3.4 | g | **PM** | Co | f |
| 84. | Intl | *carnival* | קרני יובל | *kornéy yuvál* | §5.3.4 | g | **PM** | Co | f |

续　表

| | 源语 | 源语词项 | 目标语词项 | | 本书章节 | 术语领域 | 语义类别 | 造词类型 | 通用度 |
|---|---|---|---|---|---|---|---|---|---|
| 85. | Intl | *carnival* | קרן בא לעם | *korén ba laám* | §5.3.4 | g | **PM** | Co | f |
| 86. | Intl | *club* | כלוב | *kluv* | §5.3.4 | g | **SPM** | Sh | f |
| 87. | *Intl | *aquifer* | אקוויר | *akvá* | §8.1 | geog. | **PSM** | C | f |
| 88. | *Intl | *America* | ארץ רקע | *amá reká* | §1.4.3.3 | g | **SPM** | Co | f |
| 89. | *Intl | *American* | עם ריקני | *am reykaní* | §1.4.3.3 | g | **SPM** | Co | f |
| 90. | *Intl | *oracle* | אור הכל | *or hakól* (**MasH** *or hák(o)l*) | §3.2.5 | g | **SPM** | Co | f |
| 91. | *Intl | *Buddha* | בו דע | *bo deá* (**MasH** *bo déyo*) | §3.2.5 | g | **SPM** | Co | f |
| 92. | Intl (with Arabic nativizing material) | *puppet* (G *Puppe*, F *poupée*) + DialAr. بوبو [ˈbuʔbuʔ] 'doll' | בובה | *bubá* | §6.3 | object | **SPM** | C | **S** |
| 93. | Intl (with Arabic nativizing material) | It. *farfalla*, F *papillon* + DialAr. فرفرة [furˈfuːr] 'butterfly, moth' | פרפר | *parpár* | §2.3 | animal | **SPM** | Sh (tri-sourced) | **S** |
| 94. | Intl (with Arabic nativizing material) | *alcohol*+Ar. كحول [kuˈħuːl] 'pure spirit of wine, alcohol' | כוהל | *kóhel* | §6.3 | chem. | **PSM** | C (cogSem) | s |
| 95. | Intl (with Arabic nativizing material) | *syrup*+Ar. شراب [šaˈraːb] 'drink, beverage' | שירוב | *shiróv* | §5.3.2 | food | **PSM** | C (cogSem) | f |

续　表

| | 源　语 | 源　语　词　项 | 目　标　语　词　项 | | 本书章节 | 术语领域 | 语义类别 | 造词类型 | 通用度 |
|---|---|---|---|---|---|---|---|---|---|
| 96. | (French) Intl | chef | אשף (מטבח) | ashaf (mitbákh) | §3.1.3 | person/food | PSM | Sh | s |
| 97. | (French) Intl | écran | אקרן | ekrán | §3.2.1 | tech. | PSM | C | s |
| 98. | (French) Intl | petit four | פט פאר | pat peér | §3.2.4 | food | SPM | CoCo | f |
| 99. | (French) Intl | petit beurre | פטי בר | pitéy bar | §4.4 | food | SPM | CoCo | f |
| 100. | (French) Intl | côtelette | קטלית | kotlít | §4.4 | food | PSM | C | f |
| 101. | (French) Intl | baguette | בגט | bagít | §4.4 | food | PSM | C | f |
| 102. | (French) Intl | massage | מסאז' | mashásh | §5.3.2 | g | SPM | C | f |
| 103. | (French) Intl | eau de Cologne | אד קלון | ed kalón (**MasH** ed kolon) | §3.2.5 | object | SPM | CoCo | f |
| 104. | (French) Intl | feuilleton | פלפל איתון | pilpél itón | §3.2.4 | document | SPM | Co | f |
| 105. | (French) Intl | silhouette | צללית | tsilaít | §5.3.5 | g | PSM | C | f |
| 106. | (French) Intl ( with Aramaic nativizing material) | côtelette | קטלי חזיר | kotléy khazír | §5.4.4 | food | PSM | Sh(com) | S |
| 107. | (It.) Intl | oboe | אבוב | abúv | §3.1.1 | mus. | PSM | Sp | S |
| 108. | (It.) Intl | 'hom' (It. corno) | קרן | kéren | §4.3 | mus. | PSM | Sh(cogNos) | S |

续　表

| | 源　语 | 源　语　词　项 | 目　标　语　词　项 | | 本书章节 | 术语领域 | 语义类别 | 造词类型 | 通用度 |
|---|---|---|---|---|---|---|---|---|---|
| 109. | (It.) Intl | *falsetto* | סלפיטה | *salfít* | §4.3 | mus. | **PSM** | C | (s) |
| 110. | (It.) Intl | *glissando* | גליש | *glish* | §4.3 | mus. | **PSM** | C | f |
| 111. | (It.) Intl | *clarinet* | כלי רינות | *klí rinót* | §4.3 | mus. | **SPM** | Co | f |
| 112. | British | *dummy* | דמה | *déme* | §3.2.1 | military/g | **PSM** | C | **s** |
| 113. | British | *corner* | קרן | *kéren* | §3.1.4.3 | sport | **PSM** | Sh(cogNos) | **s** |
| 114. | British | *shake (in fear)* | שקשק | *shikshék* | §6.2.3 | colloq (verb) | **PSM** | Sh | **s** |
| 115. | *British | *Yes!* | יש! | *yesh* | §5.1.4 | colloq | **SPM** | Sh | **s** |
| 116. | British | *pin* | פין | *pin* | §3.1.2 | tech./object | **PSM** | Sh | s |
| 117. | British | *tag* | תג | *tag* | §3.1.2 | object | **PSM** | Sh | s |
| 118. | British | *swivel* | סביבול | *svivól* | §5.3.5 | tech. | **SPM** | Sh | f |
| 119. | British | *marrow* | מרא | *mére* | §4.2 | medicine | **PM** | C | f |
| 120. | American | *message* | מסר | *méser* | §2.1.3 | g | **PSM** | C | **s** |
| 121. | American | *hit* | להיט | *lahít* | §5.1.4 | mus./g | **PSM** | C | **s** |
| 122. | American | *dubbing* | דיבוב | *dibúv* | §6.4 | tech./g | **PSM** | Sh | **s** |
| 123. | American | *tackle* | תקל | *tikúl* | §3.2.1 | sport | **PSM** | C | **s** |
| 124. | American | *terrific* | מטריף | *matríf* | §5.1.4 | colloq (adj.) | **PSM** | Sh | **s** |

续　表

| | 源　语 | 源　语　词　项 | 目　标　语　词　项 | | 本书章节 | 术语领域 | 语义类别 | 造词类型 | 通用度 |
|---|---|---|---|---|---|---|---|---|---|
| 125. | American | *baby, babe* | בובה | *búba* | §6.3 | colloq | **PSM** | Sh | **S** |
| 126. | *American | *Never a dull moment* | אף רגע דל | *en réga dal* | §3.1.2 | g | **PSM** | Sh | **S** |
| 127. | American | *masking* | מיסוך | *misúkh* | §3.1.4.2 | tech. | **PSM** | Sh (C) (~cogSem) | s |
| 128. | American | *dock* | מבדוק | *mivdók* | §2.1.3 | tech./g | **PSM** | C | s |
| 129. | American | *gay* | גא / גאה | *ge/geé* | §6.4 | person | **PSM** | Sh | s |
| 130. | American | *gender* | מגדר | *migdár* | §6.4 | academic | **PSM** | C (Sh) | s |
| 131. | American | *byte* | בית | *báit* | §4.5 | computers | **SPM** | Sh | (s) |
| 132. | American | *video-clip* | קליט | *klit* | §3.2.1 | tech./g | **PSM** | C | f |
| 133. | ·American | *bit* | סיבית | *sibít* | §4.5 | computers | **PSM** | C | f |
| 134. | American | *muffin* | מפין | *mufín* | §4.4 | food | **PSM** | C | f |
| 135. | American | *C language* | שפת סי | *sfat si* | §4.5 | computers | **SPM** | Sh (com) | f |
| 136. | Yiddish | אמעריקאַנער *tsátske* 'toy' | צאצא | *tsaatsúa* | §6.2.1 | object | **SENSE SPM** | Sh | **S** |
| 137. | Yiddish | PY *térkishe veyts* 'maize, corn' | תירס | *tíras* | §6.2.1 | food | **PM** | Sh | **S** |
| 138. | Yiddish | PY *nídyen*, LithY *núdyen/núdzhen* 'bother' | נודה | *nidnéd* | §6.2.3 §1.2.5 | colloq (verb) | **SPM** | Sh | **S** |

续 表

| | 源语 | 源语词项 | 目标语词项 | | 本书章节 | 术语领域 | 语义类别 | 造词类型 | 通用度 |
|---|---|---|---|---|---|---|---|---|---|
| 139. | Yiddish | קונדֶס *kúndəs*, קונץ *kunts* 'trick' | (קונדֵס) | (*maasé*) *kundás* | §6.2.5 | g | SPM | C (Sh) | s |
| 140. | Yiddish | שרֵײבּן *shráybṇ* 'write', שרֵײבּערֵײ *shráybərý* 'scribble' | שירבֵּט | *shirbét* | §6.2.5 | g (verb) | SPM | C (Sh) | s |
| 141. | Yiddish | פֿאָרצן *fártsṇ* 'fart' | הפליט | *hiflíts* | §6.2.5 | colloq (verb) | PSM | C (Sh) | s |
| 142. | *Yiddish | רוֹישן *róyshṇ* 'rustle, swish, make noise', רוֹשן *ráshṇ* 'make noise' | רישרֵש | *rishrésh* | §6.2.4 | g (verb) | PSM | C | s |
| 143. | Yiddish | שאָכער מאַכער *shákhar mákhar* 'wheeling-dealing' | סחר מכר | *sákhar mékher* | §6.2.7 | g | PSM | CoCo (cogSem) | s |
| 144. | Yiddish | דלער תּרח *dlər térakh* 'fool', טעריכטער *térikhtər* 'fool', טוראַס *túras* 'fooleries', דלער טערק *dlər terk* | תרח | *térakh* | §6.2.1 | colloq (person) | SPM | Sh | s |
| 145. | Yiddish | פּישן *píshṇ* 'piss' | פּשפּש | *pishpésh* | §6.2.3 | colloq (verb) | SPM | Sh | (s) |
| 146. | Yiddish | פּאָלאַש *pólash* 'corridor' | פלש | *palúsh* | §6.2.5 | g/transp. | PSM | C | f |
| 147. | *Yiddish+Polish | Y פּאַס *pas* 'stripe, line', P *pas* 'strip, (broad) belt, stripe' | פס | *pas* | §6.2.2 | g | PSM | Sh | s |

续 表

| | 源语 | 源语词项 | 目标语词项 | | 本书章节 | 术语领域 | 语义类别 | 造词类型 | 通用度 |
|---|---|---|---|---|---|---|---|---|---|
| 148. | German+Yiddish | G *Schild*, שילד *shild* (PY *shilt*) 'sign' | שלט | *shélet* | §3.1.5 | object | **PSM** | Sh | **S** |
| 149. | German+Yiddish | G *Stecker*, Y שטעקער *shtékər* 'plug' | תקע | *téka* | §2.1.3 | tech. | **PSM** | C | **S** |
| 150. | German+ Yiddish | G *Schildkröte*, Y שילדקראָט *shildkrɔt* 'tortoise' | צב השלט | *tsav hashiltí* | §4.1 | animal | **PSM** | C(com) | f |
| 151. | German | *Pfeifer* '(sand) piper' | פפיון | *pifyón* | §4.1 | animal | **SPM** | C | (s) |
| 152. | German | *gönnen* 'not to begrudge' | חנן | *khonén* | §5.3.5 | g (verb) | **PSM** | Sh | f |
| 153. | German | *Schalter* 'switch (connector)' | משלט | *mashlét* | §5.3.5 | tech. | **PSM** | C | f |
| 154. | German | *Hamster* 'hamster' | המסטר | *hamastír* | §4.1 | animal | **PSM** | C(*h*+) | f |
| 155. | German | *Alm* 'pasture (fish)' | אלמון | *almón* | §4.1 | animal | **PM** | Sh | f |
| 156. | German | *Ackermanschen* 'wagtail' | האיכר | *haikár* | §4.1 | animal | **SPM** | C(*h*+) | f |
| 157. | German | *Alk* 'auk' | אלקים | *alkím* | §4.1 | animal | **PM** | Sh | f |
| 158. | German | *Zickzack* 'zigzag' | סכסך | *sikhsákh* | §5.3.5 | g | **PSM** | C | f |
| 159. | *German | *Kanarienvogel* 'canary' | ציפור כנרי | *tsipór kinorí* | §4.1 | animal | **SPM** | Co | f |

续 表

| | 源语 | 源语词项 | 目标语词项 | 目标语词项 | 本书章节 | 术语领域 | 语义类别 | 造词类型 | 通用度 |
|---|---|---|---|---|---|---|---|---|---|
| 160. | *German | Königseider(gans) 'King Eider' | אווז אדר | aváz éder | §4.1 | animal | **SPM** | Co | f |
| 161. | *German | Eidergans, Eiderente 'Anas mollissima' | אווז הדר | aváz héder | §4.1 | animal | **SPM** | Co | f |
| 162. | French | guidon | כידון | kidón | §3.1.2 | transp. | **SPM** | Sh | **S** |
| 163. | French | avion | אווירון | avirón | §3.2.1 | transp. | **PSM** | C | s |
| 164. | French | Tour Eiffel | מגדל עופל | tur ófel (**MasH** tur ósfel) | §3.2.5 | place | **SPM** | CoCo | f |
| 165. | French | Tour Eiffel | מגדל עופל | migdál ófel | §3.2.5 | place | **SPM** | Sh(com) | f |
| 166. | French | comme ci comme ça | ככה ככה | kákhi kakhá | §5.1.4 | colloq | **PSM** | Co (C) | f |
| 167. | *French | avion | אווירון | avirón | §3.2.1 | transp. | **PSM** | C | f |
| 168. | French (with Aramaic nativizing material) | crapaud | קרפדה | karpadá | §3.1.1 | animal | **PSM** | Sp (C) | **S** |
| 169. | French (with Aramaic nativizing material) | tilleul | טילילון | tilelón | §5.3.5 | plant | **SPM** | C | f |
| 170. | Italian | gelato | גלידה | glida | §5.1.2 | food | **PSM** | C | **S** |

续 表

| | 源语 | 源 语 词 项 | 目 标 语 词 项 | | 本书章节 | 术语领域 | 语义类别 | 造词类型 | 通用度 |
|---|---|---|---|---|---|---|---|---|---|
| 171. | Italian | *timpano* | תימפון | *tunpán* | §4.3 | mus. | **PSM** | C | (s) |
| 172. | Italian | *grissini* | גריסים | *grisím* | §4.4 | food | SPM | Sh | f |
| 173. | Arabic | مربّى [muˈrabba] 'jam' | ריבה | *ribá* | §6.3 | food | SPM | C | **s** |
| 174. | Arabic | هدد [haːˈwada] 'felt sympathy towards (m, sg)' | אהד | *ahád* | §6.3 | g (verb) | SPM | C | **s** |
| 175. | *Arabic | هوادة [haˈwaːda] 'complaisance, clemency, sympathy' | אהדה | *ahadá* | §6.3 | g | SPM | C | **s** |
| 176. | Arabic | حجل [ˈhaǧal] 'partridge' | חוגלה | *khoglá* | §4.1 | animal | PM | Sh | **s** |
| 177. | Arabic | قشّاش [qaʃˈʃaʃ] 'gatherer (of straw)' | קשש | *kashásh* | §4.1 | animal | **PSM** | C | (s) |
| 178. | Arabic | فرفرة [furˈfiːra] 'top (toy), dreidl' | פרפרה | *parpará* | §6.3 | object | SPM | C | f |
| 179. | Latin | *Daemia cordata* | דמיה | *dimía* | §3.1.1 | plant | **PSM** | Sp | f |
| 180. | Latin | *Arnebia* | ארנבית | *arnavít* | §1.2.3 | plant | PM | C | f |
| 181. | Latin | *Mergus* 'diver (a kind of water-fowl)' | מגרון | *migrón* | §4.1 | animal | PM | Sh | f |

续 表

| | 源语 | 源语词项 | 目标语词项 | | 本书章节 | 术语领域 | 语义类别 | 造词类型 | 通用度 |
|---|---|---|---|---|---|---|---|---|---|
| 182. | Latin | *pons* (cf. *pons cerebri/cerebelli*) | פונטא | *pantá* | §4.2 | medicine | PM | Sh | f |
| 183. | Latin | *lyngiasmus* 'hiccup' | לגנאי עולמים | *lignáy ulemím* | §5.1.2.4 | medicine | PM | Co | f |
| 184. | Judaeo-Spanish (with Aramaic nativizing material) | *pita* 'pitta bread' | פיתה | *pita* | §5.4.3 | food | **PSM** | Sh | **S** |
| 185. | Turkish | *paşa* 'pasha' | פחה | *pékha* | §3.1.2 | g | **PSM** | Sh | s |
| 186. | Ancient Greek | σκοπέω *skopéō* 'I look at' (>>*spectacles*) | מושקפיים | *mishkafáim* | 导言 | object | **PSM** | C | **S** |

+ 除上表收录的多源新词之外，还有数十个以色列语地名、姓氏和品牌名。

* 序号与源语之间的星号表示该多源新词未计入本次统计，这类词共计19个。不过，只要浏览一下这些词的分布，就会明白不计入统计数据带来的影响可以忽略不计。

* 上表"源语词项"一栏中的内容是源语词项的词义。

' '：单引号内的内容是源语词项的词义。

cf.（：意思是"试比较"，提示与相关内容进行比较。

"源语词项"的来源语言简称（按出现的先后顺序）注释：Ukr.（Ukrainian）：乌克兰语；Y（Yiddish）：意第绪语；P（Polish）：波兰语；G（German）：德语；LithY（Lithuanian Yiddish）：立陶宛意第绪语；F（French）：法语；R（Russian）：俄语；VAr.（Vernacular Arabic）：阿拉伯土语；L（Latin）：拉丁语；DiaAr.（Dialectal Arabic）：阿拉伯语方言；It.（Italian）：意大利语；Ar.（Arabic）：阿拉伯语；PY（Polish Yiddish）：波兰意第绪语。

"目标语词项"中的特殊符号注释：MasH（Maskilic Hebrew）：犹太启蒙运动时期的希伯来语。

# 7.2 统 计 表

## 7.2.1 综合分析（统计表1—6）

在以色列语新词创制过程中，国际通用词扮演了十分重要的角色，以色列语所匹配的源语词项约有60%属于国际通用词。英语是以色列语主要的上层语言（占13%）（见统计表1）。经多源造词方式进入以色列语的国际通用词可能来自意第绪语、俄语和波兰语（见统计表2）。美式英语对以色列语的影响最大，以英语为源语的多源新词中，约有三分之二的词以美式英语为第一源语，其余的三分之一以英式英语为第一源语。大部分多源新词是音义匹配词（占62%），其次是语义化语音匹配词（占30%）和语音匹配词（占8%）（见统计表3）。从造词类别来看，41%的多源新词给既有词项引入新词义，40%的新词属于新词项，19%的新词属于新复合词（复合词的构词材料为既有词项）（见统计表4）。在多源新词中，科技术语、医学术语和美食学术语比例相当高（见统计表5）。计算机术语与美式英语关系密切，美食学术语与法语国际通用词关系密切，音乐术语与意大利语国际通用词关系密切（见统计表6）。此外，多源新词几乎都是名词，几乎没有动词。

**统计表1：以色列语多源新词源语占比统计表**

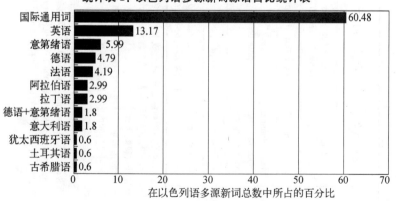

在以色列语多源新词总数中所占的百分比

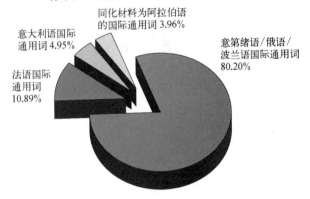

统计表 2：国际通用词的源语占比统计表

同化材料为阿拉伯语
的国际通用词 3.96%

意大利语国际
通用词 4.95%

法语国际
通用词
10.89%

意第绪语/俄语/
波兰语国际通用词
80.20%

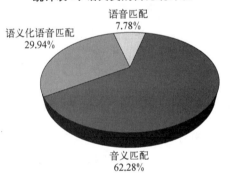

统计表 3：语义类别占比统计表

语音匹配
7.78%

语义化语音匹配
29.94%

音义匹配
62.28%

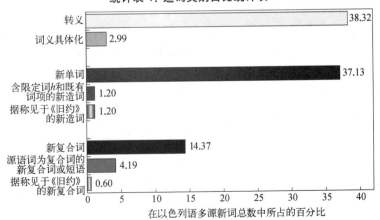

统计表 4：造词类别占比统计表

转义 38.32

词义具体化 2.99

新单词 37.13

含限定词h和既有
词项的新造词 1.20

据称见于《旧约》
的新造词 1.20

新复合词 14.37

源语词为复合词的
新复合词或短语 4.19

据称见于《旧约》
的新复合词 0.60

在以色列语多源新词总数中所占的百分比

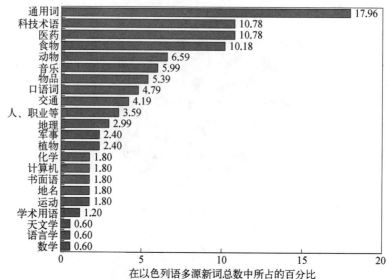

统计表 5：术语领域占比统计表

（图表纵轴自上而下）
通用词　17.96
科技术语　10.78
医药　10.78
食物　10.18
动物　6.59
音乐　5.99
物品　5.39
口语词　4.79
交通　4.19
人、职业等　3.59
地理　2.99
军事　2.40
植物　2.40
化学　1.80
计算机　1.80
书面语　1.80
地名　1.80
运动　1.80
学术用语　1.20
天文学　0.60
语言学　0.60
数学　0.60

在以色列语多源新词总数中所占的百分比

## 7.2.2　成功的多源新词（统计表 7—16）

　　迄今为止，还没有人认真研究过以色列语里成功的新词所占的比例。至于失败的多源新词，情形就更糟糕了，比如下文将要介绍的那些淘汰掉的多源新词，奥尔南所编纂的《被遗忘的词词典》（Ornan 1996）根本没有收录。此外，以色列语母语者一般不了解希伯来语科学院所推行的那些新词。鉴于这些原因，多源新词 50% 的成功率（见统计表 7）确实很高。就成功的多源新词的源语而言，国际通用词（包括意第绪语、俄语和波兰语中的国际通用词）占比最高（42%），美式英语次之（13%），接着是意第绪语（11%）（见统计表 8）。更概括地说，在成功的多源新词中，52% 都有国际词汇血统（见统计表 9）。此外，用以匹配国际通用词的 101 个多源新词中，78 个成功流行开来；用以匹配英语词项的 22 个多源新词中，13 个得以通用（见统计表 10）。

统计表 6：各术语领域多源新词的源语占比统计表（百分比）

**通用词**

13.33 意第绪语/俄语/波兰语国际通用词
3.33 土耳其语
28.57 法语
3.33 美式英语
6.67 法语阿拉伯语通用词
6.67 德语
63.33 意第绪语/俄语/波兰语国际通用词
71.43 意第绪语/俄语/波兰语国际通用词

**交通**

**食物**

5.88 犹太西班牙语
5.88 意第绪语
5.88 美式英语
11.76 意大利语
5.88 同化材料为阿拉伯语的国际通用词
29.41 法语国际通用词
29.41 意大利/俄语波兰语国际通用词
22.22 美式英语
11.11 英式英语
5.56 法语国际通用词
5.56 德语
50.00 意第绪语/俄语/波兰语国际通用词
5.56 意大利+意第绪语

**科技术语**

**计算机**

100.00 美式英语

**音乐**

10.00 美式英语
10.00 意大利语
30.00 意第绪语/俄语/波兰语国际通用词
50.00 意大利语国际通用词

**医药**

5.56 英式英语
11.11 拉丁语
83.33 意第绪语/俄语/波兰语国际通用词

**口语词**

25.00 美式英语
12.50 英式英语
12.50 法语
50.00 意第绪语

**动物**

9.09 同化材料为阿拉伯语的国际通用词
9.09 拉丁语
18.18 阿拉伯语
9.09 法语
9.09 德语+意第绪语
45.45 德语

**地理**

100.00 意第绪语/俄语/波兰语国际通用词

图例：
美式英语　　法语　　意大利语　　拉丁语
阿拉伯语　　源自法语的国际通用词　　源自意大利语的国际通用词　　土耳其语
英式英语　　德语　　犹太西班牙语　　意第绪语
德语+意第绪语
意第绪语（俄语/波兰/波兰国际通用词
同化材料为阿拉伯拉伯语的国际通用词
源自法语的国际通用词

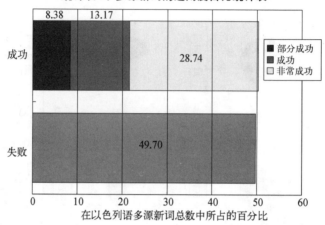

统计表 7：多源新词的通用度占比统计表

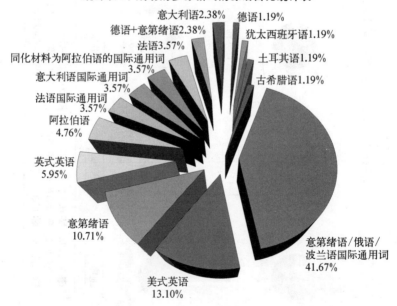

统计表 8：成功的多源新词的源语占比统计表

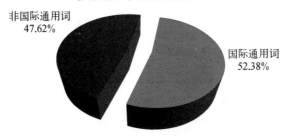

统计表 9：国际通用词与非国际通用词在成功的
多源新词中的占比统计表

非国际通用词
47.62%

国际通用词
52.38%

统计表 10：不同源语的多源新词通用度统计表（词语数量统计）

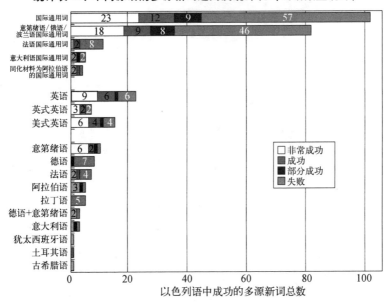

以色列语中成功的多源新词总数

在成功的多源新词中，音义匹配词占比最高（80%），语义化语音匹配词仅占 18%，而语音匹配词只有区区 2%（见统计表 11）。从各类多源新词来看，64.43% 的音义匹配词得以流行，而只有 30% 的语义化语音匹配词和 15.38% 的语音匹配词得以流行（见统计表 12）。换言之，从语义类别来看，音义匹配词最有可能得到认可。多源新词与源语词之间的语义联系显然是由目标语来建立的，而不是由源语来完成，而且这种联系有时是牵强附会的。但是，为了更好地掩饰外来影响，纯语论者更喜欢采用那些与源语词词义相关的目标语词汇材料。这样一来，未来世代中那些眼光敏锐的人也会误以为一些词的现代含义是语言内部词义演变的结果，而不会把它们当作多源新词。

**统计表 11：成功的多源新词的语义类别、词语总数及占比统计表**

音义匹配(67)
79.76%

语义化语音匹配 (15)
17.86%

语音匹配(2)
2.38%

**统计表 12：音义匹配词、语义化语音匹配词和语音匹配词
通用度占比统计表（百分比）**

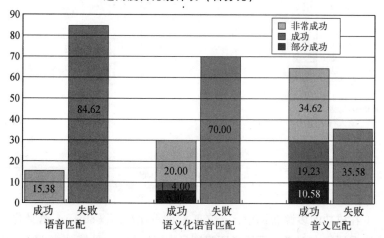

从词汇单位来看，成功的多源新词中，54.76%的词属于给既有词引入新词义，41.67%的词属于多源新造词，3.57%的词属于多源新复合词或者短语（见统计表13）。从语义类别来看，引入新词义的多源新词、多源新造词和多源新复合词的成功率分别为2/3，53%和9%（见统计表14）。

**统计表 13：成功的多源新词的造词类别占比统计表**

| 类别 | 数值 |
|---|---|
| 转义 | 51.19 |
| 词义具体化 | 3.57 |
| 新单词 | 39.29 |
| 含限定词h和既有词项的新造词 | 0.00 |
| 据称见于《旧约》的新造词 | 2.38 |
| 新复合词 | 1.19 |
| 源语词为复合词的新复合词或短语 | 1.19 |
| 据称见于《旧约》的新复合词 | 1.19 |

在成功的多源新词中所占的百分比

**统计表 14：通用度与造词类别综合统计表（百分比）**

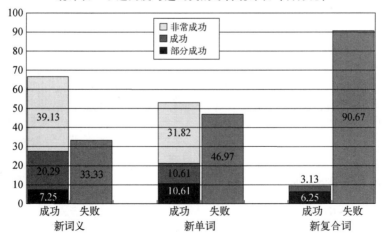

　　统计表 15 的数据涉及三类词语，即语音匹配词、语义化语音匹配词和音义匹配词，每一类词语又包括引入新词义、新单词、新复合词三个类别。请注意，每一栏的百分比都是指在特定语义和造词类别中的占比，此外，新词的成功包括完全成功和部分成功两种情况。因此，剩下的百分比（未显示）就是已遭淘汰的词语所占的百分比。这张统计表表明：最成功的新词创制方法是通过音义匹配引入新词义（大部分为转义型音义匹配）。这个结论是本书最好用的副产品之一，同时也让人惊异，因为纯语论者从中可以了解到造词成败的关键所在，即：最好的造词方法是音义匹配（优于语义化语音匹配，远胜于语音匹配）；最成功的新词类别是转义型多源新词（优于多源新造词，远胜于多源新复合词或短语）。纯语论者可以利用本书的研究结论，这一事实可以作为一个有趣的例子，说明规定主义语言学家可以利用描写主义者的出版物。反之亦然，我的研究也利用了纯语主义者希文（参看 §3.1.2）的规范性词表。

**统计表 15：语义类别、造词类别及通用度综合统计表（百分比）**

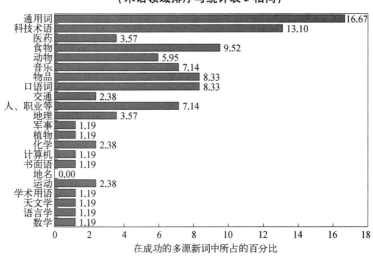

统计表16：成功的多源新词的术语领域占比统计表
（术语领域排序与统计表5相同）

在成功的多源新词中所占的百分比

## 7.2.3　犹太启蒙运动时期希伯来语里的本族化俗词源（统计表17—19）

犹太启蒙运动时期产生的希伯来语本族化俗词源几乎都是同化国际通用词而形成的（见统计表17），而且全部是复合词或短语（见统计表18），但是，其中92%的词语都未在以色列语中使用（见统计表19）。

统计表17：犹太启蒙运动时期希伯来语本族化俗词源的源语占比统计表

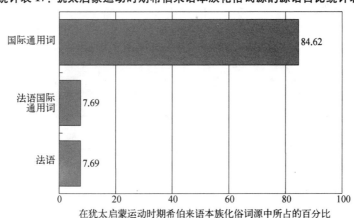

在犹太启蒙运动时期希伯来语本族化俗词源中所占的百分比

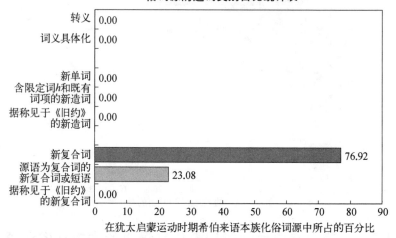

统计表 18：犹太启蒙运动时期希来语本族化
俗词源的造词类别占比统计表

在犹太启蒙运动时期希伯来本族化俗词源中所占的百分比

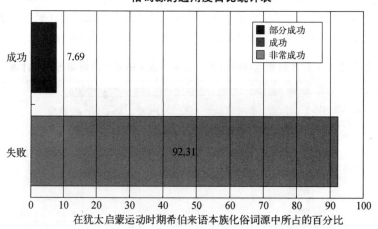

统计表 19：犹太启蒙运动时期希伯来语本族化
俗词源的通用度占比统计表

在犹太启蒙运动时期希伯来语本族化俗词源中所占的百分比

### 7. 2. 4　近亲匹配的多源新词（统计表 20—23）

　　从词源角度看，近亲匹配的多源新词是一种非常重要的新词（参看§3. 1. 4 和§3. 2. 2）。以色列语多源新词中，近亲匹配的占12%，按其原始语可以分为三类：第一，原始语属于闪族语系：目标语/第二源语用于同化的语言材料与第一源语中被同化的词项是同源词，两者的词源可追溯至同一闪族语成分（占 65%）；第二，原始语属于印欧语系：目标语/第二源语用于同化的语言材料与第一源语中被同化的词项是同源词，两者的词源可追溯至同一印欧语成分（占25%）；第三，原始语属于诺斯特拉语系：目标语/第二源语用于同化的语言材料与第一源语中被同化的词项是同源词，两者的词源可追溯至同一原始闪族语-原始印欧语（即诺斯特拉语）成分（占 10%）（见统计表 20）。几乎所有的近亲匹配多源新词的同化对象都是国际通用词（见统计表 21）。在所有近亲匹配的多源新词中，55%的词给既有希伯来语词项引入了新词义，35%的词属于多源新造词，10%的词属于多源新复合词或短语（见统计表 22），高达 80%的近亲匹配多源新词都成功流传开来（见统计表 23）。

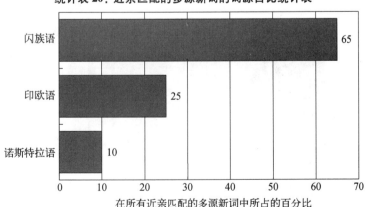

统计表 20：近亲匹配的多源新词的词源占比统计表

在所有近亲匹配的多源新词中所占的百分比

统计表 21：近亲匹配的多源新词的源语占比统计表

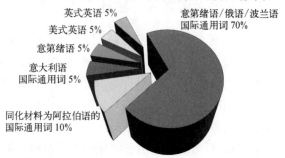

英式英语 5%
美式英语 5%
意第绪语 5%
意大利语
国际通用词 5%
同化材料为阿拉伯语的
国际通用词 10%
意第绪语/俄语/波兰语
国际通用词 70%

统计表 22：近亲匹配的多源新词的造词类别占比统计表

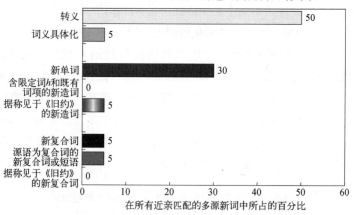

转义 — 50
词义具体化 — 5
新单词 — 30
含限定词h和既有词项的新造词 — 0
据称见于《旧约》的新造词 — 5
新复合词 — 5
源语为复合词的新复合词或短语 — 5
据称见于《旧约》的新复合词 — 0

在所有近亲匹配的多源新词中所占的百分比

统计表 23：近亲匹配的多源新词的通用度占比统计表

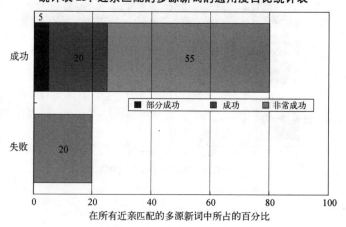

成功　5　20　55
失败　20

■ 部分成功　■ 成功　■ 非常成功

在所有近亲匹配的多源新词中所占的百分比

# 第八章 多源造词研究的理论意义

多源造词是一种不同于引进客词、外来词、借词（§1.2.1）和仿造（§1.3）的词汇扩充手段，对多种语言都产生了巨大影响。普通的母语使用者一般注意不到多源造词过程，尤其是出生于新词出现之后的人，但是多源造词的确给世界许多语言引入了大量的新词义和新词项，包括以色列语、土耳其语、汉语、日语、皮钦语和克里奥尔语以及其他语言。本书对以色列语多源新词的分析强化了一种观点，即以色列语词汇暗中受到日耳曼语系和斯拉夫语系一些语言的影响，包括意第绪语、俄语、波兰语、德语、英语等。本书对数以百计的以色列语音义匹配词进行了历时和共时分析，充分证明音义匹配现象广泛存在，音义匹配词的绝对数量（以色列语数千个新词中有 200 个音义匹配词）和相对数量都是非常可观的。实际上，在语音和语义两个层面上，大多数多源新词的源语词在目标语中没有对应词（就本族化俗词源而言），或者在并列源语中没有正好相应的成分（就词汇归并而言），这就制约了音义匹配词的出现频率。不过，这种制约条件一般不影响仿造、语素音位改造和单纯的新词创制。因此，200个音义匹配词（不包括几十个二次派生词、地名、姓氏等）这一数量是相当可观的。

迪尼（Deny 1935：246）在分析土耳其语音义匹配词时曾经断言：这样的新词"在语言学记录中是没有先例的"。本书纠正了这一断言。黑德（Heyd 1954：92）也曾指出："现代希伯来语也曾尝试走同样的路去造词，比如用 *khòlirá* [חולירע，字面意义"恶疾"] 去表示 *cholera*，用 *pràtey-kól* [פרטי כל，字面意义"一切事情的细节"] 去表示 *protocol* 等，但是尝试的时间短，也没有取得多大成功"（下划线为本书著者所加）。我分析了所收集的语料，结果表明：黑德低估了希伯来语音义匹配的影响力。除了本书所涉及的几十个成功的音义匹配词和语义化语音匹配词之外，希伯来语科学院在 2000 年 5 月 22 日的第 254 次会议上正式推出了一个音义匹配新造词：以色列语 אקוה *akvá* "地下蓄水层"，同化对象为国际通用词 *aquifer*，构词材料为（圣经）希伯来语 קוה √*qwh* "收集（水）"，试比较：（圣经希伯来语>>）以色列语（מים）מקוה *mikvé máim* "冒水的洞，蓄水池，（水的）聚集处，浸礼池"；圣经希伯来语 מקוה ［miqˈwå］"蓄水池"。要想整理出一份详细的年表，列出以色列语音义匹配得到提倡的具体时期，那是很困难的。不过，似乎在希伯来语"复活"的整个时期，比如在阿布拉莫维奇（1835—1917）和本-耶胡达（1858—1922）在世的时期，音义匹配是一种十分常用的新词创制方法。后来虽然有人反对通过音义匹配手段去创造新词（参看 §5.1.2），但是正如前文所述，音义匹配至今仍然是希伯来语科学院广泛采用的造词方法。

# 8.1　一致性原理

　　本书的理论意义是多方面的。以一致性原理为例：某一特征存在于越多的源语中，这一特征就越有可能留存在正在形成的目标语中。由于本书的着眼点是词汇，因此，"特征"指词项。但是，这条一般原理在形态学、句法学、语音学、音位学等学科中同样适用。具体而言，本书的焦点是音位语义上的相似性（尽管该原理也适用于仅仅语义相似的情形）。"这一特征就越有可能留存在正在形成的目标语中"指的是词汇创制的两种主要方式：本族化俗词源和词汇归并。下面的小节将进一步说明理论意义。

# 8.2　俗词源与纯语主义

　　近些年来，俗词源研究已经取得了一些进步（例如，Holland

and Quinn 1987，Sweetser 1990，Rundblad and Kronenfeld 2000；2003，Kursova 2013），比如从认知语言学和文化语言学角度展开的研究拓宽了俗词源研究的视角。尽管如此，仍然有一些语言学家觉得俗词源相关研究并没有多少价值。学界应该摒弃这种偏见，认清俗词源的作用。我认为，俗词源会影响语言使用者的认知和词语的联想意义，甚至会影响人们的生活。例如，一些阿什肯纳兹犹太人社区有一个传统：在住棚节（Sukkoth holiday）第七日喝卷心菜汤，原因在于这一天的祷告名称是希伯来语 קול מבשר，字面意义为"有一个声音宣布"，在阿什肯纳兹希伯来语里的发音为 kol mev, 却被开玩笑地重新解读为西意第绪语的 קאָל מיט וואַסער koul mit vásər（试比较：קאָל מ' וואַסער kol m' vásər）"卷心菜加水"，试比较：德语 Kohl mit Wasser（参看 Weinreich 1973：i：7，192）。再如，瑞典语 Vår fru dagen（字面意义"圣母节"）过去指天使报喜节（Lady Day）。据说，正是在这一天，圣母玛利亚得知她将生下耶稣，当时离圣诞节正好还有九个月。但是，瑞典语的 Vårfrudagen 一直被重新解读为 Våffeldagen，字面意义为"华夫节"，所以，一到这个节日，瑞典人的传统就是吃华夫饼配果酱或奶油。华夫饼有时会做成心形，而有些人明白这个节日与圣母玛利亚的关系，就会认为吃心形华夫饼有道理，因为心形代表的是圣母玛利亚的心。与此类似的是，在舞台表演中，在唱过 'scuse me while I kiss the sky（来自歌曲 Purple Haze "紫烟"，1967）这一句歌词之后，吉米·亨德里克斯（Jimi Hendrix）① 有时会在舞台上亲吻某位男士，因为他很熟悉 'scuse me while I kiss this guy "当我亲吻这个男人的时候请原谅我"

---

① 吉米·亨德里克斯（1942—1970），美国吉他手，歌手，作曲人，被公认为摇滚音乐史上最伟大的电吉他演奏者。

这种误听（mondegreen①，有人译为"萌得绿"②，还有人称之为"六眼飞鱼"③），知道有人会把 kiss the sky"亲吻天空"错听成 kiss this guy"亲吻这个家伙"，于是故意做出这种举动。俗词源对现实生活的这种影响足以说明它是值得深入研究的。

　　纳夫塔利·赫兹·托西纳担任过希伯来语委员会的最后一任主席（1942—1949）和希伯来语科学院的首任院长（1953—1973），他曾经写道（Torczyner 1938：8）：

　　　　我们的祖辈曾将 ktav hanishteván 解读为"被更改过的经文"［错将 nishtevún 与 nishtaná"更改过的"相联］，把 pat-bag 这个词拆分成两半之后再从中找到希伯来语词 pat"面包"。这些说教式的解读与语言事实相去甚远，就像对《旧约》中波斯语专名的解读也不符合语言事实

---

① *Mondegreen* 指误听，尤指听错的歌词。其中，*mondegreen* 来自作家西尔维娅·莱特（Sylvia Wright）的一篇文章，她讲述了自己听错一首苏格兰民谣的故事：民谣名为 *The Bonny Earl of Murray*"健美的莫里伯爵"（参看 Wright 1954），其中一节歌词是这样的：*Ye Highlands and Ye Lowlands*；*Oh where hae you been? They hae slay the Earl of Murray, And **lain him on the green*** "苏格兰高地与苏格兰低地的子民们，汝等在何方？他们杀死了莫里伯爵，把他放在草地上"。她以为歌词是 *They ha[v]e slain the Earl of Murray, And **Lady Mondegreen*** "他们杀死了莫里伯爵，以及蒙德格林夫人"，并且深为蒙德格林夫人的悲惨命运惋惜。*Mondegreen* 尚未录入 *OED*，但是会收录在第三版中（Edmund Weiner，私人通信）。听错的歌词可视为语内语音匹配，不过与刻意的匹配所不同的是，这些词是无意中听错的，这也是一种常见的语言现象。保姆和老师教唱歌曲时，孩子们比较容易听错。比如，有一首著名的以色列语歌曲叫 הבה נגילה *Háva Nagíla*"让我们欢乐吧"，其中一句歌词是 עורו אחים בלב שמח *úru akhím belév saméakh*"醒来吧，兄弟们，心情愉快"，有人却错听成 מוכרחים להיות שמח *mukhrakhím liyót saméakh*"我们必须得快活"。还有一句以色列语儿歌，歌词是 עוגה, עוגה, עוגה, במעגל נחוגה *úga, úga, úga, bámagal nakhúga*"转圈，转圈，转圈，让我们转圈圈"，但是，大多数孩子理解为"蛋糕，蛋糕，蛋糕，让我们转圈圈"，这是因为 עוגה *ugá*"蛋糕"与 עוגה *úga*"圆圈"同音，其实 עוגה *úga* 的"转圈，画圈［阳性，单数］"这一词义已经过时。也许正是因为这首歌，许多以色列孩子觉得蛋糕就应该是圆形，这一点也反映在一些词语里，比如意第绪语 קוגל *kúgl*"布丁"（俗词源解释为 כעגול"像个圆圈"）和意第绪语 שטרודל *shtrúdl*"水果蛋糕"。

② 参看中国日报网 2015 年 5 月 8 日的"流行新词"栏目，或访问网址 http://language.chinadaily.com.cn/2015 − 05/08/content_ 20658241. htm。

③ "六眼飞鱼"并不是一种真实存在的生物，而是对梁静茹的歌曲《勇气》歌词中"流言蜚语"一词的误解，原文为"爱真的需要勇气，来面对流言蜚语"。因此，"六眼飞鱼"指听错的歌曲或话语。

一样，就连恶人哈曼（Haman the Wicked）的儿子的名字 *Parshandáta* 也变成了一个很光荣的名字，也就是广为人知的 *parshán hadát*［"宗教解释者"］，用于指犹太释经家。这些只不过是修辞上的游戏而已［试比较：*melitzah*，一种引用样式］，并不是鲜活而真实的语言的一部分。

我赞同"这些说教式的解读与语言事实相去甚远"的观点，但是认为"修辞上的游戏"实际上是"鲜活而真实的语言"不可或缺的一部分。在一篇题为"语言学与懒散"（בלשנות ובטלנות *balshanút uvatlanút*，此标题含有双关意义）的文章中，托西纳在根据发音把自己的姓氏匹配为 Tur-Sinai（字面意义"西奈山"）之后，嘲笑那些以为德语 *privat* 来自希伯来语 פרטי（以色列语 *pratí*）"私人的"（参看 Tur-Sinai 1950：5）的非专业人士。他的批评虽然正确，但是他并没有深入思考，没有想到要探究一下：这种偶然的相似性是否不仅会影响到元语言，实际上还会影响语言本身呢？因受国际通用词 *private* 的影响，（希伯来语>）以色列语 פרטי *pratí* "私人的"的使用频率得到提高。托西纳与许多优秀的语言学家一样，被灌输了一种思想，总想指责非专业人士无知，因而变得盲目，变得迟钝，进而忽视了语言毕竟是由非专业人士去使用和塑造这一事实。

本书对音义匹配现象的研究已经表明，对俗词源的语言学分析不应该局限于推导型俗词源，而应该也涉及那些导致旧词产生新义和创造出新词的生成型俗词源。推导型俗词源往往是生成型俗词源的第一阶段，但是两者之间的区别是非常重要的（参看§1.2.2）。非常重要的是，生成型俗词源常常被那些威严而有学问的纯语主义语言规划者所利用，尤其是极其讲究规范性的希伯来语委员会和希伯来语科学院里的一些人，以及土耳其语言改革时期的纯语主义者。其实，学者型造词（*création savante*）与民众型造词（*création populaire*）并没有绝对的差异，因为学者所造的许多词其实十分通俗，而民众所造的许多词其实很有学术价值，这一点我们已经在一些音义匹配的口语词中见识过了。

本书的一个中心思想是：诙谐的新词能让我们更好地了解严肃的

语言加工过程。我们不应该随意忽视文字游戏，因为文字游戏可以作为一种指标，让我们发现语言的一般规律。本书的研究还表明：机缘凑巧有着神奇的力量，表现在巧合的语音相似引发多源造词，结果废弃的语素（比如词根、名词词型等）或词项得以复活。

# 8.3　隐蔽语言现象研究

　　外语不仅会影响一种语言的词汇，而且常常会通过后门（比如通过词汇本身）影响语言的核心——词的形态结构。本书以多种语言之间一些隐蔽的相互影响为焦点，为语言研究指明了一条新路径。[①] 多源借用的影响并不止于多源造词本身，因为多源造词往往会带来许多二次（和三次）派生词。这种附带影响可以用以色列语 מכונה mekhoná "机器" 一词加以说明。该词是国际通用词 machine 的转义型音义匹配词，构词材料为圣经希伯来语 מכונה [məkʰōˈnå] "底座"（参看 §5.4.1）。从这个词还产生出一个二级词根 מכנ √mkn "用机器做，增加机器，机械化"，另外还产生了许多名词，例如 מכונית mekhonít "汽车"（由本-耶胡达之子伊塔马尔于 1911 年创制，参看 Sivan 1981b: 16, Ben-Avi 1951；这个词极有可能是由 עגלה מכונית agalá mekhonít "汽车" 里的形容词转化而来的名词，其字面意义为 "机械的四轮运货马车"；不同于 עגלה חשמלית agalá khashmalít "有轨电车"，其字面意义为 "电动的四轮运货马车"，参看 Sivan 1978: 213），מכונאות mekhonaút "机械学"，מכונאי mekhonáy "机械师"。这些名词流布很广，但是大多数以色列人并不知道它们的非希伯来语（终极）并列词源。就本质而言，二次派生词和三次派生词涉及一些快要湮没的词源。比如，以色列语 על הפנים al hapaním（发音通常是 ál hapanim），字面意义为 "在脸上"，比喻意义是 "（觉得）糟糕透了，

---

① 这种研究的以色列语名称可以叫 בלשנות הסוואה balshanút hasvaá（הסוואה hasvaá 意思是 "隐蔽"）。

可怕的，意志消沉的"。再如，以色列语新词 אני מרגיש על הפנים *ani margísh ál hapanim* 意思是"我觉得很糟糕",[1] 它采用了以色列语内部材料，但它的形式 און דה פייס *on de feys* "（觉得）糟糕透了"却好像是英语 *on the face*，其实，英语表达式 *\*on the face* 并无此义。有些以色列人甚至讲英语时也会使用这个子虚乌有的表达式。

　　一些研究希伯来语和以色列语的语言学家认为，形态学研究名词词型、动词词型和词缀，而词根属于词源学的研究内容。音义匹配的魅力在于：欧洲语言不仅限定了该选择什么词根，而且限定了该选择什么名词词型。例如，要选用名词词型 □é□e□ 造出 תקע *téka* "插头"（参看 §2.1.3）和 מסר *méser* "信息"，这样才能分别模仿德语 *Stecker*/意第绪语 שטעקער *shtékər* "插头"和英语 *message* 的发音。以色列语 להיט *lahít* "流行歌曲"套进名词词型 □a□í□（试比较：□□í□ 或 □e□í□），则是为了与英语 *hit*（参看 §5.1.4）相匹配。再如，מבדוק *mivdók* "码头"显然是想保留发音 *dok*（试比较：英语 *dock*），结果可能提高了名词词型 mi□□ó□ 的能产性。因此，音义匹配就像过滤器，决定了哪些语言成分可以留存下来。这种筛选过程具有重大理论意义，意味着某些语素（这里指名词词型、动词词型和形容词词型）的留存与否是由语言之外的参数决定的。波洛茨基（Bolozky 1999：97）曾经谈到，以色列语形容词词型 ma□□ú□ 是模仿阿拉伯语而来的，不同于希伯来语既有名词词型 ma□□ú□，但能产性（构词能力）很强，构成了 מגנוב *magnúv*, מחלוא *maxlúa*, מפלוץ *maflúts* 等口语词。他所提到的这种现象恰好证实了上述观点。此外，以色列人偏爱特定动词词型或名词词型，目的就是为了保留源语词项的辅音群，这也同样证实了上述观点。在以色列语动词词型中，希伯来语动词词型 □i□é□ 显然是能产性最高的，因为它使得保留外语的辅音群成为可能（参看 §2.1.3）。

---

[1] 以色列语 *al hapaním* 最初可能是 נפל על הפנים *nafál al hapaním*（字面意义"〔他〕摔了个嘴啃地"）的省略形式。

# 8.4　语　法　性　别

　　特鲁杰尔（Trudgill 1998）曾经把语法性别比作男人的乳头，暗指这个东西既无使命也无功能。虽然这种比喻有缺陷（其实，许多男人的乳头是性感带），多数语言学家可能会赞同这种观点。但是，隐蔽语言现象研究已经证明：至少在语言接触中，语法性别是有影响的。例如，以色列语 מברשת *mivréshet* "刷子" 与以色列语 משערת *mis'éret* "（本义指）刷子，（后来指）长毛软刷子"，两者皆为阴性。之所以用了阴性名词词型 *mi□□é□et*，可能是受表示"刷子"之意的其他词语的影响，如下图所示：

**表 4**

| 以色列语 | 阿拉伯语 | 英语 | 意第绪语 | 俄　语 | 波兰语 | 德语 | 法语 |
|---|---|---|---|---|---|---|---|
| מברשת *mivréshet* ［阴性］ | میرشة ['mabraša] ［阴性］ "擦菜板" | *brush* | באַרשט *barsht* ［阴性］ | щётка *shchëtka* ［阴性］；кисть *kist'* ［阴性］ "画笔" | *szczotka* ［阴性］ | *Bürste* ［阴性］ | *brosse* ［阴性］ |

　　请注意，尽管名词词型 *mi□□é□et* 的确用于指工具，但是还有其他名词词型可供选择，比如阳性的 מברש *\*mavrésh* 和 מברש *\*mivrásh*。有人可能认为，选择 *mi□□é□et*（因而造出 מברשת *mivréshet*）是受意第绪语 באַרשט *barsht* "刷子" 中的 ［t］（ט 的发音）影响。不过，这并不能削弱语法性别至关重要这一假设，原因在于这个词最初由本-耶胡达创制出来时，词形为 מברשה *mivrashá*，套进名词词型 *mi□□a□á*，词中没有 ［t］，却仍为阴性，而 מברשת *mivréshet* 后来才出现。

　　同样，对于以色列语 ספריה *sifriá* "图书馆" 和 בית ספרים *bet sfarím*（字面意义 "书屋"），以色列人偏爱前者。从以色列语本身来看，可能存在多种多样的原因，比如想要剔除犹太启蒙运动时期的复合词，想要简化这个词以便于使用（参看§3.2.4），或者为了避免与בית ספר bet séfer（字面意义"书屋"，实际上指"学校"）相混淆等。① 此外，还有一个隐蔽的外部原因：ספרייה sifriá 为阴性，可以保留欧洲语言中相应词语的语法性别，试比较：意第绪语ביבליאָטעק biblioték［阴性］；俄语библиотека bibliotéka［阴性］；波兰语 biblioteka［阴性］；德语 Bibliothek［阴性］；法语 bibliothèque［阴性］。阿拉伯语مكتبة ['maktaba]"图书馆［阴性］"可能也对该词的形成发挥了作用。有人可能会认为这种隐蔽影响只与词汇有关。然而，单就这个新词而言，更概括地说，其影响之一是：以色列语יה- -iá 作为能产的、表示处所的阴性后缀（也要考虑波兰语 -ja 和俄语 -ия -iya 的共同影响），使用频率得到提高，用法得到了强化，而且最为重要的是：名词组合式的能产性被削弱，当然这也与以色列语正从综合语过渡到分析语有关，比如 ába sheli"我父亲"当前比 aví"我父亲"更常用。对于"隐蔽语法借用：语言接触与语法性别"这一话题，我们将来应该进行更深入的研究，研究方向之一是移民社会中借词的语法性别。例如，英语词语经语素改造进入美式意大利语或者英式意大利语之后，语法性别往往与意大利语对应词本身的性别相同，比如英式意大利语 bagga"包［阴性］"就是受意大利语 borsa"包［阴性］"的影响。意大利语母语者使用其他语言时，也会出现相似的情形，比如会下意识地根据意大利语对应词的语法性别去"更改"以色列语既有词语原先的语法性别。

## 8.5　语言类型学

以色列语和土耳其语都可以界定为"重塑的语言"，本书虽然详

---

① 关于创造新词的多种（一般为两种）动机，参看 Kronfeld（1996）第 4 章（标题为 Beyond Language Pangs"超越语言的痛苦"），特别是有关希朗斯基的部分（第 103—109 页）。

细探讨了这两种语言中的多源造词现象，但是并未详细论及其他语言。不过，本书多次提到其他类型的语言里也广泛存在多源造词现象，特别是那些我称之为使用"音位词符文字"的语言。我认为，有以下五种语言易于多源造词："重塑的语言"、使用音位词符文字的语言、黑话隐语、少数族群语言、皮钦语和克里奥尔语，具体陈述如下：

第一种："重塑的语言"。

这种语言的语言规划者们总是努力去替换不受欢迎的外来词和借词，往往会对（未来的）语言使用者隐藏词语的外来特征，以色列语和改革后的土耳其语正是如此。未来的多源造词研究可以聚焦于从前苏联脱离出来的一些国家的语言，比如乌克兰语、塔吉克语、吉尔吉斯语、哈萨克语、蒙古语、立陶宛语、拉脱维亚语、爱沙尼亚语（参看§5.1.1、§3.2.4和§6.3）、白俄罗斯语（有关白俄罗斯语的情形，参看 Wexler 1974）等，这类语言常见的多源造词方法为本族化俗词源和词汇归并。

第二种：使用音位词符文字的语言。

这种语言的文字具有独特的音素语义特征，使其成为多源造词的沃土，比如汉语和日语（就使用日文汉字词而言）（参看§1.4.3），这类语言常见的多源造词方法为本族化俗词源。

第三种：皮钦语和克里奥尔语。

由于这类语言在混合造词过程中涉及多种语言，词汇归并——而不是本族化俗词源——就再正常不过了，大多数情况下会形成语法层面的多源新词，例如巴布亚皮钦语和牙买加克里奥尔语（参看§1.4.2）比较常见的多源造词方法就是词汇归并。

第四种：黑话隐语。

这种语言的使用者会对词项进行伪装，目的是让圈外人无法辨识，例如犹太德语、犹太隐语和窃贼黑话，这类黑话隐语中经语音匹配形成的本族化俗词源比较常见。

第五种：少数族群语言。

这种语言的使用者会努力谋求独特的身份，有时是为了不让外人听懂关键性的话语，比如吉普赛语就是如此。

# 8.6 书 写 体 系

多源造词加深了我们对书写形式的理解。就以色列语而言，其辅音书写方式有助于多源造词，因为同样的拼写可以有几种不同的元音标记（参看§2.1.3），这也是"文字层面的本族化俗词源"产生的原因（参看§5.4.2）。汉语里的多源造词现象十分普遍，这说明汉语的书写系统不应被视为词符文字、语素文字或表音文字——更不必说象形文字和表意文字（参看§1.4.3.1）——而应该看作是音位词符文字。非常重要的是，把字分成词符和音符很容易让人误解，因为就功能而言，字往往既表意又表音，这一点已经在音义匹配词和语义化语音匹配词中得到证明。因此，正确的分析方法不应该是结构分析，而应该是对造词动机进行分析。如果一定要固守传统的术语，那么汉字是音位词符文字。书写体系的传统分类与语言借用的传统分类（参看§1.1）一样存在缺陷和瑕疵。我在前文中曾经主张：对本族化俗词源现象进行综合性的词源分析时，必须对动机进行分析，对书写系统我同样倡导动机分析，不提倡只考虑形态的结构分析（参看本书导言部分）。

更概括地说，尤其是针对使用音位词符文字的语言，以上主张会让我们重新认识书写系统与语言之间的关系。布龙菲尔德（Bloomfield 1933：21）曾经指出：

> 文字并不是语言，而只是利用看得见的符号来记录语言的一种方法。……无论用哪一种书写系统去记录语言，语言都是一样，就像给一个人照相一样，无论从哪个角度去照，照的还是同一个人……为了研究文字，我们必须对语言有所了解，但是反过来却不对。

布龙菲尔德（Bloomfield 1933）的观点与索绪尔（Saussure 1916：

46＝1999：47—48）相似。索绪尔更为谨慎，他指出：①

> 语言和文字是两种不同的符号系统，后者唯一的存在理由是在于表现前者。语言学的对象不是书写的词和口说的词的结合，而是由后者单独构成的。但是书写的词常跟它所表现的口说的词紧密地混在一起，结果篡夺了主要的作用；人们终于把声音符号的代表看得和这符号本身一样重要或比它更加重要。这好像人们相信，要认识一个人，与其看他的面貌，不如看他的照片。

包括一些汉语专家和日语专家在内，大多数语言学家仍然坚持这种观点。米勒（Miller 1986：5）指出："所有书写系统……因其与语言之间内在关系的属性，都是次要现象。"与此相反的是，德里达（Derrida 1967，试比较：1976）却认为书写是首要的，口语本身就带有文字的痕迹。由于篇幅所限，本书未能辟出足够篇幅论述使用音位词符文字的语言中的相关现象，但是所举的例词足以证明书写形式——尤其就汉语而言——的确可以塑造语言，而且本身就是语言的一部分，因此语言研究不能低估或者忽视其作用。作为语言学家，我虽然不赞同德里达的观点，但是认同"严格地讲，语言就是严格意义上的口语"（strictly speaking, language is‐strictly‐speaking, 参看 Unger 1996：9）这一观点，认为布龙菲尔德的断言"无论用哪一种书写系统去记录语言，语言都是一样"并不准确。举例来说，汉语的音义匹配完全取决于汉语书写系统的特性；倘若汉语采用的是罗马字，那么数以千计的汉语词就不会产生，或者即使创造出来，词形也会完全不同。因此，文字不仅用于记录语言，也能够用于确定哪些新成分可以进入某一语言。我认为，索绪尔的比喻可以修改为：文字并不总是人的照片；文字很有可能就是人自己（口语有时候自己充当照片）。如果词汇是语言的一部分，那么文字直接关系到语言的发展，也应该被视为语言的一部分。

---

① 英语表述参看 Saussure（1959：23—24）。

# 8.7　历史接触语言学

多源造词不仅涉及语言间的相互影响，更关乎语言借用。但是，如果按传统的分类法把语言借用分为替代和引进两类（参看§1.1），那么，就无法把多源造词归入其中任何一类。因此，很有必要对语言借用的分类进行认真修改。新的分类不仅应该在传统类别的基础上增加多源造词，而且在全球化和交流日增的大背景下，尤其是在国际通用词日益重要和"重塑的语言"不断成功的背景下，语言借用的类别也需要进一步完善并重新界定。本书第一章就是向完善其类别迈出的第一步。

音义匹配是由父母双亲（即两种语言）或两位以上父母（参看§1.2.2.5，§1.4.2.1，§2.3第108页脚注①，§4.4第182页脚注①）共同参与的造词活动，这种创造是在传统的语音演变规律之外进行的，因此，我们应该兼顾传统规律去进行分析。本书所做的词汇分析是从多个时间维度（polychronic）展开的，兼顾共时与历时两个维度，把语文学研究与社会语言学研究方法相结合。有人可能会觉得多个时间维度的研究与广义的历时研究相似，因为后者实际上也包括共时分析。但是，我们必须了解的是：传统语文学着眼于现代词汇，往往对这些词因文化因素而经历的过渡阶段不感兴趣。本书对音义匹配现象的研究表明：我们不仅迫切需要记录最早的文献，而且需要记录社会文化背景和跨文化语境。我相信，多个时间维度的研究模式也适用于语言演变其他方面的研究。

当一个词项与另一种语言中的某个词项在语义和语音上都相似时，传统的解释包括：这两个词项是同源词；一个词借自另一个词（因而成为客词、外来词或借词）；两者都源于拟声，但是是各自独立形成的；两者的语音相似性纯属巧合。不过，还有一种解释是：一个词是另一个词的音义匹配词。句法和词法上的外来影响比较隐蔽，但是一般认为词汇上的影响是比较明显的。事实上，词汇本身可以有效隐藏外来影响。

　　至于以色列语的历史语言学研究，多源造词研究印证了一种观点，即 1770 年代至 1880 年代的犹太启蒙运动时期，因阿布拉莫维奇等作家非常活跃，所以是"希伯来语复兴"的起点。因此，就像阿塔图尔克之于土耳其语一样，著名的复兴主义者艾利泽·本-耶胡达只是把大家内心中已有的思想付诸实践。这样一来，"复兴的希伯来语"不仅应该包括以色列语，而且应该包括犹太启蒙运动时期的希伯来语。最后，本书挑战了关于专名学的传统观念，提出姓氏和地名具备与传统意义上的词项（即那些录入普通词典的词项）相似的特征（参看 §4.6）。

# 8.8　社会语言学

　　在语言规划活动中，多源造词是一种理想的词汇扩充手段，比如以色列语和土耳其共和国建国之后的土耳其语都采用了这种手段，主要原因在于多源造词具备三大优势：有效隐藏外来影响，重新利用废弃词语，促进初始阶段的学习。本族化俗词源大幅降低了依靠引进欧洲语言词汇材料给希伯来语纯语论者所带来的不适，因此可以给这种现象取了一个爱称：欧洛芬（*EuroFEN*，试比较：*Nurofen*）①。从圣经希伯来语过渡到以色列语的过程中，本族化俗词源是保留"传统的延续性"最有效的手段之一。此外，统计分析（§7）对哪些新词会通用开来提出了新见解，尤其重要的是论证了多源新词的成功率是 50%，高于以色列语新词总的成功率。

　　多源造词能够反映文化交流和社会交际。当一种文化面对一种无法抵抗的陌生环境时，努力想保住自己的身份而又不能脱离潜在的外来影响，这种努力往往在多源造词现象中得到反映，其结果可能是蔑视外来影响（参看 Zuckermann 2004）或者"文化上调情"（cultural

---

① 欧洛芬是本书著者仿照"布洛芬"（*Nurofen*）创造的词。就像布洛芬可以镇痛一样，欧洛芬可以减轻纯语论者的痛苦。另外，这个词的巧妙之处还在于：其构词成分暗示了对象和方式，即 *euro-* 表示欧洲语言，*fen*（*FEN*）表示本族化俗词源。

flirting）（即深受环境影响，正如以色列语正深受英语影响一样）。音义匹配现象强化了一种观念，即语言是保留或形成自己的文化身份的重要工具。特别是在以色列社会，以色列语非常有魅力，因为它的成分来自世界各地几十种不同语言和语言传统。我确实认为，在整个20世纪，以色列社会充满生机，以色列语内部的发展变化数以百计，而这些变化可从以色列语的几十个二次和三次派生词窥见一斑（参看§8.3）。此外，还有一些发展变化起初与外语无关（参看§2.1.2），但是同样反映了以色列语的发展状况。我已经收集到另外几十个表达式，它们都是以色列语内部发展变化的结果，可供将来研究之用。英语现在是全球通用语，未来作为世界主导语言的地位可能会更加稳固，而本书揭示了现代英语（常常是美式英语）对世界语言的影响，尤其是对以色列语和现代汉语的影响。

在本研究中，我一直强调"国际通用"这一语言学概念的重要性。尽管这个概念早已确定，但是以色列语研究几乎不重视这个概念，因为以色列语词源学家通常更喜欢把借词的词源归结于某一特定的欧洲语言，这通常反映了一种意识形态上的偏见。有一点我们必须承认：意第绪语是迁往以色列地的移民的主要语言，也是以色列语最主要的贡献语，但是它从来就不是某一个国家的全国性语言（除了苏联建立后最初的二十年之外），因此，意第绪语在某些术语领域的词汇严重匮乏，同时，许多意第绪语使用者都是双语者或多语者，十分熟悉其他欧洲语言，比如俄语、波兰语、德语，这就使得以色列语成为借用国际通用词的沃土。本书的统计分析表明，一百多个以色列语多源新词都是同化国际通用词汇得来的（参看§6.1和§7.1）。

## 8.9　辞　书　学

传统辞书学应该吸收音义匹配研究的相关成果。本研究所提出的一些术语，包括"多源造词"（MSN）、"本族化俗词源"（FEN）、"音义匹配"（PSM）等，应该与"仿造"等术语一样用于辞书学研究。

在《牛津英语词典》提供的词源信息中，常有"讹变"（corruption）、"歪曲"（distortion）等字眼，但是词源学家不应该（过度）使用这些字眼，而应该使用"音义匹配/音义匹配词"（PSM）、"本族化俗词源"（FEN）、"多源造词/多源新词"（MSN）、"混合造词"（hybridization）、"推导型俗词源"（DOPE）等术语，以使辞书学分析更为准确。（请注意，我所提出的这些术语不像一些旧术语那样包含价值评判。）

对于以色列语而言，本书具有建设性的副产品之一是对约 200 个音义匹配词的词源所做的分析。本书首次提供了大量音义匹配词的发展演变史，凡在本书中没有注明确切出处的词源均为原创，这为编纂出版一部非纯语主义的现代以色列语综合词源词典向前迈进了一步。

此外，本书记录和分析了一些废弃词，而奥尔南的《未被接受的词：被遗忘的词词典》（Ornan 1966）几乎都未收录，因此这些词语可以作为对这部宝贵词典的重要补充，而且就俚语词和口语词而言，对萨潘的词典（Sappan 1971；1972）也是重要的补充。

# 8.10　未来的相关研究

从古到今，学者们对词汇扩充资源做过各种不同的分类，但是有些传统的类别已经过时，因此，未来的研究者应该进一步研究哪些类别是过时的，同时还需要找到一种平衡，既能发现更好的解决方案，又能保养好奥卡姆剃刀，其中前者需要深入研究不同词汇扩充资源的类别和差异，后者需要避免分析时涉及过多因素。

其他研究路径还包括进一步研究下意识的多源造词现象，要把这种造词活动与词汇选择、受语音相似性驱动的语码转换、联结主义（神经网络）① 等相结合，开展更深入的研究。此外，索绪尔（Saussure

---

① 关于语码转换（或"语言转换"），参看 Gumperz（1982：59），Bechert and Wildgen（1991：59—68），Romaine（1995：120—180），Hudson（1996：51—53）等。

1916：101＝1999：101）曾经指出：①

> 语言符号是一种两面的心理实体。……这两个要素（概念和音响形
> 象）是紧密相连而且彼此呼应的。

他还指出（同上：161＝1999：157）：②

> 从心理方面看，思想离开了词的表达，只是一团没有定形的、模糊
> 不清的浑然之物。

我们可以将上述观点与沃尔夫（Whorf 1927—1941，参看 1956）
的观点进行比较。不过，有些神经生物学家试图证明概念和形式储存
在大脑的不同部位。一般来说，俗词源研究，尤其是对下意识的音义
匹配展开研究，会有助于我们了解形式是否真的不会影响概念。这类
研究也许会进一步强化一种观点，即词项是靠结合语音和语义而储存
在"心理词库"（mental lexicon）里，而不是仅仅靠语义储存的，这
个观点与科茨（Coates 1987）的观点是一致的。

就以色列语而言，应该对所有的以色列语新词进行统计分析，这
样就可以与本书对以色列语多源新词的分析数据（§7）相比较，从
而让我们更有可能确定量化分析方法，去预测哪些新词可能会通行
开来。

进一步的研究还应该通过量化分析确定音义匹配词、语义化语音
匹配词、语音匹配词与源语词在语音上究竟有多大差距。换言之，我
们还需要确定多源造词在语音上的制约条件是什么。以以色列语为
例，也许是因为它具备闪族语的元音交替特征，辅音似乎比元音更重

---

① 英语表述为："The linguistic sign is［…］a two-sided psychological entity［…］These
two elements［concept+sound pattern］are intimately linked and each triggers the other."
参看 Saussure（1983：66）。

② 英语表述为："Psychologically, setting aside its expression in words, our thought is
simply a vague, shapeless mass." 参看 Saussure（1983：110）。

要。就汉语而言，声调似乎对音义匹配不起作用，但是辅音是否起作用呢？比如在"声纳"（参看§1.4.3.1）这个词里，如果选用辅音不同的词，会对新词的发音、词义、通用的可能性等方面产生什么影响？

自20世纪70年代以来，语言接触一直是全球语言学界的研究热点，语言接触所引发的演变一直受到历史比较语言学、语言类型学、语言习得等诸多领域的研究者们的关注。在当今全球化背景下，随着科技不断进步，信息传递技术（talknology）也日益发达。词语的流动几乎不受任何国界的限制，那么，语言接触又出现了哪些新动态？呈现出怎样的新模式？对于醉心于语言研究的人而言，任何语言现象都是一块可以深耕的沃土。

# 附录一　关于标音、转写、翻译、词源标注等方面的说明

## I. 常用符号

| | |
|---|---|
| *x* | =语音标音（有时是转写，参看下文） |
| *á* | =主重音 |
| *à* | =次重音 |
| ［x］ | =国际音标标音 |
| /x/ | =音位标音 |
| σ | =音节 |
| *x | =x 是不见于文献（未经证实）的词形 |
| {x} | =x 是一个语素 |
| √*abc* | =*abc* 是一个词根 |
| x<y | =x 来自 y |
| x<<y | =x 来自 y，但中间经过了其他过渡形式 |
| y>x | =x 来自 y |
| y>>x | =x 来自 y，但中间经过了其他过渡形式 |
| *x* "a" | =*x* 为例词，a 为 *x* 的词义 |

在希伯来语或以色列语名词词型、动词词型、形容词词型中，用□□□表示词根而不用123，√*qṭl* 或者 √*ktl*。据此，*mi*□□*á*□代表希伯来语名词词型 *miqṭâl*，当代发音为 *miktál*。表示名词词型（和形容词词型）的希伯来语术语是 משקל（以色列语 *mishkál*），表示动词词型的希伯来语术语是 בנין（以色列语 *binyán*）。

## II. 语音标音

一般情况下采用国际音标，若有例外则另作说明。

### II. 1　以色列语

为了方便不熟悉东方语言标音方式的读者，我在提供希伯来语书写形式的同时，采用最为用户友好的英式标音方式。具体而言，我采用 *sh* 而不用 [ʃ] 或者 *š*；用 *kh* 而不用 [χ] 或者 *ch/x/h̩/ḥ/ḫ/k̠*；用 *ts* 而不用 [t͡s] 或者 *tz /c*；用 *zh* 而不用 [ʒ] 或者 *ž*；用 *ch* 而不用 [t͡ʃ] 或者 *č /tsh*。为了避免与其他标音方式相混淆，我采用 *dzh* 而不用 *j* 表示国际音标 [d͡ʒ]。以色列语书写形式不标示重音，但是为了方便读者，我采用了重音符号 *í, é, á, ó, ú*。此外，用于以色列语的音标与用于意第绪语的音标相匹配（参看 §II. 3）。

我的标音非常重视描写性，以当今大多数年轻的以色列语母语者的发音为依据进行标示。例如，ע(ʕ) 和 א(ʔ) 一般不发音，所以一般也不标示；只有当它们出现在生僻词里辅音后的位置时，才会发音，并标示为 '。试比较：常用词 נראה *nirá* [niˈʁa]"似乎 [阳性，单数]"（该词的喉塞音不发音）与罕用词 תשאל *tish'él* [tiʃˈʔel]"调查，盘问 [阳性，单数]"（该词的喉塞音发音）。辅音 י(y) 一般不标示，但如果发音，则予以标示，试比较：*kháim*，而不是 *kháyim*（חיים）。即便如此，ה (h) 虽然几乎不发音，但是不管它在词中处于任何位置，我一律予以标示（它只有在生僻词里才发音；位于短语开头时，有些以色列语母语者会发音）。

有些特殊情况需要注明准确发音，则以国际音标注音。对于以色列语特有的小舌近音（本书中标作 *r*），我用 [ʁ] 标示它的发音。实际上，出生于以色列的大多数以色列语母语者把它念为 [ʁ′]，发音比阿拉伯语  غ [ʁ]（比如在阿拉伯语 غزة [ˈʁazza]"加沙"中的发音）柔软得多，也不同于法语的小舌颤音 [ʀ]；还有的以色列语母语者把 *r* 念为浊齿龈颤音 [r]。

对于以色列语名字、标题或书名、句子和元语言表达式，我的处理方法如下：

1. 如果来自其他参考文献，则保留文献中原有的英语表达式；如果有常用标音，则予以采用。因此，有些名称的标示是不一致的，比如因为出处不同，以色列出版商 קרית ספר 的名称就有不同的写法：Kiryath Sepher（Kutscher 1965）和 Kiryat-Sefer（Even-Shoshan 1997）。此外，美式英语表达式照原样予以采用，而不是改为英式英语。

2. 其他各种情况，一律用英式英语标音（参看上文）。

II. 2　希伯来语

除了提供希伯来语书写形式之外，我也采用国际音标，不过根据传统的希伯来语音标做了修改：用 [bʰ]、[kʰ] 和 [pʰ] 标示读成摩擦音的 [b]、[k] 和 [p]，也就是国际音标的 [bʰ]、[kʰ] 和 [pʰ]；试比较：[β]、[x] 和 [ɸ] 以及以色列语音标 [v]，[χ] 和 [f]。符号 [ṣ] 和 [ṭ] 用于标示与国际音标 [sˤ] 和 [tˤ] 相对应的闪族语咽音。用国际音标去标示希伯来语，与用英式英语音标去标示以色列语是不同的，这样方便读者区分不再作为口语的古代语言希伯来语与作为口语的现代语言以色列语。

本书采用传统的提比里安发音法（Tiberian vocalization）进行标音，给圣经希伯来语、密西拿希伯来语和中古希伯来语词汇提供详细的元音标记。提比里安发音法（以及其他发音法，比如采用上标的巴比伦发音法和巴勒斯坦发音法）是公元 600—850 年引入的。对于本书所用的相关符号，详细说明如下：

| | |
|---|---|
| ə | *shvá* (*Schwa*) |
| i | *khirík* |
| ī | *khirík malé* |
| e | *tseré* (some prefer ē)，long/tense |
| ɛ | *segól* (some prefer e) |
| ě | *khatáf segól* |
| a | *patákh* |
| ă | *khatáf patákh* |
| å | *kamáts* (some prefer ā, others ɔ) |
| ǎ | *khatáf kamáts* |
| o | *kamáts katán* |
| o | *kholám* |
| ō | *kholám malé* |
| u | *kubúts* |
| ū | *shurúk* |

总体而言，这些形式符合汗（Khan 1997: 91—99）对希伯来语元音的描

述，但是可能并没有完全遵循古代惯例。

在阿什肯纳兹希伯来语和犹太启蒙运动时期的希伯来语中，重音与早期不相同，此外，希伯来语的［ō］和［e］分别变成了 oy 和 ey。关于阿什肯纳兹希伯来语的音系学分析，参看 Katz（1993b）。

### II. 3　意第绪语

对于意第绪语词项，除了提供希伯来语书写形式之外，我还提供语音标音，包括 ə（在参考文献中以 e/i 表示）、表示音节的 n（亦即 ņ）和 l（亦即 ļ）。但是，我用 o 表示［ɔ］，用 e 表示［ɛ］。与对以色列语的标音方式一样，我还采用了一些英式英语音标：用 sh 而不用［ʃ］或 š；用 kh 而不用［χ］或 ch/x/h/ħ/kʰ；用 ts 而不用［ʦ］或 tz /c；用 zh 而不用［ʒ］或 ž；用 ch 而不用［ʧ］或 č /tsh。为了避免与其他标音方式相混淆，我采用 dzh 而不用 j 表示国际音标［ʤ］。意第绪语书写形式不标示重音，但是为了方便不讲意第绪语的读者，我采用了重音符号 í, é, á, ó, ú。另外，意第绪语 ר（r）比较流行的发音是［ʁ］（当然，在维尔纳和莫斯科城市剧院可以听到不一样的发音）；受此影响，以色列语 ר（本书中标作 r）流行的发音为［ʁ］。

### II. 4　阿拉伯语

我采用宽式国际音标来标示标准阿拉伯语（音位标音）和阿拉伯土语（语音标音）。对于重读（咽化）辅音，则依据以下资料进行标示：（1）*The Encyclopaedia of Islam* 1960（参看 vol. i，第 xiii 页）；（2）*Library of Congress*（参看 Cataloging Service, Bulletin 118, Summer 1976）；（3）*International Journal of Middle East Studies*（参看 vol. xxxi, 1999：724）；（4）威尔（Wehr）编纂的 *Dictionary of Modern Written Arabic*（比如 1994 年版）。具体而言，用 ṣ 表示 ص（试比较：国际音标［sˤ］），用 ḍ 表示 ض（试比较：国际音标［dˤ］），用 ṭ 表示 ط（试比较：国际音标［tˤ］），用 ẓ 表示 ظ（试比较：国际音标［ðˤ］）。词尾的字母 hamza（在 ʔalif 之后）用 ʔ 标示。长元音在元音之后用国际音标［:］标示，而不是在元音之上加横线。字母 ج 用国际音标［ʤ］标示（尽管在以色列的大多数阿拉伯语方言中念为［ʒ］）。

### II. 5　日语

日语的注音采用赫本式（*Hepburn*）罗马字而不是修订平文式

（Modified Hepburn），后者用双元音表示长元音，试比较：赫本式罗马字 *ō* →修订平文式 *oo*。我认为，赫本式罗马字比日本式（*Nihonshiki*）罗马字和训令式（*Kunreishiki*）罗马字更适合懂英语的读者。试比较：赫本式罗马字 *shi*，*tsu*，*fu* 与训令式罗马字 *si*，*tu*，*hu*，两者均对应于国际音标 ［ʃi］，［t͡su］，［fu］。

本书没有标示日语重读，因为与英语等语言相比，日语重音较轻。此外，在借词里，重音一般不起作用。

至于日文汉字，我区分音读（*on-yomi*）与训读（*kun-yomi*）两种不同读法。日语每个汉字一般都会有两种读法，其中音读模仿汉字的读音，按照这个汉字从中国传入日本的时候的读音来发音，训读指借用汉字的字形和字义而按照日本固有词的读音去读这个汉字时的读法，前者与现代汉语发音有些相似，而后者则完全不同。

**III. 转写与本族语书写形式**

III. 1　希伯来语/以色列语

有些语言学著作提到希伯来语和以色列语词语时，仅仅提供语音标音，这种做法有两大缺陷。首先，以色列语的许多同音异义词的音标相同，但是拼写不同。其次，几乎所有的希伯来语/以色列语词典都是按拼写而不是按发音编排的，如果不提供转写或本族语书写形式，那么，不熟悉词语的拼写形式的人就很难找到要查询的词语。因此，使用转写时，我也会提供词语的本族语书写形式。

以色列人和以色列报纸流行用完整拼写法（*ktiv malé*）而不是用纯辅音拼写法（*ktiv khasér*），后者为希伯来语圣经所用，是一种有瑕疵的拼写法，拼写时只使用辅音字母而不用元音字母。但是，我出于三方面的原因选用了纯辅音拼写法。第一，除希伯来语书写形式之外，我还使用了语音标音；第二，为了方便感兴趣的读者查询希伯来语同化材料（比如查阅《旧约》）；第三，纯辅音拼写法仍然是大多数以色列语/希伯来语词典所采用的拼写形式，例如 *MES*。即便如此，引用口语词或俚语词时，我采用完整拼写法，这是因为这类词一般不用纯辅音拼写法。例如，*bubá* "玩偶" 拼写为 בבה，而 *búba* "宝贝，小妞" 拼写为 בובה（参看 §6.3）。通过采用这两种不同的拼写法，我们就可以创造出简洁的最小对立体。

为了方便不熟悉希伯来语/以色列语的读者，下面列出希伯来语字母、当前名称以及转写符号，其中中栏为希伯来语字母，左栏为字母名称（*表示不标准的名称），右栏为转写符号。请注意，只有在记录词根、缩略语或单个字母时，本书才使用转写符号。

| | | |
|---|---|---|
| *álef* | א | ʔ |
| *bet* | ב | b |
| *gímel/ gímal* | ג | g |
| * *dzhímel/ dzhímal* | ג׳ | ǵ |
| *dáled/ dálet* | ד | d |
| *hey* | ה | h |
| *vav* | ו | w |
| *záin* | ז | z |
| * *zháin* | ז׳ | ź |
| *khet* | ח | ħ |
| *tet* | ט | ṭ |
| *yud/ yod* | י | j |
| *kaf* | כ | k |
| *lamed* | ל | l |
| *mem* | מ | m |
| *nun* | נ | n |
| *sámekh/ sámakh* | ס | s |
| *áin* | ע | ʕ |
| *pey* | פ | p |
| *tsádi( k)* | צ | ṣ |
| * *chádi( k)* | צ׳ | ṣ́ |
| *kuf/ kof* | ק | q |
| *resh* | ר | r |
| *shin* | ש | š |
| *sin* | ש | ś |
| *taf/ tav* | ת | t |

### III. 2　俄语

我经常使用西里尔字母（Cyrillic alphabet），但是我用的是转写而不是语音标音，转写时采用英国标准 2979：1958（这是牛津大学出版社使用的主要转写标准），有关标准请参看《哈特出版者与读者规则》（*Hart's Rules*）（1993：119—120）。之所以采用英式的俄语罗马化标准而不是国际标准，是因为前者与本书所采用的以色列语和意第绪语标音法比较相似，把国际音标的［j］转写为 *y* 而不是 *j*。需要注意的是，在英式转写系统中，软音符号 ь（俄语 мягкий знак *myágkiǐ znak*）用撇号显示；字母 e［ʲe］，ë［ʲo］和 и［i］之前永远都读软辅音，不作任何标示（试比较：元音 э［e］和 o［o］；它们之前都读原来的音，即硬辅音）；非重读的/o/发音为［a］时也不作标示。

### IV. 翻译

本书所引用的非英语文献的译文若无具体说明，则为我本人所译。非英语撰写的书籍或文章的标题如果已有英文译文，即使译文未能准确对应原标题，也予以采纳；确实没有现成译文的，则由我本人翻译。好几百年以前，阿尔哈里兹（Al-Ḥarizi）就指出，翻译就像生活中的其他许多东西一样，要么美，要么忠实。下面的故事，要如何翻译才雅呢？"The Frenchman says：'I am tired and thirsty, I must have wine！'. The German says：'I am tired and thirsty, I must have beer！'. The Jew says：'I am tired and thirsty, I must have diabetes！'"曾经有人把 *When his wife died, he went to pieces.* "妻子去世后，他崩溃了"译为 כשאשתו נפטרה הוא הלך לחתיכות *ksheishtóniferá hu halákh lekhatikhót* "When his wife died, he went to ［pick up some］chicks（good-looking girls）"① "他老婆死后，他去泡妞了"。我相信，我的译文还不至于如此离谱。

---

① 也可参看 Bahat（1987：512）。希伯来语里有一个不雅的名称 הר העצה הרעה（现为 *har haetsá haraá*）（字面意义"邪恶劝告之山"），对应英语 *Mount of Evil Council* "邪恶公会之山"，本来应该用 הר המועצה הרעה（现为 *har hamoatsá haraá*）"邪恶公会之山"，指当初决定把耶稣钉在十字架上的公会（参看 Ziv 1996：74）。相关分析，参看 Jakobson（1966）。

# 附录二　本书重要词汇中外文对照表

## A

| | |
|---|---|
| 阿波罗倾向 | Apollonian tendency |
| 阿尔贡金语 | Algonquian |
| 阿卡得语 | Akkadian |
| 阿拉伯土语 | Vernacular Arabic |
| 阿拉伯语 | Arabic |
| 阿拉姆语 | Aramaic |
| 阿什肯纳兹希伯来语 | Ashkenazic Hebrew |
| 阿兹台克语 | Aztec |
| 埃维语 | Ewe |
| 艾马拉语 | Aymara |
| 爱沙尼亚语 | Estonian |
| 爱斯基摩语 | Eskimo |
| 盎格鲁-诺曼语 | Anglo-Norman |
| 奥克西坦语 | Occitan |
| 奥斯曼土耳其语 | Ottoman Turkish |

## B

| | |
|---|---|
| 巴布亚皮钦语 | Tok Pisin |
| 巴斯克语 | Basque |
| 白俄罗斯语 | Belorussian |
| 班图语 | Bantu |
| 被定义项 | definiendum |
| 本义 | original meaning, original sememe, original sense |
| 本族的，本土的，固有的 | autochthonous, indigenous, native |
| 本族化；同化（形式/过程） | nativization |
| 本族化俗词源 | folk-etymological nativization（FEN） |
| 比较级 | comparative（degree） |

| | |
|---|---|
| 笔名，假名 | pseudonym |
| 贬义的 | derogatory |
| 变格 | declination |
| 变体 | variety |
| 变音符号 | diacritic |
| 表意的 | ideographic, pleremic |
| 表音的 | phonographic, cenemic |
| 宾格形式 | accusative form |
| 并列词源 | co-etymon |
| 波兰意第绪语 | Polish Yiddish |
| 波兰语 | Polish |
| 波利尼西亚语 | Polynesian |
| 波斯语 | Persian |
| 不规则词形变化 | suppletion |

## C

| | |
|---|---|
| 擦音化 | spirantization |
| 称呼词 | appellative |
| 唇音 | labial |
| 纯辅音拼写法 | *ktiv khasér* |
| 纯语论者，纯语主义者 | purist |
| 纯语主义 | purism |
| 词符，语标 | logograph |
| 词符的，语标的 | logographic |
| 词汇归并；归并词 | lexical conflation（LC） |
| 词汇空缺 | lexical void（lacuna） |
| 词汇库存 | lexical inventory |
| 词汇语素 | lexical morpheme |
| 词条 | entry |
| 词位，词汇单位 | lexeme |
| 词项，词汇单位 | lexical item |
| 词义 | sememe, semanteme, sense |
| 词义对立 | enantiosemy |
| 词义具体化多源新词 | specifiying MSN |
| 词义型语义化语音匹配；词义型语义化语音匹配词 | sense-SPM |
| 词源，词源形式 | etymon |

| | |
|---|---|
| 词源学 | etymology |
| 辞书学，词典学 | lexicography |

## D

| | |
|---|---|
| 丹麦语 | Danish |
| 倒读俚语 | back-slangism |
| 倒数第二的 | penultimate |
| 德语 | German |
| 低地德语 | Low German |
| 底层语言 | substratum, substratum language |
| 地名 | toponym |
| 叠音，叠音词 | reduplication |
| 叠音的 | geminate |
| 叠音脱落 | haplology |
| 定义 | definiens |
| 多个时间维度 | polychronicity |
| 多级汇合词 | multilevel syncretism |
| 多源新词 | multisourced neologism（MSN） |
| 多源新短语 | phrase MSN |
| 多源新复合词 | compound MSN |
| 多源新造词 | creational MSN |
| 多源造词 | multisourced neologization（MSN） |

## E

| | |
|---|---|
| 俄语 | Russian |
| 讹变 | corrupt |
| 讹变形式（或过程） | corruption |
| 颚音化，软音 | palatalization |
| 二次派生 | secondary derivation |
| 二次派生词 | secondary derivative |
| 二级词根 | secondary root |
| 二级词库 | Second Lexicon |

## F

| | |
|---|---|
| 法语 | French |
| 梵语 | Sanskrit |
| 反复动词 | frequentative verb, iterative verb |

| | |
|---|---|
| 反例 | counter-example |
| 方言 | dialect |
| 仿译 | loan-translation |
| 仿造 | calque |
| 仿造词 | calquing |
| 非同化借用 | unassimilated borrowing |
| 腓尼基语 | Phoenician |
| 废弃的 | obsolete |
| 芬兰语 | Finnish |
| 福建话，闽南语 | Hokkien |
| 辅音词根 | consonantal root |
| 辅音群 | cluster |
| 复合词 | compound |
| 复兴 | revival |
| 复兴主义者 | revivalist |

## G

| | |
|---|---|
| 高地德语 | High German |
| 格鲁吉亚语 | Georgian |
| 根 | radical |
| 根码替亚释义法 | gematria |
| 根语素 | root morpheme |
| 共时词源 | synchronic etymology |
| 共时的 | synchronic |
| 构词策略 | Word Formation Strategies（WFSs） |
| 古迦太基语，布匿语 | Punic |
| 古旧词 | archaic word |
| 古叙利亚语 | Syriac |
| 广义 | general meaning |
| 国际通用词 | internationalism |
| 国际通用的 | international |
| 国际音标 | International Phonetic Alphabet（IPA） |

## H

| | |
|---|---|
| 哈萨克语 | Kazakh |
| 海地语 | Haitian |
| 荷兰语 | Dutch |

| | |
|---|---|
| 河流名 | potamonym |
| 黑话 | argot |
| 喉音 | glottal |
| 后期拉丁语 | Late Latin |
| 后缀 | suffix |
| 换称，代称 | antonomasia |
| 回归词 | returned loan |
| 混合 | hybridize |
| 混合词 | hybrid（word） |
| 混合造词，混合词 | hybridization |
| 混种词 | mongrel word |

## J

| | |
|---|---|
| 基本意义，中心意义 | primary meaning |
| 吉尔吉斯语 | Kirgiz |
| 吉普赛语 | Romany |
| 既有的 | pre-existent |
| 加泰兰语 | Catalan |
| 剪切，剪切词 | clipping |
| 结构粘合 | structural cohesion |
| 捷克语 | Czech |
| 借词 | loanword, *Lehnwort* |
| 借代 | metonymy |
| 借用；借词 | borrowing |
| 近亲音义匹配；近亲音义匹配词 | incestuous PSM |
| 具体化 | specification |

## K

| | |
|---|---|
| 卡尔纳语 | Kaurna |
| 柯尔克孜语 | Kirghiz |
| 克里奥尔语 | creole |
| 客词 | guestword, *Gastwort* |
| 口语 | speech |
| 口语词 | colloquialism· |

## L

| | |
|---|---|
| 拉包尔语 | Rabaul |

| | |
|---|---|
| 拉迪诺语 | Ladino |
| 拉丁语 | Latin |
| 拉敏杰利语 | Ramindjeri |
| 拉脱维亚语 | Latvian |
| 类比 | analogy |
| 类词源，仿词源 | para-etymology |
| 离合诗 | acrostics |
| 俚语 | slang |
| 俚语词 | slangism |
| 历时的 | diachronic |
| 立陶宛意第绪语 | Lithuanian Yiddish |
| 立陶宛语 | Lithuanian |
| 临时借词 | ad hoc borrowing |
| 流浪词 | *Wanderlehnwörter* |
| 伦敦押韵俚语 | Cockney Rhyming Slang |
| 罗马尼亚语 | Romanian |
| 罗曼语，罗曼语族 | Romance Language(s) |
| 罗特维尔语 | Rotwelsch |

## M

| | |
|---|---|
| 马来语 | Malay |
| 美式英语 | American English, American |
| 美语词，美式用语 | Americanism |
| 蒙古语 | Mongolian |
| 迷奥可语 | Mioko |
| 密西拿希伯来语 | Mishnaic Hebrew, Rabbinic Hebrew |
| 民间词源 | folk-etymology |
| 民众型本族化俗词源 | *FEN populaire* |
| 名词构造型 | *nomen rectum*（form） |
| 名词组合式 | construct state, *smikhút* |
| 名字 | first name |
| 摩洛特语 | Molot |
| 目标语 | target language（TL） |
| 目标语文化，主位文化 | host culture |

## N

| | |
|---|---|
| 那不勒斯语 | Neapolitan |

| | |
|---|---|
| 纳瓦特尔语 | Nahuatl |
| 内化 | internalize |
| 能产的 | productive |
| 能指 | signifier |
| 逆生，逆生法，逆生词 | back-formation |
| 逆向借代 | reverse metonymy |
| 逆序造词 | reverse-creation |
| 挪威语 | Norwegian |
| 诺斯特拉语（的） | Nostratic |

## O

| | |
|---|---|
| 欧洲通用词 | Europeanism |

## P

| | |
|---|---|
| 皮钦语 | pidgin |
| 拼缀，混合 | blend |
| 葡萄牙语 | Portuguese |
| 普通话 | Mandarin |
| 普通借词 | *Sachlehnwörter* |

## Q

| | |
|---|---|
| 契维语 | Twi |
| 前缀 | prefix |
| 强点 | *dagesh forte* |
| 乔克托语 | Choctaw |
| 亲密借用 | intimate borrowing |
| 去音系化 | dephonologization |

## R

| | |
|---|---|
| 热那亚语 | Genuan |
| 人名词，名祖词 | eponym |
| 日本式 | *Nihonshiki* |
| 日耳曼语 | Germanic |
| 日文汉字 | *kanji* |
| 日语 | Japanese |
| 软音，颚音化 | palatalization |
| 软音符号 | soft sign |
| 瑞典语 | Swedish |

## S

| | |
|---|---|
| 萨摩亚语 | Samoan |
| 塞尔维亚语 | Serbian |
| 三级词根 | tertiary root |
| 塞音 | plosive |
| 闪族语（的），闪米特语（的） | Semitic |
| 上层语言 | superstratum, superstratum language |
| 神话词源 | etymythology |
| 生成型俗词源 | generative popular etymology（GPE） |
| 省略 | ellipsis |
| 圣经希伯来语 | Biblical Hebrew |
| 诗的破格，艺术变通手法 | poetic licence |
| 施事 | agent |
| 施事的 | agentive |
| 使役后缀 | causative suffix |
| 世界语 | Esperanto |
| 势利眼用语 | snobbative |
| 首字母缩略词 | acronym |
| 书写形式，书写系统，正字法 | orthography |
| 属格的 | genitive |
| 双重语体 | diglossia |
| 双关语 | pun |
| 双数形式 | dual form |
| 双语源借用 | double borrowing |
| 斯堪的纳维亚语 | Scandinavian |
| 斯拉夫语（的） | Slavonic |
| 斯洛伐克语 | Slovak |
| 斯洛文尼亚语 | Slovene, Slovenian |
| 斯普纳误置 | spoonerism |
| 斯瓦西里语 | Swahili |
| 苏美尔语 | Sumerian |
| 俗词源，通俗词源 | popular etymology |
| 缩略词 | abbreviation |
| 缩写词 | graphic abbreviation |
| 所指，指称对象 | referent |
| 所指型语义化语音匹配；所指型语义化语音匹配词 | referent-SPM |

## T

| | |
|---|---|
| 塔吉克语 | Tajik |
| 泰米尔语 | Tamil |
| 弹回词 | bounced borrowing |
| 提喻 | synecdoche |
| 替换 | substitution |
| 条顿语 | Teutonic |
| 通称，类属名 | generic name |
| 通用度 | currency |
| 通用语 | lingua franca |
| 同化，本族化 | nativize |
| 同化（形式或过程）；本族化 | nativization |
| 同言线，等语线 | isogloss |
| 同义；同义关系 | synonymy |
| 同义反复，赘述 | tautology |
| 同形异义词 | homograph |
| 同音同形异义词 | homonym |
| 同音异义词 | homophone |
| 同音异义借用 | *emprunt-calembour* |
| 同源词 | cognate |
| 突厥语系，突厥语族 | Turkic language( s) |
| 土耳其语，突厥语 | Turkish, Turkic |
| 推导型俗词源 | derivational-only popular etymology（DOPE) |
| 托莱语 | Tolai |

## W

| | |
|---|---|
| 外来词 | foreignism，*Fremdwort* |
| 外来的 | alien |
| 完成时 | perfect tense |
| 完成体/结果体 | perfect/resultative aspect |
| 完整拼写法 | *ktiv malé* |
| 威尔士语 | Welsh |
| 委婉语 | euphemism |
| 文化借用 | cultural borrowing |
| 文字 | script，writing |
| 文字层面的语音匹配；文字层面的语音匹配词 | orthographic PM |

| | |
|---|---|
| 乌迦里特语 | Ugaritic |
| 乌克兰意第绪语 | Ukrainian Yiddish |
| 乌克兰语 | Ukrainian |
| 误听 | mondegreen |

## X

| | |
|---|---|
| 西班牙语 | Spanish |
| 西里尔字母 | Cyrillic alphabet |
| 希伯来语 | Hebrew |
| 希腊语 | Greek |
| 夏威夷语 | Hawaiian |
| 向心的 | endocentric |
| 象形的 | pictographic |
| 象形字 | pictograph |
| 小品词 | particle, grammatical particle |
| 小舌颤音 | uvular trill |
| 小舌近音 | uvular approximant |
| 心理词库 | mental lexicon |
| 新词 | neologism |
| 新词创制（过程） | neologization |
| 新加坡英语 | Singlish, Singaporean English |
| 形借；借形词 | graphic borrowing |
| 形态，形态结构；形态学；词法 | morphology |
| 形态混合词 | morphological hybrid |
| 行囊词，混成词 | portmanteau word |
| 姓氏，姓 | anthroponym, surname |
| 匈牙利语 | Hungarian |
| 学者型本族化俗词源 | *FEN savant* |
| 训读 | *kun-yomi* |
| 训令式 | *Kunreishiki* |

## Y

| | |
|---|---|
| 牙买加克里奥耳语 | Jamaican Creole |
| 雅库特语 | Yakut |
| 亚戈语 | Yago |
| 亚述语 | Assyrian |
| 咽音 | pharyngeal |
| 阳性 | masculine |

| | |
|---|---|
| 一词多义 | polysemy |
| 一次频词 | hapax legomena |
| 一级词库 | First Lexicon |
| 一致性原理 | Congruence Principle |
| 伊努皮克语 | Inupik |
| 易位构词 | anagram |
| 义素，词义 | sememe |
| 异体 | variant |
| 译音，注音，标音 | transcription |
| 意大利语 | Italian |
| 意第绪语，依地语 | Yiddish |
| 意符的，表意的 | ideographic |
| 意借；意借词 | semantic loan |
| 因纽特语 | Inuit |
| 阴性 | feminine |
| 音读 | *on-yomi* |
| 音节 | syllable |
| 音位，音素 | phoneme |
| 音位变体，同位异音 | allophone |
| 音位标音 | phonemic transcription |
| 音位词符文字 | phono-logographic script, cenemo-pleremic script |
| 音位学 | phonology |
| 音位转换，音位变换 | metathesis |
| 音系重编 | rephonologization |
| 音系化 | phonologization |
| 音系演变 | phonological change |
| 音义匹配；音义匹配词 | phono-semantic matching（PSM） |
| 音义匹配新造词 | creational PSM |
| 引进 | importation |
| 引申义 | extended meaning |
| 隐蔽借用；隐蔽借词 | camouflaged borrowing |
| 隐喻 | metaphor |
| 印第安语 | Indian |
| 印地语 | Hindi |
| 印欧语系；印欧语系的 | Indo-European |
| 英式英语 | British English |
| 用法增强（现象） | use-intensification |

| | |
|---|---|
| 幽灵词，别字 | ghost word |
| 犹太启蒙运动，哈斯卡拉运动 | Haskalah |
| 犹太西班牙语 | Judaeo-Spanish |
| 语法语素 | grammatical morpheme |
| 语码转换 | code switching |
| 语内的 | intra-lingual |
| 语素 | morpheme |
| 语素改造；语素改造词 | morphemic adaptation |
| 语素文字 | morphemic script |
| 语素音位改造；语素音位改造词 | morpho-phonemic adaptation |
| 语体 | register |
| 语文学 | philology |
| 语系图模型 | *Stammbaum* model |
| 语言变体 | variety |
| 语言单位 | linguistic unit |
| 语言工程 | language engineering |
| 语言规划 | language planning |
| 语义场 | semantic field |
| 语义单位 | semantic unit |
| 语义的 | semantic |
| 语义化译音 | semanticized transcription |
| 语义化语音匹配；语义化语音匹配词 | semanticized phonetic matching（SPM） |
| 语义学 | semantics |
| 语义转换，转义 | semantic shift |
| 语音标音 | phonetic transcription |
| 语音仿造 | phonetic calquing，*calque phonétique* |
| 语音改造；语音改造词 | phonetic adaptation |
| 语音匹配；语音匹配词 | phonetic matching（PM） |
| 语音演变 | sound change |
| 语音移借 | phonetic transposition |
| 元音变换，元音递变 | *Ablaut* |
| 元音变音 | *Umlaut* |
| 元音标记 | vocalization，vowel marking，*nikúd* |
| 元音和谐；元音和谐率 | vowel harmony |
| 元音交替 | apophony |
| 元语言 | meta-language |
| 原始闪族语 | Proto-Semitic |

| | |
|---|---|
| 原始印欧语 | Proto-Indo-European |
| 原始语 | *Ursprache*, ur-source |
| 原形 | basic form |
| 源语 | source language（SL） |
| 约洛巴语 | Yòruba |
| 粤语 | Cantonese |

## Z

| | |
|---|---|
| 造词的 | lexicopoietic |
| 正音法，标准发音 | orthoepy |
| 指示项 | indicator |
| 指小词 | diminutive |
| 中古的，中世纪的 | medieval |
| 中古高地德语 | Middle High German |
| 中古希伯来语 | Medieval Hebrew |
| 中性的 | neutral |
| 中缀 | infix |
| 终极的，最后的 | ultimate |
| 重读 | accentuation |
| 重音 | stress |
| 咒骂语，秽语 | expletive |
| 主体语言 | matrilect |
| 专名学 | onomastics |
| 专有名词 | proper name |
| 转写 | transliteration |
| 转义型多源造词；转义型多源新词 | MSN by semantic shifting |
| 转义型音义匹配；转义型音义匹配词 | PSM by semantic shifting |
| 转用借词 | loan shift |
| 准行囊词 | quasi-portmanteau word |
| 拙劣名，不雅的名称 | caconym |
| 拙劣模仿 | parody |
| 浊齿龈颤音 | voiced alveolar trill |
| 浊化的 | vocalized |
| 字面意义 | literal meaning |
| 字音表，音节文字表 | syllabary |
| 字中点 | *dagesh* |
| 最高级 | superlative（degree） |
| 最小对立体，最小对立对 | minimal pair |

# 参考文献

如果文献所用的语言不是英语、德语、法语、拉丁语、意大利语、西班牙语，则在括号内以英语标示文献题目，并在每一条文献末尾方括号内注明文献所用的语言。CUP 代表剑桥大学出版社（Cambridge University Press），OUP 代表牛津大学出版社（Oxford University Press）。

**Aavik, Johannes** 1921. *Uute sõnade sõnastik* ( *A Dictionary of New Words*). Tallinn: A. Keisermanni Kirjastus ( A. Keisermann Publishers). [爱沙尼亚语]

**Abramowitsch, Shalom Jacob ben Haim Moshe** ( see also Mendele Mokhér Sfarím) 1862. *toldót hatéva* 1 ( *History of Nature* 1). Leipzig: C. W. Vollrath. ( Based on a book by Harald Othmar Lenz) ( Abramowitsch, also known as Sholem Yankev Broyde Abramovich, used from 1879 the pseudonym *Méndele Mokhér Sfarím*, or in Yiddish *Méndele Móykher-Sfórim*, lit. 'Mendele the ( Itinerant) Bookseller' ) [现代希伯来语]

**Abramowitsch, Shalom Jacob ben Haim Moshe** 1866. *toldót hatéva* 2: *haóf* ( *History of Nature* 2: *Birds*). Zhitomir: A. S. Schadow. [现代希伯来语]

**Abramowitsch, Shalom Jacob ben Haim Moshe** 1872. *toldót hatéva* 3: *hazokhalím* ( *History of Nature* 3: *Reptiles*). Vilna: Romm. [现代希伯来语]

**Agnon, Shmuel Yosef** 1953. *élu veélu* ( *These and Those*). Jerusalem – Tel Aviv: Schocken. [以色列语]

**Aharoni, Y.** ( **Israel**) 1935. ' kipód ' ( The word *kipód* ' hedgehog '). *Lešonénu* 6: 137 – 163. ( Originally written in Berlin in 1912) [以色列语]

**Aitchison, Jean M.** 1981. *Language Change: Progress or Decay?* CUP.

*Akadém* ( *The Bulletin of the Academy of the Hebrew Language*) 1993 – 2000 ( Issues 1 – 15). Einat Gonen ( ed., 5 – 15). Jerusalem: The Academy of the Hebrew Language. [以色列语]

**Akhiasaf, Oded, Raanan Akhiasaf, Guni Rader** and **Shlomi Prais** ( eds) 1993. *leksikón hasléng haivrí vehatsvaí* ( *The Lexicon of Hebrew and Military Slang*). Tel Aviv: Prolog. [以色列语]

**Alcalay, Reuben** 1964. *The Complete Hebrew-English Dictionary*. Tel Aviv – Jerusalem: Massadah. (4 vols)

**Alcalay, Reuben** 1967. *leksikón loazí ivrí khadásh – kolél nivím ufitgamím* (*New Lexicon of Foreign Words and Phrases in Hebrew*). Ramat Gan: Massada. [以色列语]

**Allen, William Sidney** 1978. *Vox Latina: A Guide to the Pronunciation of Classical Latin*. CUP. (2nd Edition, 1st Edition: 1965)

**Allsop, Richard** 1996. *The Oxford Dictionary of Caribbean English Usage*. OUP.

**Almagor, Dan** 1993. 'masá haadlayáda' (*adlayáda*: The Purim Carnival). *Leshonenu La'am* 44 (2): 51 – 61. [以色列语]

**Almagor, Dan** 1995. 'milonyáda' (The Ending -*yáda* in Israeli). *Leshonenu La'am* 46: 47 – 58. [以色列语]

**Alon, Azaria** (ed.) 1983. *hakháy vehatsoméakh shel érets yisraél* (*Plants and Animals of the Land of Israel* [*An Illustrated Encyclopedia*]). Tel Aviv – Jerusalem – Ramat Gan: Ministry of Defence – Society for the Protection of Nature. [以色列语]

**Altbauer, Moshe** 1945. 'mekorá haivrí shel hamilá *sitwa*' (The Hebrew Origin of the Word *sitwa*). *Lešonénu* 14: 85 – 87. [以色列语]

**Alterman, Nathan** 1963. *ktavím* (vol. iii): *hatúr hashvií t. š. j. d.-t. š. k. b.* (*Written Works*, vol. iii: *The 'Seventh Column' 1954 – 1962*). Hakibbutz Hameuchad; Davar. [以色列语]

*Anashím uMakhshevím* (*People and Computers: The Personal Computers Magazine*) 1984 – 1985. Israel. [以色列语]

**Anderson, Stephen A.** 1992. *A-morphos Morphology*. CUP.

**Andriotis, Nikolaos P.** (Ανδριώτης, Νικόλαος Π.; Andriōtēs) 1967. *etimoloyikóleksikótis kinís neoelinikís* (Ετυμολογικόλεξικό της Κοινής Νεοελληνικής; *Etymologiko lexiko tēs koinēs neoellēnikēs*) (*Etymological Dictionary of Common Modern Greek*). Salonika (Thessaloniki): Institouton Neoellēnikōn Spoudōn. (2nd Edition) [现代希腊语]

**Anttila, Raimo** 1989. *Historical and Comparative Linguistics*. Amsterdam – Philadelphia: John Benjamins. (2nd Edition)

**Anttila, Raimo** and **Sheila Embleton** 1995. 'The Iconic Index: from Sound Change to Rhyming Slang' in *Iconicity in Language*, Raffaele Simone (ed.), Amsterdam – Philadelphia: John Benjamins, pp. 87 – 118.

**Appel, René** and **Pieter Muysken** 1987. *Language Contact and Bilingualism*. London – Baltimore – Melbourne – Auckland: Edward Arnold (a division of

Hodder and Stoughton).

**Arikha, Yaakov** ?. 1954. 'bkhár lekhá shem mishpakhá ivrí' (Choose a Hebrew Surname). *Leshonenu La'am* 5 (9 - 10). [以色列语]

**Assaf, David** and **Israel Bartal** 1993. 'gilgulóshel zanáv: mekhatsrót hakhasidím el hasléng hayisraelí' (The Metamorphosis of *zanáv*: From Ḥassidic Courts to Israeli Slang). *Leshonenu La'am* 44 (2): 73 - 79. [以色列语]

**Atay, Falih Rıfkı** 1965. '"Hüküm" Nasıl Kurtuldu?' (How Was the Word *hüküm* 'judgement' Saved?). *Dünya* (*World*) (16 May). [土耳其语]

**Atay, Falih Rıfkı** 1969. *Çankaya*. Istanbul: Doğan Kardeş. [土耳其语]

**Auerbach, P.** and **Mordekhay Ezrahi** (born Krishevski) 1928. 'yalkút tsmakhím' (Plants Dossier). *Lešonénu* 1: 161 - 172. [以色列语]

**Auerbach, P.** and **Mordekhay Ezrahi** (born Krishevski) 1930. *Yalkút Tsmakhím* (*Plants Dossier*). Tel Aviv: Va'ad HaLashon HaIvrit. [以色列语]

**Aulestia, Gorka** 1989. *Basque-English Dictionary*. Reno - Las Vegas: University of Nevada Press.

**Auty, Robert** 1973. 'The Role of Purism in the Development of the Slavonic Literary Languages'. *Slavonic and East European Review* 51: 335 - 343.

**Avinery, Isaac** 1935. *milón khidushéy kh. n. byálik* (*Dictionary of Chaim Nachman Bialik's Neologisms*). Tel Aviv. [以色列语]

**Avinery, Isaac** 1946. *kibushéy haivrít bedorénu* (*The Achievements of Modern Hebrew*). Palestine: 'Sifriat Poalim' Workers' Book-Guild. [以色列语]

**Avinery, Isaac** 1964. *yad halashón: otsár leshoní* (*Yad Hallaschon: Lexicon of Linguistic Problems in the Hebrew Language*). Tel Aviv: Izreel. [以色列语]

**Ayto, John** 1990. *Dictionary of Word Origins*. New York: Arcade Publishing.

**Azkue, Resurrección María de** 1905 - 1906. *Diccionario Vasco-Español-Francés*. Bilbao. 2 vols: vol. i, 1905; vol. ii, 1906 (also Paris: Paul Geuthner).

**Backhouse, A. (Tony) E.** 1993. *The Japanese Language: An Introduction*. OUP.

**Bahat, Shoshanna** 1987. 'darká shel haakadémya lalashón haivrít bekhidushéy milím' (The Way in which the Academy of the Hebrew Language Neologizes). *Leshonenu La'am* 38 (9 - 10): 504 - 530. [以色列语]

**Bahat, Shoshanna** and **Mordechay Mishor** 1995. *milón hahové* (*The Dictionary of the Present*). Jerusalem: Ma'ariv Book Guild - Eitav. [以色列语]

**Baker, P.** and **Peter Mühlhäusler** 1990. 'From Business to Pidgin'. *Journal of Pidgin and Creole Languages* 1. 1: 87 - 115.

**Baldinger, Kurt** 1973. ' À propos de l'influence de la langue sur la pensée. Étymologie populaire et changement sémantique parallèle '. *Revue de Linguistique Romane* 37: 241 – 273.

**Bar-Asher, Moshe** 1995. ' al kharóshet hamilím beváad halashón uvaakadémya lalashón haivrít ' ( ' Fabrication ' of Words by the Hebrew Language Council and the Academy of the Hebrew Language). *Leshonenu La'am* 47 ( 1 ): 3 – 18. [以色列语]

**Bat-El, Outi** 1994. ' Stem Modification and Cluster Transfer in Modern Hebrew '. *Natural Language and Linguistic Theory* 12: 571 – 596.

**Bateson, Gregory** 1944. ' Pidgin English and Cross-cultural Communication '. *Transactions of the New York Academy of Sciences* 2: 137 – 141.

**Bechert, Johannes** and **Wolfgang Wildgen** 1991. *Einführung in die Sprachkontakt-forschung.* Darmstadt: Wissenschaftliche Buchgesellschaft.

*Belleten* ... 1996 ... Ankara: Türk Tarih Kurumu Basimevi ( Turkish History Society Publishing House) [土耳其语]

**Ben-Ami, M.** ( *sine dato*, *c.* 1957). *milón refuí lerentgenaút* ( *Medical X-Ray Dictionary: English-Latin-Hebrew*). Tel Aviv: Niv. [以色列语]

**Ben-Amotz, Dan** and **Netiva Ben-Yehuda** 1972. *milón olamí leivrít medubéret* ( *The World Dictionary of Hebrew Slang* ). Jerusalem: Lewin-Epstein. ( For Part Two, see 1982) [以色列语]

**Ben-Amotz, Dan** and **Netiva Ben-Yehuda** 1982. *milón akhúl manyúki leivrít medubéret* ( *The World Dictionary of Hebrew Slang* – *Part Two* ). Tel Aviv: Zmora, Bitan. ( For Part One, see 1972) [以色列语]

**Ben-Arye, Y.** 1988. *totákh kis* ( *A Pocket Cannon*). Jerusalem: Dvir. [以色列语]

**Ben-Avi, Itamar** ( born Ben-Zion Ben-Yehuda) 1951. Itamar Ben-Avi's Letter to Daniel Persky – cf. Sivan 1981a. [以色列语]

**Bendavid, Abba** 1967. *leshón mikrá uleshón khakhamím* ( *Biblical Hebrew and Mishnaic Hebrew*), vol. i. Tel Aviv: Dvir. [以色列语]

**Ben-Yehuda, Eliezer** ( born Eliezer Yitzhak Perelman) 1909 – 1959. *milón halashón haivrít hayeshaná vehakhadashá* ( *A Complete Dictionary of Ancient and Modern Hebrew*). Tel Aviv: La'am Publishing House; Jerusalem: Hemda and Ehud Ben-Yehuda; New York – London: Thomas Yoseloff. ( 16 vols plus an introductory volume) [以色列语, 希伯来语]

**Ben-Yehuda, Eliezer** 1978. *hakhalóm veshivró: mivkhár ktavím beinyenéy lashón* ( *The Dream and Its Fulfilment: Selected Writings* ). Reuven Sivan ( ed.). Jerusalem: Dorot; Bialik Institute. ( *shivró* could also mean ' its realization/meaning/breaking') [以色列语]

**Ben-Yishai, Aharon Zeev** 1971. 'Parody, Hebrew' in *Encyclopaedia Judaica*, Jerusalem: Keter, vol. xiii, pp. 124–140.

**Ben-Yitzhak (N.)** (pseudonym of Naphtali Herz Torczyner, later Tur-Sinai) 1938. 'shalósh hatsaót ktanót' (Three Small Suggestions). *Lešonénu* 9: 122–123. [以色列语]

**Bernstein, Ignaz** 1908. *Jüdische Sprichwörter und Redensarten*. Warsaw: (s.n.). (Reproduced in 1988 by Fourier, Wiesbaden) [德语, 意第绪语]

**Bernstein, Simon Gerson** 1932. *diván lerabí yehudá mimódena* (*The Divan of Leo de Modena*). Philadelphia: The Jewish Publication Society of America. [以色列语]

**Betz, Werner** 1945. 'Die Lehnbildungen und der Abendländischen Sprachenausgleich'. *Beiträge zur Geschichte der deutschen Sprache und Literatur* 67: 275–302.

**Betz, Werner** 1949. *Deutsch und Lateinisch: Die Lehnbildungen der althochdeutschen Benediktinerregel*. Bonn: H. Bouvier.

**Bialik, Chaim Nachman** 1929. 'makhasoréy leshonénu vetakanatá' (The Deficiencies/Lacks of Our Language and its Reform). *Lešonénu* 2: 51–56. [以色列语]

**Bialik, Chaim Nachman** 1935. *kitvéy khaím nakhmán byálik* (*Chaim Nachman Bialik's Works*). Tel Aviv: Dvir. (3 vols) [以色列语]

**Bialik, Chaim Nachman** 1959. *kol kitvéy byálik* (*The Complete Works of Bialik*). Tel Aviv: Dvir. (1st Edition: 1938) [以色列语]

**Bialik, Chaim Nachman** 1990. *khaím nakhmán byálik: shirím: t.r.n.ṭ.-t.r.ṣ.d.* (*Chaim Nachman Bialik: Collected Poems: 1899–1934*). Dan Miron et al. (eds). Tel Aviv: Dvir–Katz Research Institute for Hebrew Literature Tel Aviv University. [以色列语]

*Bible* – see *Holy Bible* or *Tanákh*.

**Bierce, Ambrose** 1996. *The Devil's Dictionary*. Ware (Hertfordshire): Wordsworth Reference. (First published in 1911, a large part of it published in 1906 as *The Cynic's Word Book*, originally written in 1881–1906)

**Blau, Joshua** 1981. *The Renaissance of Modern Hebrew and Modern Standard Arabic: Parallels and Differences in the Revival of Two Semitic Languages*. (= *Near Eastern Studies*, vol. xviii). Berkeley – Los Angeles – London: University of California Press.

**Bloch, Bernard** and **George Trager** 1942. *Outline of Linguistic Analysis*. Baltimore: The Linguistics Society of America.

**Bloomfield, Leonard** 1933. *Language*. New York: Henry Holt. (Revised edition of *Introduction to the Study of Language*, New York: Henry Holt, 1914)

**Bolinger, Dwight** 1975. *Aspects of Language*. New York: Harcourt, Brace Jovanovich.

**Bolozky, Shmuel** 1999. *Measuring Productivity in Word Formation: The Case of Israeli Hebrew* (= *Studies in Semitic Languages and Linguistics* XXVII). Leiden - New York - Köln: Brill.

**Borges, Jorge Luis** 1974. 'Sobre el "Vathek" de William Beckford' (1943) in 'Otras Inquisiciones' (1952) in *Obras Completas*. Buenos Aires: Emecé Editores.

**Brandstaedter, Mordechay David** 1920. 'kfar mezagegím' (Glaziers' Village). *kol kitvéy m. d. brandshteter* (*The Complete Works of M. D. Brandstaedter*), vol. iii, 7 - 29. Warsaw: Tushia. [以色列语]

**Brenner, J. H.** 1956. *kol kitvéy bréner* (*The Complete Works of Brenner*), vol. i. Tel Aviv: Hakibbutz Hameuchad. [以色列语]

**Brown, Francis, S. R. Driver** and **Charles A. Briggs** (eds) 1955. *A Hebrew and English Lexicon of the Old Testament*. Oxford: Clarendon Press. (1st Edition: 1907) (Based on the lexicon of William Gesenius, as translated by Edward Robinson)

**Brückner, Aleksander** 1974. *Słownik etymologiczny języka polskiego* (*Etymological Dictionary of the Polish Language*). Warsaw: Wiedza Powszechna (Universal Knowledge). [波兰语]

**Bunis, David M.** 1981. *Sephardic Studies: a Research Bibliography incorporating Judezmo Language, Literature and Folklore, and Historical Background*. New York: Garland.

**Bunis, David, M.** 1993. *Lexicon of the Hebrew and Aramaic Elements in Modern Judezmo*. Jerusalem: Magnes - Misgav Yerushalayim.

**Burgess, Anthony** 1994. *A Clockwork Orange*. London: Compact Books. (1st Edition: 1962).

**Buyssens, Eric** 1965. 'Homonymie et principe sémique dans les remaniements lexicaux'. *Linguistique historique*: 9 - 89. Bruxelles.

**Bynon, Theodora** 1977. *Historical Linguistics*. CUP.

**Carroll, Lewis** (pseudonym of Charles Lutwidge Dodgson) 1996. *The Complete Illustrated Lewis Carroll*. Ware (Hertfordshire): Wordsworth. (Including *Alice's Adventures in Wonderland*, originally written in 1865; cf. the translation into Israeli by Ofek 1989)

**Carstensen, Broder** 1968. ' Zur Systematik und Terminologie deutsch-englischer Lehnbeziehungen ' in *Wortbildung, Syntax und Morphologie: Festschrift zum 60. Geburtstag von Hans Marchand am 1. Oktober 1967*, H. E. Brekle and L. Lipka ( eds), The Hague - Paris: Mouton, pp. 32 - 45.

**Cassidy, Frédéric G.** 1966. ' Multiple Etymologies in Jamaican Creole '. *American Speech* 41 ( 3 ): 211 - 215.

**Cassidy, Frédéric G.** and **Robert B. Le Page** 1980. *Dictionary of Jamaican English*. CUP. ( 2nd Edition )

**Catullus, Gaius Valerius** - see **Zukofsky, Celia Thaew** and **Louis Zukofsky** 1969. *Catullus ( Gai Valeri Catulli Veronensis liber )* ( Translation of poetry by Gaius Valerius Catullus ). London: Cape Goliard P.

**Chantraine, Pierre** 1968 - 1980. *Dictionnaire étymologique de la langue grecque: histoire des mots*. Paris: Klincksieck. ( 4 vols )

**Chernikhovsky, Shaul** 1929. ' péret munakhím betorát hanitúakh - khélek 1: munakhím betorát haatsamót vehakshurím ' ( List of Terms in the Theory of Surgery - Part I: Osteology and Syndesmology Terms ). *Lešonénu* 1: 250 - 265. [以色列语]

**Chernikhovsky, Shaul** 1952. *kol shiréy chernikhóvski bekhérekh ekhád ( All of Chernikhovsky's Poems in One Volume )*. Jerusalem - Tel Aviv: Schocken. [以色列语]

**Chomsky, William** 1957. *Hebrew - The Eternal Language*. Philadelphia: The Jewish Publication Society of America.

**Choueka, Yaacov** et al. 1997. *rav milím: hamilón hashalém laivrít hakhadashá ( Rav-Milim: A Comprehensive Dictionary of Modern Hebrew )*. Israel: C. E. T. ( *m.ṭ.ḥ.* ) - Miskal ( Yedioth Ahronoth and Sifrei Hemed ) - Steimatzky. [以色列语]

**Clauson, Gerard** 1972. *An Etymological Dictionary of Pre-Thirteenth-Century Turkish*. Oxford: Clarendon Press.

**Clyne, Michael** 1967. *Transference and Triggering: Observations on the Language Assimilation of Postwar German-Speaking Migrants in Australia*. The Hague: Martinus Nijhoff.

**Coates, Richard** 1987. ' Pragmatic Sources of Analogical Reformation '. *Journal of Linguistics* 23: 319 - 340.

**Cockburn, Rodney** 1990. *South Australia. What's in a name?* Adelaide: Axiom Publishing ( Revised edition. First published 1984 ).

**Corominas, Juan María** ( ed.) 1954. *Diccionario Crítico Etimológico de la Lengua Castellana*. Bern ( Switzerland ): Francke.

**Cortelazzo, Manlio** and **Paolo Zolli** 1999. *Dizionario Etimologico della Lingua Italiana.* Bologna: Zanichelli. (2nd Edition)

**Coulmas, Florian** 1989. *The Writing Systems of the World.* Oxford: Basil Blackwell.

**Coulmas, Florian** 1999. *The Blackwell Encyclopedia of Writing Systems.* Oxford: Blackwell. (First published in 1996)

**Cruse, D. Alan** 1986. *Lexical Semantics.* CUP.

**Crystal, David** 1993. *An Encyclopedic Dictionary of Language and Linguistics.* London: Blackwell.

**Crystal, David** 1997. *A Dictionary of Linguistics and Phonetics.* Oxford: Blackwell. (4th Edition)

**Crystal, David** 2000. *Language Death.* CUP.

**Dagut, M.** ( = Menachem B. Dagut) 1976. ' hamakhsár hasemánti kiveayát tirgúm meivrít leanglít' (The Semantic Void as a Translation Problem from Hebrew to English). *Ki-L'shon 'Ammo – Studies in Applied Linguistics*: 36 – 43. B-Z. Fischler and R. Nir (eds). HaMoatza LeHankhalat HaLashon (Council on the Teaching of Hebrew). [以色列语]

**Dagut, Menachem B.** 1978. *Hebrew-English Translation: A Linguistic Analysis of Some Semantic Problems.* Haifa: The University of Haifa.

**Dal', Vladimir** 1955. *tolkóyǐ slovár' zhivágo velikorúskago yaziká* (*Explanatory Dictionary of the Living Great-Russian Language*). St Petersburg – Moscow: M. O. Vol'f. (Based on the 1880 – 1882 Edition) (4 vols) [俄语]

**Dao, D. A.** and **M. T. Han** (eds) 1957. *Hán-Việt tù-điển* (*Classical Chinese-Vietnamese Dictionary*). Saigon. [汉语，越南语]

*Davar* (lit. ' Thing/Word' ) (Israeli newspaper). Israel. [以色列语]

**DeFrancis, John** 1984. *The Chinese Language: Fact and Fantasy.* Honolulu: University of Hawaii Press.

**Deny, Jean** 1935. ' La réforme actuelle de la langue turque' in *En Terre d'Islam*, Paris, pp. 223 – 247.

**Deroy, Louis** 1956. *L'Emprunt linguistique.* Paris: Les Belles Lettres.

**Derrida, Jacques** 1967. *De la grammatologie.* Paris: Minuit.

**Derrida, Jacques** 1976. *Of Grammatology.* Baltimore: Johns Hopkins University Press.

**Devoto, Giacomo** and **Gian Carlo Oli** 1995. *Il Dizionario della Lingua Italiana.* Firenze: Le Monnier.

**Doerfer, Gerhard** 1963 – 1975. *Türkische und mongolische Elemente im Neupersischen* (*unter besonderer Berücksichtigung älterer neupersischer*

*Geschichtsquellen, vor allem der Mongolen- und Timuridenzeit*). Wiesbaden：Franz Steiner.

**Doniach, Nakdimon Sabbethay** and **Ahuvia Kahane** (eds) 1998. *The Oxford English-Hebrew Dictionary*. OUP. (Identical to the 1996 hardback edition)

**Dowty, David** 1979. *Word Meaning and Montague Grammar*. Dordrecht：Reidel.

**Dozy, Reinhart Pieter Anne** and **Willem Herman Engelmann** 1869. *Glossaire des Mots Espagnoles et Portugais dérivés de l'Arabe*. Leiden：Brill. (2nd Edition)

**Dozy, Reinhart Pieter Anne** 1927. *Supplément aux Dictionnaires Arabes*. Leiden – Paris：Ci-devant E. - J. Brill – Maisonneuve Frères. (2 vols) (2nd Edition, originally 1881, Leiden)

**Drosdowski, Günther** (ed.) 1989. *Das Herkunftswörterbuch*. Mannheim：Duden.

**Drosdowski, Günther** (ed.) 1994. *Das Große Fremdwörterbuch*. Mannheim – Leipzig – Wien – Zürich：Duden.

**Eco, Umberto** 1980. *Il Nome della Rosa*. Milano：Bompiani.

**Edwards, Jay** 1974. 'African Influences on the English of San Andres Island, Columbia' in *Pidgins and Creoles*, David DeCamp and Ian F. Hancock (eds), Washington D. C.：Georgetown University Press, pp. 1 – 26.

**Eitan, Eli** and **Meir Medan** (eds) 1952. 'léket munakhím' (Collection of (New) Terms). *Leshonenu La'am* 3：31 – 32. [以色列语]

**Eitan, Eli** 1950. 'miloazít leivrít' (From Foreign Languages into Hebrew). *Leshonenu La'am* 2 (4)：20 – 24. [以色列语]

**Eitan, Eli** 1970. 'haslamá' (The word *haslamá* 'escalation'). *Leshonenu La'am* 21：249 – 252. [以色列语]

**Eliot, George** 1876. *Daniel Deronda*. Edinburgh：William Blackwood.

*Enciclopedia Universal Ilustrada Europeo-Americana* 1930. Madrid – Barcelona：Espasa-Calpe.

*The Encyclopaedia of Islam – New Edition* 1960 –. Leiden ( – New York)：E. J. Brill (and London：Luzac & Co).

*Encyclopaedia Judaica* 1971 – 1972. Jerusalem：Keter. (16 vols)

*Entsiklopédya Mikraít* (*Biblical Encyclopædia*) 1955 – 1982. Jerusalem：Bialik Institute. (8 vols) [以色列语]

*Ev* (*Literary Magazine*) 1995. Gal Kober, Dori Manor and Ori Pekelman (eds). Tel Aviv. [以色列语]

**Even-Odem, Joseph** (born Rubinstein) 1950. *al sfat lashón* (*In the Lips of Talkers*). Herzliyya: Even-Odem. ( cf. BH עם ודבת לשון שפת על ותעלו [watteʕǎ'lū ʔal śə'pʰat lå'šon wədib'bat ʕåm] 'and ye are taken up in the lips of talkers, and are an infamy of the people', Ezekiel 36: 3) (This controversial book is defined by Even-Odem as an accusation of corruption and scorn 'towards our language' against the *Hebrew Language Council*, *Lešonénu* 'heavy' editorial board, the *Palestine Jewish Medical Association/Medical Association of Israel* and *HaRefuah* 'sick' editorial board (*sic*)) [以色列语]

**Even-Odem, Joseph** 1959. *beshót lashón: divréy khakhamím kedorbanót – din udvarím beinyenéy halashón harefuít haivrít – lezékher doktor davíd aryé frídman, orékh harefuá* (*Discussions on the Hebrew Medical Language – Dedicated to the Memory of Dr David Arye Friedman, Editor of* HaRefuah). Herzliyya. [以色列语]

**Even-Odem, Joseph** and **Yaacov Rotem** 1967. *milón refuí khadásh* (*New Medical Dictionary*). Jerusalem: Rubin Mass. [以色列语]

**Even-Shoshan, Avraham** 1970. *hamilón hekhadásh* (*The New Dictionary*). Jerusalem: Kiryath Sepher. (7 vols) [以色列语]

**Even-Shoshan, Avraham** 1988. *konkordántsya khadashá letorá neviím ukhtuvím* (*New Concordance of the Bible*). Jerusalem: Kiryat Sefer. [希伯来语]

**Even-Shoshan, Avraham** 1997. *hamilón hekhadásh – hamahadurá hameshulévet* (*The New Dictionary – The Combined Version*). Jerusalem: Kiryat-Sefer. (5 vols) (This version is the most up-to-date and the most recommended but it still includes many mistakes, for instance masculine גרון *garón* 'throat' is said to be feminine.) [以色列语]

**Even-Zohar, Itamar** 1982. 'Russian *VPCs* in Hebrew Literary Language'. *Theoretical Linguistics* 9. 1: 11 – 16.

**Feingold, Ellen** and **Miriam Freier** 1991. *milón lemunekhéy harefuá vehabriút* (*Dictionary of Medical and Health Terminology*). Jerusalem: Carta. [以色列语]

**Feinsilver, Lillian Mermin** 1970. *The Taste of Yiddish.* New York – London: Thomas Yoseloff. (Reprint: San Diego: A. S. Barnes, 1980)

**Fischler, Brakha** 1990. 'masaéy hashemót: lehitpatkhút haminúakh shel shmot baaléy hakanáf 1866 – 1972' (Journeys of Names: On the Development of Bird Names 1866 – 1972). *Lashón velvrít* (*Language and Hebrew*) 4: 6 – 35. [以色列语]

**Flaum, Kh.** 1937. 'rákhat – *Racket*' (The Word *rákhat* 'racket'). *Lešonénu*

8: 198 – 200.

**Flexer, Akiva** 1969. *geológya: yesodót vetahalikhím* (*Geology: Principles and Processes*). Jerusalem: Academon. [以色列语]

**Ford, Alan** and **Rajendra Singh** 1991. 'Propedeutique morphologique'. *Folia Linguistica* 25.

**Ford, Alan, Rajendra Singh** and **Gita Martohardjono** 1997. *Pace Pāṇini: Towards a Word-Based Theory of Morphology*. New York: Peter Lang.

*Fórverts* (*Yiddish Forward*) 1897 – 2003. New York. [意第绪语]

**Fraenkel, Meir** 1949. *kuntrés leshón haám* (*Handbook of Hebrew Slang with Vocabulary*). Jerusalem: Freund. [以色列语]

**Freed, A.** 1944. Review of *HaRefuah* (*Journal of the Palestine Jewish Medical Association*). *HaRofé HaIvrí* (*The Hebrew Medical Journal*) 2: 131 – 132. [以色列语]

**Frege, Gottlob** 1892. 'Über Sinn und Bedeutung'. *Zeitschrift für Philosophie und philosophische Kritik*: 25 – 50.

**Frellesvig, Bjarke** 1993. 'On the Misconception that Kanzi are Ideograms and Some General Implications for the Teaching and Learning of Kanzi' in *Proceedings of Nordic Syposium on Teaching Japanese Methods and Improvements* (21 – 23 August), Tokai University European Center – Tokai University Foreign Student Education Center – The Department of Asian Studies, University of Copenhagen, pp. 94 – 103.

**Frellesvig, Bjarke** 1996. 'On the Interpretation of Written Sources as Evidence for the Phonology of Earlier Language Stages – with Special Regard to the Reconstruction of Early Old Japanese'. *Copenhagen Working Papers in Linguistics* 4: 97 – 130.

**French, M. A.** 1976. 'Observations on the Chinese Script and the Classification of Writing-Systems' (based on a lecture given on 11 May 1971) in *Writing without Letters* ( = *Mont Follick Series* iv), William Haas (ed.), Manchester: Manchester University Press – Totowa (NJ): Rowman and Littlefield, pp. 101 – 129.

**Frisk, Hjalmar** 1960, 1970. *Griechisches etymologisches Wörterbuch*, Heidelberg: Carl Winter, Universitätsverlag. (2 vols, vol. i (A-Ko) – 1960; vol. ii (Kρ-Ω) – 1970)

**Gadish, Ronit** 1998. 'haakadémya vetsibúr dovréy haivrít' (The Academy and the Hebrew-Speaking Public). *Leshonenu La'am* 49 (2): 58 – 64. [以色列语]

**Gelb, Ignace J.** 1963. *A Study of Writing*. Chicago: University of Chicago Press. (2nd Edition)

**Gerdener, Wilhelm** 1986. *Der Purismus im Nynorsk: Historische Entwicklung und heutiger Sprachgebrauch.* Münster.

**Glare, Peter G. W.** (ed.) 1988. *The Oxford Latin Dictionary.* OUP.

**Glinert, Lewis** 1992. *The Joys of Hebrew.* OUP.

**Gonen, Einat** 1995. 'mikhidushéa haakhroním shel haakadémya (The Latest Neologisms of the Academy). *Leshonenu La'am* 46: 93 – 94. [以色列语]

**Gordon, Judah Leib** 1883. *kol shiréy górdon (All Judah Leib Gordon's Poems)*, vol. i. [希伯来语]

**Gordon, Judah Leib** 1956. *kitvéy yehudá leyb górdon – shirá (Judah Leib Gordon's Works – Poetry).* Tel Aviv: Dvir. (Gordon lived between the years 1831 – 1892) [希伯来语]

**Gordon, Judah Leib** 1960. *kitvéy yehudá leyb górdon – próza (Judah Leib Gordon's Works – Prose).* Tel Aviv: Dvir. (Gordon lived between the years 1831 – 1892) [希伯来语]

**Grimm, Jacob** and **Wilhelm Grimm** 1854 – 1954. *Deutsches Wörterbuch.* Leipzig: S. Hirzel. (16 vols)

**Gumperz, John Joseph** 1982. *Discourse Strategies.* CUP.

**Gur, Yehuda** (born Grazovski) 1947. *milón ivrí (Hebrew Dictionary).* Tel Aviv: Dvir. (2nd Edition) [以色列语]

**Gur, Yehuda** 1949. *leksikón lemilím zarót (Lexicon of Foreign Words).* Tel Aviv: Dvir. [以色列语]

**Gusmani, Roberto** 1973. *Aspetti del prestito linguistico.* Napoli: Libreria scientifica editrice. ( = *Collana di Studi Classici* xv)

*Haaretz* (lit. 'The Land') (Israel's third bestselling daily newspaper, relatively intellectual). Tel Aviv. [以色列语]

**Haas, William** 1976. 'Writing: The Basic Options' (based on a lecture given on 20 May 1975) in *Writing without Letters* ( = *Mont Follick Series* iv), William Haas (ed.), Manchester: Manchester University Press – Totowa (NJ): Rowman and Littlefield, pp. 131 – 208.

**Haas, William** 1983. 'Determining the Level of Script' in Part 1 (Linguistic Aspects of Writing) of *Writing in Focus* ( = *Trends in Linguistics: Studies and Monographs* 24), Florian Coulmas and Konrad Ehlich (eds), Berlin – New York – Amsterdam: Mouton, pp. 15 – 29.

*HaDoar* (lit. 'The Mail') (weekly magazine). New York. [以色列语]

**Haffenden, John** 1985. *Novelists in Interview.* London – New York: Methuen.

**Hagège, Claude** 1986. *L'homme de paroles: Contribution linguistique aux* *sciences humaines*. Paris：Arthème Fayard.（Originally：1985）

**Hall, Robert Anderson Jr** 1966. *Pidgin and Creole Languages*. Ithaca（New York）：Cornell University Press.

**Hancock, Ian F.** 1979. 'On the Origins of the Term *pidgin*' in *Readings in Creole Studies*, Ian F. Hancock（ed.）, Ghent（Belgium）：E. Story-Scientia, pp. 81 - 86.

**Hansell, Mark Donald** 1989. 'Lexical Borrowing in Taiwan'. PhD Dissertation. University of California, Berkeley.

*HaOr*（lit. 'The Light'）（weekly magazine）. Eliezer Ben-Yahuda（ed.）. Jerusalem.［以色列语］

*HaRefuah*（（*The*）*Medicine*）- *Journal of the Palestine Jewish Medical Association*（which in 1948 became the *Medical Association of Israel*）1940s.［以色列语］

**Harkavy, Alexander** 1910. *yídish énglisher vérterbukh*（*Yiddish-English Dictionary*）. New York：Hebrew Publishing Company.［意第绪语，英语］

**Harkavy, Alexander** 1988. *yídish énglish hebréisher vérterbukh*（*Yiddish-English-Hebrew Dictionary*）. New York：Schocken；YIVO Institute for Jewish Research.（Reprint of the 2nd Edition, 1928, 1st Edition：1925）［意第绪语，英语，以色列语］

**Harshav, Benjamin** 1993. *Language in Time of Revolution*. Stanford（California）：Stanford University Press.

*Hart's Rules for Compositors and Readers at the University Press Oxford* 1993. OUP.（39th Edition）

**Haugen, Einar（Ingvald）** 1950. 'The Analysis of Linguistic Borrowing'. *Language* 26：210 - 231. Baltimore：Waverly.

**Haugen, Einar（Ingvald）** 1953. *The Norwegian Language in America: A Study in Bilingual Behavior*. Philadelphia：University of Pennsylvania Press.（2 vols）

**Haugen, Einar（Ingvald）** 1956. *Bilingualism in the Americas: A Bibliography and Research Guide*. Alabama：American Dialect Society.

**Haugen, Einar（Ingvald）** 1973. 'Bilingualism, Language Contact and Immigrant Languages in the United States：A Research Report 1956 - 1970' in *Current Trends in Linguistics*, T. A. Sebeok（ed.）, The Hague - Paris, vol. x, pp. 505 - 591.

**Hava, J. G.** 1915.［ʔalfaˈraːid adduˈrijja ˈʕarabi-ʔinkˈlizi］（*Al-Faraid Arabic-English Dictionary*）. Beirut：Catholic Press.（Later reprints include Catholic Press：1951, 1964, and Dar el-Mashreq, Beirut：1982）［阿拉伯语，英语］

**Haywood, John A.** 1971. *Modern Arabic Literature 1800 – 1970*. London: Lund Humphries.

**Hazan, Chaim Leib (Arye)** 27 April 1890 (Sunday). 'tsáad lefaním leharkhív sfat éver' (One step forwards – to expand the Language of Hebrew). *HaZefira*: Year 17 (p. 352) (No. 84, p. 4). Ch. S. Slonimsky and N. Sokolov (eds). Warsaw. (This is the third and last part of Hazan's article; the first two parts appearing in *HaZefira*: Year 17, No. 74 (15 April 1890) and No. 79 (21 April 1890). *HaZefira* is the original romanized form, used in the newspaper itself, of H הצפירה 'The Dawn'. It is currently pronounced *hatsfirá*, and often cited as *Ha-Tzephirah*.) [现代希伯来语]

**Hazaz, Hayyim** 1955. *tṣel hafúkh* (*Opposite Shadow*). Tel Aviv: Am Oved. [以色列语]

**Heath, Jeffrey** 1994. '*Borrowing*' in *The Encyclopedia of Language and Linguistics*, R. E. Asher and J. M. Y. Simpson (eds), Oxford – New York – Seoul – Tokyo: Pergamon Press, vol. i, pp. 383b – 394a.

**Hennoste, Tiit** 1999. 'Valter Tauli: Great Bystander'. *International Journal of the Sociology of Language* 139 (Estonian Sociolinguistics): 145 – 158.

**Herbinius, Johannes** 1675. *Religiosæ Kijovienses Cryptae, sive Kijovia Subterranea*. Jena.

**Heyd, Uriel** 1954. *Language Reform in Modern Turkey*. Jerusalem: The Israel Oriental Society.

**Hinds, Martin** and **El-Said Badawi** 1986. *A Dictionary of Egyptian Arabic: Arabic-English*. Beirut: Librairie du Liban.

**Hjelmslev, Louis** 1959. 'Essai d'une théorie des morphèmes' in *Essais Linguistiques* ( = *Travaux du cercle linguistique de Copenhague* XII), Copenhagen: Nordisk Sprog- og Kulturforlag (Nordic Language and Culture Publishing House), pp. 152 – 164. (Originally published in 1938)

**Hock, Hans Henrich** 1986. *Principles of Historical Linguistics*. Berlin – New York – Amsterdam: Mouton de Gruyter.

**Holland, Dorothy** and **Naomi Quinn** (eds) 1987. *Cultural Models in Language and Thought*. Cambridge University Press.

*The Holy Bible – Old and New Testaments in the King James Version* 1987. Nashville: Thomas Nelson.

*The Holy Bible – Containing the Old and New Testaments – New Revised Standard Version – Anglicized Edition* 1995. OUP.

**Hony, H. C., Fahir İz** and **A. D. Alderson** (eds) 1992. *The Oxford Turkish-English Dictionary*. OUP.

**Horatius.** *Satirae.*

**Hudson, Richard A.** 1996. *Sociolinguistics.* CUP. ( 2nd Edition, 1st Edition: 1980)

**Hughes, Geoffrey** 1988. *Words in Time: A Social History of the English Vocabulary.* Oxford: Basil Blackwell.

**Inbal, Shimshon** 1994 – 1995. *Hebrew/American/English/Hebrew User-Friendly Dictionary.* Jerusalem: S. Zack.

*International Journal of Middle East Studies.* R. Stephen Humphreys ( ed. in 1999). CUP.

**Jakobson, Roman** 1966. ' On Linguistic Aspects of Translation ' in *On Translation*, R. A. Brower ( ed.), OUP, pp. 232 – 239. ( Reproduced in *Selected Writings II: Word and Language*, 1971, The Hague – Paris: Mouton, pp. 260 – 266. )

**Jacobson, Roman** 1990. ' Principles of Historical Phonology' in *On Language*, Waugh and Monville-Burston ( eds.), Cambridge, Mass.: Harvard University Press, pp. 184 – 201.

**Jänicke, Otto** 1968. ' Zu den slavischen Elementen im Französischen ' in *Festschrift Walther von Wartburg zum 80. Geburtstag*, vol. ii, Kurt Baldinger ( ed.), Tübingen: Niemeyer, pp. 439 – 459.

**Jastrow, Marcus** 1903. *A Dictionary of the Targumim, The Talmud Babli and Yerushalmi, and the Midrashic Literature.* Jerusalem: Horev. [希伯来语, 阿拉姆语, 英语]

**Jespersen, Otto** 1949. *A Modern English Grammar.* Copenhagen: Ejnar Munksgaard.

**Johnson, Samuel** 1759. *Rasselas ( The Prince of Abissinia: A Tale).* London: R. and J. Dodsley; W. Johnston. ( 2 vols)

**Johnson, Samuel** 1828. *Rasselas ( The History of Rasselas, Prince of Abyssinia. A Tale).* London: John Sharpe.

**Katan, Moshe** 1991. ' hashpaát hatsarfatít al leshón yaménu' ( The Influence of French on our Contemporary Language). *Leshonenu La'am* 42: 24 – 25. [以色列语]

**Katre, Sumitra M.** 1987. *Aṣṭādhyāyī of Pāṇini.* Delhi: Motilal Banarsidass.

**Katz, Dovid** ( = Hirshe-Dovid Katz) 1983. ' Zur Dialektologie des Jiddischen' in *Dialektologie: Ein Handbuch zur deutschen und allgemeinen Dialektforschung*, Werner Besch, Ulrich Knoop, Wolfgang Putschke and Herbert Ernst Wiegand ( eds ), Berlin – New York: Walter de Gruyter, pp. 1018 – 1041.

**Katz, Dovid** ( = Hirshe-Dovid Katz) 1993a. 'The Phonology of Ashkenazic' in *Hebrew in Ashkenaz: A Language in Exile*, Lewis Glinert ( ed.), OUP, pp. 46 – 87.

**Katz, Hirshe-Dovid** ( = Dovid Katz) 1993b. 'yídish un rótvelsh' (Yiddish and *Rotwelsch*). *Di Pen* 27: 23 – 36. Oxford. [意第绪语]

**Kennedy, Arye** 1991. 'milím ivriót bisfát haganavím hahungarít' (Hebrew Words in the Hungarian Thief-Argot) in *masorót: mekhkarím bimsorót halashón uvilshonót hayehudím*, vols v-vi, Moshe Bar-Asher ( ed.), Jerusalem: Magnes, pp. 185 – 195. [以色列语]

**Kerler, Dov-Ber** 1999. *The Origins of Modern Literary Yiddish*. Oxford: Clarendon Press.

**Khan, Geoffrey** 1997. 'Tiberian Hebrew Phonology' in: Alan S. Kaye ( ed.), *Phonologies of Asia and Africa*, vol. i, Winona Lake (Indiana): Eisenbrauns, 85 – 102.

**Kihm, Alain** 1989. 'Lexical Conflation as a Basis for Relexification'. *Canadian Journal of Linguistics* 34 (3): 351 – 376. Canadian Linguistic Association.

**Kindaichi, Kyōsuke, Izuru Nīmura, M. Nishio** et al. ( eds) 1975. *Nihon Kokugo Dai Jiten* ( *Japan National Language Big Dictionary*). Tokyo: Shōgakukan. [日语]

**King, Robert Desmond** 1969. *Historical Linguistics and Generative Grammar*. Englewood Cliffs (New Jersey): Prentice-Hall.

**Klausner, Joseph G.** 1940. 'khamishím shaná shel váad halashón' (Fifty Years of the Hebrew Language Council). *Lešonénu* 10 (4): 278 – 289. [以色列语]

**Klausner, Joseph G.** 1949. *halashón haivrít – lashón khayá: hakhyaatá shel halashón haivrít al yesodót madaiím* (*The Hebrew Language – A Living Language: The Revival of the Hebrew Language on Scientific Foundations*). Jerusalem: Va'ad HaLashon HaIvrit – Bialik Institute. (2nd Edition) [以色列语]

**Klausner, Joseph G.** 1954. *kitsúr hahistórya shel hasifrút haivrít bat zmanénu* (*A Brief History of Modern Hebrew Literature*). Jerusalem: Mada. (2 vols, abridged by Ben-Zion Netanyahu). [以色列语]

**Klein, Ernest** 1987. *A Comprehensive Etymological Dictionary of the Hebrew Language*. Jerusalem: Carta.

**Kluge, Friedrich** 1989. *Etymologisches Wörterbuch der deutschen Sprache*. Berlin – New York: Walter de Gruyter. (22nd Edition, 1st Edition: 1883)

**Kna'ani, Ya'akov** 1960 – 1989. *otsár halashón haivrít* (*The Hebrew Language*

*Thesaurus*). Jerusalem – Ramat Gan – Givatayim: Massadah. (18 vols)［以色列语］

**Kna'ani, Ya'akov** 1989. *milón khidushéy shlónski* (*Dictionary of Shlonsky's Neologisms*). Tel Aviv: Poalim.［以色列语］

**Kna'ani, Ya'akov** 1998. *hamilón haivrí hamalé* (*The Comprehensive Hebrew Dictionary*). Israel: Milonim Laam. (7 vols) (Revised edition of Kna'ani 1960 – 1989)［以色列语］

**Knowels, Elizabeth** and **Julia Elliott** (eds) 1997. *The Oxford Dictionary of New Words*. OUP.

*Kol Makóm veAtár* (*Israel – Sites and Places*) 1985 (1st Edition: 1953). Ministry of Defence – Carta.

**Kopaliński, Władysław** 1988. *Słownik wyrazów obcych i zwrotów obcojęzycznych* (*Dictionary of Foreign Words and Phrases*). Warsaw: Wiedza Powszechna (Universal Knowledge).［波兰语］

**Kōsaka, Jun'ichi** (ed.) 1994. *Chūgokugo Dai Jiten* (*Chinese Big Dictionary*). Tokyo: Kadokawa.［日语］

**Krauss, Samuel** 1898. *Griechische und Lateinische Lehnwörter im Talmud, Midrasch und Targum*. Berlin: S. Calvary.

**Kronfeld, Chana** 1996. *On the Margins of Modernism: Decentering Literary Dynamics*. Berkeley – London: University of California Press.

**Kursova, Anya** 2013. 'Folk-etymologies: On the Way to Improving Naturalness' in Jacek Fisiak and Magdalena Bator (eds.), *Historical English Word-formation and Semantics*. Frankfurt: Peter Lang GmbH, pp. 369 – 434.

**Kutscher, Edward Yechezkel** 1965. *milím vetoldotehén* (*Words and their History*). Jerusalem: Kiryath Sepher. (Originally: 1961)［以色列语］

**Kutscher, Edward Yechezkel** 1982. *A History of the Hebrew Language*. R. Kutscher (ed.). Jerusalem: Magnes.

*Laméd Leshonkhá* (*Teach Your Language*) 1951 – 1990 (Leaflets 1 – 180). Aharon Dotan (ed.: Leaflets 1 – 8), Shoshanna Bahat (ed.: Leaflets 9 – 180). Jerusalem: The Academy of the Hebrew Language. (These leaflets are published by the Academy of the Hebrew Language and display practical applications of the normatively correct Hebrew usage of words and expressions, both old and new, in specific fields. Each leaflet (approximately 6 per year) is devoted to a new subject, ranging from the culinary world to the latest terms in nuclear physics.)［以色列语］

*Laméd Leshonkhá* (*Teach Your Language*): New Series. 1993 – 2000 (Leaflets 1 – 34). Shoshanna Bahat (ed.: Leaflets 1 – 2), Ronit Gadish (ed.: Leaflets

3 – 10), Rachel Selig (ed.: Leaflets 11 – 34). Jerusalem: The Academy of the Hebrew Language. (cf. *Laméd Leshonkhá* 1951 – 1990) [以色列语]

**Laniado, Joseph** 1997. *hamaftéakh, taglít anák: haivrít hi mekór hasafá haanglít* (The Key, Great Discovery: Hebrew is the Origin of English). Ilana Zwick (trans.). Tel Aviv: Gal. [以色列语]

**Laycock, Donald C.** 1970. ' Pidgin English in New Guinea ' in *English Transported: Essays in Australian English*, William S. Ramson ( ed.), Canberra: Australian National University Press, pp. 102 – 122.

**Le Page, Robert Brock** 1974. ' Processes of Creolization and Pidginization'. *New York Papers for Linguistics* 4: 41 – 69.

**Lehiste, Ilse** 1988. *Lectures on Language Contact.* Cambridge (Massachusetts): The MIT Press.

*Leshonenu La'am ( Our Language to the People ).* 1945 … Chaim E. Cohen ( current ed.). Jerusalem: The Academy of the Hebrew Language. [以色列语]

*Lešonénu ( Our Language )* 1928 … ( A Journal for the Study of the Hebrew Language and Cognate Subjects). Joshua Blau ( current ed.). Jerusalem: The Academy of the Hebrew Language. [以色列语]

**Levenston, Edward A.** and **Reuben Sivan** 1982. *The Megiddo Modern Dictionary: English-Hebrew.* Tel Aviv: Megiddo. ( 2 vols, identical to the 1966 one-volume edition)

**Levias, Caspar** 1928. ' letikún halashón ' ( For the Correction of Language). *Lešonénu* 1: 152 – 160. [以色列语]

**Lewis, Geoffey L.** 1982. *Teach Yourself Turkish.* Kent ( UK): Hodder and Stoughton. ( 17th impression, 1st reprint: 1953)

**Lewis, Geoffrey L.** 1997. ' Turkish language reform: The episode of the Sun-Language Theory'. *Turkic Languages* 1: 25 – 40.

**Lewis, Geoffrey ( L.)** 1999. *The Turkish Language Reform: A Catastrophic Success.* OUP.

**Liddell, Henry George** and **Robert Scott** 1996. *A Greek-English Lexicon.* Oxford: Clarendon Press. ( 1st Edition: 1843)

**Lieber, Rochelle** 1981. *On the Organization of the Lexicon.* Bloomington: Indiana University Linguistic Club.

**Livingston, Arthur** 1918. ' La Merica Sanemagogna'. *The Romanic Review* 9: 206 – 226.

**Luzzatto, Ephraim** 1942. *shiréy efráim lutsáto ( Ephraim Luzzatto's Poems).* Tel Aviv: Machbaroth Lesifrut. ( This is the only book by Ephraim Luzzatto, first published in 1768 as אלה בני הנעורים ( *éle bney haneurím*, ' These

*Are The Youngsters'* ), London: G. Richardson and S. Clark) [希伯来语]

**Lyall, Charles James** 1918 – 1924. *The Mufaḍḍalīyāt: An Anthology of Ancient Arabian Odes* (*compiled by Al-Mufaḍḍal Son of Muḥammad, according to the Recension and with the Commentary of Abū Muḥammad al-Qāsim ibn Muḥammad al-Anbārī*). 3 vols: ● vol. i: *Arabic Text*, 1921, Oxford: The Clarendon Press; ● vol. ii: *Translation and Notes*, 1918, Oxford: The Clarendon Press; ● vol. iii: *Indexes to the Arabic Texts*, 1924, Leiden: E. J. Brill. [阿拉伯语，英语]

**Lyons, John** 1977. *Semantics*, vol. i. CUP.

*Maariv* (lit. 'Evening Prayer' ) (Israel's second bestselling daily newspaper, with approximately 160,000 daily readers). Tel Aviv. [以色列语]

**McMahon, April M. S.** 1994. *Understanding Language Change*. CUP.

**Maiden, Martin** 2008. 'Lexical Nonsense and Morphological Sense: on the Real Importance of "Folk Etymology" and Related Phenomena for Historical Linguists', Thórhallur Eythórsson ( ed.) *Grammatical Change and Linguistic Theory: The Rosendal Papers*. Amsterdam: John Benjamins, pp. 307 – 328.

**Magay, Tamás** and **László Országh** ( eds) 1990. *A Concise Hungarian-English Dictionary*. Budapest: OUP; Akadémiai Kiadó ( Publishing House of the Academy of Science).

**Maisler, Binyamin** ( later Mazar) 1932. 'reshimát hashemót hageográfiim shehuvú baséfer *Transliteration* vekhú' ( List of the Geographical Names Mentioned in the Book *Transliteration* etc.). *Lešonénu* 4, Supplement to No. 3, pp. 13 – 48. [以色列语]

**Maksudî, S [adri]** 1930. *Türk Diliİçin ( For the Turkish Language)*. Istanbul. [土耳其语]

**Malkiel, Yakov** 1968. *Essays on Linguistic Themes*. Oxford: Basil Blackwell.

**Malkiel, Yakov** 1993. *Etymology*. CUP.

**Mandel, George** 1984. 'Who was Ben-Yehuda with in Boulevard Montmartre?' *Oxford Centre Papers* 2. Oxford Centre for Postgraduate Hebrew Studies.

**Manning, Geoffrey H.** 1986. *The Romance of Place Names of South Australia*. Adelaide: the author; Gillingham Printers.

**Manor, Dori** 1995. Franco-Hebraic Epitaph in *Ev*, Gal Kober, Dori Manor and Ori Pekelman ( eds), Tel Aviv: Hakibbutz Hameuchad, p. 51. ( September) [以色列语，法语]

**Maslow, Abraham** 1943. 'A Theory of Human Motivation', *Psychological Review* 50. 4: 370 – 96.

**Marseden, Nachman (Norman)** 1978. ' toldót khaim aharonson' (The Life of Chaim Aharonson). *Leshonenu La'am* 29: 197 – 206. [以色列语]

**Martin, S. E.** 1952. *Morphophonemics of Standard Colloquial Japanese. Language Dissertation* 47, Supplement to *Language*.

**Masini, Federico** 1993. *The Formation of Modern Chinese Lexicon and its Evolution toward a National Language: The Period from 1840 to 1898* ( = *Journal of Chinese Linguistics Monograph Series* 6). Berkeley: University of California.

**Maslow, Abraham H.** 1943. ' A Theory of Human Motivation'. *Psychological Review* 50: 370 – 396.

**Masson, Emilia** 1967. *Recherches sur les plus anciens emprunts sémitiques en grec*. Paris: C. Klincksieck.

**Masson, Michel** 1986. *Langue et idéologie: les mots étrangers en hébreu moderne*. Paris: Éditions du Centre National de la Recherche Scientifique.

**Matisoff, James A.** 2000. *Blessings, Curses, Hopes, and Fears. Psycho-Ostensive Expressions in Yiddish*. Stanford (California): Stanford University Press.

**Matthews, Peter H.** 1974. *Morphology*. CUP.

**Matthews, Peter H.** 1997. *The Concise Oxford Dictionary of Linguistics*. OUP.

**Mayrhofer, Manfred** 1953 – 1976. *Kurzgefaßtes etymologisches Wörterbuch des Altindischen*. Heidelberg: Carl Winter, Universtitätsverlag. (3 vols: 1953, 1963, 1976)

*Megilát Brit Damések* (*The Damascus Covenant Scroll*) c. first century AD, in *Megilót Midbár Yehudá* (*The Scrolls from the Judaean Desert*) 1959: 75 – 88 (starting from the right side). A. M. Habermann (ed., with vocalization, introduction, notes and concordance). Tel Aviv: Machbaroth Lesifrut Publishing House.

**Meltzer, Shimshon** 1966. *or zarúa: séfer hashirót vehabaládot hagadól* (*Sown Light: The Big Book of Poems and Ballads*). Tel Aviv: Dvir. ( cf. BH אור זרע לצדיק [ ?ōr zå'ruʕa laṣṣad'dīq] ' light is sown to the righteous', Psalms 97: 11) (1st Edition: 1959) [以色列语]

**Menarini, Alberto** 1947. *Ai Margini della Lingua* ( = *Biblioteca di Lingua Nostra* VIII). Firenze: G. C. Sansoni.

**Mencken, Henry Louis** 1936. *The American Language*. New York: Alfred A. Knopf. (4th Edition, 1st Edition: 1919)

**Mencken, Henry Louis** 1945. *The American Language – Supplement One.*

New York: Alfred A. Knopf.

**Mencken, Henry Louis** 1948. *The American Language – Supplement Two.* New York: Alfred A. Knopf.

**Mencken, Henry Louis** 1977. *The American Language.* New York: Alfred A. Knopf. ( One-Volume Abridged Edition with annotations and new material by Raven I. McDavid Jr with the assistance of David W. Maurer)

**Mendele Mokhér Sfarím** ( see also Abramowitsch) 1958. *kol kitvéy méndele mokhér sfarím ( The Complete Works of Mendele).* Tel Aviv: Dvir. ( *Méndele Mokhér Sfarím*, or in Yiddish *Méndele Móykher-Sfórim*, literally means 'Mendele the ( Itinerant) Bookseller'. This pseudonym was used from 1879 by Shalom Jacob ben Haim Moshe Abramowitsch, also known as Sholem Yankev Broyde Abramovich) [现代希伯来语]

**Menéndez-Pidal, Ramón** 1904. *Manual ( elemental) de gramática histórica española.* Madrid: V. Suárez.

**Menge, Hermann** 1913. *Langenscheidts Grosswörterbuch Griechiesch Deutsch.* Berlin – München – Wien – Zürich: Langenscheidt.

*Midrash Rabba* ( on the Torah and the five scrolls, compiled between the fifth and the eleventh centuries) 1996. ( CD-ROM). Bar-Ilan University.

*Midrash Tehillim ( Midrash to Psalms) ( Shoħer Tob[h]) ( c.* ninth century) 1891. Vilna. [希伯来语]

**Mihalic, Francis** 1971. 'Stori bilong Tok Pisin 4'. *Wantok Niuspepa* 24 ( 8 August). [巴布亚皮钦语]

**Miller, Roy Andrew** 1967. *The Japanese Language.* Chicago – London: The University of Chicago Press.

**Miller, Roy Andrew** 1986. *Nihongo: In Defence of Japanese.* London: The Athlone Press.

*Milón leAvodát Ets ( Dictionary of Woodwork Terms)* 1933. Tel Aviv: Va'ad HaLashon HaIvrit ( Hebrew Language Council). [以色列语, 德语, 英语, 俄语]

*Milón leAvodót Khashmál ( Dictionary of Electrical Terms)* 1935, 1937. Jerusalem: Va'ad HaLashon HaIvrit ( Hebrew Language Council) – Bialik Institute. ( 2 vols) [以色列语, 德语, 英语, 法语]

*Milón leMunekhéy haDfús ( Dictionary of Printing Terms)* 1933. Tel Aviv: Va'ad HaLashon HaIvrit ( Hebrew Language Council) – Z. Ashur. [以色列语, 英语, 德语]

*Milón leMunekhéy haHitamlút ( Dictionary of Gymnastics Terms)* 1937. Tel Aviv: Va'ad HaLashon HaIvrit ( Hebrew Language Council) – Bialik

Institute.［以色列语，德语，英语］

*Milón leMunekhéy haMitbákh* (*Dictionary of Kitchen Terms*) 1938. Jerusalem：Va'ad HaLashon HaIvrit (Hebrew Language Council) – Bialik Institute.［以色列语，英语，德语］

*Milón leMunekhéy haTékhnika* (*Dictionary of Technical Terms*) 1929. Tel Aviv – Jerusalem：Va'ad HaLashon HaIvrit (Hebrew Language Council).［以色列语］

*Milón leMunekhéy haTékhnika* (*Dictionary of Technical Terms*) 1946. Jerusalem：Va'ad HaLashon HaIvrit (Hebrew Language Council) – HaKeren LeMunekhey Khaklaut uMelakha – Bialik Institute.［以色列语，英语，法语，德语］

*Milón leMunekhéy Kadarút* (*Dictionary of Ceramics Terms*) 1950. Jerusalem：Va'ad HaLashon [HaIvrit] (Hebrew Language Council).［以色列语，英语，法语，德语］

**Mish, Frederick C.** (ed.) 1991. *The Merriam-Webster New Book of Word Histories*. Springfield (Massachusetts)：Merriam-Webster.

**Mishor, Mordechay** 1995. ' tuzíg o ló tuzíg – zo hasheelá ' (Does *tuzíg* ' picnic' belong in a Dictionary of Israeli?). *Leshonenu La'am* 46：71 – 74. (The title of the article is modelled upon Shakespeare's *To be, or not to be*; *that is the question, Hamlet*, III. 1. 58)［以色列语］

*Mishnah* (*c.* first – third centuries AD；signed/codified by Rabbi Judah HaNasi, leader of the *Sanhedrin*, *c.* AD 200；written by the *Tannaim* such as Hillel and Shammai and by Rabbi Akiba) 1959. Kh. Albek (explanations). Jerusalem – Tel Aviv：Bialik Institute；Dvir.［希伯来语］

**Mlotek, Eleanor Gordon** and **Joseph Mlotek** (compilers) 1988. *Pearls of Yiddish Song* (*perļ fun yídishṇ lid*): *Favorite Folk, Art and Theatre Songs*. New York：The Education Department of the Workmen's Circle.［意第绪语，英语］

**Muchliński, Antoni** 1856. *Źródłosłownik wyrazów które przeszły, wprost czy pośrednio, do naszej mowy z języków wschodnich, tudzież mających wspólną analogię co do brzmienia lub znaczenia, z dołączeniem zbioru wyrazów, przeniesionych z Polski do języka tureckiego* (*Etymological Dictionary of Words derived, Directly or Indirectly, from Oriental Languages, and of Words that share Sound/Meaning with Words in Oriental Languages; with a List of Words transferred from Polish to Turkish*). St Petersburg.［波兰语］

**Mühlhäusler, Peter** 1979. *Growth and Structure of the Lexicon of New Guinea Pidgin* (= *Pacific Linguistics*, Series C, No. 52). Canberra：Department of Linguistics, Research School of Pacific Studies, The Australian National University.

**Mühlhäusler, Peter** 1982. 'Etymology and Pidgin Languages'. *Transactions of the Philological Society*: 99 – 118. Oxford.

**Mühlhäusler, Peter** 1985. 'Etymologizing and Tok Pisin' in *Handbook of Tok Pisin* ( = *Pacific Linguistics*, Series C, No. 70 ), S. A. Wurm and P. Mühlhäusler ( eds), Canberra: Department of Linguistics, Research School of Pacific Studies, The Australian National University, pp. 177 – 219.

**Mühlhäusler, Peter** 1986. *Pidgin and Creole Linguistics.* Oxford: Basil Blackwell. ( 1st Edition: 1979)

**Muntner, Zisman** 1946. 'beayót leshonénu bekhokhmát harefuá' ( Problems in Our Language with Regard to Medicine ), 'leharkhavát halashón vetikuná' ( For the Expansion and Correction of the Language). *Lešonénu* 14: 88 – 97. [以色列语]

**Muysken, Pieter** 1992. 'Evidence from Morphological Borrowing for the Possible Existence of the Second Lexicon'. Krems, Austria, June 1992.

**Myers-Scotton, Carol** 1988. 'Differentiating Borrowing and Codeswitching' in *Linguistic Change and Variation: Proceedings of the Sixteenth Annual Conference on New Ways of Analyzing Variation*, K. Ferrara et al. ( eds ), Austin: Department of Linguistics, University of Texas, pp. 318 – 325.

**Nabokov, Vladimir Vladimirovich** 1973. *Transparent Things.* London: Weidenfeld and Nicolson. ( First published in 1972 by McGraw-Hill International)

**Nedobity, Wolfgang** 1989. 'International Terminology' in *Language Adaptation*, Florian Coulmas ( ed.), CUP, pp. 168 – 176.

**Nelson, Andrew Nathaniel** 1997. *The New Nelson Japanese-English Character Dictionary.* Rutland ( Vermont) – Tokyo: Charles E. Tuttle.

**Neuvel, Sylvain** and **Rajendra Singh** 2001 'Vive la différence!: What Morphology is About'. *Folia Linguistica* 35. ( Paper presented at Morphologica 2000, Vienna, Austria, 28 February 2000).

**Nevermann, H[ ans ]** 1928 – 1929. 'Das Melanesische Pidjin-Englisch'. *Englische Studien* 63: 252 – 258.

*The New Redhouse Turkish-English Dictionary* 1968. Istanbul: Redhouse Press.

*New Testament* – see *Holy Bible.*

**Nguyễn, Văn Khôn** ( ed.) 1966. *Vietnamese English Dictionary – Việt-Anh tù-điển.* Saigon: Khai-Trí. [越南语，英语]

**Nietzsche, Friedrich** 1887. *Zur Genealogie der Moral* ( On the Genealogy of Morals).

**Nietzsche, Friedrich** 1966. *Werke in Drei Bänden.* München: Carl Hanser. ( 3 vols)

**Nir, Raphael** 1993. *darkhéy hayetsirá hamilonít baivrít bat zmanénu* (*Word-Formation in Modern Hebrew*). Tel Aviv: The Open University of Israel. [以色列语]

**Noble, Shlomo** 1961 – 1962. 'Yiddish Lexicography'. *Jewish Book Annual* 19: 17 – 22.

**Noble, Shlomo** 1964. 'hebreízmen in dem yídish fun mítḷ-áshkenaz in 17tṇ yorhúndert' (Hebraisms in the Yiddish of Seventeenth-Century Central Ashkenaz) in *For Max Weinreich on His Seventieth Birthday: Studies in Jewish Languages, Literature, and Society*, London – The Hague – Paris: Mouton, pp. 401 – 411 ( = pp. 120 – 130 in the Hebrew pagination). [意第绪语]

**Norman, Jerry** 1988. *Chinese*. CUP.

**O'Connor, J. C.** (ed.) 1907. *Esperanto* (*The Student's Complete Text Book*). London: 'Review of Reviews' Office. (Revised edition and the first published in England; 1st Edition: 1903, USA: Fleming H. Revell)

**Oertel, Johann Gottfried** 1746. *Harmonia Ll. Orientis et Occidentis speciatimque Hungaricae cum Hebraea*. Wittenberg: I. Christoph Tzschiedrich.

**Ofek, Uriel** 1989. *alísa beérets haplaót* (Translation of Lewis Carroll's *Alice's Adventures in Wonderland*). Tel Aviv: Machbarot Lesifrut.

**Ogawa, Kanki, Taichirō Nishida, Tadashi Akatsuka** et al. (eds) 1968. *Shin Ji Gen* (*New* [*Dictionary of the*] *Origins of* [*Chinese*] *Characters*). Tokyo: Kadokawa. [日语]

*Old Testament* – see *Tanákh* or *Holy Bible*.

**Onat, Naim Hâzim** 1952. 'Dilde Uydurma' (Coinage/Fabrication in the Language) in *Dil Dâvası* (*Language Issue/Problem*), Ankara: Türk Dil Kurumu (Turkish Language Society), pp. 40 – 60. [土耳其语]

**Orioles, Vincenzo** 1994. 'Sovietismi ed Antisovietismi' in *Miscellanea di Studi Linguistici in Onore di Walter Belardi*, vol. ii (*Linguistics Romanza e Storia della Lingua Italiana*; *Linguistics Generale e Storia della Linguistica*), Palmira Cipriano, Paolo Di Giovine and Marco Mancini (eds), Roma: Il Calamo, pp. 667 – 673.

**Ornan, Uzzi** 1996. *milón hamilím haovdót* (*The Words Not Taken: A Dictionary of Forgotten Words*). Jerusalem – Tel Aviv: Magnes; Schocken. [以色列语, 现代希伯来语]

**Országh, László** (ed.) 1982 – 1985. *Magyar-Angol Szótár* (*Hungarian-English Dictionary*). Budapest: Akadémiai Kiadó (Publishing House of the Academy of Science). (2 vols) [匈牙利语, 英语]

**Pagis, Dan** 1986. *al sod khatúm – letoldót hakhidá haivrít beitálya uvehóland* (*A Secret Sealed – Hebrew Baroque Emblem-Riddles from Italy and Holland*). Jerusalem: The Magnes. [以色列语]

**Patterson, David** 1962. 'Some Linguistic Aspects of the Nineteenth-Century Hebrew Novel'. *Journal of Semitic Studies* 7: 309 – 324.

**Pedersen, Holger** 1924. *Sprogvidenskaben i det Nittende Aarhundrede: Metoder og Resultater* (*Linguistics in the Nineteenth Century: Methods and Results*). (Translation by J. W. Spargo: *Linguistic Science in the Nineteenth Century*, 1931, Cambridge, Mass.; paperback: *The Discovery of Language*, 1962, Bloomington) [丹麦语]

**Pelli, Moshe** 1999. 'tkhiyát halashón hekhéla bahaskalá: "hameaséf", ktav haét haivrí harishón, kemakhshír lekhidúsh hasafá' (The Hebrew Revival: The Maskilic Journal *Hameasef* as a Vehicle for its Rejuvenation). *Leshonenu La'am* 50 (2): 59 – 75. [以色列语]

**Persky, Daniel** 1933. 'nitsanéy ivrít amamít' (Buds of Colloquial Hebrew). *Lešonénu* 5: 93 – 95. [以色列语]

**Persky, Daniel** 1962. *lashón nekiyá* (*Correct Hebrew*). New York: Futuro. [以色列语]

**Pines, (Rabbi) Yechiel Michal** 1893. 'davár laoskéy bitkhiyát sfaténu' (Something for Those who Deal with the Revival of Our Language). *Haór* 9 (18). [现代希伯来语]

**Pines, (Rabbi) Yechiel Michal** 1897. *séfer hakóakh* (*The Book of Power*). Warsaw: Shuldberg. [现代希伯来语]

**Pisani, Vittore** 1967. *L'Etimologia: Storia – Questioni – Metodo* (= *Studi Grammaticali e Linguistici* 9). Brescia: Paideia.

**Pokorny, Julius** 1959 – 1969. *Indogermanisches etymologisches Wörterbuch*. Bern – München: Francke. (2 vols)

**Popper, Karl** 1972. *Objective Knowledge: An Evolutionary Approach*. Oxford (UK): Clarendon Press.

**Praite, R.** and **J. C. Tolley** 1970. *Place Names of South Australia*. Adelaide, Sydney, Melbourne, Brisbane and Perth: Rigby.

**Prince, Alan** and **Paul Smolensky** 1993. *Optimality Theory: Constraint Interaction in Generative Grammar*. Manuscript. Rutgers University (Rutgers Center for Cognitive Science) and University of Colorado at Boulder (Department of Computer Science).

**Purcell, Victor** 1936. *Problems in Chinese Education*. London: Kegan Paul.

**Puxley, Ray** 1992. *Cockney Rabbit: A Dick'n'arry of Rhyming Slang*. London:

Robson Books.

**Raag, Raimo** 1999a. 'Från allmogemål till nationalspråk. Språkvård och språkpolitik i Estland från 1857 till 1999' (From the Language of the Common People to National Language. Care of Language and Politics of Language in Estonia from 1857 until 1999) ('From Peasant Idioms to a National Language'). *Acta Universitatis Upsaliensis, Studia Multiethnica Upsaliensia* 12. Uppsala. [瑞典语]

**Raag, Raimo** 1999b. 'One Plus One Equals One: The Forging of Standard Estonian'. *International Journal of the Sociology of Language* 139 (Estonian Sociolinguistics): 17 – 38.

**Raag, Virve** 1998. 'The Effects of Planned Change on Estonian Morphology'. *Acta Universitatis Upsaliensis. Studia Uralica Upsaliensia* 29. Uppsala.

**Rabin, Chaim** 1958. 'The Linguistics of Translation' in *Aspects of Translation*, Andrew Donald Booth (ed.), A. H. Smith (preface), London: Secker and Warburg, pp. 123 – 145. (Communication Research Centre, University College London)

**Rabin, Chaim** 1981. *ikaréy toldót halashón haivrít* (*The Main History of the Hebrew Language*). Jerusalem: HaMakhlaka leKhinukh uleTarbut baGola shel HaHistadrut Hatsionit HaOlamit. (5th Reprint, written in 1971) [以色列语]

**Ramsey, S. Robert** 1989. *The Languages of China*. Princeton University Press. (1st Edition: 1987)

**Raun, Toivo U.** 1991. *Estonia and the Estonians*. Stanford (California): Stanford University Press. (2nd Edition)

*The Redhouse Contemporary Turkish-English Dictionary* 1983. Istanbul: Redhouse Press.

**Reichman, Hanania** 1965. *pitgamím umikhtamím* (*Proverbs and Aphorisms*). Tel Aviv: Joseph Sreberk. [以色列语]

**Robashov, A.** 1971. *milón refuí ivrí rusí* (*Hebrew-Russian Medical Dictionary*). Tel Aviv: Yesod. [以色列语]

**Robins, R. H. (Robert Henry)** 1969. *A Short History of Linguistics*. London – Harlow: Longmans, Green. (1st Edition: 1967)

**Romaine, Suzanne** 1995. *Bilingualism*. Oxford – Cambridge (Massachusetts): Blackwell. (2nd Edition, 1st Edition: 1989)

**Rosén, Haiim B.** (born Rosenrauch) 1950. 'hashpaót ivriót bilshonót haolám' (Hebrew Influences in World Languages). *Leshonenu La'am* 2 (3): 17 – 22. [以色列语]

**Rosen, Mordekhay** 1994. *mikhmenéy hamilím beivrít* ( *The Secrets of Words in Hebrew* ). Dik. [以色列语]

**Rosenbaum, S.** ( sometimes spelled Rozenbaum ) 1942. ' munakhím tékhniim ' ( Technical Terms ). *HaRefuah* xxiv ( 15 January 1942 ). [以色列语]

**Rosenbaum, S.** 1944. ' al hahistamnút haklínit shel tots'ót harak( h )ít ' ( Manifestations of Rickets among Children in Palestine ). *HaRefuah* xxvi ( Booklet 2, 16 January 1944 )：23‒24. [以色列语]

**Rosten, Leo** 1971. *The Joys of Yiddish*. UK：Penguin Books. ( 1st Edition：1968, USA：McGraw-Hill )

**Rozenshteyn, A. B.** 1914. *fremd-vérterbukh* ( *Dictionary of Foreign Words in Yiddish* ). Warsaw：Bíkher far ále. [意第绪语]

**Rundblad, Gabriella & David B. Kronenfeld** 2000. ' Folk-Etymology：haphazard perversion or shrewd analogy ', Julie Coleman et al. ( eds ) *Lexicology, Semantics and Lexicography*. Amsterdam：Benjamins, pp. 19‒34.

**Rundblad, Gabriella and David B. Kronenfeld** 2003. ' The inevitability of folk etymology：a case of collective reality and invisible hands '. *Journal of Pragmatics* 35：119‒138.

**Saareste, Andrus** and **Alo Raun** 1965. *Introduction to Estonian Linguistics*. Wiesbaden：Otto Harrassowitz.

**Saddan, Dov** ( born Stock ) 1950. ' lasugiyá ‒ shlumiél ' ( On the Word ( topic ) *shlumiél* ' shlemiel ' ). *Orlogín* 1：198‒203. [以色列语]

**Saddan, Dov** ( here writing as Sadan ) 1954. ' *Alter Terakh*：The Byways of Linguistic Fusion ' in *The Field of Yiddish: Studies in Yiddish Language, Folklore, and Literature* ( published on the Occasion of the Bicentennial of Columbia University ) ( = *Publications of the Linguistic Circle of New York* 3 ), Uriel Weinreich ( ed. ), New York：Linguistic Circle of New York, pp. 134‒142.

**Saddan, Dov** 1955. ' dilúg rav vekhayotsé baéle ( bisuméy lashón ) ' ( *dilúg rav* ' telegraph ' ( lit. ' big leap ' ) etc. ). *Leshonenu La'am* 6 ( 54-55 )：33‒43. [以色列语]

**Saddan, Dov** 1957. ' térakh zakén ' ( On the Expression *térakh zakén* ). *Avnéy Safá*：307‒322, 394‒395. Tel Aviv. [以色列语]

**Saddan, Dov** 1989. *khaím nakhmán byálik ‒ darkóbilshonóuvilshonotéa* ( *Chaim Nachman Bialik ‒ His Method in Hebrew and Its* [ *Related* ] *Languages* ). Tel Aviv：Hakibbutz Hameuchad. [以色列语]

**Salisbury, R. F.** 1967. ' Pidgin's Respectable Past '. *New Guinea* 2 ( 2 )：44‒48.

**Samuel, Maurice** 1971. *In Praise of Yiddish*. New York：Cowles.

**Sappan, Raphael** 1971. *milón hasléng hayisraelí* (*Dictionary of Israeli Slang*). Jerusalem: Kiryath Sepher. (2nd Edition) [以色列语]

**Sappan, Raphael** 1972. *darkhéy hasléng* (*The Manners of Slang*). Jerusalem: Kiryat Sepher. (1st Edition: 1963) [以色列语]

**Sapir, E. H.** (most probably Eliahu Sapir, 1869 - 1913) 1888. Translation of an Arabic article on the Bedouins. *HaZevi* (22 Sivan *h. t. r. m. ḥ.*). [希伯来语]

**Sapir, Yair and Zuckermann, Ghil'ad** 2008. 'Icelandic: Phonosemantic Matching', pp. 19 - 43 (Chapter 2) (References: 296 - 325) of Judith Rosenhouse and Rotem Kowner (eds), *Globally Speaking: Motives for Adopting English Vocabulary in Other Languages*. Clevedon - Buffalo - Toronto: Multilingual Matters.

**Sarfatti, Gad Ben-Ami** 1970. 'shóresh ekhád o milá akhát ledavár ulehipukhó' (One Root or One Word for Two Opposing Referents). *Leshonenu La'am* 22: 57 - 63. [以色列语]

**Sarfatti, Gad Ben-Ami** 1972. 'od al haetimológya haamamít' (More on Popular Etymology). *Leshonenu La'am* 23: 141 - 143. [以色列语]

**Sarfatti, Gad Ben-Ami** 1976. 'haetimológya haamamít baivrít hamodérnit - siyúm' (Popular Etymology in Modern Hebrew - Final Part). *Lešonénu* 40: 117 - 141. [以色列语]

**Sarfatti, Gad Ben-Ami** 1981. 'mishemót pratiím lishmót étsem klaliím' (From Personal Names to General Nouns). *Leshonenu La'am* 22: 187 - 191. [以色列语]

**Sarfatti, Gad Ben-Ami** 1990. 'tahalikhím umegamót basemántika shel haivrít hakhadashá' (Trends and Approaches in Semantics of Modern Hebrew). *Lešonénu* 54 (*The Hebrew Language Year*): 115 - 123. [以色列语]

**Saussure, Ferdinand de** 1916. *Cours de linguistique générale*. Lausanne - Paris: Payot. (Translations into English - by Wade Baskin, 1959, and Roy Harris 1983)

**Saussure, Ferdinand de** 1959. *Course in General Linguistics*. Wade Baskin (trans.). London: Peter Owen.

**Saussure, Ferdinand de** 1983. *Course in General Linguistics*. Roy Harris (trans. and annotator). London: Duckworth.

**Scholze-Stubenrecht, Werner** and **John B. Sykes** (eds) 1997. *The Oxford-Duden German Dictionary*. Oxford: Clarendon Press.

**Schuchardt, Hugo** 1909. 'Die Lingua Franca'. *Zeitschrift für Romanische Philologie* xxxiii, 441 - 461. (Translation into English can be found in Hugo

Schuchardt 1979, *The Ethnography of Variation: Selected Writings on Pidgins and Creoles*, T. L. Markey (ed. and trans.), Ann Arbor: Karoma, pp. 26 - 47)

**Schulmann, Kalman** 1857 - 1860. *misteréy paríz* (Translation of Sue's *Les Mystères de Paris*). Vilna: Yosef Reuven. (4 vols) [希伯来语]

**Schwarzwald (Rodrigue), Ora** 1985. 'The Fusion of the Hebrew-Aramaic Lexical Component in Judeo-Spanish' in I. Benabu and J. G. Sermoneta (eds), *Judeo-Romance Languages*, Jerusalem, 139 - 159.

**Schwarzwald (Rodrigue), Ora** 1989. *targuméy haladíno lefirkéy avót: iyuním bedarkhéy hatirgúm mileshón khakhamím lisfaradít yehudít* (The Ladino Translations of Pirke Aboth: Studies in the Translation of Mishnaic Hebrew in Judeo-Spanish). (Publications of the Hebrew University Language Tradition Project, vol. xiii, Shlomo Morag, ed.). Jerusalem: Magnes. [以色列语]

**Schwarzwald, (Rodrigue) Ora** 1995. 'shkiéy hamilón haivrí beyaméynu: hashpaát hamekorót, leshonót hayehudím ulshonót amím akherím al haivrít bat zmanénu' (The Components of the Modern Hebrew Lexicon: The Influence of Hebrew Classical Sources, Jewish Languages and other Foreign Languages on Modern Hebrew). *Balshanut Ivrit* 39: 79 - 90.

**Selkirk, Elizabeth** 1982. *The Syntax of Words*. Cambridge (Massachusetts): The MIT Press.

*Septuaginta* (*c.* third - second centuries BC) 1935. Alfred Rahlfs (ed.). Stuttgart: Deutsche Bibelgesellschaft.

**Shakespeare, William** 1998. *William Shakespeare: The Complete Works* ('*The Oxford Shakespeare*'). Stanley Wells and Gary Taylor (eds). Oxford: Clarendon Press. (1st Edition: 1988)

**Shamir, Moshe** 1959. *ki eróm atá* (*Because You are Naked*). Kibbutz Merchaviah: Poalim. [以色列语]

**Shapira, Amnon** 2001. 'ekh omrím bepolanít *fotosintéza?*' (How Do You Say *Photosynthesis* in Polish?). *Leshonenu La'am* 51 (1): 42 - 44. [以色列语]

**Shapira, Noah** 1956. 'al hakóhal veha-y.y.sh [*yash*; *yen saráf*, *yáyin sarúf*] bimkorót ivriím' (On the Words *kóhal* 'alcohol' and *y.y.sh* 'brandy/arrack spirits' in Hebrew Sources'. *Lešonénu* 20: 62 - 64. [以色列语]

**Shkedi, Ilana** 1995. 'al hergeléy hamishtamésh bemilón shimushí' (On the Use of Practical Dictionaries). *Leshonenu La'am* 47 (1): 43. [以色列语]

**Shlonsky, Avraham David** 1947. *míki máhu* (*Mickey - What is He?*). (Modelled upon *Mickey Mouse*) [以色列语]

**Shlonsky, Avraham David** 1954. *shirím* (*Poems*), vol. ii. Kibbutz

Merchaviah：Poalim.［以色列语］

*Shnatón HaMemshalá h. t. š. j. ?*.（*The［Israel］Government Year-Book 1950 – 1951*）1951.［以色列语］

**Sholem Aleichem**（= Solomon J. Rabinowitz）1942.'*j. q. n. h. z.*'（written in 1894）. *ále verk fun shólem aléykhem*（*The Complete Works of Sholem Aleichem*）, vol. ii, Part 2：Comedies, 29 – 133. New York：Forverts.（1st Edition：1917）.［意第绪语］

**Simpson, John A.** and **Edmund Simon Christopher Weiner**（eds）1989. *The Oxford English Dictionary*. Oxford：Clarendon Press.（2nd Edition）

**Singh, Rajendra** and **Probal Dasgupta** 1999.'On So-called Compound'. *The Yearbook of South Asian Languages and Linguistics*, 265 – 275.

**Singh, Rajendra** 2001.'Morphological Diversity and Morphological Borrowing in South Asia'. *The Yearbook of South Asian Languages and Linguistics*, 349 – 368.

*Siphrei deBe Rab*（halachic commentary to the Books of Numbers and Deuteronomy, believed to have been written in the second century AD by Rabbi Simeon Bar Yoḥai, a Galilean *tanna*, member of a select group of Palestinian rabbinic teachers）1854. Vienna：Meir Ish Shalom.［希伯来语］

**Sivan, Reuben** 1962.'kedabér ish el reéu – hearót leshipúr hadibúr'（Remarks for the Improvement of Speech）. *Leshonenu La'am* 13（5 – 6）：131 – 181.［以色列语］

**Sivan, Reuben**（Reuben Silman）1963.'tsurót umegamót bekhidushéy halashón baivrít bitkufát tkhiyatá – mavóklalí vekhélek rishón：hapóal'（Patterns and Trends of Linguistic Innovations in Modern Hebrew – General Introduction and Part 1：The Verb）. PhD Thesis. Jerusalem：The Hebrew University.［以色列语］

**Sivan, Reuben** 1966.'lashón bitkhiyatá – sikhót al khidushéy milím'（A Language being Revived – Discussions on Neologizations）. *Leshonenu La'am* 17：175 – 234.［以色列语］

**Sivan, Reuben** 1974.'mekhayéy hamilím'（From the Life of Words／Revivers of Words）. *Leshonenu La'am* 25（7）：183 – 189.［以色列语］

**Sivan, Reuben** 1978.'mekhayéy hamilím'（From the Life of Words／Revivers of Words）. *Leshonenu La'am* 29（7 – 8）：210 – 215.［以色列语］

**Sivan, Reuben** 1981a.'mikhtáv itamár ben aví el danyél pérski'（Itamar Ben-Avi's Letter to Daniel Persky）. *Leshonenu La'am* 33（3）：88 – 95.（cf. Ben-Avi 1951）［以色列语］

**Sivan, Reuben** 1981b. 'reshít harkhavát halashón beyaménu' (The Beginning of the Language Expansion in our Era). *Leshonenu La'am* 33 (1 - 2): 1 - 64. [以色列语]

**Sivan, Reuben** 1985a. *leksikón dvir leshipúr halashón (Dictionary for Better Hebrew Usage)*. Dvir. [以色列语]

**Sivan, Reuben** 1985b. 'havayót balashón' (Attributes of the Language). *Leshonenu La'am* 36: 113 - 160. [以色列语]

**Sivan, Reuben** 1995. 'al khidushéy milím' (On Neologizations). Jerusalem: The Academy of the Hebrew Language. [以色列语]

**Slouschz, Nahum** 1930. 'mekhkarím ivrím knaaním' (Hebrew-Canaanite Researches). *Lešonénu* 2 (4): 341 - 358. (This article is different from Slouschz 1931) [以色列语]

**Slouschz, Nahum** 1931. 'mekhkarím ivrím knaaním' (Hebrew-Canaanite Researches). *Lešonénu* 4 (1): 109 - 124. (This article is different from Slouschz 1930) [以色列语]

**Smilansky, Yizhar** ( = S. Yizhar) 1958. *yeméy tsiklág (The Days of Ziklag)*. Tel Aviv: Am Oved. [以色列语]

**Smolenskin, Perez** 1883. 'akhavé deáy gam aní' (I too Shall Express my Opinions). *hashákhar (HaShachar)* 11. [希伯来语]

**Spencer, Andrew** 1991. *Morphological Theory*. Oxford: Basil Blackwell.

**Spiegel, Shalom** 1931. *Hebrew Reborn*. London: E. Benn.

**Stahl, Abraham** 1995. *milón du-leshoní etimológi learavít medubéret uleivrít (Bilingual Etymological Dictionary of Spoken Israeli Arabic and Hebrew)*. Tel Aviv: Dvir. (2 vols) [以色列语, 阿拉伯土语]

**Stanisławski, Jan** 1969. *The Great Polish-English Dictionary*. Warsaw: Wiedza Powszechna (Universal Knowledge). (2 vols)

**Starosta, Stanley, Koenrad Kuiper, Zhi-qian Wu and Siew Ai Ng** 1997. 'On Defining the Chinese Compound Word: Headness in Chinese Compounding and Chinese VR Compounds' in *New Approaches to Chinese Word Formation*, J. Packard (ed.), Berlin: Mouton de Gruyter, 347 - 370.

**Steinbauer, Friedrich** 1969. *Concise Dictionary of New Guinea Pidgin (Neo-Melanesian)*. Madang (Papua New Guinea): Kristen Press.

**Steinmatz, Sol** 1986. *Yiddish and English: A Century of Yiddish in America*. Alabama: The University of Alabama Press.

**Stutchkoff, Nahum** 1950. *der óytser fun der yídisher shprakh (Thesaurus of the Yiddish Language)*. Max Weinreich (ed.). New York: YIVO (Yiddish Scientific Institute). [意第绪语]

**Sue, Eugène** 1842 – 1943. *Les Mystères de Paris*. Gosselin. (10 vols)

**Sue, Eugène** 1989. *Les Mystères de Paris*. Paris: Robert Laffont.

**Sutzkever, Avrom** 1946. *fun vílner géto* (*From Ghetto Vilna*). Moscow: Der Emes. [意第绪语]

**Suzuki, Takao** 1975. 'On the Twofold Phonetic Realization of Basic Concepts: In Defence of Chinese Characters in Japanese' in *Language in Japanese Society*, Fred C. C. Peng (ed.), Tokyo: Tokyo University Press, pp. 175 – 193.

**Sweetser, Eve** 1990. *From Etymology to Pragmatics: Metaphorical and Cultural Aspects of Semantic Structure*. Cambridge University Press.

**Szmeruk, Chone** 1959. 'hashém hamashmautí mordekháy-márkus – gilgulóhasifrutí shel ideál khevratí' (The Name Mordecai-Marcus – Literary Metamorphosis of a Social Ideal). *Tarbiz* 29: 76 – 98. [以色列语]

*Talmud Bab^h li* (*Babylonian Talmud*) [Talmud] (third – sixth centuries AD; finally redacted in the sixth century AD; consisting of the *Mishnah*; the *Gemara*, written mostly in Aramaic by the *Amoraim* in Babylon; and auxiliary material) 1980. Y. B-R. A. A. Halevi (vocalization and comments). Jerusalem: Hamenaked. [阿拉姆语，希伯来语]

*Talmud Yerushalmi* (*Palestinian Talmud*) (completed *c.* AD 400, written by the *Amoraim* in Palestine) 1996. (CD-ROM). Bar-Ilan University. [阿拉姆语，希伯来语]

**Talmy, Leonard** 1972. 'Semantic Structures in English and Atsugewi'. PhD Dissertation. University of California, Berkeley.

**Talmy, Leonard** 1985. 'Lexicalization Patterns: Semantic Structure in Lexical Forms', Chapter 2 of *Language Typology and Syntactic Description*, iii (*Grammatical Categories and the Lexicon*), Timothy Shopen (ed.), CUP, pp. 57 – 149.

*Tanákh: torá, neviím, ktuvím meforashím* (*The Old Testament with Explanations: The Law, the Prophets and the Writings*) (*c.* eighth – first centuries BC) 1965. Sh. Z. Ariel (explanations). Adi. [希伯来语]

**Tauli, Valter** 1965. 'Johannes Aavik's Language Reform 1912 – 1962' in *Estonian Poety and Language: Studies in Honor of Ants Oras*, Viktor Kõressaar and Aleksis Rannit (eds), Stockholm: Vaba Eesti, pp. 106 – 124.

**Tauli, Valter** 1977. 'Free Constructions in Estonian Language Reform' in *Language Planning and the Building of a National Language. Essays in Honor of Santiago A. Fonacier on his Ninety-second Birthday* 1, Bonifacio P. Sibayan et al. (eds), Manilla, pp. 88 – 217.

**Taylor, Douglas MacRae** 1977. *Languages of the West Indies*. Baltimore: Johns Hopkins University Press.

*Tazkír HaVáad HaLeumí lememshélet érets yisraél al shitát haktív behaatakát hashemót hageográfiim vehapratiím* (Memorandum of the National Committee to the Government of *Eretz Yisrael* on the Spelling Method of Copying Geographical and Personal Names) 1932. *Lešonénu* 4, Supplement to No. 3, pp. 1 – 12. [以色列语]

**Tenenblat, M.** 1964. 'moshé shólboym – khokér uvalshán' (Moshe Sholboim – a Researcher and a Linguist). *Leshonenu La'am* 15: 221 – 72. [以色列语]

**Thomas, George** 1988. 'Towards a Typology of Lexical Purism in the Slavic Literary Languages'. *Canadian Slavonic Papers* 30: 95 – 111.

**Thomas, George** 1991. *Linguistic Purism*. London – New York: Longman.

**Thomason, Sarah Grey** and **Terrence Kaufman** 1988. *Language Contact, Creolization, and Genetic Linguistics*. Berkeley – Los Angeles – Oxford: University of California Press.

**Todd, Loreto** 1974. *Pidgins and Creoles*. London: Routledge and Kegan Paul. (2nd Edition: 1990, London: Routlege)

**Torczyner, Naphtali Herz** (also Harry, see also Tur-Sinai) 1937. 'milím sheulót bilshonénu' (Loanwords in our Language). *Lešonénu* 8: 99 – 109. (This article is different from Torczyner 1938) [以色列语]

**Torczyner, Naphtali Herz** (see also Tur-Sinai) 1938. 'milím sheulót bilshonénu' (Loanwords in our Language). *Lešonénu* 9: 5 – 30. (This article is different from Torczyner 1937) [以色列语]

**Torczyner, Naphtali Herz** (see also Tur-Sinai) 1941. 'אוירון (avirón) – אבירון (avirón)'. *Lešonénu* 11: 166 – 167. [以色列语]

*Tosefta* (c. AD 200) 1881. Moses Samuel Zuckermandel (ed.). Pozevalk: Yissakhar Yitshak Meir. (Translation into English – by Jacob Nausner, 1977 – 1986, New York: Ktav) [希伯来语]

**Toury, Gideon** 1990. 'From One Signifier to Another. Modified Phonetic Transposition in Word-Formation and Translation'. *Übersetzungswissenschaft: Ergebnisse und Perspektiven*. R. Arntz and G. Thome (eds). Tübingen: Gunter Narr.

**Trakhtenberg, V. F.** 1908. *blatnáya muzyka: zhargón tyurmy* (*The Criminal Muzyka* ['Argot']: *The Jail Jargon*). St Petersburg: Tipografiya A. G. Rozen. [俄语]

**Trask, Robert Larry** 1993. *A Dictionary of Grammatical Terms in Linguistics*. London: Routledge.

**Trask, Robert Larry** 1996. *Historical Linguistics*. London – New York – Sydney – Auckland: Arnold.

**Trench, Richard Chenevix** 1862. *English, Past and Present: Five Lectures*. London: Parker, Son & Bourn. (5th Edition)

**Trudgill, Peter** 1998. 'Language Contact and the Function of Linguistic Gender'. Paper presented at the University of Oxford. (22 May)

*Tsàhalashón (Language for the IDF)* 1990 – 1992. Tel Aviv: IDF (Madór Pirsumím, Makhléket Tol Umifkadót, Agam-Mahad 251).

**Tsanin, M.** 1994a. *fúler yídish hebréisher vérterbukh (Complete Yiddish-Hebrew Dictionary)*. Tel Aviv: Perets Varlag. [意第绪语，以色列语]

**Tsanin, M.** 1994b. *fúler hebréish-yídisher vérterbukh (Complete Hebrew-Yiddish Dictionary)*. Tel Aviv: Perets Varlag. [意第绪语，以色列语]

*Tsimkhéy Érets Yisraél (Plants of Eretz Yisrael)* 1946. Jerusalem: Va'ad HaLashon HaIvrit (Hebrew Language Council) – Bialik Institute. (= *Milonéy Váad HaLashón Haívrít* 14, *Dictionaries of the Hebrew Language Council* 14)

**Tuleja, Tad** 1990. *Foreignisms: A Dictionary of Foreign Expressions Commonly (and Not So Commonly) Used in English*. New York: Collier Books.

*Türk Dili – Türk Dil Kurumu Bülteni (The Turkish Language – Turkish Language Society Bulletin)* 1933 … Istanbul – Ankara: Türk Dil Kurumu (Turkish Language Society) [土耳其语.]

**Tur-Sinai, Naphtali Herz** (see also Torczyner) 1950. 'balshanút uvatlanút 1' (Linguistics and Idleness 1). *Leshonenu La'am* 2 (4): 4 – 8. [以色列语]

**Tur-Sinai, Naphtali Herz** (see also Torczyner) 1951. 'balshanút uvatlanút 3' (Linguistics and Idleness 3). *Leshonenu La'am* 2 (7): 3 – 7. [以色列语]

**Tur-Sinai, Naphtali Herz** (see also Torczyner) 1960. *The Revival of the Hebrew Language*. Jerusalem.

**Unger, James Marshall** 1987. *The Fifth Generation Fallacy: Why Japan is Betting its Future on Artificial Intelligence*. OUP.

**Unger, James Marshall** 1990. 'The Very Idea: The Notion of Ideogram in China and Japan'. *Monumenta Nipponica: Studies in Japanese Culture* 45 (4): 391 – 411.

**Unger, James Marshall** 1996. *Literacy and Script Reform in Occupational Japan: Reading between the Lines*. OUP.

**Valesco de Taranta** (Valescus of Tarentum) 1535. *Philonium pharmaceuticum et chirurgicum de medendis omnibus (cum internis, tum externis humani corporis affectibus)*. Lyons.

**Valkhoff, Marius François** 1966. *Studies in Portuguese and Creole – with*

*Special Reference to South Africa*. Johannesburg: Witwatersrand University Press.

**Vance, Timothy J.** 1987. *An Introduction to Japanese Phonology* ( SUNY Series in Linguistics, Mark R. Aronoff, ed.). Albany ( NY): State University of New York Press.

**Vasmer, Max** 1953 – 1958. *Russisches etymologisches Wörterbuch*. Heidelberg: Carl Winter, Universitätsverlag. (3 vols: 1953, 1955, 1958)

**Vennemann, Theo** 1974. 'Words and Syllables in Natural Generative Grammar' in *Papers from the Parasession on Natural Phonology*, A. Bruck, R. A. Fox and M. W. Lagaly ( eds), Chicago: Chicago Linguistic Society, 346 – 374.

**Vilnay, Zev** ( born Vilensky) 1940. ' shemót lishuvím ivriím halekukhím mishemót arviím ' ( Names of Jewish Settlements taken from Arabic Names). *Lešonénu* 10 (4): 323 – 331. [以色列语]

*Vulgata* ( *c.* fourth-fifth centuries AD, written by Hieronymus) 1983. Robert Weber ( ed.). Stuttgart: Deutsche Bibelgesellschaft.

**Wehr, Hans** 1961. *A Dictionary of Modern Written Arabic*. J. Milton Cowan ( ed.). Wiesbaden: Otto Harrassowitz.

**Wehr, Hans** 1994. *A Dictionary of Modern Written Arabic*. J. Milton Cowan ( ed.). Ithaca ( NY): Spoken Languages Service. (4th Edition)

**Weinreich, Max** 1973. *geshíkhte fun der yídisher shprakh: bagrífn, fáktn, metódn* ( *History of the Yiddish Language: Concepts, Facts, Methods*). New York: YIVO ( Institute for Jewish Research). (4 vols: i and ii constitute the main text, whilst iii and iv are dedicated to further bibliographical and etymological discussion) [意第绪语]

**Weinreich, Uriel** 1952. ' *Sábesdiker losn* in Yiddish: A Problem of Linguistic Affinity'. *Word* 8: 360 – 377.

**Weinreich, Uriel** 1955. ' Yiddish Blends with a Slavic Element '. *Word* 2: 603 – 610.

**Weinreich, Uriel** 1963. *Languages in Contact: Findings and Problems*. The Hague – Paris: Mouton. ( Originally published as Number 1 in the series *Publications of the Linguistic Circle of New York*, New York, 1953).

**Weinreich, Uriel** 1977. *Modern English-Yiddish Yiddish-English Dictionary*. New York: Schocken – YIVO ( Institute for Jewish Research). ( Original YIVO edition: 1968)

**Weiss, Raphael** 1975. 'shimushéy lashón min hayamím hahém bazmán hazé' ( On the Ancient Language Usages Used Nowadays). *Leshonenu La'am* 27 ( 1 –

2): 1 - 64. [以色列语]

**Wexler, Paul** 1969. 'Towards a Structural Definition of Internationalisms'. *Linguistics* 48: 77 - 92.

**Wexler, Paul** 1974. *Purism and Language - A Study in Modern Ukrainian and Belorussian Nationalism (1840 - 1967).* Bloomington: Indiana University.

**Wexler, Paul** 1990. *The Schizoid Nature of Modern Hebrew: A Slavic Language in Search of a Semitic Past.* Wiesbaden: Otto Harrassowitz.

**Wexler, Paul** 1991. 'Yiddish - the fifteenth Slavic language'. *International Journal of the Sociology of Language* 91: 1 - 150, 215 - 225.

**Wheeler, Marcus, Boris Unbegaun, Paul Falla** and **Colin Howlett** (eds) 1997. *The Oxford Russian Dictionary.* OUP.

**Whinnom, Keith** 1971. 'Linguistic Hybridization and the "Special Case" of Pidgins and Creoles' in *Pidginization and Creolization of Languages*, Dell Hymes (ed.), CUP, pp. 91 - 115.

**Whitcut, Janet** 1996. *The Penguin Book of Exotic Words.* London: Penguin Books.

**Whitley, R.** 1967. 'Swahili Nominal Classes and English Loan-Words'. *La classification nominale dans les langues négro-africaines.* Paris: Centre National de la Recherche Scientifique.

**Whorf, Benjamin Lee** 1956. *Language, Thought, and Reality (Selected Writings of Benjamin Lee Whorf).* John B. Carroll (ed.). Cambridge (Massachusetts): The MIT Press. (Originally written in 1927 - 1941)

**Williams, Edwin** 1981. 'On the Notions "Lexically Related" and "Head of a Word"'. *Linguistic Inquiry* 12: 245 - 274.

**Wolf, Siegmund A.** 1956. *Wörterbuch des Rotwelschen.* Manheim: Bibliographisches Institut.

**Wright, Sylvia** 1954. 'Mondegreen'. *Harper's Magazine.* New York. (November)

**Wright, W.** 1896 - 1898. *A Grammar of the Arabic Language.* CUP. (2 vols) (3rd Edition)

**Wüster, Eugen** 1959. 'Die internationale Angleichung der Fachausdrücke'. *Elektro-technische Zeitschrift* 16: 550 - 552.

**Yahuda, Joseph** 1982. *Hebrew is Greek.* Oxford: Becket Publications.

*Yalkút HaPirsumím* (No. 4602) 1998. *hakhlatót bedikdúk uveminúakh shel haakadémya lalashón haivrít hatashnág-hatashnáz (Decisions on Grammar and Terminology by the Academy of the Hebrew Language, 1993 - 1997).* Jerusalem: The Israeli Government. (Signed by the Minister of Education, 4

January 1998）［以色列语］

**Yanay, Yigal** 1990. ' khidushéy milím beivrít ' ( Neologizations in Hebrew). *Leshonenu La'am* 40－41 ( *Special Issue for the Hebrew Language Year*)：254－258.［以色列语］

*Yedioth Ahronoth* ( lit. 'Last News') (Israel's bestselling daily newspaper, with approximately 250,000 readers). Tel Aviv.［以色列语］

**Yellin, David** 1933. 'mipeulót váad halashón' (From the Actions of the Hebrew Language Council)：'mesibát sókolov beváad halashón' (Sokolov's Party in the Hebrew Language Council) *Lešonénu* 5：82－88.［以色列语］

**Yetles, Yehuda B-Y.** 1838. *séfer kérem khémed: kolél mikhtavím yekarím ashér herítsu khakhméy zmanénu ish el reéhu beinyenéy haemuná vehakhokhmá* ( *Kerem Khemed Book: including letters of our contemporary wise people on the matters of belief and wisdom*). Third Notebook.［希伯来语］

**Yeivin, Shmuel** ( under the pseudonym Shvana) 1934. 'hearót balshaniót 5' (Linguistic Remarks 5). *Lešonénu* 6：164－167.［以色列语］

**Yule, Henry** and **A. C. Burnell** 1903. *Hobson-Jobson: A Glossary of Colloquial Anglo-Indian Words and Phrases, and of Kindred Terms* ( *Etymological, Historical. Geographical and Discursive*). London：John Murray. (1st Edition：1886)

**Zajączkowski, Ananiasz** 1953. *Studia orientalistyczne z dziejów słownictwa polskiego* ( *Oriental Studies in the History of Polish Vocabulary*). Wrocław：Wrocławskie Towarzystwo Naukowe (Wrocław Society of Science).［波兰语］

**Zamenhof, Ludwik Lejzer ( Lazar )** ( ' Doktoro Esperanto ', ' Doctor Hopeful ' ) 1931. *Fundamento de Esperanto*. Paris：Esperantista Centra Librejo.［世界语］

**Zelkinson, Itzhak** ( trans.) 1874. *itiél hakushí* ( *Ithiel the Negro*). Vienna. (Translation of Shakespeare's *The Tragedy of Othello the Moor of Venice*, 1604)［希伯来语］

**Zelkinson, Itzhak** ( trans.) 1878. *ram veyaél* ( *Ram and Yael*). Vienna：G. Brag. (Translation of Shakespeare's *Romeo and Juliet*, 1595)［希伯来语］

*Zikhronot Ha-Aqademya LaLashon Ha-Ivrit* ( *Proceedings of the Academy of the Hebrew Language*) 1954－1993. Jerusalem：The Academy of the Hebrew Language.［以色列语］

*Zikhronot Va'ad HaLashon* ( *Proceedings of the Hebrew Language Council*) 1912－1928. Jerusalem－Tel Aviv. (6 vols－at irregular intervals：1912, 1913, 1913, 1914, 1921, 1928; it can be regarded as the predecessor of

*Lešonénu*, as well as of *Zikhronot Ha-Aqademya LaLashon Ha-Ivrit*）［以色列语］

**Zingarelli, Nicola** 1986. *Il Nuovo Zingarelli: Vocabolario della Lingua Italiana*. Bologna：Zanichelli.

**Ziv, Yehuda** 1996. 'yerushaláim – shemót savív la'（Geographical Names around Jerusalem). *Leshonenu La'am* 47（2）：73－77. ［以色列语］

**Zuckermann, Ghil'ad** 1999a. 'nóvye aspékty leksícheskogo vliyániya rússkogo yazyká na ivrít'（New Perspectives on the Lexical Influence of Russian on Israeli）in *Tirosh* III, M. Chlenov, K. Rempel and M. Schur（eds), Moscow：Sefer, Russian Academy of Science, pp. 253－263, 293－294. ［俄语］

**Zuckermann, Ghil'ad** 1999b. Review of Nakdimon Shabbethay Doniach and Ahuvia Kahane（eds), *The Oxford English-Hebrew Dictionary*, OUP, 1998. *International Journal of Lexicography* 12：325－346.

**Zuckermann, Ghil'ad** 2000a. 'Camouflaged Borrowing："*Folk*-Etymological Nativization" in the Service of *Puristic* Language Engineering'. DPhil Thesis, University of Oxford.

**Zuckermann, Ghil'ad** 2000b. 'sifrút meulétset'（Constrained Literature）in *Journal of the Interdisciplinary Programme for Outstanding Students* 3（*Language*）, Avi Lifshitz（ed.), Tel Aviv University, pp. 7－8, 22. ［以色列语，意大利语］

**Zuckermann, Ghil'ad** 2001a. 'Language Making and Ideology：The Role of Yiddish in "Revived Hebrew"'. Division D（Literatures, Languages and Arts）, *Thirteenth World Congress of Jewish Studies*, Jerusalem.

**Zuckermann, Ghil'ad** 2001b（ms). 'farmaskírte antláyung：yídishe léksishe hashpóe af ivrít'（Camouflaged Borrowing：The Lexical Influence of Yiddish on Israeli). ［意第绪语］

**Zuckermann, Ghil'ad** 2002. 'El original es infiel a la traducción：La manipulación etimológica como instrumento de rechazo hacia otras culturas' in *ACTAS II, VIII Simposio Internacional de Comunicacion Social*, L. Ruiz Miyares, C. E. Álvarez Moreno and M. R. Álvarez Silva（eds), Santiago de Cuba：Centro de Lingüística Aplicada, pp. 896－900.

**Zuckermann, Ghil'ad** 2003. 'Italo-Hebraic Homophonous Poem'. *Word Ways: The Journal for Recreational Linguistics* 36. 4.

**Zuckermann, Ghil'ad** 2004. 'Cultural Hybridity：Multisourced Neologization in "Reinvented" Languages and in Languages with "Phono-Logographic" Script', *Languages in Contrast* 2：281－318.

**Zuckermann, Ghil'ad** 2006. ' "Ety*mytho*logical Othering" and the Power of "Lexical Engineering" in Judaism, Islam and Christianity. A Socio-Philo(sopho)logical Perspective', pp. 237 – 58 (Chapter 16) of 'Tope Omoniyi and Joshua A. Fishman (eds), *Explorations in the Sociology of Language and Religion* (Discourse Approaches to Politics, Society and Culture series). Amsterdam: John Benjamins.

**Zuckermann, Ghil'ad** 2008. Israelít safá yafá (Israeli, a Beautiful Language: Hebrew as Myth). Tel Aviv: Am Oved.

**Zuckermann, Ghil'ad** 2009. 'Hybridity versus revivability: Multiple Causation, Forms and Patterns'. *Journal of Language Contact* – VARIA 2.

**Zuckermann, Ghil'ad** 2011. 'Mnemonics in Second Language Acquisition'. *Word Ways* 44. 4, Article 21.

**Zuckermann, Ghil'ad** 2020. *Revivalistics: From the Genesis of Israeli to Language Reclamation in Australia and Beyond*. New York: Oxford University Press.

**Zukofsky, Celia Thaew** and **Louis Zukofsky** (trans.) 1969. *Catullus* (*Gai Valeri Catulli Veronensis liber*) (translation of poetry by Gaius Valerius Catullus). London: Cape Goliard P.

**Zukofsky, Louis** 1997. *Complete Short Poetry*. Baltimore – London: Johns Hopkins University Press.

陈原. 1983.《社会语言学》. 上海: 学林出版社.

方欣欣. 2004. 语言接触与借词研究的新视角——《语言接触与以色列希伯来语词汇扩充研究》介绍,《外语教学与研究》(1), 71 - 72.

费尔迪南·德·索绪尔著, 高名凯译. 1999.《普通语言学教程》. 北京: 商务印书馆.

高名凯、刘正埮. 1958.《现代汉语外来词研究》. 北京: 文字改革出版社.

李乐毅. 1990. 现代汉语外来词的统一问题.《语文建设》(2), 42 - 45.

刘正埮、高名凯、麦永乾、史有为编. 1984. 汉语外来词词典. 上海: 上海辞书出版社.

罗常培. 1950.《语言与文化》. 北京: 国立北京大学.

闵家骥、刘庆隆、韩敬体、晁继周等编. 1987.《汉语新词词典》. 上海: 上海辞书出版社.

汤廷池. 1989. 新词创造与汉语语法,《汉语词法句法续集》. 台北: 学生书局。

王立达. 1958. 现代汉语从日语中借来的词汇.《中国语文》(2): 90.

姚荣松. 1992. 台湾现行外来语的问题,《师大学报》(37), 329 - 362.

张绍麒. 2000.《汉语流俗词源研究》. 北京: 语文出版社.

中国社会科学院语言研究所词典编辑室编. 2005/2016.《现代汉语词典（第5/7 版）》. 北京：商务印书馆.

周有光. 1961.《汉字改革概论》. 北京：文字改革出版社.

诸葛漫、王晓梅. 2008. 混合还是复苏：以色列语的起源——多来源，形式和模式，《南开语言学刊》(2)，23－35.

诸葛漫、姚春林、徐佳. 2012. 一门新的语言学分支：复兴语言学——兼谈濒危语言和濒危方言复兴的普遍制约条件和机制，《世界民族》(6)，66－73.

诸葛漫、徐佳. 2013. 复兴语言学：一个新的语言学分支，《语言教学与研究》(4)，100－106.

诸葛漫、姚春林. 2014. 试论澳大利亚原住民的母语权及语言赔偿，《北京大学学报》(哲学社会科学版) (1)：152－159.

诸葛漫、宋学东、韩力. 2015. 希伯来圣经中词汇的语义世俗化，《犹太研究》(13)，30－40.

诸葛漫、陈燕. 2017. 原住民的语言复兴与心理健康——以澳大利亚邦格拉语为中心，《语言战略研究》(4)，39－49.

# 索　引

# 译后记

2016 年 3 月 1 日，我漂洋过海到了澳大利亚南澳洲的阿德莱德大学，开始为期一年的访学，合作教师为语言学与濒危语言教授诸葛漫先生。

按照先前的约定，我于 3 月 2 日开始一边参加各种学术活动，一边翻译诸葛漫教授耗费三年时间完成的本书原著 *Language Contact and Lexical Enrichment in Israeli Hebrew*（Palgrave Macmillan，2003）。诸葛漫教授学识渊博，治学严谨，讲课时声如洪钟，神采飞扬。我先后聆听了他讲授的复兴语言学、语言学基础、跨文化交际等课程，参加了他所主持的每周一次的语言学研讨会并做了一次主讲人，与他一起到南澳洲的邦格拉原住民地区开展邦格拉语的复兴实践活动，并在他的带领下聆听在阿德莱德大学和阿德莱德市举办的各种学术讲座。丰富多彩的学术活动不仅让我拓展了视野，也让我深刻认识到自己的浅陋和无知。我原本比较懒散，但在诸葛漫教授的监督和鞭策下，我丝毫不敢怠惰。他对译文提出了两点要求：尽量通俗易懂，方便读者理解；忠实于他的思想，而不是死抠字眼。于是，每隔两三周，我就诚惶诚恐地去他的办公室请教，而对于我问到的每一个问题，他总是耐心解答。

同年 9 月 16 日，我终于完成了第一译稿。在翻译过程中，我所遇到的主要困难包括：

第一，新术语的翻译。诸葛漫教授构建了多源造词理论体系，从语音、词义、词形等多个角度分析源语材料与目标语材料之间的匹配模式，为此创立了一整套术语。尽管我理解他的措辞，但我绞尽脑汁译成的汉语术语是否合适，我没有半点把握。

第二，语料的翻译比较耗时。原著所采用的语料十分丰富，涉及

数十种语言，所采用的每个例词都注明了词义。对大多数词义我大致
理解，但是要译为准确的汉语，我需要大量时间去查找确认。

第三，原著所涉及的一些文化背景我不太了解。比如，原著中提
到的圣经希伯来语、密西拿希伯来语、中古希伯来语、希伯来语的语
法、犹太人的传统节日和食物等，我花费大量时间查找阅读相关资
料，认真学习之后才敢动笔翻译。

第四，原著引语。比如，原著中多处引语来自不同版本的圣经，
包括英王钦定本和新修订标准版。对于这些引语，我需要去查找汉语
文献，一字不差地抄写，以求准确。

整个翻译过程于我而言不仅是一个学习过程，而且是一个考验自
己耐力的过程。毫不夸张地说，我经历过高考、考硕和考博，但在准
备过程中都没有像翻译这本专著那样投入过。每天睁眼醒来，第一件
事情往往是先翻译一点点，课间休息时常常也翻译一点点，晚上入睡
前多半还想着翻译的事。三个月过去时，我的视力严重下降了。虽然
我很注意时不时到户外休息一下，比如到市区听听街头艺人的演奏，
到住宅区欣赏一下处处绽放的花朵，却都无法阻止视力的逐步下降。
然而，对于这样的付出，我丝毫不后悔；相反，我坚信把诸葛漫教授
的学术思想介绍给更多的汉语读者是一件有益的事情。

除了翻译之外，我还发现了原著中的一些错误或者表述不够充分
的地方，在与诸葛漫教授商量之后，对有的作了订正，有的进行删
除，有的作了补充。此外，诸葛漫教授要求我估摸一下读者的接受能
力，对有关背景和专业术语做一些补充，而让我觉得惭愧的是，我只
能根据我本人的接受能力增加一些内容，比如有关希伯来语分期的简
介和一些语言学术语的注释。此外，为了方便读者查找原著，我整理
了一份重要词汇中外文对照表，修改了索引。

在我和诸葛漫教授反复校对书稿之后，2017 年 7 月，华东师范
大学出版社请语言学专家对书稿作了匿名审稿，并且提出了专业而细
致的修改意见。我和诸葛漫教授非常感谢专家的指点。

本书的翻译和出版得益于一些机构和个人的帮助，请让我表达衷
心的感谢。首先，感谢诸葛漫教授给予我合作和学习的机会，诸葛漫

教授值得我永远尊敬和学习。其次，感谢澳大利亚阿德莱德大学和中国盐城师范学院，尤其感谢盐城师范学院中青年教师赴国（境）外研修计划资助，感谢江苏省高校品牌专业建设工程一期项目（项目号：PPZY2015A012）支持。正是这两所大学给我们提供了合作的机会和良好的工作环境，感谢两校同仁们给予的关心、照顾和帮助。再次，感谢华东师范大学出版社，尤其感谢责任编辑阮光页总编对我们的信任以及为本书出版付出的辛勤劳动。最后，感谢我的先生陈守斌和儿子陈奕嘉对我无条件的爱与支持。同样支持我的还有一些朋友们，他们在具体词句的翻译上给了我悉心的指点，这些朋友包括：北京大学外国语学院西亚系徐哲平教授，上海外国语大学东方语学院杨阳教授，厦门大学数学科学学院程立新教授，中山大学化学学院全大萍教授，盐城师范学院外国语学院俄语专业于胜博教授，复旦大学同窗好友（德语专业）焦禾如、（日语专业）魏小明和沈晓敏教授。

由于本人才疏学浅，译著中错误在所难免，欢迎读者批评指正。

陈　燕

2017 年 8 月 22 日